U0362454

Western
Philosophers

XiFang LiDai ZheXuejia
SiXiang ZongLan

西方历代哲学家
思想纵览

葛树先 ◎ 编著

南开大学
出版社

图书在版编目(CIP)数据

西方历代哲学家思想纵览／葛树先编著. — 天津：
南开大学出版社，2018.6
　ISBN 978-7-310-05506-7

　Ⅰ.①西… Ⅱ.①葛… Ⅲ.①西方哲学－哲学思想－
研究 Ⅳ.①B5

中国版本图书馆 CIP 数据核字(2017)第 287238 号

南开大学出版社出版发行
出版人：刘运峰
地址：天津市南开区卫津路 94 号　　邮政编码：300071
营销部电话：(022)23508339　23500755
营销部传真：(022)23508542　　邮购部电话：(022)23502200
＊
天津市蓟县宏图印务有限公司印刷
全国各地新华书店经销
＊
2018 年 6 月第 1 版　2018 年 6 月第 1 次印刷
210×148 毫米　32 开本　15 印张　2 插页　429 千字
定价：56.00 元

如遇图书印装质量问题,请与本社营销部联系调换,电话:(022)23507125

序　言

关于西方哲学发展史，已有数量可观的著作出版，各有自身特色，但都是间接地转述哲学家思想，虽另有哲学家原著选读一项可让读者直接领悟其思想学说，却也只限于若干断章的原文段落。

本书立意让各哲学家按自己的思想体系以本人的语言文字全面、系统、完整地叙述自家思想学说，可称"夫子自道"方式，以期能最接近各哲学家的本真思想原貌，既可独立作为入门读物，亦可列为西方哲学史教材的参阅书。本书有两个不足，一个是，有的哲学家或因历史地位所限或是出版方面的原因，找不到其原著而未能编入，另一个是，有的哲学家思想坚深，语言晦涩，阅读有难点，而暂未编入，但不影响本书仍构成一幅完整如实的哲学思想发展历程长卷。

书名标示"西方历代"，按通常理解只涵盖近代为止的历史，马克思主义创立时及其后的西方哲学家属现代哲学家，本书不收。编者尝试的这种编写样式定有多方面所限，诚望专家和读者指教。

葛树先

2017 年 8 月

目　录

一、古希腊早期哲学家

古希腊早期诞生了西方历史上最初的几位认为水、气、火等具体形态的实物是世界万物本原的原始自发朴素的唯物主义者，以及随后几位探索物质结构的唯物主义者，最高发展到原子论的创立。同时期也产生了最早的唯心主义和反辩证法思想倾向的哲学家。

泰勒斯

【生平】

约在公元前 624 年出生于小亚细亚伊奥尼亚地区的希腊殖民城邦米利都，为当时希腊"七贤"之一，曾预言过公元前 555 年 5 月 28 日发生的日食，游历过埃及，在那里学习了几何学。他没有撰写过著作，只留传下他的一个著名哲学观点，约于公元前 554—548 年之间去世。

【思想】

万物的本原是水。

【附记】

□泰勒斯为西方历史上第一位哲学家，古希腊原始自发的朴素唯物主义者，米利都学派创始人。

□出身于米利都城邦的泰勒斯，和随他之后也出身于米利都城邦的先后两位哲学家（阿那克西曼德、阿那克西美尼），同属探寻世界物质本原的唯物主义者，史称米利都学派。

阿那克西曼德

【生平】

公元前 611 年出生于米利都，同泰勒斯关系密切。他绘制过第一幅世界地形图，制造过日晷，撰写过第一部希腊语散文著作《论自然》（只有残篇保存下来），卒于公元前 547/546 年之间。

【思想】

万物的本原是"无限者"，从这里产生了全部的事物及其中包含的各个世界。一切存在着的东西都由此生成，也是它们灭亡后的归宿，这是命运注定的。

无限者没有开始，却是其他事物的本原，它是不朽的，不可摧毁的，所以是神圣的。

无限者把相反的性质结合在一起了。

产生不是元素的转化，而是通过永恒的运动把对立物分离出来。

【附记】

□阿那克西曼德为第二位米利都学派唯物主义哲学家。

阿那克西美尼

【生平】

公元前 588 年出生于米利都，与阿那克西曼德关系密切。曾用伊奥尼亚方言写过一部散文著作，只有少量片断保留下来。公元前 524 年卒。

【思想】

万物的本原是无限的气，万物生成于气的凝聚和释散。

当气处于最平稳的状态时不为视力所见，但加热、受冷、潮湿及运动时就呈现出来。它处于不停的运动之中，通过凝聚和释散表现出区别。当它释散而稀疏时便生成了火；而风则是凝聚起来的气；由于凝聚而气变成云；凝聚程度再高便成为水，更高则形成大地；凝聚到最密集的程度即成为石头。别的东西都是这些东西产生的。

使物质凝聚的是冷，使它稀疏的是热。

【附记】

　　□阿那克西美尼为第三位米利都学派唯物主义哲学家。

赫拉克利特

【生平】

　　公元前 535 年出生于小亚细亚伊奥尼亚地区的希腊殖民城邦爱菲斯，出身于贵族家庭。他蔑视群众和民主政治，但是他放弃了可以获得的城邦王位，并且主张维护法律。他写过一部《论自然》，只有片断保存下来。卒于公元前 475 年。

【思想】

　　这个世界不是任何神，也不是任何人创造的，它过去是、现在是、将来也是一团永恒的活火，按照一定的分寸燃烧，按照一定的分寸熄灭。

　　万物都转换为火，火又转换为万物，如同货物换成黄金，黄金又换成货物。

　　万物流变，无物常住。人不可能两次踏进同一条河流。
　　太阳每天都是新的，永远不断地更新。

　　"逻各斯"永恒存在着，万物都遵循这个逻各斯而生成。逻各斯是支配一切的主宰。
　　如果不听从我而听从这个逻各斯，承认万物是一，就是智慧。

　　相反的力量造成和谐。互相排斥的东西结合在一起，不同的音调造成最美的和谐。
　　结合是整体又不是整体，是聚集又是分散，是协调又是抵触。

如果没有不义，人们也就不会知道正义的名字。

没有高音和低音，就不会有和声；没有雄性和雌性的对立，就不会有生物。

上升的路和下降的路是同一条路。

压榨器里的直的纹路和弯曲的纹路是同一条纹路。

我们踏进又不踏进同一条河流，我们存在又不存在。

生与死、醒与睡、幼与老是同一的，因为前者变化了就是后者，后者变化了又成为前者。

从一切产生一，从一产生一切。

热变冷，冷变热，湿变干，干变湿。

战争是普遍的，正义就是斗争，万物都是按照斗争和必然性生成的。

战争是万物之父，也是万物之王。

爱智慧的人应熟悉很多事物。

看得到、听得到、学得到的东西是我喜爱的。

思想是最大的优点，智慧的思想就在于说出真理，按照自然行事，听自然的话。

逻各斯是灵魂所固有的。

逻各斯是人人共有的，应当遵从那个人人共有的东西。

以理智说话的人应当遵循人们共有的东西，就像一个城邦必须遵守它的法律。

【附记】

□赫拉克利特为古希腊原始唯物主义者，是朴素辩证法的创始者。

□产生赫拉克利特哲学的城邦爱菲斯以及先前产生米利都学派

的城邦米利都，同为古希腊人在爱琴海东岸小亚细亚沿海的伊奥尼亚地区建立的殖民地，历史上对出生于这两城邦的哲学家合称为伊奥尼亚学派，在西方哲学初始时期开创了唯物主义传统。

毕达哥拉斯

【生平】

公元前 580—570 年之间出生于萨摩斯岛，约在公元前 529 年迁居于意大利南部的希腊殖民城邦克洛屯。在这里他创建了一个秘密社团，其成员像一个大家庭一样，同吃同住，穿一样的衣服，是一个集政治、宗教和科学研究于一体的组织。据说这个社团因政治倾向在城邦中同居民发生矛盾而遭到迫害，毕达哥拉斯本人逃至梅塔彭顿，于公元前 500 年之前死于该地。

【思想】

数的本原就是一切存在物的本原。一切事物就其本性来说都是以数为范型，而数本身先于自然界中的一切其他事物，因此，数的基本元素就是一切存在物的基本元素。

感性实体由数构成。

感性物体具有许多数的属性。

一切可以认识的事物都包含着数，没有数，任何事物都不可能被思维或认识。

数的元素是奇和偶，奇为有限，偶为无限；一这个数由这两个元素合成（因为一既是奇数，又是偶数），由一产生其他一切数。

万物的本原是一。从一产生出二。从完满的一和不定的二中产生各种数；从数产生出点；从点产生出线；从线产生出面；从平面产生出立体；从立体产生出感觉所及的一切物体，产生出四种元素：水、火、土、气。这四种元素以各种不同方式互相转化，创造出有生命的、精神的、球形的世界。

十是个完满的数。做圆周运动的天体有十个，首先是恒星的天球，依次是五个行星及太阳、月亮、地球和"对地"。

全球的中心是火，围绕这个中心运动的是"对地"，它与我们所在的地相对而称为"对地"。在"对地"之后是大地，也围绕中心运动。

对立是存在物的本原。存在着十种对立：奇与偶，一与多，右与左，阳与阴，静与动，直与曲，明与暗，善与恶，正方与长方。

和谐是由对立相结合而成的。

一切都是和谐的。

美德是一种和谐。

友谊是一种和谐的平等。

同一件个别事物会再现，任何事物都将会和它现在一样再现。

已经发生过的事物还会以循环的方式重新发生，没有什么纯粹的新事物。

灵魂不灭并且轮回。

【附记】

□毕达哥拉斯为古希腊最初的唯心主义哲学家，毕达哥拉斯学派的创立者。

□由毕达哥拉斯创建、拥有众多成员、分布于多个城邦、延续了数个世纪、经历过不同阶段的一个秘密盟会，史称毕达哥拉斯学派。它既从事政治活动，又遵奉教派信条，同时进行科学研究工作，特别是在数学研究方面，做出了有一定的历史意义的成就（如毕达哥拉斯定理），但在许多方面把数神秘化，宣扬数的神秘主义。在哲学上把数看作万物的本原是该学派贯彻始终的核心学说。

塞诺芬尼

【生平】

公元前 570 年出生于小亚细亚的克洛封，后迁居于南部意大利的爱利亚。他到处流浪，游吟自己的诗篇。他的著作只留有少量残篇，死于公元前 480 年。

【思想】

凡人们都认为诸神是诞生出来的，穿着衣服，有和他们一样的容貌和声音。可是，假如牛、马和狮子有手，像人一样能绘画和塑像，它们就会照自己的样子，马画出或塑成马形的神像，狮子画出或塑成狮形的神像。

埃塞俄比亚人说他们的神皮肤是黑色的，鼻子是扁的；色雷斯人说他们的神是蓝眼睛、红头发的。

有一个唯一的神，它是诸神和人类中间最伟大的；它无论在形体上或心灵上都不像凡人。

神毫不费力地以他的心思左右一切。

神永远保持在同一个地方，根本不动，一会儿在这里一会儿在那里动来动去对它是不相宜的。

【附记】

□塞诺芬尼提出了唯一、不动、永恒、超形象的神，这个概念包含后来巴门尼德哲学的主要因素，因此成为以巴门尼德为代表的爱利亚学派的思想先驱。

巴门尼德

【生平】

约在公元前 515 年生于南意大利的爱利亚，出身于富裕家庭。早年可能是毕达哥拉斯派，也可能是塞诺芬尼的学生。据说他熟悉赫拉克利特的学说。他以一部《论自然》确立了自己独立的哲学学说。卒年不详。

【思想】

存在者存在。存在者不是产生出来的，也不能消灭，因为它是完全的、不动的、无止境的。它既非过去存在，也非将来存在，因为它整个在现在，是个连续的一。它能以什么方式、从什么东西里长出来呢？我也不能让你这样说或想：它从不存在者里产生；因为存在者不存在是不可言说、不可思议的。

正义绝不听任存在者产生和消灭。存在者怎能在将来产生，又怎能在过去产生呢？因为如果它在过去或将来产生，现在它就不存在了。所以产生是没有的，消灭也是没有的。

存在者也是不可分的，因为它全部都是一样的，没有哪个地方比另一个地方多些，也没有哪里少些。因此它是整个连续的。

存在者是不动的，无始无终。它是同一的，永远在一个地方，居留在自身之内。强大的必然性把它从四面八方捆着，因此存在者不能是无限的。

存在者之外绝没有、也不会有任何别的东西，因为命运用锁链把它捆在那不可分割的、不动的整体上。

凡人们在语言中加以固定的东西，如产生和消灭，是和不是，位置变化和彩色变化，只不过是空洞的名词。

存在者有一条最后的边界，它在各方面都是完全的，好像一个滚圆的球体，从中心到每一个方面的距离都相等。

我告诉你哪些研究途径是可以设想的。第一条是：存在者存在，它不可能不存在。这是确信的途径，因为它遵循真理。另一条是：存在者不存在，这个不存在必然存在。走这条路，是什么也学不到的，因为不存在你是既不能认识，也不能说出。

不能分辨是非的群氓，居然认为存在者和不存在同一又不同一，一切事物都有正反两个方面。

可以被思想的东西和思想的目标是同一的；因为你找不到一个思想是没有它所表达的存在物的。

可以言说、可以思议者存在，因为它存在是可能的，而不存在者存在是不可能的。

思维和存在是同一的。

勉强证明不存在者存在，是根本不可能的。你要让自己的思想远离这条研究途径。

不要遵循这条大家所习惯的道路，以你茫然的眼睛、轰鸣的耳朵或舌头为准绳，而要用你的理智来解决纷争的辩论。

你应当学习各种事情，从圆满真理的牢固核心，直到不包含任何可靠真理的凡人们的意见，意见虽然不包含真理，仍要加以体验，因为必须通过彻底的全面钻研，才能对虚假做出判断。

【附记】

□巴门尼德是古希腊具有客观唯心主义倾向和反辩证法思想的爱利亚学派的思想奠基人。

□经过塞诺芬尼的思想准备，发展到巴门尼德的"存在"学说，再由后继者加以论证和补充，形成了以巴门尼德哲学为基础内容的思想学派。因该学派的成员多在爱利亚城邦活动而被称为爱利亚学派。

芝诺

【生平】

约在公元前 490 年出生于爱利亚，是巴门尼德的学生。传说他因参与反对城邦的僭主政治而死，卒年不详。

【思想】

事物不可能是多，有两个证明：

一、从事物的大小、厚度上说。如果事物是多（由多个部分组成），那么事物的大小厚度就会既是无限小，又是无限大。一方面，事物在不断分割中各部分可小到等于零，从而事物会小到没有大小；另一方面，事物也可分割成无数有大小的部分，从而事物会大到无限。二、从事物的数量上说。如果事物是多（在数量上），它们的数量必定既是有限的，又是无限的。一方面，事物的数量必定和它们实际存在的数量一样多，而实际存在的数量是有限的；另一方面，在实际存在的那些事物之间还别的事物，在那些别的事物之间会再有别的事物，依次类推，事物的数量又是无限的。

运动是不存在的，有四个证明：

一、某运动物体要达到目的地，必先过全程的一半，此前又须先过一半的一半，依此继续二分是无穷的，因此它根本不可能到达终点。

二、快速运动者（阿基里斯）追赶领先一段路程的慢速运动者（龟），当快者追赶到慢者的出发点时，慢者已前进了一段较短的距离，依此继续追赶，距离递减而无尽，因此快者永远追不上慢者。

三、某物当它所在的空间与它本身的大小相等时，即是静止不动的，而运动着的物体在每一瞬间都占据着与自身大小相同的空间，因此飞矢是不动的。

四、运动场上有三排数目相等、大小相同的物体纵向平行并列，一排静止不动，另两排以同样速度彼此反向前进。反向运行的这两排，其各自的尾端分别历经对方一排的全长所耗用的时间，正好等于其同步历经静止一排的全长所用时间的一半，因此一倍时间等于一半时间。

【附记】

　　□芝诺是爱利亚学派的中坚成员，巴门尼德思想的维护者和论证者。

　　□芝诺提出的论证，目的在于揭露：承认多和运动必然陷入矛盾。由此他否定多和运动。但他否定运动的论证却恰好从反面揭示了运动自身即是矛盾这一客观辩证法。

麦里梭

【生平】

　　生卒年不详。关于他的生平事迹只记载他是萨摩斯人，爱利亚学派成员，写过一部著作《论自然或存在》（失传），曾指挥过本地海军打败了来犯的雅典舰队（公元前 440 或 441 年）。对于他的事迹，近世学者有两点不解：一是他本在萨摩斯岛活动，究竟怎样成为隔海遥望的爱利亚学派的一员；二是作为哲学家的麦里梭和政治家的麦里梭是同一个人还是两个人（有学者提出疑问）。

【思想】

　　存在者不是产生出来的，现在、过去和未来永远存在，所以它没有开始和终结，而是无限的。然而一个东西如果不是全体，是不可能永远存在的。正如它永远存在一样，它在大小方面也永远应当是无限的。如果它不是唯一的，它就会与另一个东西对立而造成一种限制，这两个东西就不能是无限的，而是彼此对立，互为界限。所以它是永恒、无限、唯一、完全齐一的。

没有虚空存在。因为虚空就是无有，无有的东西是不存在的。因此存在者也不能运动。因为它不能向任何地方移动，它是充实的。既然没有虚空，也就没有可供移动的空间。也不能有浓厚和稀薄，因为稀薄不能和浓厚同样充实，而由于稀薄，便已经产生出一种比浓厚要空虚一些的东西。所以如果它不是空虚的，它就应该是充实的。如果它是充实的，它就是不动的。

如果有多数事物，它们就必须具有与我所说的"一"的属性相同的属性，也就是说，它不能变化或变成别的东西，而是每个东西都应当永远和它原来一模一样。可是在我们看来，热的变冷，冷的变热，硬的变软，软的变硬，活的死去，而且从无生命的东西中产生出活的东西来；这一切过去和现在存在的东西都不是如一的。虽然人们说，有多数永恒的事物，具有它们一定的形相和固定性，可是眼睛根据个别的知觉告诉我们，一切都在改变和变化。显而易见，我们的视觉是错误的，事物的繁多这个外观是欺人的。因为如果它们是实在的，它们便不会变化，而是各自永远保持原有的样子。

【附记】

□麦里梭是爱利亚学派最年轻的成员，对巴门尼德学说进行了论证和补充，并且对"存在"的有限性修正为无限的。

□产生爱利亚学派的城邦爱利亚，和产生毕达哥拉斯学派的城邦克洛屯，同为古希腊人在意大利南部（亦称大希腊）建立的殖民地，史称此两城邦的唯心主义哲学为南意大利学派。

恩培多克勒

【生平】

公元前 495 年出生于西西里岛上的工商业城邦阿克里根。在这里他长期作为民主派的领袖从事政治活动。他同时又是医生和诗人。他还用实验证明了人类视觉所看不见的空气是一个看不见却是实际存在的物质世界。他写有两部诗篇《论自然》和《论净化》，有少量片断保存。公元前435年在流亡途中死于伯罗奔尼撒。

【思想】

你首先要听到那化生万物的四个根：照耀的宙斯，养育的赫拉，艾多纽，以及内斯蒂[借四个神的名字指火、气、土、水四元素]，它们不是产生出来的。它们在灭亡中也没有什么终止。有的只是混合以及混合物的交换。

从这些元素中生出过去、现在、未来的一切事物，生出树木和男人女人、飞禽走兽和水里的鱼，以至长生不死的神。因为只有这四种元素，它们互相穿插，变成了形形色色的事物；它们的相互混合造成的变化多么大啊！

四大元素是势均力敌的，但是各有各的不同职务，各有各的特殊本性，在时间的流转中轮流占上风。在元素以外没有什么东西产生，元素也不消灭。因为如果元素逐渐消灭，现在就不存在了，有什么东西能够增广这个全体呢？它能从何而来呢？既然元素没有空隙，它又怎能消灭呢？不，存在的只有元素，它们互相穿插，一会儿产生出这个，一会儿产生出那个，并且像这样一直下去，永无止境。

在火和气混合成人、野兽、植物、鸟类的形状时，人们就说这是产生，在这些元素一旦分离时就说这是可悲的死亡。人们这样说是不对的，可是我们也依照习惯这样说。

这些傻子们！他们的思想真是鼠目寸光，因为他们相信一个不存在的东西能够产生，一个存在的东西能够死尽灭绝。从根本不存在的东西里不可能产生出存在的东西，存在的东西也不可能消灭，那是闻所未闻的。因为存在的东西永远存在，不管把它放在什么地方。

我要告诉你一个双重的道理。在一个时候，一件东西由许多东西结成，在另一个时候，它又分解为许多东西，不再是一个。会消灭的东西有一个双重的产生，也有一个双重的消灭。因为万物的结合使一件东西产生又毁灭，刚产生出来的另一件东西当元素分散时又解体了。

这经常的变迁从不停息：在一个时候一切在"爱"中结合为一体，在另一个时候，每件事物又在冲突着的"憎"中分崩离析。所以，事物的本性既然是从多中产生出一，当一瓦解时又变为多，它们就有一个产生，而它们的生命并不是常住的。既然它们的变化永不停息，它们就处在永远不可动摇的生存循环之中。

在一个时候，事物由多结合成为一，在另一个时候，它又分解为多，不再是一。元素有四种：火、水、土以及那崇高的气，此外还有那破坏性的"憎"，在每件东西上都有同样的分量，以及元素中间的"爱"，它的长度和宽度是相等的。

憎和爱这两种力量以前存在，以后也同样存在，我相信这一对力量是万古长存的。

看看那到处都温暖光明的太阳，看看那浸沐在温暖光明中的不朽星辰，看看那到处都阴暗寒冷的雨水，看看那地下涌出的牢固结实的东西。这一切在受到"斗"的支配时形状不同，彼此分离，然而在"爱"中却结成一体，互相眷恋。

你要用各种官能来考察每一件个别事物，看看它在多大程度上是明晰的，不要认为视觉比听觉更可信，也不要认为轰鸣的听觉比分明的味觉更高明，更不要因此低估其他各种感官的可靠性，那也是一条认识途径。

知觉是那些适于进入各种感官的孔道的"流射"所造成的。由于这个缘故，一种感官是不能判别另一种感官的对象的，因为有些感官的孔道太宽，有些感官的孔道太窄，不适合某一种感觉对象，它或者是一穿而过，毫无接触，或者是通不过。

眼睛的中间是火，周围是土和汽，这汽很稀薄，所以火能通过。水与火的孔道安排得是一条隔一条的；通过火的孔道，我们看到亮的对象，通过水的孔道，我们看到黑暗；每一类对象都有与它适合的孔道；各种颜色是流射带给视觉的。

眼睛并不是构造相同；有些眼睛是相同元素构成的，有些则是相反元素构成的；有些眼睛的火在中心，有些则在外侧。火少的眼睛白天看得清楚，水较少的眼睛夜晚看得清楚。气质最好的、最出色的眼睛，是两种元素的比例相等的眼睛。

听觉是由外界的声音造成的，当语言所震动的空气在耳朵内部鸣响时，便产生了听觉。嗅觉由呼吸作用而来。快乐的产生是由于元素的相同和相同元素的混合；痛苦的产生是由于元素的相反。

通过土来感知土，通过水感知水，通过以太感知以太，通过火来感知逐渐暗淡的火焰。

思想是从相同的东西而来，无知是从相异的东西而来。

我们是用血液来思想，因为在血液里，身体的各个部分的各种元素都充分完全地混合在一起。

【附记】

□恩培多克勒关于"四根"的学说接触到了物质结构思想，他提出了物质结构数量关系的猜测，显示古希腊早期唯物主义开始转向物质结构领域的探索。

阿那克萨戈拉

【生平】

公元前 500 年生于小亚细亚的克拉佐美尼，但在雅典生活了三十年之久（公元前 464—434），是雅典大政治家和民主派的领袖伯里克利的密友。他在雅典的哲学活动适应了雅典民主生活的发展，在希腊本土开了文化繁荣的先河。他同时也是数学家和天文学家。由于伯里克利的政敌控告阿那克萨戈拉不信神，他离开了雅典到拉姆萨卡斯定居，并于公元前 428 年死于该地。他用简明散文写的《论自然》的重要片断保存下来。

【思想】

复合物中包含着很多各式各样的东西，即万物的"种子"，带有各种形状、颜色和气味。当万物还聚在一起的时候，还不能清楚地认出颜色来，因为混在一起，干湿不分，冷热不分，明暗不分，有碍于分辨颜色。而且其中还夹着很多土和无数彼此完全不相似的种子。既然是这样，我们就必须承认全体中包含一切事物。

这些东西由于重力和速度而旋转着，彼此分离开来。重力造成了速度。但是这种速度与人类世界中现有的速度不能相比，要快不知多少倍。

当万物分别开来之后，我们应该认识到，全体是不能增也不能减的。因为不可能有多于全体的东西，一切是永远相等的。

事物不可能是分散孤立的，而是一切分有着一切。万物都各包含着很多东西，而且在分离出来那些较大的和较小的东西里包含的一样多。

在小的东西中没有最小的，总是有更小的东西。因为绝不能使存在的东西分割到不存在。在大的东西中也总是有更大的东西。大的东西和小的东西一样数量无限。每一件事物本身都既大而又小。

每件事物中都包含着每件事物的一部分，除了“奴斯”的部分以外别的事物都具有每件事物的一部分，而“奴斯”则是无限的、自主的，不能与任何事物混合，是单独的、独立的。因为如果它不是独立的，而是与某物混合的，那么它就因此要分有一切事物；与它混合的东西会妨碍它，使它不能像在独立情况下那样支配一切事物。因为它是万物中最细的、也是最纯的，它洞察每一件事物，具有最大的力量。对于一切具有灵魂的东西，不管大的或小的，奴斯都有支配力。而且奴斯也有力量支配整个涡旋运动，所以它是旋转的推动者。这旋转首先从某一小点开始，然后一步一步推进。凡是混合的、分开的、分离的东西，全都被奴斯所认识。将来会存在的东西，过去存在过现已不复存在的东西，以及现存的东西，都是奴斯所安排的。现在分开了的日月星辰的旋转，以及分开了的气和以太的旋转，也都是奴斯所安排的。就是这个旋转造成了分离，于是稀与浓分开，热与冷分开，明与暗分开，干与湿分开。很多的事物中各有很多的部分。但是没有一件东西与其他的东西绝对分离，只是与奴斯完全分开。每一个奴斯都是一样的，不论大小，但是其他的东西没有一件是与另一件相似的，一个个别的事物包含的某种部分最多，它现在和过去就突出地显出是某种东西。

奴斯开始推动时，运动着的一切事物就开始分开；奴斯推动到什么程度，万物就分开到什么程度。这个涡旋运动和分离作用同时又造成了事物更强烈的分离。

这永远存在的奴斯也确实存在于每一个其他事物存在的地方，存在于环绕的物质中，存在于曾与那物质连在一起、又从那里分离出来的东西中。

希腊人说产生和消灭，是用词不当的，因为没有什么东西产生和消失，而只是混合或与已有的东西分离。因此正确的说法是把产生说成混合，把消失说成分离。

在我们所吃的东西中并存着一切东西，因而一切东西都能由它而增长。所以在食物中便含有血液、神经、骨骼等等的部分，这些部分只能为理性所认识；因为不能把一切都归结到感官，感官只是给我们指出水和面包由这些物质构成，而只有理性才能认识到这些物质包含着部分。

由于感官无力，我们才看不到真理。

可见的东西使我们看到了看不见的东西。

在体力上和敏捷上我们比野兽差，可是我们使用我们自己的经验、记忆、智慧和技术。

感觉由相反者生成。因为相同者是不受相同者影响的。一件东西的热和冷不是由类似的东西使我们感知热和冷的，也不能通过同样的东西来认识甜和苦，而是根据每一个的缺乏由热感知冷，由咸感知淡、由苦感知甜。

【附记】

　　□阿那克萨戈拉的"种子"学说近似于物质结构的微粒说，同恩培多克勒的"四根"说一样是古希腊唯物主义对物质结构的探索。

德谟克利特

【生平】

约在公元前 460 年生于色雷斯沿岸的阿布德拉商业城，他本人经商并且富有，曾周游各地。他写了大量著作，涉及几乎所有各门知识，但无一著作保存下来。他称得上是"希腊人中第一个百科全书式的学者"（马克思语）。他是留基波的学生，阐述和发挥了留基波的原子论学说，于公元前 370 年逝于阿布德拉。

【思想】

充实和虚空是最根本的元素。一个是作为存在者而存在，另一个是作为不存在者而存在。充实而坚固构成存在者，虚空而稀疏构成不存在者。存在者并不比不存在者更实在，因为虚空并不比坚实不实在。

存在者没有任何部分是不存在者。在严格意义下的存在者是绝对充实的。可是这充实却不是一个，而是由无数微粒构成的。这些微粒因为很小，所以是看不见的。这些微粒在虚空中运动，产生就是由于它们的结合，毁灭就是由于它们的分离。

万物的本原是原子和虚空。原子在大小和数量上都是无限的。原子由于充实而不可分割。它们在宇宙中处于涡旋运动之中，因此形成各种复合物：火、水、气、土。这些东西其实是原子集合而成的。原子由于坚固，是既不能毁坏，也不能改变。

没有任何东西是从无中来的，也没有任何东西在毁灭之后归于无。

原子之间的区别是其他一切事物的原因。这些区别有三种：形状、次序、位置。事物的不同仅仅在于形态、相互关系和方向。形态属于形状，相互关系属于次序，方向属于位置。

原子的形状是无穷的。

原子有的呈角状，有的带钩状，有的凹陷，有的凸起，千姿百态，各不相同，由此它们互相靠拢，聚在一起，直到有的时候一种特别的必然性由四周进入，把它们摇撼扯散。

有些原子非常大。

灵魂由原子构成。球形的原子构成灵魂，是因为这种形状的原子最适于穿过一切事物，自己运动着，同时使其他的一切一同运动。

灵魂和奴斯是同一样东西。灵魂是由最根本的、不可分的物体形成的，由于它的精致和形状而有产生运动的能力。球形的形状是最易动的，奴斯及火就是这种形状。

感觉和思想是由透入我们体内的影像产生的，因为若不是有影像来接触，就没有人能感觉或思想。

我们能看见东西，是由于影像投进了眼睛的缘故。

视觉是在眼睛和对象之间的空气由于眼睛和对象的作用而被压紧了，就在上面印下一个印子。因为从一切物体上都经常发射出一种波流，空气由于取得了坚固的形状和不同的颜色，就在湿润的眼睛中造成了影像。

声音是由于一种密集的而且以很强力量进入的空气的结果。掉在虚空中的空气产生一种运动最大量地进入耳朵，听觉就只在这地方而不在身体的其他地方产生。

自然中颜色是不存在的，因为元素是没有性质的，只有一种坚实的微粒和虚空；由微粒构成的复合物全靠元素的次序、形状和位置获得颜色。

甜是从俗约定的，苦是从俗约定的，热是从俗约定的，冷是从俗约定的，颜色是从俗约定的，只有原子和虚空是实际上存在的。

人应该知道他是离实在很远的。要认识每一事物的实在本性是不可能的。

已经多次指明，实际上我们并不知道每一事物是什么或不是什么。

实际上我们丝毫不知道什么，因为真理隐藏在深渊中。

形成一切事物的原子是没有任何可感觉的性质的，只有能为理解力所把握的，才是真的。

有两种形式的认识：真理性的认识和暗昧的认识。属于后者的是视觉、听觉、嗅觉、味觉和触觉。但真理性的认识和这根本不同。当暗昧的认识在最最微小的领域内不能再看、再听、不能再尝、不能再触，而知识的探求又要求精确时，于是真理性的认识就参加进来了，它具有一种更精致的工具。

可怜的理性，在把你的论证给予感官之后，你又想打击感官，你的胜利就是你的失败。

真理和显现于感觉中的东西毫无区别，凡是对每个人显现，并对他显现得存在的，就是真的。

一切都遵照必然而产生，涡旋运动既是一切事物形成的原因，也就是它的必然性。

水蒸发到天空而下雨，就是必然的。种橄榄掘地发现了宝藏，秃鹰从高空猛扑乌龟竟碰破了头，这类事件看似偶然，但都有其原因，都是必然的。

找到一个原因的解释，胜过成为波斯人的王。

古人看见天上的现象便害怕神，相信神是这些现象的原因。他们感受到这些事物的影像，就想象有神，其实除了这些影像之外并没有不死的神。

有些人对我们的有死之躯无知，为生活中的痛苦、烦恼和恐惧所困扰，便虚构死后的神话。

对人来说，最好的是能够在一种尽可能愉快的状态中过生活，并尽可能少受痛苦。如果他不任由欲望执着于那些容易破灭的财富上，这一点就能达到。

快乐和不适构成了那"应该做或不应该做的事"的标准。

快乐和不适决定了有利和有害之间的界限。

省吃俭用而忍饥挨饿，当然是件好事，但在适当时机挥金如土，也同样是好事情。这就由修养成熟的人来决断。

一生没有宴饮，就像一条长路没有旅店一样。

给人幸福的不是身体上的好处，也不是财富，而是正直和谨慎。

不应追求一切种类的快乐，应该只追求高尚的快乐。

对一切沉溺于口腹之乐，并在吃、喝、情爱方面过度的人，快乐的时间是很短的，就只是当他们在吃着、喝着的时候是快乐的，而随之而来的坏处却很大。除转瞬即逝的快乐之外，这一切之中丝毫没有什么好东西，因为总是重新又感到有需求未满足。

当人过度时，最适意的东西也变成了最不适意的东西。

一个人不愁他所没有的东西，而享受他所有的东西，是明智的。

凡期望灵魂至善的人，是追求某种神圣的东西，而寻求肉体快乐的人则只有一种容易幻灭的好处。

人们通过享乐上的节制和生活的宁静淡泊，才得愉快。如果接受了这一原则，你就能生活得更愉快，并且驱除了生活中不少的恶：嫉妒、仇恨和怨毒。

让自己完全受财富支配的人是永远不能合乎正义的。

行不义的人比遭受这不义行为的人更不幸。

不做不义的事还不是善良的标志，应该甚至连不义的意向都没有。

可恶的不是做不义的事的人，而是那有意地做不义的事情的人。

行善望报的人是不配称为行善者的；这称号只配给那只为行善而行善的人。

不是由于惧怕，而是由于义务，应该不做有罪的事。

认识好人和坏人，不仅是从他们的行为看，而且也要从他们的意愿看。

对善的无知，是犯错误的原因。

在一种民主制度中受贫穷，也比在专制统治下享受所谓幸福好。

【附记】

□德谟克利特为古希腊唯物主义最高成就——原子论的创立者。

□古希腊原子论的真正始祖是留基波，但他本人的事迹没有记载可查，也没有著述传世，后人只知他的名字。由于原子论学说是由德谟克利特阐述和传播的，历史上多简便地指德谟克利特为原子论的创立者，同时承认德谟克利特的著述包含留基波的思想观点，有时也把两人并称为原子论的创始人。

二、古希腊繁盛时期哲学家

繁盛时期产生了「智者」以及苏格拉底、柏拉图、亚里士多德。所谓「智者」是一批独自活动、没有组织、不属统一学派、各有自己哲学观点的教师，主要代表有普罗泰戈拉和高尔吉亚。苏格拉底、柏拉图、亚里士多德是三代传承并把古希腊哲学发展到高峰的哲学家。

普罗泰戈拉

【生平】

公元前 481 年（又传 490 年）出生于阿布德拉，是德谟克利特的同乡。三十岁时开始了被称为"智者"的生涯，曾游历过许多城邦，其中在雅典的活动使他成为著名人物，公元前 444 年曾协助伯里克利为雅典的殖民城邦图里制定过法典。据记载他有几部论著，比较可信没有争议的是《论真理》《论神》《论相反论证》，都已失传，只有两三个特别著名的论题被人记录下来。大约在公元前 411 年因受雅典人指控渎神而被驱逐，乘船离雅典途中翻船溺水而死。

【思想】

人是万物的尺度，是存在者存在的尺度，是不存在者不存在的尺度。事物对我就是它向我显现的样子，对你就是它向你显现的样子，对每个人来说，事物显现的样子也就是像他所感觉到的样子。

关于神，我不可能感知他们是怎样存在或怎样不存在，也不可能感知他们像什么东西，因为有许多感知上的障碍，即人们不可能有亲身感受，且又人生短促。

一切理论都有相对应的说法，对每一事物都有完全相反的说法。

要想成为有教养的人，就应当应用自然的秉赋和实践，此外还宜于从少年时代开始学习。

【附记】

□普罗泰戈拉为公元前五世纪古希腊出现的诸多"智者"当中最有影响的一个，他的哲学观点为感觉主义。

□所谓"智者"是公元前五世纪一批以雅典为中心而又游历各方的教师的称呼。他们各自独立活跃在社会上，公开发表演说，同对手进行辩论，收徒讲学有酬传授知识，行踪不定，思想主张各异，没有共同组织，不属统一学派，但都适应此时繁荣的奴隶主民主政治生活的需要，讲授自己关于演讲术、论辩术、诉讼、语法修辞以及安邦治国等某个或某些科目的知识和见解，也发表各自的哲学思想观点。他们的言论和著作只有很少残篇保留下来。直到公元三世纪时还有智者活动，但在哲学史上有积极意义和地位的是公元前五世纪的这些早期智者，最著名的是普罗泰戈拉和高尔吉亚。

高尔吉亚

【生平】

公元前 483 年出生，莱奥狄尼人，曾于公元前 427 年作为自己城邦的使节出使雅典求援抵抗叙拉古扎。他起初是恩培多克勒的一个学生，研究自然哲学，还对一种天体仪进行过研究。后来因受芝诺思想的影响，他产生了怀疑主义倾向，在一部名为《论非存在或自然》的著作中对怀疑论有过清晰的表述，该著作有若干摘录保存下来，最著名的是他确立的那三个命题。此后他转向研究修辞学，又是美学的奠基人。他的两篇演说词《海伦赞》和《为帕拉谟德斯辩护》成为他的修辞学代表作。有几个学生发挥了他的某些思想。死于公元前 375 年。

【思想】

一、无物存在；二、若有物存在，人们也无法认识它；三、即使可以认识它，也无法向他人述说。

【附记】

□高尔吉亚是和普罗泰戈拉同时代的著名智者，其哲学观点有怀疑主义倾向。

□以普罗泰戈拉和高尔吉亚为代表的早期智者，其哲学思想在于看重人本身，并有否定旧传统观念的倾向。但他们的活动也带有否定一切和玩弄论辩技巧的潜在因素，这一消极方面后来因社会形势的影响而蜕变为后期智者的诡辩活动，丧失了智者的积极方面。

苏格拉底

【生平】

公元前 469 年出生于雅典，一生中经历了伯里克利民主政治的繁荣和贵族派三十僭主寡头统治。在伯罗奔尼撒战争的 27 年中，前期他曾三次参加征战。作为一名哲学家，他对当时和后世都产生了重大深远的影响。他放弃早年对自然哲学的研究而转向人自身，提出"认识你自己"的主张，声称自己是一只"牛虻"，用叮刺来警示和劝诫雅典人，以期改善人们的灵魂。他随处同各种人交谈和讨论诸如伦理、哲学等各种问题，并以引导青年为己任，身边聚集了一批青年弟子，其中有些人后来成为政治家或哲学家。公元前 399 年被苏格拉底民主政权以不信神和败坏青年罪而判处死刑。后世学者对他的政治立场以及被判刑的真实政治原因有不同认识，或认为他反对民主派拥护贵族派，或认为他属民主派。当今还有学者提出一种新观点，认为他处在奴隶主民主制从兴盛走向衰落的历史时期，他既反对贵族派又对民主政权有所针砭，意在巩固振兴奴隶制度。他没有撰著传世，他的思想学说是通过他的学生塞诺封写的《回忆录》和另一学生柏拉图写的苏格拉底对话录，记述并留存下来。

【思想】

I

凯勒丰是我的故交，有一回他跑到德尔斐，冒冒失失地向神提了一个问题，求神谕告诉他有没有比我更智慧的人。女祭司传下神谕说，没有人更智慧了。我听到这个神谕的时候，心里暗想，神的这句话能是什么意思呢？他这个谜应该怎样解呢？因为我知道自己没有智慧，大的小的都没有。我经过长期考虑，想出一个办法来解决问题。我想，如果能找到一个人比我更智慧，那就可以到神那里去提出异议了。我就去访问一个以智慧出名的人物，是一位政界人士，结果我不能不想到他实在不智慧。后来我又访问了另外一位更加以为有智慧的人，结果是一模一样。我一个接一个地考察人，并不是没有意识到自己激起的敌意，也曾为此悔恨、畏惧，但我应首先考虑神的话。心想我必须把所有显得智慧的人都访问到，把神谕的意义找出来。我凭着犬神发誓，我看来看去，发现那些名气最大的恰恰是最愚蠢的，而那些不大受重视的人实际上倒比较有智慧，比较好些。所以我就代表神谕问自己：你情愿像原来那样，既没有他们的智慧，也没有他们的无知呢，还是愿意既有他们的智慧，也有他们的无知？我向自己和神谕回答说，还是像我原来那样好。其实，只有神才是最智慧的，那个神谕的用意是说：人的智慧没有多少价值，或者根本没价值。他只是用我的名字作例子，意思大约是说："人们哪，像苏格拉底那样的人，发现自己的智慧真正说来毫无价值，那就是你们中间最智慧的了。"

希腊七贤在德尔斐神庙聚会，向阿波罗奉献他们最重要的智慧之果，刻下了至今脍炙人口的铭文："认识你自己"和"不要过分"。

II

我年轻的时候，曾热切地希望了解那门称为自然研究的哲学，希望知道事物的原因，知道一件东西为什么存在，为什么产生，为什么消灭。我认为这是一件很高尚的事业。我总是激励自己去思考这样一些问题：动物的生长真的是热和冷引起发酵的结果吗？我们借以思想的元素究竟是血还是气或是火？脑子才是听觉、视觉和嗅觉的原动力，而记忆和意见是从这些知觉来的，科学知识是记忆和意见达到平静状态时的产物吧？后来我又去考察事物的毁坏，还考察了天上和地上的事物，最后才得出结论：我自己是完全没有能力做这种研究的，绝对不行。我已被这些问题迷惑到两眼昏花的程度，有些东西我原来认为自己和别人都知道得很清楚，现在也看不清了。后来我听说有人在一部据说是阿那克萨戈拉写的书里看到过，"奴斯"[nous 心灵、理性]是安排一切的原因。我听了很高兴，认为这个想法很可佩，心里想，如果奴斯是安排者，那就会把一切都安排得尽善，把每一件特殊事物都安排到最好的位置上。我很高兴在阿那克萨戈拉身上找到了一位老师，他所讲的存在的原因正中我的意。我以为他会告诉我大地不管是圆是扁，其所以如此的原因和必然性，并告诉我这是最好的，我也就满足而不再要什么别的原因了。然后我再问他日月星辰的问题，他会向我解释这一切都是最好的。既然他说过奴斯是一切事物的安排者，他对于它们之所以如此，除了说这是最好的以外，还能做什么别的说明。我抓着书尽快地拼命读，急于知道什么最好什么最坏。我往下看，发现这位哲学家完全不用奴斯，也不用任何其他安排事物的原则，而是求助于气、以太、水以及其他稀奇古怪的东西。这样说是分不清什么是真正的原因，什么是使原因起作用的条件。有很多人在暗中摸索着，在这个问题上总是出错，总是叫错名字。这样，就有人认为天是一个漩涡，绕着地转，使地固定不动；又有人认为地撑着天，是一个扁平的槽。他们从来没有想到，把这些东西安排成现在这个样子的，正是一种要把它们安排得尽善的力量；他们不在事物中找出一种神力，却希望另外找出一个支撑世界的阿特拉斯[神话中的撑天神]，比这种神力更强大，更不朽，更能包罗万象。他们丝毫不想"善"这种担当一切、包罗一切的力量。然而这正是我最乐意知道的本原。

III

我这个人，打个不恰当的比喻说，是一个牛虻，是神赐给这个国家的。这个国家好比一匹硕大的骏马，可是由于太大，行动迟缓不灵，需要一只牛虻叮叮它，使它精神焕发起来。这样的人是不容易找到的，我说我是神赐给这个国家的，绝非虚言。我这些年来不营私业，不顾饥寒，却为人们的幸福终日奔波，一个一个地访问，如父如兄地敦促人们关心美德——这难道是出于人的私意吗？连我的控告者们，尽管厚颜无耻，也不敢说我勒索过钱财，收受过报酬。而我倒有充分的证明说明我的话句句真实，那就是我的贫寒。

我力图规劝每个人不要多想实际的利益，而要多关注灵魂和道德的改善；或者说不要多想获利，而要多关心城邦的改善。

善是我们一切行为的最高目的，其他一切事情都是为了善而进行的，并不是为了其他目的而行善。正是为了善我们才做其他事情，包括追求快乐，而不是为了快乐而行善。

灵魂本身的东西如果要成为善，就都系于智慧，因此智慧是使人有益的东西。而美德也是有益的，这样我们就达到了结论：美德整个的或部分的是智慧。

美德即知识，是可以由教育而来的，它们都是加上智慧或愚蠢才成为有益或者有害的，因此美德若是有益的，就必定是一种智慧。

肯定了美德就是知识，那么美德无可怀疑地是由教育而来的。

IV

让我们努力说明什么是勇敢。我们要回答的不仅仅是重装步兵中的勇敢，也是骑兵及所有战士中勇敢的人；不仅仅是战争中的勇士，也是在海上航行中的勇士，以及所有在疾病、贫困和公共事务中的勇敢者；不仅仅是抵御痛苦和恐惧的勇士，而且也是抵挡欲望和快乐的刚勇之士，无论他们是坚守岗位还是攻击敌人。在所有这些行业中勇敢的人都是存在的。他们有些在快乐方面勇敢，有些在痛苦方面勇敢，有的在欲望方面勇敢，有些在恐惧方面勇敢。而其他人，我想在这些方面是怯懦的。那么一般的勇敢和怯懦是什么？这就是我要知道的。我的意思是说，例如我问什么是快，它是我们在跑步、弹竖琴、说话、学习及其他许多活动中都能找到的，也是我们在任何值得一提的如关于手的、脚的、嘴的或者言语的、理智的活动中，都实际拥有的。在所有这些活动中被称为快的那个东西究竟是什么呢？我就回答说："在很少的时间内能做许多事情的能力就是快。不论是在说话中、竞赛中还是在其他活动中。"

所谓勇敢并不是这一种或那一种具体的勇敢行为，而是指这些行为的共同性质。对于美德也是一样，不论它们有多少种以及如何不同，它们都有一种使它们成为美德的共同性。要回答什么是美德最好着眼于这个共同性。

要找到贯穿于一切美德之中的共同美德。

我们时常停留在特殊事物上，但是既然你用一个共同名称来称呼它们，说它们每一个都是图形，那你称它们为图形的那个共同性质是什么？

什么是圆、直线以及其他你称为图形的事物中的共同的东西？

事物中有永恒的本性，有绝对的美或善等等绝对的存在。

一切事物都有一个共同的概念。

【附记】

□苏格拉底早年曾研讨自然哲学，后来转向探讨人的理性、智慧、美德等问题，在哲学史上开创了哲学研究的新课题。他在探讨这些问题中阐述了个别事物之间的共同性问题。

□他提出了世界是由所谓的"奴斯"以尽善为目标尺度来创设各种事物这一尽善目的论的世界观。

□苏格拉底采用一种通过对话问答的方式来揭露对方的矛盾（他称此为辩证推理）使对方改变错误认识，并从归纳事物的共同本性找出事物普遍定义的方法以探求真理，他称之为辩证法；这是从逻辑论证的意义上来使用和定义的辩证法概念，而不是作为世界观方法论的辩证法，是辩证法一词的最初含义。

欧克里德

【生平】

约在公元前 450 年出生于麦加拉，是苏格拉底的热心追随者、弟子。据说他曾记录过苏格拉底的一篇对话，本人也写过几篇对话，都已失传。他的活动形成了一个追随苏格拉底的学派，于公元前 374 年病死。

【思想】

最高的善（智慧、神、奴斯）是"一"，是连续一致、总是同一的。

一切同"善"对立的东西是非存在的。

【附记】

□欧克里德为麦加拉派创始人，力图把苏格拉底的基本范畴"善"同巴门尼德的存在说结合起来。

□麦加拉派因创始人为麦加拉人而得名。该派拥有几代成员，其中有的成员（如欧布里德等）在对思想学说的论证中分别接触到某个逻辑问题，在逻辑学的发展上起了积极作用。

欧布里德

【生平】

生卒年不详，米利都人，提出了许多包含自相矛盾的论题，用以论证麦加拉派的基本学说。

【思想】

一粒谷子不能造成一堆，但连续递增一粒谷子，到一定时候再增的一粒谷子就造成一堆。

你说你认识某某人，此人蒙面在你面前你却不认识这个你说认识的人。

你没丢失某物便依旧有它，你没有丢失犄角，你便有犄角。

我是在说谎。

【附记】

欧布里德为麦加拉派成员，他的许多自相矛盾的论题，即是逻辑学上的悖论。他的论题的意图在于揭露，一般正确的论断在某种具体情况下却使人的思维陷入矛盾，从而以此论证麦加拉派的主张：普遍一般性的事物本身，是一致的、同一的，因而也才是真实的。

安提斯泰尼

【生平】

约在公元前 445 年生于雅典，母亲是色雷斯的一个女奴。他先随高尔吉亚学习，后转而师从苏格拉底，自认得到苏格拉底的真传。他同自己的门徒聚集在雅典郊外一处由赫拉克利斯资助的称为"白犬"的运动场进行交流和讲学，形成了又一个追随苏格拉底的学派。他传承苏格拉底的思想，欲改善人们的灵魂。他履行"按美德生活"的信条，以俭朴为生活守则。但他片面追求一种禁绝感性快乐的生活，宣称"我宁可发疯也不愿追求感官的快乐"。对于他那种并非常人的所谓俭朴生活方式，即便苏格拉底也并不赞赏。他抨击僭主政治，但对民主制也有不满。他写有十部著作均已失传。约死于公元前 365 年。

【思想】

事物只能由一个关于它自身的陈述来指谓（即 A=A）。一事物是什么是不能定义的，只可能说明它像什么，例如银，我们不能定义它是什么，只能说它像铅。

美德可以传授，只有美德是高尚的。美德自身足以获得幸福。美德是行为，不需多少道理和学识。

有智慧的人自身是充足的，因为一切其他的善都属于他。声誉和痛苦一样，缺少它是善的。

有智慧的人在公众面前不是根据法律而是根据美德行事。为了有孩子他也同美丽女子结婚，他也有爱情，因为只有智慧的人才懂得什么人是值得爱的。

智慧是最坚固、最可靠的堡垒，不可摧也不会被叛卖。防卫之墙必须以我们自己不可动摇的理性筑成。

【附记】

□安提斯泰尼为犬儒学派创始人。他的学派被称为犬儒，是对昔尼克（cynic）一词的义译，这或许是因为他们聚会的场所在"白犬"运动场（即昔尼克），或是因为他们（尤其是他的著名弟子第欧根尼）所践行的那种粗鄙的生活方式。这个学派宣扬的道德观念和后世的斯多亚派有紧密联系。

□犬儒派在希腊晚期还曾一度延续过，在罗马帝国时期又曾复兴过，历史上分别称为中期和晚期犬儒派。

阿里斯提波

【生平】

约在公元前 435 年出生于居勒尼，因仰慕苏格拉底的名望而去了雅典。此前他已熟悉普罗泰戈拉的学说。在向苏格拉底学习期间常因有自己不同见解而与苏格拉底争辩。在苏格拉底的弟子中，他第一个在家乡收费讲学，是追随苏格拉底的另一个学派。他一生追求享乐和个人自由，宣称"通过自由，这是一条通往幸福的光明大道"。据记载，他写过一部对话集，已佚。约死于公元前 355 年。

【思想】

所有生物都对快乐感到舒适，对痛苦表示厌恶。

我们从孩童时起就本能地为快乐所吸引，这证明了快乐就是目的。一旦获得了它，便不再寻求更多的东西了。我们往往躲避与快乐相反的东西，即痛苦。

快乐即使是从最不光彩的行为中产生的，也是善的。因为即使行为是不合理的，但所产生的快乐却是人们所希望的，因而是善的。

有些人未能选择快乐只是因为他们的心灵被扭曲了，但并不是一切灵魂的快乐和痛苦都来自肉体的快乐和痛苦。例如我们对国家的兴旺发达所感到的高兴之情并不亚于我们对自己的成功所感到的高兴。仅仅从视觉或听觉中得到的快乐并不都是真正的快乐。我们听摹仿哀痛的表演时很快乐，但现实却要引起痛苦。

肉体的快乐远胜于灵魂的快乐，肉体的痛苦远比灵魂的痛苦难受。但能产生某些快乐的事情常具有痛苦的性质。因此要积累快乐以得到幸福（一切特殊快乐的总和）是很难办到的事。

并非每个智慧的人都活得快乐、每个愚蠢的人都活得痛苦，不过大多数情况是这样的。践行智慧是善，虽然人们追求善不是为了善自身而是为了善的结果快乐，因此有时美德甚至可在愚蠢行为中实现。

灵魂的状态可以把握，而产生这些状态的对象是不可知的。对自然的研究显然没有确实性。物理学和辩证法是无用的，因为只能学过善和恶的学说的人能说话得体，摆脱迷信，消除对死亡的恐惧。

只有感觉才是可理解的，不会错；而引起感觉的对象却不是可理解的，不是确实可靠的。我们有白或甜的感觉，这是一种我们能确实无可争辩地陈述的东西，但产生这种感觉的对象是否白或甜却是不能断言的。

任何东西都不能凭个人感觉它如何来说明，而只能根据内在的情感来说明。

并不存在人类共同标准，而只有给予对象的共同名称。

对一切事物而言，感觉的存在就是标准和目的；我们遵循它生活。

注意证据和认可，也就是寻求联系其他感觉的证据，寻求联系快乐的认可。

【附记】

□阿里斯提波创立了居勒尼学派，又称享乐主义学派，它把苏格拉底的"善"理解为快乐，并以哲学上的感觉论作为理论基础，同它的享乐主义伦理思想结合起来。

□居勒尼学派因创始人在其家乡居勒尼创立并进行活动而得名，成员有赫格西亚、狄奥多罗等。居勒尼学派同麦加拉派和犬儒派一起作为三个追随苏格拉底的学派，在哲学史上称为"小苏格拉底派"。

柏拉图

【生平】

公元前 427 年出生于雅典一个显贵家庭，幼年受过良好的教育，20 岁时师从苏格拉底研讨哲学问题，此前曾接受赫拉克利特派的克拉底鲁直接教导。公元前 399 年在苏格拉底被判死刑后，同苏格拉底的其他弟子一样遵从老师的遗言外出游学，起初他投奔麦加拉派的欧克里德，后来可能还去过埃及、小亚细亚、意大利及西西里岛，也可能同后期毕达哥拉斯派有过接触。公元前 387 年返回雅典，在雅典郊外的英雄阿卡德穆圣殿附近买下一处林中园地，创办了一所学校，称为 Academy（通译为"学园"），从事讲学和著述。他的著作采用对话的形式，在他的名下留传至今的数十篇著作中有几篇被确定为伪作，另有几篇被认为可疑，只有记录苏格拉底在法庭上的辩词《申辩》以及二十几篇对话被公认为真的。主要的对话有《小希比亚》《卡尔密得斯》《拉赫斯》《利西斯》《尤息弗罗》《克里托》《普罗泰戈拉》《斐德罗》《高尔吉亚》《美诺》《尤息底谟斯》《泰阿泰德》《智者》《政治》《巴门尼德》《克拉底鲁》《会饮》《斐多》《斐利布》《国家》《蒂迈欧》《克力蒂亚斯》《法律》。于公元前 347 年无疾而终。

【思想】

I

整个世界究竟是永远存在而没有开始的呢，还是创造出来的而有一个开端呢？我认为世界是创造出来的。因为它是看得见的，摸得着的，并且有形体；所有这些东西都是可以感知的，而一切可感知的东西都处在一个创造的过程，因而是被创造出来的。

世界的创造用掉了四种元素的全部，因为创造者从全部的火、水、气、土中构造出世界。他不留任何元素的任何一部分或力量在外面。

这个世界的创造者用什么样的模型来创造这个世界呢？是用永恒不变的模型还是以生灭不息的事物为模型呢？如果世界是完美的，创造者是善良的，显然创造者就必定是注视着那永恒不变的东西作为模型。每个人都很清楚，创造者所注视着的是永恒不变的东西，因为世界是最完美的创造物，而创造者是最善的原因，所以他必然是照着理性所把握的、永恒不变的模型创造出来的。

我们必须承认有一类自身同一的形式，不被创造，并永远不能被摧毁，它不从其他事物中吸取任何东西，自身也不转变。它不为感官所觉察。它是思辨的领域。还有一类是按照前一类起名的，因而十分类似，它为感官所感知，是产生的、生成的，变动不居的，在某处又不在某处，只能由感官提供的意见来把握。

如果承认了这些前提，那么世界就必然是某物的摹本。

对于前面的讨论来说，这两类就足够了：第一类是模型，是可认知的，永恒不变的；第二类是模型的副本，是可见的，从属于变动的。

现在讨论的进展要求我们尝试说明第三类。它很难表述，只是朦胧可见。它拥有的本质属性就在它是所有变动物的容器，好比一个养殖园。在它的整个范围内经常地适合接受所有永恒的、可认知的事物的摹本，其本性不拥有任何特殊的形状。因而，各种被制造的、可见的，在许多方面可为感官感知的事物的容器或者养殖的，我们不应叫作土、气、火、水或它们的复合物，以及从它们中派生出来的其他元素。相反，如果称它是一个不可见的、无形式的、容纳一切的，以某种神秘方式艰难地分有可认知的类，那我们就把它描绘得很正确了。这个第三类本性，就是永恒存在的空间。

这样，存在[即模型]、空间、生成物以三种不同的事物存在于天空产生之前。生成物的养殖所，为水所湿，为火所点燃，收纳了土和气的形式，并拥有一切伴随它们的属性，呈现出多种多样的状态。使这个宇宙秩序化的工作一旦开始，尽管水、火、土、气也还保留有它们自己性质的痕迹，所有可能存在的事物还保持它们的自然状态，但神首先通过形式和数使它们只具有形状，而尽可能把它们建筑得完美无缺。

让我们看看创造者为什么要创造可变事物及其他一切事物。神是善的，从不嫉妒，他希望每件事情都尽可能像他自己。这是关于宇宙和变动事物的起源的最高原则。神希望一切事情尽可能是善良的，没有邪恶。当他发现整个可见领域是处于无秩序的运动状态时，他把无秩序变为有序，他认为有序的状态比较好一些。神在静观了自然可见物之后，觉得整个看来，没有任何非理智的东西会比理智的东西完美。而理智在缺少灵魂的地方是不可能出现的。鉴于此，当他构造这个宇宙时，他把理智放入灵魂，将灵魂放入身体。这样他的作品从本性上说就是最完美的、最善的。用近似的或概然性的说法，我们说由于神赋予了灵魂和理智，世界是被作为有生物而产生出来的。

创造者使世界变成了一个单一的整体，不缺任何部分，不易变老和生病。他把世界创造成一个圆球状，各个方向的顶端到中间的距离相等。

创造者把适合于世界的形状的运动，即所有七种运动中专属于理智和思想的运动分派给它。它永远在同一地点运动，在它自己的界限内按圆形旋转。

世界的创造主说：我是所有事物的父亲。除非我愿意，我的作品是不可毁灭的。尽管所有的组合物都可能消散，但只有恶魔才乐意损坏结合得十分和谐美好的东西。因此，虽然你们是创造出来的，并不是不朽的和不可毁灭的，但你们肯定是不会分解的，也不会招致死亡。

II

我们肯定，有美自身、善自身、大自身以及诸如此类的东西。

美的事物所以是美的，是由于美自身。大的事物所以大，是由于大自身。小的事物所以小，是由于小自身。

我们说有"相等"这样一个东西，我们说的不是一块木头和另一块木头相等，或一块石头和另一块石头相等，或其他类似的事情，我所说的是在这些之外的另一个东西，即相等自身。

一方面我们说有多个的东西存在，并说这些东西是美的，是善的，等等。另一方面，我们又说有一个美自身、善自身等等，就是说，相应于每一组这些多个的东西都有一个单一的型相[eidos，或译为"理念"]。

当我们给许多个别的事物冠以同一名称，我们就假定有一个型相存在。

我们假定型相是一个统一体而称它为真正的实在。

正像我们常说的，有美自身、善自身以及一切这类的实体存在。

一个东西之所以存在，除了由于分有它所分有的特殊实体，不会由于什么别的途径。二之所以存在，只是由于分有了二的实体。

美自身是独立的、始终单一的存在，所有其他美的事物以某种方式分有它。

如果在美自身之外还有其他美的事物，这种美的事物之所以美，就只能是因为它分有了美自身。对于所有其他事物也是这样。

希米亚比苏格拉底大是因为他恰好分有大；他大于苏格拉底是因

为相比于他的大而言苏格拉底分有小。他小于斐多，是因为相对于希米亚而言斐多分有大而希米亚则分有小。

可见那些相等的事物和相等自身或相等的型相不是一回事了。

如果有人向我说，一件东西之所以美，是因为有美的颜色、形状之类，我是根本不听的，我只简单、干脆、甚至愚笨地认定一点：一件东西之所以美，是由于美自身出现在它上面，或者为它所分有。关于出现或分有的方式这一点，我不作积极的肯定，我所要坚持的一点仅只是：美的事物是由于美自身使它成为美的。

一个人只承认有美的事物而不承认有美自身，把对实在的摹本看成是实在本身，岂不就是在做梦吗？

一个人能认识美自身，并对美自身跟分有美自身的事物加以区别，既不把美自身当作这些事物，也不把这些事物当作美自身，这是清醒的。

美的本性是永恒的，不生不灭，不增不减。虽然美的事物生灭不已，但美自身却从不增减，也不受其他事物的影响。

有一个"类似"自身，还有一个作为类似反面的"不似"自身，凡分有类似，即变为相似的，分有不似，则不相似。分有的方式和程度不同，相似、不相似、既似又不似的方式和程度也各自不同。即使所有事物都分有对立的双方，通过分有使自己既相似又不相似，这有什么奇怪呢？如果有人证明，类似自身变成不似，或不似自身变成类似，这在我看来确实是很令人奇怪的。

那位不承认有永恒不变的美自身或美的型相而只承认有许多美的事物的人，正是那种喜欢悦耳的声音和美丽的颜色而不愿听说美自身是真实存在的人。

相等的石头、相等的木头等等，即使它们没有改变，有时从一方面看去是相等的而从另一方面看去又是不等的。但是相等自身或相等的型相，却不会和不等的型相一样。

相等的事物彼此相等，要比相等自身会差一些。所有这些相等的事物都力图和相等自身相似，却赶不上它。

作为多个东西，是我们所能看见的，而不是思想的对象，但是型相则只能是思想的对象，是不能被看见的。

III

我们已经明确，意见和知识是互不相同的。

意见单独有它自己的对象，知识也同样有它自己的对象。意见和知识永远表现为不同的能力，这两种能力各有各的功用，各有各的对象。

那些只看众多美的事物看不到美自身或只看众多公正的事物看不见公正自身的人所倾慕的东西是意见的对象，那些思考事物不变本质的人所倾心爱慕的东西是知识的对象。

我们说知道美自身的人具有知识，只能见到事物的人只有意见。

如果不是通过视觉、触觉或其他官能，我们就不会、也不可能得到这种知识。

我们是从那些区别于相等自身的相等物而获得相等自身的知识的。

我们正是看见了相等的木头、石头或其他相等的东西之后，才知道相等自身这另一个东西。

一个看到、听到或以其他方式感知某物的人，不仅知道了这个事物，而且也想到了另一个其知识与前者相区别的事物，我们就说他是回忆曾知道过的东西。

只要你看见一个东西因而想到另一个东西，不管它们相似不相似，那必定是回忆。

回忆可以由相似的东西引起，也可由不相似的东西引起。

在我们听、看或使用其他感官之前，必定已经在某个地方获得了相等自身的知识。

我们的灵魂是在什么时候获得这种知识的呢？当然不是在我们投生之后。

我们必定是在出生之前已经获得了它。

灵魂在进入人体取得人形以前，就在肉体之外早已独立存在并具有知识。

如果美自身、善自身这类实体存在，我们的灵魂就也在我们出生之前存在，如果这些实体不存在，我们的灵魂就也不存在。

我们在出生之前和出生的时刻就不仅知道相等、大些、小些，而且知道所有的自身，因为我们的论证既适用于相等，也同样适用于美、善、公正、神圣，即适用于标上"自身"印记的一切。所以我们必定是在出生之前已经获得了有关这一切的知识。

在用视觉或听觉或其他官能感觉到一个东西时，这个感觉就可以在人的心中唤起另一个与它相联系但已经忘记的东西，而不论两者相似不相似。因此，或者是我们大家生下来就知道并且一生都知道它们，或者是在出生之后那些学习的人只不过是在回忆，而学习只不过是回忆。那么，我们是生下来就有知识呢，还是出生后才回忆起我们生前已经获得的知识呢？

我们是在出生前获得知识而在出生时丢掉了，后来又通过使用各种感官重新得到了原来具有的知识，那么我们称为学习的这个过程，就是恢复我们固有的知识，我们把这叫作回忆。

既然灵魂是不朽的，且多次重生，它已经在这个世界及别的世界获得一切事物的知识；所以它能回忆起早先已经知道的有关美德和别的事物的知识，这是不足为奇的。整个自然界是同类的，灵魂已经知道一切事物，所以当我们回忆起某个东西——通常便叫作学习——就没有理由说不能发现所有别的东西，只要我们有足够的勇气去探究，因此探究和学习不是别的，不过就是回忆。

IV

应该认识到两个世界：可见世界和可知世界。

在可见世界中一部分是肖像，指的是事物的影子，还有镜面上的映象；另一部分则是肖像所仿效的实际事物，包括一切自然物和人造物。

在可知世界的第一部分中，灵魂不得不把可见世界中那些被仿效的实际事物用作肖像，从假设出发进行研究得出结论。例如几何学和算术之类的学问，首先要认定奇数和偶数、各种图形，看成是公设和自明的，通过一系列推论达到结论，其实想要的不是这些看得见的图形，而是可见图形仿效的图形自身，是只有用心灵才能看到的型相。

可知世界的另一部分是灵魂用辩证力量把握到的东西，是从一个型相到另一个型相，不用任何感性事物帮助，单凭型相自身即可达到结论，把握住万有的本原。

可以看到有四种心理状态相应于上述四个部分：最高是理解，其次是明了，再次是相信，最低是猜测。

当一个人根据辩证法只用推理而不要任何感觉以求达到每个事物的本身[即指型相]，并且这样坚持下去，一直到他通过纯粹的思想，而认识到善本身的时候，就达到了可知世界的极限。

我们所考察的整个科学技术研究过程，也把灵魂的最高贵的一部分向上引导，使它能够看见最高的实在[即善本身]。

只有通过辩证法，并且只有对于那些研究过各种科学的人，我所见到的真理本身才能显示出来。在这一点上没有任何人会反对我，认为有其他的研究方法可以用来系统地并且在一切情形之下决定每个事物的实在性质[指事物本身、型相]。其他科学技术所处理的，差不多只是人的意见和欲望，或者是自然物与人造物的生产，或者是这些东西生产出来之后怎样去管理它们。只有几何学及与之相关的科学，才的确在某种程度上认识到实在。但是我们也看到就连这些科学，对于事物的认识也只能像做梦一样，因为它们只是假定它们所用的假设，而不能给这些假设以合理的说明。如果你的前提是你所不能够真正知道的东西，你的结论和达到结论的推论也是你所不能够真正知道的一些东西，这种认识如何能够算得上真正的知识或真正的科学呢？可见只有辩证法才是唯一的这样一种研究方法，这种方法不需要假设而上升到第一原理，并且就在这里得到证实。当灵魂的眼睛掉到野蛮无知的泥坑去的时候，这个方法就把它轻轻地拉上来，带着它向上走，用我们所列举的那些科学技术来帮助它达到这种转变。这些科学技术我们常常根据习惯称为知识，实际上应给它们另外取个名字，以表示它们比意见要明确一些，但比知识要暧昧一些。我相信理智是我们所采用的名字。

这样，我们就可以完全同意把第一部分称为知识，第二部分称为理智，第三部分称为信念，第四部分称为猜想，而把后两部分合起来称为意见，把前面两部分结合起来称为理性了。意见所处理的是生成及变化，而理性所处理的是真实存在[事物本身、型相]。真实存在和生成变化的关系就好像理性和意见的关系一样，而理性和意见的关系也就好像知识与信念、理智与猜想的关系一样。

能够正确说明一切真实存在的人是辩证法家。

对于善来说也是这样。一个人如果不能把善的型相与别的东西区别开来，给它做出明确的定义，能说他真正知道善本身和任何善的事物吗？如果他只是抓住善的摹本，那么他便只是具有意见而没有知识。

我们把辩证法摆在一切科学之上，作为一切科学的基石或顶峰。没有别的科学能够比它更高。

V

有一些"种"是彼此相通的，有一些"种"彼此不通，有一些"种"只与少数的"种"相通，有一些"种"与多数的"种"相通，还有一些"种"以各种方式毫无阻碍地与所有的"种"相通。

最重要的"种"是"有"自身、"静"和"动"。其中的后两个是不能相通的，但是"有"和这两个都相通，因为这两个都是有的。这就有三个"种"。

三个种之间每一个都与另外两个相异，而与自己相同。

但是动和静这两个种却并不就是"异"，也不就是"同"。因为，不管我们把动和静的共名叫作什么，这共名绝不可能是其中之一，否则动就会是静的，静就会是动的了；只要把两者中的任何一个拿来作为共名同时称呼它们两个，那另一个就必定变成自己本性的反面，因为它分有它的反面了。

动和静两个都分有着"同"，也分有着"异"，那我们就不能说动是同或异，也不能说静是同或异了。

如果把有和同看成一个东西，而由于动和静是有的，那也就宣告动和静两个都是同了，这是不可以的。所以同和有就不能是一回事。由此我们就在三个种之外添上"同"作为第四个种。

在存在的东西中，有些东西是自在的，有些是相对于他物而存在的，异必定要与他物相对。但必须是有和异截然不同才可以，因为不然的话在异者中间就会有某个不与他物相对而异的了，然而真正的异者只是相对于他物而异的。这样异这个型相就成为我们所选择的第五个种了。

每一个种都异于其他的种，因为它有着异的型相。

动绝对异于静，它就不是静，但它分有着有，它是有的。

动又是异于同的，它就不是同，但它又是同，因为一切都分有着同。因此动既是同又不是同。说它是同，是着眼于它分有同，说它不是同，是因为它与异相通，使它有别于同，异于同。

动可以以某种方式分有静，把它称为止，一点都不荒谬。

有些种可以相通，有些种不能相通，这是基于各个种的本性。

动也是异于异的（正如异于同、异于静），同样动就既是异又不是异了。

动异于有，那就很明显动并不是真正有的，而又是有的，因为它分有着有。

于是"非有"就必然存在，不仅存在于动中（即非真正的有），也存在于每一个种中（因为异的本性存在于每一个种里，使每个种都异于有），因而成为"非有"。从而我们就完全可以说所有的种都是"非有"了，这正如它们都分有"有"而说它们都是"有"一样。如此，每一个种就都有很多的有，又有无限多的非有了。而有自身异于其他一切种，有多少个异于有的种，有就有多少回是没有的；因为有是一个，不是所有的这些种，而异于有的、不是有的种是数目无穷的。

种的本性就使它们彼此相通，证明就是前面的说法。

VI

我想我们已经充分证明了神的存在，证明了他们是关心人类的。

神是存在的，他们对于人是关心的，并且他们绝不会听人的怂恿而去做不义的事，这三点我们可说已经充分得到证明了。

我们要对我们的公民说：你们虽然彼此是兄弟，但神还是用不同的东西造出你们来的。你们之中有些人有统治的能力而适于统治人，在造这些人时神用了金子，因此这些人也就是最珍贵的。另一些人是神用银子做成的，这些人就成为统治者的辅助者。再有一些人是农夫和手艺人，这些人是神用铜和铁做成的。统治者应把下面这个神谶引以为戒，即：一旦铜铁做成的人掌握了政权，国家便要倾覆。

我们的国家如果是按正确方向建立起来的，就应是完善的，这个国家就得是有智慧的、勇敢的、有节制的并且是合乎公正的。

一个按自然原则建立的国家，其所以是智慧的，是由于领导和统治它的那一部分人所具有的知识，只有这种知识才配称为智慧，而照自然的规定能够有这种知识的人最少。

勇敢也是国家靠它的一部分人而有的一种性质。具有这种性质的这部分人，在任何情况下都保持一种信念：谨记立法者在教育中告诫他们的那些可畏的事情。勇敢的人不论是痛苦或快乐，喜欢或害怕，都要永远保持这种信念。

节制则是在国家之内或个人身上，其中的上等成分和下等成分对于谁应统治谁的问题意见一致。

我们在建立我们的国家时曾定下一条原则，即公正。公正就是每个人应只做一件适合于他本性的事情，就是做自己的事而不干预别人的事。当商人（还有农夫和手艺人）、军人和官吏在国家里各做各的事而不互相干扰时，便有公正，国家就成为公正的国家。

除非哲学家成为我们的国王，或者那些我们称为国王的人能严肃认真地去研究哲学，集政治权力和哲学智慧于一身，把只搞政治不研究哲学或只研究哲学不搞政治的庸才弃置一旁，否则，国家会永无宁日，人类也会永无宁日。不如此，我们在理论上拟订的国家制度永远不会实现，永远不会得见天日。

除非是真正的哲学家获得政治权力，或者是出于某种奇迹，政治家成为真正的哲学家，不然人类就不会看到好日子。

【附记】

□柏拉图为古希腊最大的唯心主义哲学家，他继承和发展了苏格拉底的思想，又吸取毕达哥拉斯和巴门尼德的某些观点，创立了以"型相"论（又译理念论）为核心的哲学，成为古希腊哲学的重大遗产之一，对后世哲学思想的发展产生了深远的影响。

□柏拉图创立型相论，是有一定认识论根源的，只是他把这个型相本体化，看成是永恒不变、独立存在并决定个别事物的一种单一实体，就不仅陷入唯心主义，而且这一理论本身也不能自圆其说，对此柏拉图在晚年曾产生了思想矛盾；他对抽象事物（数学、伦理）领域有单一型相实体存在给予肯定，但是实物领域和无价值的事物是否有所谓单一型相实体存在，却使他困惑和不安，自谓"一碰到这个问题就逃避"。在关于个别事物"分有"型相的问题上，究竟是分有型相整体还是分有部分，这又让他感到"这个问题实在难以解决"。漏洞还不止于此，所以他最终承认"分离出型相作为独立存在的本体，困难有多么大"。

□柏拉图在后期思想中涉及了一些新的方面，有"通种"问题、"四类存在"问题，还提到认识是一个"上升"过程，等等，这是他的一些新的思考。

□柏拉图后期所提出和发挥的思想中，某些方面也含有一定的合理成分，如通种论分析了最大的型相（他称为"种"，即存在、非存在、运动、静止、异、同）哪些可以"相通"，这触及哲学范畴相互联系的辩证性质；又如把认识看作是从某类事物的单个开始，经过数量的积累和范围不断扩大逐级上升，最后直至此类事物的型相自身，这个观点近似于理解到从个别到一般的过程。

□柏拉图晚年曾有过未写成文字的思想，史称"柏拉图未成文"

学说，主要内容是在毕达哥拉斯主义影响下把型相论同数学相结合，在学园内进行了口头阐述和讨论。

□柏拉图之后的学园及其学派分别经历了几个阶段，学园有老学园、中期学园、新学园，学派中有中期柏拉图主义、新柏拉图主义，但历史情况不同，各阶段的影响也大小不一。

亚里士多德

【生平】

公元前 384 或 383 年出生于色雷斯地方的斯塔吉拉城，父亲是马其顿王国宫廷侍医尼各马可。17 岁时他独自赴雅典入柏拉图学园研习哲学 20 年。柏拉图死后，他离开雅典去阿索斯开办学园分校。公元前 343 年应邀前往佩拉，任马其顿王子亚历山大的教师。但因亚历山大继位后征讨欧、亚、非并实行希腊化，他心存芥蒂而于公元前 336 年回到故乡斯塔吉拉。公元前 335 年他重返雅典，在东北郊的吕克昂地方创办自己的学校"吕克昂学园"。他很敬重自己的老师，但并不盲目崇信柏拉图学说，而是对"型相论"持批判态度，他的格言是"我爱我师，但我更爱真理"。他全面批判总结了希腊历史上的哲学思想，创立了自己独立的哲学体系。由于他惯于每天早上在学园的回廊或园林中与学生们闲步讨论哲学问题，他的学派得名逍遥学派。他本人学识广博，研究了自然和社会的几乎所有领域，写有大量著作传世，其中一部分是他自己生前发表的，其余则为他的讲稿由他的学生编辑成书出版的。有少数著作是否伪书在学界有争议。他的著作已编成全集出版，其主要著作如下：《工具篇》《物理学》《论天》《论动物》《论灵魂》《形而上学》《尼各马可伦理学》《政治学》《修辞学》《诗学》等。公元前 323 年亚历山大死于巴比伦，不满亚历山大统治的希腊各城邦遂涌起了强烈的反马其顿情绪，亚里士多德则因同亚历山大的关系而受到指控，为此他只好离开雅典隐居爱琴海中一个岛上小城，次年病故。

【思想】

I

哲学不是一门生产知识。这一点即便从早期哲学家们的历史看也是很清楚的。因为人们是由于诧异才开始研究哲学，过去是这样，现在也是这样。他们起初是对眼前的问题感到困惑，然后一点一点前进，提出了比较大的问题，如日月星辰的各种现象是怎么回事，宇宙是怎么产生的。一个人感到诧异，感到困惑，是觉得自己无知。既然人们研究哲学是为了摆脱无知，那就很明显，人们追求智慧是为了求知，并不是为了实用。因为只是在生活福利所必需的东西有了保证的时候，人们才开始寻求这类知识。所以很明显，我们追求这种知识并不是为了其他什么好处。我们说一个自由的人是为自己活着，不是为伺候别人而活着，哲学也是一样，它是唯一的一门自由的学问，因为它只是为了它自己而存在。

有一门学问，专门研究"存在"本身，以及"存在"凭本性具有的各种属性。这门学问和所谓特殊科学不同，因为那些科学没有一个是一般地讨论"存在"本身的。它们各自割取"存在"的一部分，研究这个部分的属性，如数理科学就是这样做的。

我们可以在很多意义上说一样东西"存在"，但是一切"存在"的东西都和一个中心点发生"关系"；这个中心点是一种确定的东西，说它"存在"是毫无歧义的。

那根本的、非其他意义的、纯粹的"存在"，必定是实体。

应当有一门科学把各种"存在"的东西当作"存在"来研究。既然无论在哪里，科学所研究的对象，都是那个最根本的、其他东西所依存并赖以得名的东西，那么，这个东西如果是实体的话，哲学就必须掌握各种实体的各种本原和原因。

有多少种实体，哲学就有多少种分支，因而其中必然存在着某种第一哲学以及后继的分支。因为一旦存在和一有了不同的种，知识或科学就要相应地分门别类。

哲学所研究的并不是作为偶性的个别，而是其中作为存在而存在的个别。物理学考察各种偶性，也研究存在者的本原，但那是作为在运动中的东西，而不是作为存在。我们已经说过，第一科学的对象，是就其存在而言的主体，而不是作为其他个体。

物理学所研究的是可分离的但并不是不运动的，某些数学研究不运动的，却也不能分离地存在，只有第一哲学才研究既不运动又可分离的。

如果存在着不动的实体，那么应属于在先的第一哲学，在这里普遍是第一性的。它思辨作为存在的存在、是什么以及存在的各种属性。

II

实体，就其最真正的、第一性的、最确切的意义而言，是那既不可以用来陈述一个主体又不依存于一个主体的东西，例如某一个别的人或某匹马。但是在第二性的意义下，作为属而包含第一实体的那些东西和作为种而包含属的那些东西也被称为实体。例如个别的人是被包含在"人"这个属里面的，而这个属又隶属于"动物"这个"种"；因此属和种就被称为第二实体。

除第一实体之外，任何东西或者是可以用来陈述一个第一实体，或者是依存于一个第一实体。例如"动物"被用来陈述"人"这个属，因之就被用来陈述个别的人，因为如果没有任何个别的人存在，它根本就不能被用来陈述"人"这个属了。颜色依存于"物体"，因此是依存于个别物体的，因为如果没有颜色得以依存于其中的任何个别物体存在，它根本就不能依存于"物体"。可见除第一实体之外，任何其他的东西或者是被用来陈述第一实体，或者是依存于第一实体，因而如果没有第一实体存在，就不可能有其他的东西。

第一实体之所以最正当地被称为实体，是由于它们是其他一切东西所依存或陈述的基体、主体，而其他一切东西或者被用来陈述它们或者是依存于它们。

实体绝对不依存于主体，这一点是一切实体都有的一个共同特性。因为第一实体既不依存于一个主体又不被用来陈述一个主体；第二实体，例如人这个属，被用来陈述个别的人，但并不依存于任何一个主体，因为这个属并不依存于个别的人。

所有的实体看起来都表示"这一个东西"，这在第一实体无可争辩地是真的，因为所表示的那个东西是单个的。在第二实体，例如我们说到"人"或"动物"，也给人印象是指"这一个东西"，但严格地说这并不是真的；因为一个第二实体并不像一个第一实体一样是单一的、个别的个体，而是具有某一性质的一类东西。

因此实体有两方面的意义，一是最终基体，不再被用来陈述其他事物；二是"这一个"，可分离独立存在，这第二义也指各事物的可分离独立的形状或形式。

我所说的"基体"，是这样的事物，其他一切事物都陈述它而它自身则不陈述其他事物。

其他范畴都依存于实体而不能离开实体独立存在，只有实体才独立存在。

III

作为事物的原始基体，这就被认为是最真切的实体。在一种意义之下，质料被称为基体，在另一种意义下形状被称为基体，而两者所组成的东西被称为第三种基体。

基体就是实体，实体的一种意义是质料（即潜在地而非现实地是"这一个"），另一种意义是原理或形状（即可单独用原理来表明的"这一个"），第三种是两者的结合，只有它才会有生灭并能独立存在。

实体首先作为质料，质料自身并非"这一个"；其次是作为形式或形状，事物因它才被称为"这一个"；其三是前两者的结合。

实体有三种意义，形式、质料以及这两者的结合。其中质料是潜能，形式是现实。

我把青铜称为质料，把形式的图像称为形状，两者的组合是雕像。

生成的东西当然都是可分解的，存在着质料和形式，合并起来就是那个生成物。

我们讲过实体不陈述主体，其他东西都陈述实体。这话不仅不明显，而且把质料也变成了实体。因为如果把其他东西取走之后，除剩下质料外就一无所有了。正是这些属性最初从属的那个东西才更是实体。从这个角度来考察，质料必然被看作唯一的实体。但这是不可能的，因为可分离独立的东西和"这一个"看来最属于实体，因此人们似乎认为，形式以及由形式和质料两者构成的东西，比质料更是实体。暂不谈由质料和形式两者构成的实体，应考察的是第三种实体——形式，这是最难解决的。

形式，也就是本质。

所谓形式，我指是每个事物的本质和它的第一实体，即那些不包含质料作为基体的实体。

我所说的无质料的实体，就是本质。

一般认为本质即是每个事物的实体。那些就其自身而言的每个事物，是否和它的本质必然同一呢？

每个事物自身和它的本质完全同一，这并非出于偶然，因为对每一事物的理解，也就是对它的本质的理解，两者必然是同一的。

我们只有认识每个事物的本质，才认识每个事物。

本质就是实体，而定义就是本质的表述。本质或者是单独地，或者是主要地、基本地、单纯地，归属于实体。

只有实体才有意义。

定义就是一条原理。原理是普遍的。

对于个别事物，是没有定义的，只凭思想或感觉来认识它们。但它们总是由普遍原理来说明并被认识。

IV

实体共有三类，两类是可感觉实体，分为永恒的和可毁灭的，第三类是不运动的实体。前两类因伴随运动而是物理的，第三类如果和另两类没有共同本原，就应该是另一类。

我们必须说明宇宙应该有一个永恒不动的实体。

在可感觉事物之外有一个永恒而不运动的实体独立存在，这实体没有体积，没有部分，不可分。它不承受作用，不被改变。

存在物的最初本原，不论就其自身还是就其偶性都是不被推动的，但它只是做一种单纯的永恒的始初运动。由于被推动的东西必须被某种东西所推动，始初运动者自身又是不被推动的，而永恒运动是被永恒的事物所推动，单一的运动是被单一的东西所推动，所以我们看到，宇宙的单纯运动是由最初的不动实体所推动；此外还有像行星的永恒运动，每一个都由不被推动的运动者或永恒的实体所推动。

最初的天是永恒的。还要有某种使它运动的东西。既然被推动的东西又推动，是一种中介者，那么某种致动而又不被推动的东西，就是永恒的、现实性的实体，它像欲望和理性的作用方式，使物运动而自己不动。既然有某种运动而自身不被推动的东西现实地存在着，它不允许变成别样。它由于必需而存在，作为必需，它是善，是本原或始点。

天界和自然就是出自这种本原，它过着我们只可能在短暂时间中体验到的最美好的生活，这种生活是永恒的，它的现实性就是快乐。如果我们能有一刻享受到神所永久享到的至福，那就令人受宠若惊了。神是赋有生命的，生命就是思想的现实活动，神就是现实性，他的生命是至善和永恒。我们说神是有生命的、永恒的至善，由于他永远不断地生活着，永恒归于神，这就是神。

V

一切自然事物都明显地在自身之内有一个因本性（不是因偶性）而运动和静止的根源或原因。

现在我们应该进而研究原因，考察原因的性质和数目。既然我们的目的是获取知识，而在我们没有弄清一事物的"为什么"，即把握它的基本原因之前，是不会认为自己已经认识了这个事物的。所以很显然，对于产生和消灭以及每一种自然变化，我们也应该认识它们的基本原因，以便用来解决我们的每个问题。

在一种意义上，一物所由产生并在该物中始终保存着的东西，就称为原因，例如铜像的铜，银杯的银，以及铜、银隶属的"类"。在另一种意义上，形式或原型，即表述事物本质的定义，以及它的"类"，也称为原因，例如 2:1 这个比例是八度音程的原因，以及一般地说数是八度音程的原因。而定义中的各个部分也是原因。再一种意义是变化或静止的最初根源，例如出谋划策的人是执行的原因，父亲是子女的原因，一般地说制作者是制成品的原因，引起变化者是被改变物的原因。最后，是目的意义的原因，即做一件事的"缘由"，如健康是散步的原因。他为什么散步？我们说"为了健康"，这句话我们就认为指出了原因。

所以很显然，原因是存在的，其数目就是我们所说的四种。

既然原因有四种，那么自然哲学家的任务就在于认识这四种原因，并且运用这些原因——质料、形式、动力、目的，来回答"为什么"这个问题。但是后三种原因常常可以合而为一，因为形式和目的是同一个东西，而运动和变化的根源又和这两者是同类（如人生人）。一般来说，凡是自身被推动而引起他物运动变化的东西，都是这样。因此，要回答"为什么"这个问题，就必须追究到质料，追究到形式，追究到最后的动力。

一切出于自然的事物总是永远如此或通常如此而产生，没有一个是由于偶然和自发产生的。既然若非偶然就是有目的，而这些事物既然不可能出于偶然和自发的，那么就是有目的的了。这些事物又都是由于自然而存在的，这一点连和我们意见不同的人也会承认，因此在由于自然而产生和存在的事物中是有目的的。其次，凡是有一个终结的连续过程，无论是技艺制造活动或是自然产生过程，一个个前面的阶段都是为了最后的终结。可是技艺制作是为了某个目的，自然产生也是为了某个目的。因此，既然技术产品有目的，自然产物显然也有目的，因为先行阶段对终结的关系在自然产物里和在技艺产品里是一样的。

既然自然有两种含义，一为质料，一为形式，后者是终结，其余一切都是为了终结，那么形式该就是这个目的因了。

虽然质料和目的这两个原因自然哲学家都须加以论述，但比较主要的是论述目的因，因为目的是质料的原因，并非质料是目的的原因，目的是为了某种东西，而起点是定义。恰如在技艺产品里那样，既然房屋是由现有的定义规定了的，那么它的材料必然地应该先已存在了；既然健康是由现有的定义规定了的，那么这样那样的身体素质必然地应该先已产生或先已存在了。一定的事物必然先有一定的质料。这种必然的东西或许也存在于定义里，因为在定义里也包括几个成分术语作为定义的物质材料。

VI

现在来谈那些设定型相为原因的人。首先，他们为把握我们周围事物的原因，引进了一些和事物数目相等的东西。这就像一个人要清点东西，却认为东西少了数不清，硬要把东西的数目增多了再来数一样。因为型相的数目实际上和事物的数目一样多，或不少于事物。这些思想家为了对这些事物做出解释，才从事物走到了型相，因为每一事物都有一个脱离实体独立存在的同名者[即所谓型相]相对应，而且，那些组成一个类的事物，也在杂多之上有个单一，不论这杂多是现世的还是永恒的。

其次，那些用来证明型相存在的说法，无一能令人信服。因为根据其中的一些，并不能必然地推出这种结论，而根据另一些，连那些我们认为没有型相对应的事物也会有型相推论出来。因为，根据有科学存在这一事实，凡是成为科学对象的事物就都有型相相对应；而根据"多上有一"这一说法，连各种否定性事物也都会有它们的型相；又根据"即使事物已经消灭也仍有这事物的思想"这一说法，可消灭的事物也会有型相，因为我们有这些事物的意象。还有一些更精确的说法，根据其中之一，就会有我们认为不能自成一类的关系的型相；根据另一种，就会有"第三者"[指一事物和其型相共有另一个型相]。总之，那些为型相做论证的说法破坏了事物，而我们关怀事物的存在甚于关怀型相的存在。因为按照那种说法，在先的就不是二，而是"数"[即二的型相]了。有些人在贯彻那些关于型相的看法时，在所有各点上都同理论的原则发生了冲突。

此外，按照那个使我们相信型相存在的假定，就会不仅有实体的型相而且有许多其他事物的型相（因为不但有关于实体的单一概念，而且有许多其他事物的单一概念，这样的困难他们还会遇到成千上万）。但是根据对型相所持的说法，型相可被分有，那就只能实体才有型相。因为型相被分有是作为实体被分有的。因此，型相必须是实体。实体这同一名词通指可感世界和型相世界的实体，否则，说在个别事物之外还有某种东西，即所谓"多上有一"，会有什么意义呢？而如果型相和分有型相的个别事物在形式上相同，那就有某些共同的性质。可是如果它们没有相同的形式，那就必定只是名称相同而已。

更重要的是这个问题：型相对于可感觉的事物，包括永恒的和能生灭的，究竟有什么用处。因为型相既不能引起这些事物的运动，又不能引起它们的变化。而且，型相对于认识事物也不能有什么帮助，因为它甚至不是这些事物的实质，否则就会存在于事物之内了。如果它不存在于那些分有它的个别事物之内，也就不能对这些事物的存在有所帮助。即使它存在于个别事物之内，可以认为它是原因，但这个说法很容易被推翻，不难找出许多驳难给予反驳。

说型相是模型，其他事物分有型相，这不过是空话和诗喻。因为，型相究竟制造什么呢？没有型相作为原型让事物摹下来，事物仍可以存在和生成，不论有无"苏格拉底"，苏格拉底这样一个人都可以生成。而且，同一事物又会有多个模型，因而有多个型相，例如，"动物""两脚"和"人"自身，就会都是人的型相。型相只是可感觉事物的模型，而且也是型相自身的模型，就是说，"种"作为不同"属"的"种"，也会这样。因此，同一事物可以既是原本又是摹本。

说实体可以离开以它为实体的事物，似乎也不可能。型相既然是事物的实体，怎么能离开事物独立存在呢？对此柏拉图是这样说的：型相是存在和生成的原因。可是如果没有推动者，虽然有型相存在，分有型相的事物还是产生不出来。而有许多事物，如一栋房屋或一只

戒指，我们认为并无型相，却产生出来了。因此很明显，其他事物也
能由于产生上述事物的同样原因而存在和产生。

VII

必须了解什么是运动。

主张所有事物静止，并在不顾感性知觉的情况下为这个主张寻求
证明，这是智力贫弱的一种表现。并且，这个主张不是仅仅和自然哲
学家之间的分歧，而是对几乎所有的科学，甚至所有科学的所有见解
的非议，因为它们全都和运动有密切的关系。其实，对这个主张自然
哲学家也可以不去理它，因为作为自然哲学的基础的假设就是：自然
是运动的本原。

离开了事物就没有运动。因为变化中的事物总是或为实体方面的
或为量、质方面的或为空间方面的变化，要找到一个能概括这些事物
的共性而又既非实体又非数量又非性质或其他任何一个范畴是不可能
的。因此离开上述事物不会有任何运动和变化，因为上述事物之外再
无任何存在。

事物区分为（1）仅是现实的；（2）仅是潜能的；（3）既是潜能
的也是现实的。

运动就是某种未完成的现实。

由于已经把每一个类的事物都区分为现实的和潜能的了，所以我
们现在可以说：潜能的事物作为潜能者的实现即是运动。例如，能质
变的事物（作为能质变者）的实现就是性质变化；能够增多的事物及
其反面——能减少的事物的实现就是增和减；能产生的事物和能灭亡
的事物的实现就是生和灭；能移动的事物的实现就是位移。这就是运
动。运动进行的时间正是潜能事物作为潜能者实现的时间；不先也不
后。因为每一事物都可能一个时候在实现着，另一个时候则不在实现
着。以可建筑物为例，建筑活动是可建筑事物作为可建筑事物的实现，
因为可建筑事物的实现若不是建筑活动就是已成为房屋，但是，当房
屋已存在时，可建筑的事物就不再是可建筑的事物了，所谓可建筑的

事物是指正被用于建造过程中的。因此这个实现活动必然是建筑活动。而建筑活动是一种运动。这一原理对其他种运动也适用。

质料潜在地存在着，因为它要进入形式，只有进入形式中，它才实现地存在。这同样也适用于那些以运动为目的的活动。

质料不是作为现实而存在，而是潜在地存在。

一方面是质料，一方面是形式；一方面是潜在能力，一方面是实现的活动。

万物在变化。什么在变，质料；变成什么，形式。

质料是潜能，形式是现实。

VIII

运动是潜能事物的实现，只是当它不是作为其自身，而是作为一个能被推动者活动着而且实现的时候。

运动的定义还有更明白易懂的表述法：运动是能推动的事物和能被推动的事物，作为能推动者和能被推动者的实现。

凡运动着的事物必然都有推动者推动着它运动。

任何运动着的事物都有它的推动者。

既然任何运动着的事物都必然有推动者，如果有某一事物在被一个推动着的事物推动着做位移运动，而这个推动者又是被别的运动着的事物推动着运动的，后一个推动者又是被另一个运动着的事物推动着运动的，如此等等，这不能无限地推溯上去，那么必然有一个第一推动者。

如果说每一运动事物都必然是在被某一事物推动着运动，这推动者又必然或再被另一事物所推动或不再被另一事物所推动，并且，如果再被另一事物所推动的话，必然有一个自身不被别的事物推动的第一推动者，而如果直接推动被推动者的正是一个这样的第一推动者的话，就不必再有别的传动者了。自身被别的事物推动的推动者为数无限是不可能的，因为无限的事物里是说不出哪一个第一的。因此，如果任何运动事物都是被某一事物推动着运动的，如果第一个推动者不是被别的事物推动着运动的，那么它必然是被自身推动着运动的。

因此运动事物不必然被一个又一个无限数的自身也被别的事物推动的事物所推动，这个链条会有一个终端。因此，第一个被推动的推动者或者被静止的事物推动或者被自身推动。大家都公认那个被自身推动的事物是运动的原因或根源。因为作为原因者通常总宁可说是自己靠自己运动的那个事物，而不会说是自身也靠别的事物才能运动的那个事物。

<h1 style="text-align:center">IX</h1>

如果说一个事物自己使自己运动的话，那么它是如何使自己运动，使自己以什么方式运动呢？任何一个运动事物必然都是无限可分的，因为在前面已经证明过，任何因本性运动的事物都是连续体。自身使自身运动的推动者整体地使自身运动是不成的。因此，如果自我推动的话，情况必然是：事物的一部分为推动者，另一部分为被推动者。

因此结论是：整体事物的一部分只推动而不能被推动，另一部分只被推动，因为只有这样才可能有事物自我运动。

自我推动者必然由两部分构成：一部分只推动而自身不运动，还有一部分被推动，而不必然推动，但偶然推动。

至此可见，第一推动者是不能运动的。因为一个被某一事物推动的运动者，它的推动者既可直接上溯到一个不能运动的第一推动者，也可上溯到一个能自我推动也能使自己停止运动的推动者，不论哪种情况，结果都是：任何运动的事物的第一推动者都是不能运动的。

必然有一个自身不能感受任何外来变化（包括因本性的变化和因偶性的变化）但能推动别的事物运动的东西存在着。

既然运动是永恒的，那么第一推动者（如果只有一个的话）就也应该是永恒的。这样的推动者一个就够了：它是永恒的，先于其他而自身不动的推动者，可以做所有其他事物运动的根源。

X

　　灵魂在最首要的意义上乃是我们赖以生存、赖以感觉和思维的东西。

　　我们已经指出过，感觉有赖于被推动和受作用，因为它似乎是某种变化。

　　感觉并不是对它自身的感觉，而在感觉之外存在着的另外某种东西，它必然在感觉之先，因为运动者在本性上是在被运动者之先的。

　　如果没有外部对象，为什么就不能产生感觉。显然，感觉能力并非现实地存在着而只是潜在地存在着。就像燃料一样，如果没有某种东西把它点着，它自身是不会燃烧起来的。

　　知觉有两层意思，一方面是作为潜能的听和看，另方面是现实的听和看。感觉一词也有两层意思，潜在的感觉和现实的感觉。对象也有现实的对象和潜在的对象。

　　使感觉成为现实，这样的东西都是外在的，如视觉对象、听觉对象，以及诸如此类。

　　人们只要愿意便能随时思维，而感觉是不能随自己意愿的，它必须受到感觉对象的启动。

　　感觉对象的现实和感觉的现实是同一的，虽然它们的本质并不是同一的；我说的意思如现实的声音和现实的听；因为具有听力的人也可以不听，具有发声能力的东西并不总是发声。但是，一旦有听力的东西正在实现其能力，能发声的东西正在发声，那么现实的听和现实的声音就同时发生了，我们将那称为听和发声。

　　我们必须理解一般意义上的感觉，感觉是撇开感觉对象和质料而接受其形式，正如蜡块，它接受戒指的印迹而撇开铜或金，它把握的是金或铜的印迹，而不是金或铜的本身。

　　并非一切现象都是真的。首先，感觉并不是虚假的，至少关于特定的对象不会假，但幻觉却不同于感觉。

　　关于思想，由于它不同于感觉，它被认为是由想象的判断构成的。

想象是这样的过程：依靠它某种影像在我们心中出现，它是这样一种能力或状态，凭借它我们进行判断，它们或者正确或者错误。

没有感觉就不可能发生想象，而没有想象自身也不可能有判断。

想象和判断显然是不同的思想方式。因为想象存在于我们意愿所及的能力范围之内，但是，我们却不能随心所欲地形成意见；因为意见一定要么是错误的，要么是正确的。

对于思维灵魂来说，影像仿佛是感觉中的感觉对象。

思维能力以影像的方式来思维形式就像感觉领域的情况一样。一旦影像占据了它（思维能力），它就会被启动。

必须考察思维具有哪些特点，以及思维是如何发生的。如果思维类似于感觉，那么它一定或者是某种接受思维对象作用的过程，或者是承受其他这一类事物作用的某种过程。虽然它不能感觉，但能接受对象的形式，并潜在地和对象同一，但不是和对象自身同一，心灵和思维对象的关系跟感觉能力和感觉对象的关系一样。心灵除了接受能力外，并无其他本性。在灵魂中被称为心灵的部分（我所说的心灵是指灵魂用来进行思维和判断的部分）在没有思维时就没有现实的存在。

思想在灵魂之中就像一块没有被现实地书写在字板上的字一样。

一般来说，正在现实地思维的心灵与其所思维的对象是同一的。

存在物或者是感觉对象，或者是思维对象；在某种意义上知识就是可知的事物，感觉就是可以感觉到的事物。

灵魂的感觉能力和认识能力就是可以认识到的事物和可以感觉到的事物。这些能力必然地若非和对象同一就和对象的形式同一。然而它们并不和对象同一；因为在灵魂中并不存在，存在的只是石头的形式。

但是显然没有任何事物能够脱离感性的广延而分离存在，思想对象，所谓的抽象对象，感性事物的状态和属性，都存在于感性对象的形式之中。因此，离开了感觉我们既不可能学习也不可能理解任何事物。甚至在我们沉思时，我们也一定是在沉思着某种影像。因为影像除了无质料外，其余都类似于感觉对象。但影像还不同于肯定和否定；因为真理和谬误产生于概念的联结。最简单的概念或其他概念都不是影像，但是离开了影像它们就无从发生。

XI

一切技术，一切规划以及一切实践和抉择都以某种美为目标。因为人们都有个美好的想法，即宇宙万物都是向善的。

倘若人的功能就是灵魂基于理性的现实活动，至少不能离开理性，那么合于德性而生成的灵魂的现实活动，就是人的美。

这一原理，和那些说幸福即是德性（或某种类似德性）的人相符合。幸福就是合乎德性的现实活动。

只有那些行为高尚的人才能赢得生活的美好和善良。

总的说来，合乎德性的行为，使爱德性的人快乐。许多快乐是相互冲突的，那是因为它们不是在本性上快乐。只有那些对于爱美好事物的人来说的快乐，才是在本性上快乐。这就是永远合乎德性的行为。对这些人来说，它们就是自身的快乐。不崇尚美好行为的人，不能称为善良，不喜欢公正行为的人，不能称为公正，不进行自由活动的人，不能称为自由，合乎德性的行为，就是自身的快乐。并且它也是善良和美好。一个明智的人，对这些问题若能做出正确的判断，他就是最美好、最善良的人了。最美好、最善良、最快乐也就是最幸福。三者不可分。

幸福是一种合乎德性的灵魂的现实活动，其他一切或是它的必然的附属品，或是为它本性所有的手段和运用。

政治目的是最高的善，它更多地着重于造就公民的某种品质，即善良和美好的行为。

XII

德性也要按照灵魂的区别来加以规定。其中一大类是理智上的德性，另一大类是伦理上的德性。智慧和谅解以及明智都是理智德性。而慷慨与谦恭则是伦理德性。

　　理智德性大多由教导而生成、培养起来，所以需要经验和时间。伦理德性则是由风俗习惯沿袭而来。因此，没有一种伦理德性是自然生成的。因为没有一种自然存在的东西能改变自身习性。凡是自然本性的东西，都不能用习惯改变它。所以我们的德性既非由本性生成，也非反乎本性而生成，而是自然地接受了它，通过习惯达到完满。并且，我们自然地接受了这份赠礼，先以潜能的形式把它随身携带，然后以现实活动的方式把它展示出来。正如其他技术一样，我们必须先进行现实活动，才能得到这些德性。我们必须制作所要学习的东西，在这些东西的制作之中，我们才学习到要学习的东西。同样，我们做公正的事情才能成为公正的，进行节制才能成为节制的，表现勇敢才能成为勇敢的。正是在待人接物的行为中，我们有的人成为公正的，有的人成为不公正的。正是因为在犯难冒险之中，由于习惯于恐惧或者习惯于坚强，有的人变成勇敢的，有的人变成怯懦的。品质来自相同的现实活动。所以，一定要十分重视现实活动的性质，品质正是以现实活动而区别。

　　我们探讨德性是什么，不是为了知，而是为了成为善良的人。所以，我们探讨的必然是行动或应该怎样行动。对于生成怎样的品质来说，这是主要问题。

　　我们共同的出发点就是，合乎正确理性而行动。

XIII

　　道德规范自然地要被过度和不及所破坏。节制和勇敢是被过度和不及所破坏，而为中道所保存。

　　对我们来说，中间就是既不过度也非不及，这样的中间不是单一的，也非一切是自身等同的。

　　一切有识之士都避免过多和过少，而寻求中间和选取中间，当然不是事物的中间，而是对我们而言的中间。

　　如果一切科学工作都是这样来完成的，它们就必须瞄准中间，并把它当作衡量其成果的标准。人们对于优秀成果的评论，习惯说增一分过长，减一分过短，这就是说过度和不及，都是对优美的破坏，只有中间性才能保持它。

德性就是对中间的命中。

我所说的伦理德性，它是关于感受和行为的，在这里面就存在着过度、不及和中间。例如一个人恐惧、勇敢、欲望、愤怒和怜悯，总之，感到痛苦和快乐，这可以多，也可以少，两者都不好。而是要在应该的时间，应该的境况，应该的关系，应该的目的，以应该的方式，这就是要在中间，这是最好的，它属于德性。

德性就是中庸，是对中间的命中。过度和不及都属于恶，中庸才是德性。

对我们而言德性作为中庸之道，它是一种具有选择能力的品质，它受到理性的规定，像一个明智人那样提出和要求。中庸在过度和不及之间，在两种恶事之间。在感受和行为中都有不及和超越应有的限度，德性则寻求和选取中间。德性就是中间性，中庸是最高的善和极端的美。

并非所有的行为和感受都可能有个中间性。有一些行为和感受在名称上就是和罪过联系在一起的，如恶意、歹毒、无耻等等，在行为方面如通奸、偷盗、杀人等，所有这一切以及诸如此类的行为都是错误的，谈不上什么过度和不及。这正如节制和勇敢也不存在过度和不及，因为在这里中间也就是某种意义的极端。所以上述行为既无过度和不及，也无中间。

伦理德性就是中间性以及怎样是中间性，中间性在两种过错之间，一方面是过度，另方面是不及。它所以是这样，因为它就是对在感受和行为中的中间的命中。所以，在每一件事物中找到中间，这是种最需要技巧和熟练的事业。在一切可称赞的感受和行为中，都有着中间性，不过很可能有时偏向过度，有时要偏向不及，我们很难命中中间性，行为优良。

人应该选取中庸，既不过度，也非不及，中庸是作为正确的原理或理性来表述的。

XIV

公正自身是完全的德性。在各种德性中，公正是最主要的。公正是一切德性的总汇。它之所以是最完全的德性，是由于有了这种德性，就能以德性对待他人，而不是对待自身。

在各种德性之中，只有公正是关心他人的善。最善良的人不但以德性对待自己，更要以德性对待他人。待人以德性是困难的，所以，公正不是德性的一部分，而是整个德性（公正是关于他人的，德性则不过是笼统的，未加划分的品质）。

公正处于做公正的事情和受不公正的待遇之间。一方面是所有的过多，另方面是所有的过少，公正则是一种中庸之道，而不公正则是两个极端。公正还是一个公正的人在公正地选择时所遵循的一种行为原则。

不应忘记，我们探求的不仅是一般的公正，而且是政治的或城邦的公正。这种公正就是为了自足存在而共同生活，只有自由人和比例上或算术上均等的人之间才有公正，对于那些与此不符的人，他们相互之间并没有政治的公正，而是某种类似的公正。公正只对那些法律所适用的人才存在，法律只存在于不公正的人们中，判决就是公正和不公正的判别。所以，我们不允许个人的宰治，因为他可以为了自己而成为暴君，不过允许法律的宰治。有领袖维护公正，他维护公正也就是维护中间。一个公正的领袖对自己毫不多取。因此应对他有所补偿，这就是荣耀和尊严，有人不以此为满足，他就会成为暴君。

主人的公正和父亲的公正，虽有些相似，但不完全相同。总的说来，对自己的所有物，无所谓公正和不公正。奴隶和不到独立年龄的孩子，正如自己身体的一部分，谁也不会有意伤害自己，从而对他们是不存在不公正的。所以既非不公正，也非政治上的公正。政治的公正是以法律为依据而存在的，是在自然守法的人们之中，这对于治理和被治理都是同等的。与孩童和奴隶相比，公正对妇女更适合，这就是家室的公正，它和城邦的公正并不相同。

XV

人天生就是一种政治动物。因此，人们即便并不需要其他人的帮助，照样要追求共同生活，共同的利益也会把他们聚集起来，各自按自己应得的一份享有美好的生活。对于一切共同体或个人来说，这是最大的目的。而且仅仅为了生存自身，人类也要生活在一起，结成政治共同体。

所有城邦都是某种共同体。所有共同体都是为着某种善而建立的。所有共同体中最崇高、最有权威并且包含了一切其他共同体的共同体，所追求的一定是至善。这种共同体就是所谓的城邦或政治共同体。

城邦是自然的产物，人天生是政治动物。和蜜蜂以及其他所有群居动物比较起来，人更是一种政治动物。城邦作为自然的产物，并且先于个人，其证据就在于，当个人被隔离开时他就不再是自足的，就像部分之于整体一样。人类天生就注入了社会本性，最先缔造城邦的人是给人们最大恩泽的人。人一旦趋于完善就是最优良的动物，而一旦脱离了法律和公正就会堕落成最恶劣的动物。公正是为政的准绳，因为实施公正可以确定是非曲直，而这就是一个政治共同体秩序的基础。一个城邦并不是空间方面的共同体，也不是单单为了防止不公正的侵害行为或保证双方的贸易往来；不过只要城邦存在，就必然离不开这些方面，但是即使全部具备了这些方面的条件，也不能说立刻就构成了一个城邦。城邦是若干个家庭和种族结合成的保障优良生活的共同体，以完美的、自足的生活为目标。

假如在《伦理学》中我们没有说错，即幸福的生活在于无忧无虑的德性，而德性又在于中庸，那么中庸的生活必然就是最优良的生活——人人都有可能达到的这种中庸。

XVI

在一切城邦中都有三个部分或阶层，一部分是极富阶层，一部分是极穷阶层，还有介于两者之间的中间阶层。人们承认，适度或中庸是最优越的，显然拥有一笔中等的财富实在是再好不过的事情了。这种境况下人最容易听从理性，而处于极端境况的人，如那些在相貌、力气、出身、财富以及诸如此类的其他方面超人一等的人，或与上述人相反的那些过于贫穷、孱弱和卑贱的人，他们都很难听从理性的安排。头一种人更容易变得无比凶暴，往往酿成大罪，而后一种人则易变成流氓无赖，常常干出些偷鸡摸狗的勾当。这样就会一种人不知统治为何物，只能甘受他人奴役，另一种人则全然不肯受治于人，只知专横统治他人。一个城邦本应尽可能地由平等或同等的人构成，而中产阶层就最具备这种特征。所以我们说，由中产阶层构成的城邦必定能得到最出色的治理，这完全符合城邦的自然本性。这类公民在各个城邦都是最安分守己的，因为他们不会像穷人那样觊觎他人财富，也不会像富人那样引起穷人的觊觎，没有别的人会打他们的主意。

显然，最优良的政治共同体应由中产阶层执掌政权，凡是中产阶层庞大的城邦，就有可能得到良好的治理；中产阶层最强大时可以强到超过其余两个阶层之和的程度，不然，至少也应超过任一其余阶层。中产阶层参加权力角逐，就可以改变力量对比，防止政体向任一极端演变。因而一个政府辖有数量充足的家境小康的公民实在是极大的幸运。毋庸置疑，合乎中庸的政体是最优秀的政体，唯有这样一种政体才可以排除党争。

为何大多数政体若非平民政体即是寡头政体。因为在这些政体中，中产阶层的人数常常少得可怜，而无论哪一方——有产者或平民群众——占了上风，他们都会压迫中产阶层，按自己的意愿组织政体，于是要么出现平民制，要么出现寡头制。

平民政体比寡头政体更加稳定和持久，就是因为平民政体中的中产阶层人数和在政体中的地位都超过了寡头政体。

　　平民政体还是比寡头政体更加安定和平稳。因为在寡头政体中存在着两重祸根：或是寡头之间结党互斗，或是寡头们和平民之间拼死相争；然而在平民政体中就只有平民和寡头之间的斗争，至于平民之间的自相倾轧，这方面几乎没有值得一提的记载。此外，平民政体比寡头政体更加接近由中产阶层组成的共和政体，而这样的政体是最为安定的一类政体。

　　显而易见，种种政体都应以公民共同利益为着眼点，正确的政体以单纯的正义原则为依据，而仅仅着眼于统治者的利益的政体全部都是错误的或是正确政体的蜕变，因为它们奉行独裁专制，然而城邦正是自由人组成的共同体。

　　政体和政府表示的是同一个意思，后者是城邦的最高权力机构，由一个人、少数人或多数人执掌。正确的政体必然是，这一个人、少数人或多数人以公民共同的利益为施政目标；然而倘若以私人利益为目标，无论执政的是一个人、少数人是多数人，都是正确的政体的蜕变。

XVII

　　我们说，正确的政体有三类，其中最优秀的政体必定是由最优秀的人来治理的政体，在这样的政体中，某一人或某一家族或许多人在德性方面超越其他一切人，为了最值得选取的生活，一些人能胜任统治，另一些人能够接受统治。

　　统治与被统治不仅必需而且有益。一部分天生就注定治于人，一部分人则注定治人。

　　首先必定存在着这样的共同体，他们一旦相互分离便不可能存在，例如为了种族的延续而存在的男女结合体。天生的统治者和被统治者为了得以保存而建立了联合体。因为能运筹帷幄的人天生就适于做统治者和主人，那些能用身体去劳作的人是被统治者，而是天生的奴隶；所以主人和奴隶具有共同的利益。

　　那种在本性上不属于自己而属于他人的人，就是天生的奴隶，可以说他是他人的人，作为奴隶，也是一件所有物。而且所有物就是一种能离开所有者而行动的工具。

存在着诸如灵与肉、人与兽这种差别的地方，那些较低贱的天生就是奴隶。做奴隶对于他来说更好，就像对于所有低贱的人来说，他们就应当接受主人的统治。那些要属于他人而且确实属于他人的人，那些能够感知到别人的理性而自己并没有理性的人，天生就是奴隶。使用奴隶和使用家畜的确没有什么很大的区别，因为两者都是用身体提供生活必需品。自然赋予自由人和奴隶以不同的身体，它使得一部分人身体粗壮以适于劳役，使得另一部分人身体挺拔，这虽然无益于劳作，但却有益于无论是战时还是和平时期的政治生活。但相反的情况也常常发生，有些奴隶具有自由人的灵魂，有些人则具有自由人的身体。如果人们之间在形体上的差别有如神像和人像的差别那样大，那么大家就应承认，低贱者应当成为高贵者的奴隶。如果对于身体这是事实，那么同样的差别存在于灵魂之中又有什么不合理呢？很显然，有些人天生即是自由的，有些人天生就是奴隶，对于后者来说，被奴役不仅有益而且公正。

并非所有奴隶或所有自由人都是自然奴隶或自然自由人，这是很显然的。在某些情况下，这两类人之间有着显著差别，一部分人做奴隶，一部分人做主人，不仅有益而且公正，自然打算让人们这样；一部分人服从另一部分人则显示权威和运用高贵者的权力。滥用这种权威对于两者来说都不公正，因为部分和整体、肉体和灵魂利益相同。奴隶是主人的一部分，是独立于他身体骨架之外的一个活着的部分。所以，当主奴关系仅仅由于法规和强权维系，情况就会相反。

灵魂的构成已经告诉我们这种情况，在灵魂中一部分在本性上实行统治，而另一部分则在本性上服从，我们认为，统治部分的德性和服从部分的德性是不同的，其一是理性部分的德性，而另一是非理性部分的德性。很显然，这一原理具有普遍适用性，所以，几乎万事万物都是因其本性而统治着或被统治。虽然灵魂的各部分存在于所有人中，但所存在的程度不同。奴隶根本不具有申辩的能力，妇女具有却无权威，儿童具有但不成熟。同样，相对于人们的伦理德性也一定是这样，所有人都分有这些德性，只是在方式上有所不同，这正如每种人所做的事情。所以，统治者应当具有完美的伦理德性，因为他的职能绝对地要求一种主人的技能，这种技能就是理性；而臣民只需要有对他们各自适合的德性就行了。显然，德性虽然为所有人共有，但男女不同；男人的勇敢在发号施令中显示出来，而女人的勇敢则体现在服从的行为上。

【附记】

□亚里士多德是古希腊哲学的集大成者，他总结了希腊哲学的历史成果，批判了柏拉图的型相论，提出了自己的实体学说，但是他的哲学并未确立为坚定的唯物主义，而是摇摆于唯物唯心之间。亚里士多德处在各门学科发展形成的历史时期，他对各门学科都从哲学上做了研究，其中既有积极的创新的见解，又有不少混乱、消极以至错误的内容。

□亚里士多德在历史上提出和论述了实体范畴，成为他的哲学研究的中心点。但是他的实体学说是混乱和矛盾的。按他本人对实体范畴的界说，他竟提出了三个不同意义的实体——个别事物、形式、神。其中对个别事物和形式这两个概念的论述有许多矛盾，而关于神的观点则是神秘主义的。他提出个别事物是第一实体，而普通性的属和种是第二实体，对此他一方面说，包括第一实体和第二实体在内，"所有的实体看来都表示'这一个东西'"，即单一的、个别的个体，另一方面又如实地承认，属和种作为第二实体不是单个事物，而是"具有某一性质的一类事物"。他一方面懂得，如果没有作为第一实体的个别事物存在，作为第二实体的属和种便无从陈述第一实体，"因而如果没有第一实体存在，便不可能有其他的东西"，就是说其他东西不能离第一实体单独存在，而另一方面却又断言，属和种作为第二实体，同第一实体一样"绝对不依存于任何一个主体"，第二实体又被说成可以单独存在了。他用实体的界说解释他关于质料和形式的学说，一方面肯定只有质料和形式相结合的产物才能独立存在，成为"这一个"，但同时却又把二者分裂开来，说质料是"潜在的这一个"，而形式是"可独立用原理（定义）来表达的这一个"，也就是"现实的这一个"；由于把形式理解为"现实的这一个"，因而他认为形式比质料更加是实体，是第一实体，可是所谓形式他又认为是每一个别事物（"这一个"）的本质，每一个别事物和它的本质完全同一，对此他一方面说本质是由定义来表达的，同时却又承认，定义所表达的总是一条"普遍原理"，因而"个别事物是没有定义的"，然而他反过来又说"个别事物总是由普遍原理（定义）来说明并被认识"。他自己也坦言，形式作为实体，"这是最难解决的"。

亚里士多德的实体学说实际上接触到普遍（一般）和个别的关系问题，他的思想混乱和矛盾表明他没有正确理解和解决这个问题。不过他在历史上明确提到了这个问题。

□亚里士多德是逻辑学的始创者。他没有使用逻辑学这个名称，在内容的许多方面都需要完善和发展，不过他奠定了逻辑学的基础，第一个使逻辑学具有初步系统，确立为一门独立学科，其中研究了命题的性质和分类，命题之间的关系，定义的通则，范畴理论，推理过程等等。他在范畴理论中提出了十个范畴，即实体、数量、性质、关系、地点、时间、位置、状态、动作、遭受，阐述了十个范畴同主词谓词的关系，认为在语言陈述中实体范畴只能作主词不能作谓词，其余各范畴只能作谓词不能作主词，这个思想源于他所理解的实体范畴的首要意义——独立存在的个体，而这个内容又恰恰成为他的哲学思想中最有光彩的亮点。他关于命题的研究确定了命题的语言形式（A是B），并对命题作了分类，划分了肯定和否定命题、全称、特称、单称命题、实然、必然、盖然命题，但没有论到假言和选言类型的命题。他确立了最初的演绎系统，即最一般的三段论推理形式，这是亚里士多德逻辑学中最重要的成果。亚里士多德逻辑学在以后数世纪中成为西方学人所遵循的思想方法并在中世纪经院哲学中作为必修课程得到了烦琐的研究。

□亚里士多德也对宇宙图景作了他自己的描述。他把宇宙分为地和天，地是由气、火、水、土四种元素构成的，地上的事物全都作为直线运动，而直线运动是有始有终的，不是无限的，因而不是永恒的。

所谓天是指地以外的天体，是由没有大小、没有生灭和变化的元素"以太"所构成，以太构成的各个天体都以球形做匀速圆周运动，圆周运动是连续不断的，因而是无限的、永恒的、不朽的。他还把宇宙描述为以地为中心，五大行星以及太阳和月亮，还有众多恒星，都围绕地分布在 33 个同心圆的球形层面上做圆周运动，各层之间又有反向运动的球层（共 22 个）以维持球层的平衡。亚里士多德的这个宇宙图景被近代天文学彻底否定，但是他的地球中心说在中世纪却成为基督教的一个不容怀疑的教条统治了西欧数百年。

　　□亚里士多德提出了自己的空间观念，认为空间是包围在一个能运动的物体周边的界限，是物体的包围者最内层的界面，因此，空间是一事物的直接包围者而又不是该事物的部分，它既不大于也不小于包容物，并在包容物离开后可以留存下来，因而可以跟包容物分离。整个空间具有上下之分。亚里士多德的这个空间观在牛顿力学产生以前也曾统治西欧思想界数百年。

三、古希腊晚期哲学家

晚期出现了原子论继承者伊壁鸠鲁及怀疑主义和斯多亚派。进入晚期的古希腊哲学走向消极没落，唯有伊壁鸠鲁坚持唯物主义。

伊壁鸠鲁

【生平】

公元前 341 年出生于萨摩斯岛，父母是雅典平民。早年曾听过德谟克利特派的瑙昔芬尼的讲课，熟悉德谟克利特的学说。成年后从雅典到了克洛封，在那里独自研习哲学十二年。公元前 310 年在米底勒尼建了一所学校，后迁往拉姆萨卡斯，最后于公元前 306 年在雅典定居，把学校设在自家花园，称伊壁鸠鲁花园，成为古希腊晚期哲学中一个有很大影响的学派，学生当中有妇女和奴隶，他在这里讲学和著述，写作出版了大量著作（约有 300 卷），其中主要的有《论自然》《准则学》《论人生》以及用问答体写成 44 个命题的《主要学说》等，但全都失传，只有极少残篇留传下来。另有三封书信，其中两封被确认为伊壁鸠鲁本人所写，是仅有的保存至今的完整资料。公元前 270 年逝世。

【思想】

I

宇宙由物体和虚空所构成。物体的存在是感觉充分证明了的。但是，如果没有我们所说的"虚空"或"场所"或"不可触者"的东西，物体就无处存在，不能像我们看到的那样运动了。除了物体和虚空之外，我们不论凭直觉，还是根据直觉的材料类推，都不可想象有什么其他东西是完整的真正存在而不是偶性。

在物体当中，有的是复合物，有的是组成复合物的东西，组成复合物的东西是不可分的，并且是不变的，因为没有一样东西能化为无，复合物解体时必定有一些实在的东西继续存在着，它们的本性就是充实，不能从任何地方把它们打碎。因此，这些东西必然应当是物体的不可分的部分。

不可分割的物体[atom，作为一个术语通译为原子]是充实的，复合物由它们产生，也分解成它们。

没有任何东西可以从无中产生。否则一切东西都可以从任何其他事物中产生而不需要相应的种子了。如果消失的东西化为乌有，那就会一切都消失为无了。

原子在形状方面有数不清的差别，因为从数目有限的相同形状的原子绝不可能产生这么繁多的事物。每一种同样形状的原子的数量是绝对无穷的，但是不同形状却不是绝对无穷的，而只是数不清。

不能认为原子有全部各样的大小，以免和经验矛盾。应当设想有某些大小的差异，因为这样能更好地解释我们的感情和感觉里发生的事实。但为了解释事物里的性质的差别，却并不需要存在着一切可能的大小原子，因为那样就必定会有某些原子大到进入我们眼界之内，成为看得见的，可是从来没有见过这样的事实，也不能想象一个原子能够成为可见的。

我们要认定原子除了形状、重量、大小以及必然伴随着形状的一切之外，并没有可以属于可感知的东西的其他性质。因为每一种性质都变化，而原子根本不变，因为在引起变化的复合物分解时一定有某样东西依然坚固不可分解。变化不是变为不存在，或由不存在产生，变化是由于某些微粒的地位移动、数量增减。

原子永远不停地在运动。有的直线下落，有的偏离正路，还有的由于碰撞而回弹。碰撞后有的相互远离而去，有的一直后退到它们碰巧与其他原子卡在一起才停，或为卡在它们周围的原子所包围。这一方面是由于那将各个原子分离开来的虚空本性造成，因为虚空不能对原子反弹提供抵抗无力，另一方面，则由于原子的坚硬使它们碰撞后回弹到与其他原子卡在一起时所能容许的距离。这些运动都没有开端，因为原子和虚空是永恒的。

只要原子在虚空中穿行时没有遇到阻挡，它们必定以相同的速度运动。只要没有东西阻挡，重的原子就不会比小的和轻的原子运动得更快；只要没有遇上障碍，小的原子就不会比大的原子运动得更快，它们的整个行程是等速的。由于相撞而引起的向上或向一旁的运动，以及由于自身重量而向下的运动，速度都不会更快。当原子通过虚空而没有遇到任何物体发生碰撞时，它就在一个不可想象的短时间内完成一切可以思议的距离。因为快慢现象的产生，是由于有碰撞和没有碰撞。

虽然原子的速度相等，但不同的复合物的运动却是一个比另一个快。因为复合物内的原子在极短的连续时间内向一个方向运动，而有时，原子在只能由思想把握的瞬间朝不同方向运动，常常互相挤撞，滞缓了整体的运动，直到它们的连续运动被我们所感知到。

存在着无穷多的世界，有的像我们这个世界，有的不像。因为原子的数量无限，它们广布遥远的空间。由于它们具有产生或构成世界的本性，在形成一个或有限的几个相像或不像的世界中它们不会被耗尽，所以没有任何障碍使无数个世界的产生不可能。

众多的世界，以及一切与我们所见事物很像的有限的复合物也从无限中产生。所有这一切无论大小，都是从独特的原子团中分离出来的。它们又都再次分解，有的快些，有的慢些，有的是由于这样的原因，有的是由于那样的原因毁灭掉的。众多世界的产生不必只有同一种形状，不过也并不拥有各种形状。

宇宙过去一直是现在这样，而且将永远是这样，因为在宇宙之外不存在它可以变化到其中去的别的东西。在宇宙之外什么也不存在，也就没有东西可以进入宇宙之中并引起变化。

宇宙是无限的。因为有限的东西都有边界，而边界只有通过与其他事物相邻才能够看出来。宇宙则不是通过与其他相邻事物的比较被认识的。没有边界的事物也就没有界限，没有界限的事物也就是无限的，而非被限定的。

宇宙在物体的数量和虚空的范围这两个方面都是无限的。如果虚空无限而物体有限，则物体就无法停留在任何地方，而会在其运动中弥散消逝在无限的虚空中，没有东西可以支撑它们，或是把它们向上的反弹阻挡回来。如果虚空有限，那么无限的物体就将无处容身。

II

灵魂是弥散在整个有机体中的精细微粒。

灵魂由最光滑和最圆的原子构成，比火原子还要光滑和圆得多。它一部分是非理性的，散布在身体的其他部分，而理性部分居于胸中。

灵魂是感觉的主要原因；但如果灵魂不是以某种方式被包在有机体其他部分之内，就不可能有感觉。整个有机体的其他部分为灵魂提供必要条件，它自身也获得了灵魂的一份功能，不过它并不具有灵魂的全部能力。如果构成灵魂本性的所有原子失去了，尽管为数很少，那么有机体的其余部分不论是整体还是部分地存在下来，也不可能有感觉。而如果有机体解体，灵魂消散，不再有原先的能力和运动，也就不再有感觉。

还要考察一下"非形体"是什么。通常说它是独立存在的东西，但是除了虚空之外不可能设想非形体是独立存在物。而虚空既不能作用，也不能被作用，因此那些说灵魂是非形体的人是在胡说。如果灵魂真是非形体，那么它就既不能作用也不能被作用，而灵魂实际上明显是具有这两方面性质的。

III

存在有稀薄的东西聚合在对象的周围，形成一些流射物保持它们原先在固体中的位置和秩序，与坚固物体形状相似而在结构上比可见到的事物远为细微，我们把它称为"影像"。

原子不断地从物体表面流出来，虽然察觉不出物体有何减损，是因为原子失去后又不断填补上去。影像的流出可在很长时间内保持固体中原有的位置和秩序，有时也会是混乱的。它们还有其他一些方式产生。

正是有某些东西从外物进入我们之内，我们才既看到它们又思考它们。影像与外物在颜色与形状上相似，离开对象，按照它们各自的大小，或进入我们的视觉，或进入我们心中，迅速运动着，并重新产生一个个别的连续物的影像，而且与原来的对象保持相应的性质和运动次序，这是由外物内的原子震动而撞击感官造成的。

我们由于心灵或感官的认识活动而得的每个影像，不论是关于形状还是性质的影像，都是固体本身所具有的形状或性质，这是由于影像不断重复或留下印象而产生的。

听觉就是说话的人或发出声响、噪音的东西发射出的一种流。这个流分散为相同的微粒，它们同时保持着相互间的联系和特有的统一，一直绵延连接到发出流射的事物，一般情况下就产生对事物的听觉，不然就仅仅表明外部事物的出现。如果没有从对象传送出具有一定联系的流射，就不可能有听觉产生。当我们发出声音时，我们的体内会发生震动，就像呼气一样挤出一些微粒，便产生了人们的听觉。

正如听觉一样，如果没有适合于刺激嗅觉器官的物体流射出微粒，就不会引起嗅觉。有些微粒以混乱和怪异的方式刺激，有些以平静和宜人的方式刺激。

如果不是有与存在物体相似的某些流出物接触我们的感官，那么在睡梦中产生的或者是出于心灵或其他判断工具的其他认识活动产生的影像，就不会与我们称作真实存在的东西相符合。如果我们没有发觉在我们心中有一种与感知影像的活动相联却不相同的其他运动，就不会有错误产生。如果这运动得不到证明或被证明有矛盾，错误就发生；但如果这运动被证明了，或被证明不矛盾，那么它就是真的。

只有感官感知到的或心灵直接把握的东西才是真实的。

以感觉和感受为根据，这是我们信念的最坚实的基础。

如果一个人反对所有的感觉，那就没有任何可据以判定错误的标准了，他甚至无法说哪些判断是错误的。

如果一个排斥所有的感觉，如果他不区分有待证明的意见和已被感知、感受以及心灵的直觉所把握了的呈现，那就会由于愚蠢的意见而把其他感觉也都混起来，结果丢了一切标准。

IV

在所有的欲望中，有的是自然的，有的是虚浮的；在自然的欲望中，有的是必要的，有的仅只是自然的；在必要的欲望中，有的为幸福所必需，有的为身体舒适所必需，有的为生存本身所必需。对于所有这些，正确无误的思考会把一切选择和规避都引向身体的健康和灵魂的平静，因为这是幸福的终极目的。我们做的其他一切事情，都是为了这个目的：免除身体的痛苦和灵魂的烦扰。

只有我们在缺少快乐就感到痛苦时，快乐才对我们有益。当我们不再痛苦时，我们也就不再需要快乐了。正因为如此，我们说快乐是幸福生活的开端和目的，因为我们认为快乐是最高的和天生的善。我们的一切追求和规避都由快乐开始，以获得快乐为目的。

快乐的量的上限是所有痛苦的消除。当快乐存在时，身体就没有痛苦，心灵也没有悲伤，或者二者都不会有。

只要正确地认识到死亡与我们无关，我们就能甚至享受生命的有死的一面，这不是依靠给自己添加无穷的时间，而是依靠消除对于永生的渴望。对于彻底地、真正地理解了生命的结束并不是什么坏事的人，在他活着的时候也不惧怕。所有实际来临后不会使人烦恼的事情，在人们的事前展望中引起的悲伤也都是空洞不实的。所以，所有坏事中最大的那个死亡，与我们毫不相干，因为当我们活着的时候，死还没有来临，当死亡来临的时候我们已经不在了。

我们不选择所有的快乐，如果快乐会带来更大的痛苦，我们每每放弃许许多多的快乐。如果忍受一时痛苦会带来更大的快乐，我们认为有许多痛苦比快乐要好。所有的快乐从本性与人相联而言，都是善，但并非都值得选择。就如所有的痛苦都是恶，却并不都是应当规避的。主要是要互相比较和权衡，看它们是否带来便利，由此决定取舍。

没有任何快乐本身是坏的，但是某些享乐的事会带来比快乐大许多倍的烦恼。

当我们说快乐是目的的时候，我们说的不是那些放荡者或沉溺于感官享乐的人的快乐。那些对于我们的看法无知、反对或恶意歪曲的人就是这么认为的。我们讲的是身体的无痛苦和灵魂的无烦扰。快乐并不是无休止的宴饮狂欢，不是享用美色，不是享用鱼肉盛筵及其他美味佳肴，而是清醒地推理和寻找所有选择和规避的理由，排除导致灵魂最大烦扰的观念。

如果不清楚地认识整个自然而生活在神话造成的惧怕中，一个人就不能在最关键的事情上清除恐惧。所以，如果没有自然科学，就不能获得纯净的快乐。

审慎甚至比哲学还要可贵。一切其他德性都是由此派生出来的，它教导人们：若不是审慎地、磊落地和公正地生活，就不可能愉快地生活；若不是过一个愉快的生活，也不可能过一个审慎、磊落和公正的生活。德性和快乐的生活共存，两者不可分离。

你还能想出有谁比这样的人更好吗？他对神灵有虔敬的观念，对死亡毫不恐惧，他真确地思考自然的目的，他领会到善的生活是容易获得和企望的，而坏事只能有短暂的痛苦，他嘲笑被人们视为万物主宰的所谓命运。他认为有的事情由必然性产生，有的事由偶然性产生，有的是因为我们自己。在他看来，必然性消除了责任，偶然性是不确定的，而我们自己的行为是自由的，我们由此承受褒贬的责任。

要记住：未来既不是完全在我们的掌握之中，也不是完全不受我们把握。因此我们既不要绝对地相信未来一定会如此发生，也不要丧失希望，认为它一定不会如此发生。

V

自然的公正是人们就行为后果所做的一种相互约定：不伤害别人，也不受别人的伤害。

对那些无法就彼此互不伤害而相互订立契约的动物来说，无所谓公正与不公正。同样，对于那些不能或不愿就彼此互不伤害订立契约的民族来说，情况也是如此。

没有自身存在的公正，有的只是在人们的相互交往中在某个地方、某个时候为了互不侵害而订立的约定。

一个法律如果被证明有益于人们的相互交往，就是公正的法律，它具有公正的品格，而不论它是否对所有的人一样。相反，如果立了一个法，却不能证明有益于人们相互交往，那就不能说它具有公正的本性。

【附记】

□伊壁鸠鲁继承和发展了德谟克利特的原子论唯物主义，在古希腊晚期哲学步入衰落的历史环境中成为唯一的唯物主义哲学家。

□伊壁鸠鲁对原子论做了三个新的规定，有的规定是对德谟克利特原子论的修正，有的则是进一步发展。

□伊壁鸠鲁肯定原子有不同大小但排除了大到进入视界的原子，从而修正了德谟克利特认为有的原子非常大的观点。

□伊壁鸠鲁明确提出原子有不同的重量（这一点德谟克利特没有明确说出），对此恩格斯曾评价说他按自己的方式知道原子量了。

□伊壁鸠鲁在承认原子直线下落这一受其本身重量决定的确定不移的必然性之外，创新提出有的原子会不受本身重量作用而发生偏斜运动，这不仅为说明原子间的碰撞和结合提供了依据，而且还容纳了不确定性、偶然性的原则。

□原子偏斜运动体现了自主性，这是个性自由的一种哲学表述，也是伊壁鸠鲁在伦理学中强调人的自由和责任的思想的哲学基础。

□伊壁鸠鲁已经具有了社会契约的思想。

皮浪

【生平】

约在公元前 360 年出生于艾利斯，曾参加过亚历山大对东方的远征。他在自己的活动中了解到和接触了一些学派的思想学说，最后在家乡建立了自己的学派，但没能广泛传播，只是经由他的学生蒂蒙的论说才为人所知，约在公元前 275 年去世。

【思想】

万物一致而不可区别。因此，我们既不能从我们的感觉也不能从我们的意见来说明事物是真的或是假的。所以我们不应当相信它们，而应当毫不动摇地坚持不发表任何意见，不作任何判断，对任何一件事都说，它否定不存在，但也不存在，或者说，它既不存在也存在，或者说，它既不存在也否定不存在。

没有任何事物是美的或丑的，正当的或不正当的，这只是相对于判断而言的。没有任何事物真正是这样的（像判断的那样），只是人们按照风俗习惯来进行一切活动。每一行为都既不能说是这样的，也不能说是那样的。

没有任何一件事情可以固定下来当作教训，因为我们对任何一个命题都可以说出相反的命题来。

最高的善就是不作任何判断，随着这种态度而来的但是灵魂的安宁，就像影子随着形体一样。

【附记】

□皮浪是怀疑主义学派的创立者，因此又称皮浪主义。

□怀疑主义在后来由古罗马时期的塞克都斯·恩披里柯作了充分和深入的阐述。

芝诺

【生平】

约在公元前 334 至 333 年间出生于塞浦路斯岛的西提姆。公元前 314 年到雅典，受教于犬儒派、麦加拉派和学园派。公元前 294 年起在雅典的一个用绘画装饰的、叫作"画廊"的大厅讲学，因廊的原文读音"斯多亚"（stoa），由此得名斯多亚派。他的著作《论人的本性》和《国家》没有保存下来，他的思想学说只在后人转述中有所记载。约在公元前 262 年至 261 年自杀而死。

【思想】

I

宇宙有两种原则，主动原则和被动原则。被动原则是不具性质的实体，即质料。反之，主动原则是内在于这种实体中的理性，即是神，它永远存在，设计了各种事物。

神是活生生的、不朽的、有理性的、完美的或在幸福方面有智慧的，他没有丝毫邪恶成分，关注着世界及其中一切事物，但他不具人形。他是宇宙的创造者。

神是理智、命运和宙斯。他们是同一个东西。它首先创造了四种元素：火、水、气、土。元素是具体事物所由产生、最后又回归于它的东西。四元素共同构成了无质的实体或质料。

世界的产生是这样的：其实体首先从火通过气转变成湿气，然后湿气的重浊部分凝聚起来便成土，清轻部分成为空气，再经过稀薄化过程就成为火。由这些元素的混合而产生植物、动物和其他自然种类。

自然是一种有技巧的火，不断地进行创造。它等于普纽玛（pneuma），其形状似火并具有匠心。灵魂是一种能感知的本性，它是适于我们的普纽玛，因而它是一种物体，并且在死后继续存在，但它是可以毁灭的，虽然以动物的单个灵魂为其部分的那个宇宙灵魂是不会毁灭的。

II

知觉是心灵上产生的印象。知觉分为有说服力的和缺乏说服力的两种。有说服力的知觉是由真实的对象所产生，并且符合于那个对象。缺乏说服力的知觉跟任何实在对象无关，假如它有任何这一类的关系，也由于它跟对象不相一致，而只是模糊不清的表象。

确定事实的真理性的标准是一种知觉，表示赞同和相信的判断，以及对于事实的了解，没有知觉就不能存在。知觉是领路的，然后是思想，用词句发表出来，以字来解释它得自知觉的感情。

某些知觉是可以感觉的，某些则不是。可以感觉的，就是我们得自某一或某些感官的；某些不是可以感觉的，则是直接发自思想的，例如跟非具体对象相关联的知觉，或为理性所包含的任何其他知觉。另外，可以感觉的知觉是由真实对象所产生的，真实对象把自身强加于理智，使它顺从。还有某些别的知觉，只是似乎如此的，只是模糊的影像，跟真实对象所产生的知觉相似。

真理的正当标准是具有说服力的印象，就是说，这印象是来自真实的对象。

健全的理性是真理的一个标准。

III

主要的善就是认定去按照自然而生活，这就是按照美德而生活，因为自然引导着我们到这上面。

美德本身对于快乐就是足够的。

正义是由于自身而存在的，并非由于任何定义或原则，正如法律或正确理性那样。

责任是一种其自身跟自然的安排相一致的行为。在冲动的刺激下做出的行为中，有些是有责任的，有些是无责任的，有些既不是有责任的也不是无责任的。

有责任的行为是理性指导我们去做的行为，如孝敬双亲、敬重兄弟、热爱国家、对朋友忠诚等。不负责任的行为是为理性所贬斥的行为，如冷淡父母、疏远兄弟、背叛朋友、不顾国家利益等等。既不是有责任的也不是无责任的行为，是指那些理性既不引导我们也不阻止我们去做的行为，例如捡一根枯枝、采用什么样的文体、用什么样的刮刀以及这一类的事情。

激情是灵魂的一种不合理的、不自然的运动，或是一种过度的刺激。

哲人若没有什么障碍，应当参与政治，这样他可以抑制邪恶，增进德性。哲人从不会形成谬见，即他从不赞同虚伪的东西。他像犬儒一样地活动。

只有善人是自由的。自由就是具有独立行动的力量。相反，奴役却是独立行动力量的短缺。有智慧的人不仅是自由的，而且也是君主，君权是绝对的统治，只有哲人才能维持它。

最好的政府形式是民主、王政和贵族政治的混合。

【附记】

□芝诺是斯多亚派的创始人，该派拥有几代成员。芝诺的直接弟子是克里安希，而对该派学说形成完整体系的则是克里安希的继承人克吕西普，因此他又被称为斯多亚派第二创始人。斯多亚派的学说由逻辑学、物理学和伦理学三部分组成。由于该派各成员的著作只留有极少残篇，后人的记述通常把它的学说作为一个整体，并没有清楚说明哪些属于芝诺哪些是他的继承者特别是克吕西普的，因此哲学史上对它都是依照克吕西普所完成的形式来陈述。

□斯多亚派在罗马帝国时期一度复兴，著名的人物有塞内卡、爱比克泰德和皇帝奥勒留，其伦理学说对基督教的伦理思想有一定影响，史称罗马斯多亚派。

四、古罗马时期哲学家

古罗马时期展示了一位历史没有记载而是在后世文艺复兴时期被发现的哲学家卢克莱修所撰写的手稿《物性论》，也展示了开始向宗教神学转化过渡的、由柏罗丁缔造的新柏拉图主义和由奥古斯丁完成的「教父学」。

卢克莱修

【生平】

大约生活于公元前 99—55 年，生平事迹不详。他只有一部《物性论》手稿保存下来，但埋没了十多个世纪，直到文艺复兴时期才被人发现。

【思想】

I

宇宙就其自身而言，它由两种东西组成，因为存在着物体，也存在着虚空；物体在虚空中存在并在它当中四处运动穿行。若是没有我们称之为虚空的空间，物体就不能停留在某处，也根本不能朝着不同的方向运动。

所以，除了物体和虚空之外，再也没有第三种性质的东西能独立存在。

物体当中，有些是事物的始基，有些是由始基组合成的东西。其中，事物的始基是任何力量也毁灭不掉的，它们的坚实躯体能战胜一切侵袭。这些物体乃是万物的种子和始基，所有的事物都是由它们构成的。

没有任何东西能从无中生出，也没有什么被造物会归于无，必定有某种不朽的始基。每一种东西都在灭亡之时复归于它，新生之物则由此获得生长的质料。始基因而具有坚实的单一性，否则它们就绝不能在无尽的过往岁月中保存下来，并重新产生新的事物。

既然我已经指出万物不能从无中创造出来，当它们毁灭时也不会复归于无，你就再也不要因为肉眼看不见万物的始基而怀疑我的话。

存在着一个不可触摸的空间、虚空和空无。如果没有虚空，万物就完全无法运动，因为物体的阻挡和堵塞的本性就会处处发挥作用。要是没有虚空，那么这些永不停息的运动就会停下来，或者说根本就从未产生过，因为物体静静地充塞了整个世界的所有角落。

如果你认为万物始基可以静止不动，并且在静中也能产生万物的新的运动，那你就误入歧途，远远偏离了正确的思考。毫无疑问，原初物体在虚空的深渊中从不停息，而是被各种不停的运动驱赶着，有些被压迫在一起，然后又回弹跳开很远，有些在撞击之后在一个狭小的范围内颤动。

具有坚实的单一性的始基在穿行于虚空中时不会受到任何外来的东西的阻碍，当它们向各自最初朝向的目标运动时，必定比太阳光线的速度要快许多，它们在同一时间跨越的空间也比阳光所覆盖的天际要大无数倍。

在毫无阻力的虚空中，不同重量的东西必定都以相同的速度运动。

当原初物体由于自身重力的作用在虚空中直线下落时，它们会在无法确定的时间和地点稍稍偏离其轨道，那一点偏移刚好够得上被称为运动的改变。如果它们不会偏斜，那么一切都会像雨点一样穿过渊深的虚空垂直向下跌落，始基的一切相遇都不会发生，也不会引起撞击，大自然将永远无法产生任何东西。

如果所有的运动总是构成一条长链，新的运动总是以不变的次序从老的运动中发生，如果始基也不通过偏斜而开始新的运动以打破这一命运的铁律，使原因不再无穷地跟着另一个原因，那么大地上的生物怎么可能有其自由意志呢？这一自由意志又如何能挣脱命运的锁链，使我们能趋向快乐所指引的地方，而且可以不在固定的时间和地点而是随着自己的心意偏转自己的运动？毫无疑问，在这些场合里，始发者都是各自的自由意志：运动从意志出发，然后输往全身和四处。

你必须承认，在种子之中除了碰撞和重力之外，运动还可以有别的原因。我们正是从中获得了与生俱来的自由意志力量，既然我们知道没有任何东西能从无中产生。使心灵不至于在所有行为中都服从必然性，使它摆脱被奴役和被迫承受苦难和折磨的，正是始基在不确定的时间和不确定的空间的细微偏斜。

既然始基的数量是如此的巨大，是无穷无尽的，那么很自然，它们绝不会是各个都有着同样的结构和相同的形状。

事物的始基所具有的不同形状的种类是有限的。

若不这样，有些种子必然就会有无限大的形状。

既然形状上的差异性是有限的，那么具有相同形状的始基在数量上就必然是无限的，否则物质的总量就会是有限的。

II

大自然迫使虚空包围物体，又再让物体包围虚空，通过这样不断地相互交替，大自然使宇宙无限地延伸。

宇宙在它的任何一个方向上都是无限的，否则，它就应该有一个终极点。我们既然必须承认万物的总体之外不可能还有其他东西，总体就不可能有什么极限，因而也就是没有终点或界限。不管你站在何处，你的四周的各个方向上都会出现同等无限的宇宙。

既然空间朝着各个方向无限地延伸，而且那数不清的种子以各种方式在无底的宇宙游荡飞翔，并维持着那永远不间断的运动，我们就绝不能认为只有这个大地与天空被创造出来，独一无二地存在着，而那些在这之外的种子却什么也无法构成。我再一次强调：必须承认，在别的地方也同样会有物质的聚集，就像被苍穹贪婪地拥抱着的我们这个世界。

如此多的始基以如此多的方式，经历了无穷无尽的时间直到今天，在频频相互撞击和自身重量的驱动下，总是以数不胜数的方式运动着和相遇着，尝试过各种各样的结合，联结起来产生了可以想象的任何事物。所以，如果它们落入目前这样的配置安排，进入目前这样的运动，就像万物的总体在它的永恒创新的历程中所显示的，又有什么奇怪的呢？

可以肯定，始基并没有运用聪明的理性有意地计划和安排自己进入到有序的位置上，它们肯定也没有谈判过各自应当负责进行什么样的运动。只不过是因为许许多多的事物的始基从远古直到现在一直受到撞击和自身重量的驱使，总是以各种各样的方式运动着、相遇着，并尝试过了各种结合起来产生事物的方式。它们历经无穷的时间，散布到广漠的空间，试过了各种组合和运动方式，最后，某些突然聚合在一起的微粒成为伟大的事物——大地、海洋、天空和生物——的开端。

我们可以肯定地说：世界绝不是神圣力量为我们而创造的，因为现存世界中的缺陷实在是太多了。

宇宙的本性绝不是什么神圣力量为我们造设的，宇宙充满了太多的缺陷。

还有一件事你也断断不可相信：诸神的任何神圣的住地位于我们这个世界中的某个地方。因为诸神的本性极为精细，远非我们的感觉所能及，连心灵的理智都难以察觉；它不是我们的手可以触摸到和影响的，也不能触及我们所能触及的任何东西。所以，它们的住处要与它们自身的精微本性相称，势必与我们的住所截然不同。

III

我们通常称为"智力"的心灵，是人体的一个部分。灵魂也位于体内。心灵和灵魂紧密联结在一起并组成了一种共同的本性。我们称之为心灵和智力的理性，位于胸膛的中央地方。灵魂的其他部分遍布于全身，遵循心灵的命令，接受智力的意愿和动作而动。

我们大可以用两个名字来指称同一事情，比如当我们说到"灵魂"，这也同时是在说"心灵"，因为它们本来就是同一事物，是结合在一起的。

心灵和灵魂从本质上说乃是物体性的东西。它是非常精致的，由非常细小的微粒构成。构成它们的种子是极其圆滑与细微的，这样它们才能在受到很小的力量推动之后就能立即运动起来。既然心灵的本性极为容易运动起来，它就一定是由极细微、光滑而圆巧的物质所构成。我要再三强调，心灵和灵魂的实体一定是由非常细微的种子构成。

凡是我们所看到的有感觉的事物都是由没有感觉的始基所构成的。生物是由没有感觉的原初物体所生成的。一切感觉都可以从没有感觉的东西中衍生出来。

从生命运动之初开始，身体和灵魂就互相依赖地结合在一起，甚至当它们还在母体中时就学会了这一与生命相关的运动。只要相互分离，它们就会受损、毁灭。

灵魂在脱离身体后既不能感觉，也不能继续存在。

所有生物的心灵和轻盈的灵魂都是会死亡的。

我们看到灵魂和身体一同诞生、一起成长，它们最终也会随着时间的侵蚀而一起互解、毁灭。

IV

我将证明我们所说的"影像"的存在，这是一种从物体的最外表上剥离出来的类似薄膜的东西，它在空气中飞来飞去。事物的影像和稀薄的模样是从事物的外表面上抛出来的。

影像无论从哪一种物脱开飞走，都会保持与那种物体相同的样子和形状。这些影像轻易地、迅速地出现，不断地从事中流出来和滑离开。在每一瞬间，从事物那里都必须有许多的影像以多种多样的方式向四面八方飞离；因为我们不管朝事物的哪个方向用镜子照着它，都会映出同样形状和颜色的东西来。

从我们所看到的一切东西中都必然不断地四散注射出物体来，触击我们的眼睛并激起视觉。气味从有些东西中络绎不绝地流出。各种各样的声音也不知疲倦地在空中穿行。千真万确，从所有的东西中都有各种微粒源源不断地流出来，消散在四面八方之中；我们可以不停地感受到它们：我们时时都能看到众多的东西，闻到它们的气味，听到它们的声音。

我们闻到事物的不同气味，却没有亲眼看见它们如何进入我们的鼻孔，我们也看不到热和冷，看不到声音。但是所有这些都一定是由某种物体所构成，既然它们能触及我们的感官。而除了物体之外没有任何东西能触及和被触及。

真理的概念首先来自感觉，而感觉是无法反驳的。如果不是感觉又是什么东西更能让我们信赖呢？

【附记】

□卢克莱修是古罗马共和国时期直接继承伊壁鸠鲁原子论的唯物主义哲学家，他系统、全面地阐述了伊壁鸠鲁的原子论学说。

□卢克莱修所阐述的原子论在基本内容上没有超出伊壁鸠鲁的学说，但对某些观点的阐释比伊壁鸠鲁遗留的资料详尽、明确和具体，有的方面为伊壁鸠鲁的资料所缺。

□卢克莱修在阐述对原子论的论证中，时有精辟的发挥，显现出可贵的思想亮点。

柏罗丁

【生平】

公元204年至205年间出生于埃及的吕克波利斯，在亚历山大里亚城的一个讲授柏拉图哲学的教师阿蒙尼·萨卡的门下研习哲学十一年。公元244年至245年间去往罗马，在那里建了一所自己的学校讲授哲学，直到公元269年至270年间去世。他在50岁时才开始撰写自己的著作，死后由他的学生波菲利整理编辑出版，共六卷，每卷九篇，称《九章集》。

【思想】

绝对的统一支持着事物，使事物不彼此分离；它是统一万物的坚固纽带，它渗透一切有分离成为对立物危险的事物，把它们结合起来，化为一体；我们把这个绝对统一称为太一，称之为善。它不是某个东西，不是任何一个东西，而是超乎一切的。这一切范畴都完全被否定了；它没有体积，它也不是无限的。它是宇宙万物的中心点，它是道德的永恒渊源，它是神圣的爱的根源，一切都围绕着它转动，一切都以它为目的。

创造万物的太一本身并不是万物中的一物。所以它既不是一个东西，也不是性质，也不是数量，也不是奴斯，也不是灵魂，也不运动，也不静止，也不在空间中，也不在时间中，而是绝对只有一个形式的东西，或者无形式的东西，先于一切形式，先于运动，先于静止。

为了使万物能够是实在的存在物，太一便不是一个存在，而是各种存在的父亲。存在的产生，乃是第一个产生的活动。太一是完满的，因为它既不追求任何东西，也不具有任何东西，也不需要任何东西，它是充溢的，流溢出来的东西便形成了别的实体。

我们对那最完满的东西说些什么呢？从它而来的东西只是它以后最伟大的东西。它以后最伟大的次一等的东西就是奴斯。

上帝（太一、善）是不动的；产生是从他、从永恒不变的他发出来的一种光。太一向四周放射光芒；奴斯是从他流出来的，正如光芒从太阳射出一样。

奴斯既然像太一，现在它就仿效太一，喷出巨大的力量。这个力量是它自身的一种特殊形式，正如在它之先的本原所喷出来一样。这种由本质里发出来的活动就是灵魂。灵魂的产生并不需要奴斯变化或运动，因为奴斯的产生也不需在它之先的本原变化或运动。但是，灵魂的作用却并不同样是静止、不动的，它在变化和运动中产生出一种自身的形象，采取向下的运动产生出它的肖像。灵魂的肖像是感官和自然，是生殖的原则。不过这些东西无一是同先于它的东西脱离或割断的。人类灵魂似乎尽可能要向下直达植物等级。当它达到植物等级时，它在这里已下降到去产生另外的实质或存在的形式，也就是外溢的趋于较小的善，正如先于它的东西（较高部分的灵魂）是从奴斯产生的一样。

总之，从始点到终端存在着一个流溢过程，在这个过程中，每一个原则都永远保持自己的地位，同时它的分歧却构成另一个较低的等级。虽然从另一方面说每个存在只要它保持那种联系就与它的源泉相同一。

太一自身是完满的，是没有欠缺的，因此它向外流溢；这种流溢出来的流，就是产生出物。然而产生出物又回到自身，永远要回到太一，回到善。

太一不应当是孤立的，否则一切将要隐藏不见，就会表现不出任何形象，一切存在物就会不存在。如果达到灵魂阶段的事物没有获得继续产生，也就不会有大群从太一产生出的存在物了。同样，各个灵魂也不能单独存在，不然由它们产生出的东西便不会出现了。因为灵魂存在于每一个自然物内，从它产生出某些事物并把它们显露出来，正如种子从一个不可分的萌芽中产生出和表现出一些事物一样。根本没有什么东西阻碍万物分享善的本性。

我们正是以太一作为我们的哲学深思的对象的，我们一定要像下面这样做。既然我们追求的是太一，我们观看的是万物的来源，是善和原始的东西，我们就不应该从那些最先的东西附近出发，也不应当沉入那些最后才来的东西，而要抛开这些东西，抛开它们的感性外观，委身于原始的事物。我们必须上升到藏在我们内部的原则，抛开我们的多而变成为一，进而成为这个原则，成为太一的一个观看者。我们必须变成奴斯，必须把我们的灵魂托付给我们的奴斯，在奴斯中建立起我们的灵魂，这样我们才能意识到奴斯所观看的东西，并通过奴斯享受对太一的观照。我们不可以加进任何感性经验，也不可在思想中接受任何来自感觉的东西，只能用纯粹的奴斯，用奴斯的原始部分去观看那最纯粹的东西。

我们对于太一的理解跟我们对其他认识对象的知识不同，并没有理智的性质，也没有抽象思想的性质，而是具有高于理智的呈现的性质。用柏拉图的话说，太一是语言文字所不能名状的。

【附记】

□柏罗丁是新柏拉图主义最重要的代表人，而不是这个流派的创始者，但可以说是新柏拉图主义的真正缔造者。他继承了老师萨卡所创始的这个学派的思想，可能做了不同的发挥，不过由于萨卡本人没有著作传世，因而不能确定他们二人之间有哪些异同。

□柏罗丁的哲学体系只有形象化的比喻，而没有做出完整、统一、明确的理论阐述。

□新柏拉图主义标榜柏拉图的学说，而实际上掺有毕达哥拉斯、亚里士多德、斯多亚派等等的观点，其成员又各执一端，先后依不同地点形成几个中心。

□新柏拉图主义的基本倾向是依托柏拉图而把希腊哲学同当时的宗教观念结合起来，这使当时已经出现的、希腊哲学向宗教哲学以及基督教神学转化过渡的历史趋势，向前跨出了决定性的一步。

奥古斯丁

【生平】

公元 353 年至 354 年间出生于罗马帝国统治下的北非的塔加斯特（今属阿尔及利亚）。起初在家乡，后来又在米兰教授修辞学，同时研究神学和哲学。公元 386 年开始阅读柏拉图和新柏拉图主义者的著作，特别受到米兰主教安布罗斯的影响，于公元 387 年皈依基督教。回到家乡后被授予教士职位，396 年被提升为非洲希波的主教，直到 430 年去世。著作颇丰，有《自由意志》《真正的宗教》《宿命论和恩赐》《三位一体》《上帝之城》《忏悔录》《书信集》。

【思想】

我们不必像希腊人所说的物理学家那样考问事物的本性，我们也无须唯恐基督徒不知道自然界各种元素的力量和数目——诸如天体的运行、秩序及其亏蚀；天空的形状；动物、植物、山、川、泉、石的种类与本性；时间及空间的意义；风暴来临的预兆；以及哲学家所发现或以为发现了的其他千万事物。这些哲学家虽然具有很多天才，有火热的研究志愿，享受丰富的闲暇时间，又有人类推测力的资助和历史经验的凭借，却还是没有把一切事物都寻求出来，弄个明白。甚至连他们所夸说的各种发现也有许多仍是某些推测，不是确定的知识。我们基督徒不必追求别的，只要无论是天上的或地上的、能见的或不能见的一切物体，都是因创造主（他是唯一的神）的仁慈而受创造，那就够了。宇宙间除了上帝之外，没有任何存在物不是从上帝那里得到存在。

自然秩序［统治与被统治的秩序］既这样规定，上帝创造人也照这规定创造。罪是奴役制度之母，是人服从人的最初原因。它的出现是依照最高的上帝的指导，只有最高上帝才最明白怎样对人的犯罪施行适当的惩罚。惩罚的奴役制度作为制度是根据于保存原则和禁止扰乱自然秩序的命令所订定的法律，如果这法律在最初不曾被人违反，那么，惩罚的奴役制度也绝不会出现。因此，使徒警告奴仆，要顺从他们的主人，并且要愉快地、善意地服侍主人：以此为目的，如果他们不能从他们的主人那里得到自由，那他们就把他们的奴役作为自己的一种自由，不用虚惊而用忠诚的爱来服侍主人，直至不公道消失，这样，一切人的暴力和国家被废除，就只有上帝是一切了。

对于提出"天主创造天地前在做什么？"这样问题的人，我如此答复：

全能的天主、天地的创造者，你既然是一切时间的创造者，在你未创时间之前怎能有无量数的世纪过去？既然不存在经你建定的时间，何谓过去？既然你是一切时间的创造者，而在你创造天地之前有时间存在，这时间便是你创造的，怎能说你无所事事？如果在天地创造之前没有时间，便没有"那时候"。

那么时间是什么？我知道如果没有过去的事物，则没有过去的时间；没有来到的事物，也没有将来的时间，并且如果什么也不存在，则也没有现在的时间。

说时间分过去、现在和未来三类是不确切的。人们依旧可以说：时间分过去、现在、将来三类，既然习惯以讹传讹，就这样说吧，只要认识到所说的将来尚未存在，所说的过去已不存在。或许说：时间分过去的现在、现在的现在和将来的现在三类，比较确切。这三类时间存在于我们的心中，别处找不到；过去事物的现在是记忆，现在事物的现在便是直接感觉，将来事物的现在便是期望。如果可以这样说，那么我也承认时间分三类。

人的思想工作有三个阶段：期望、注意和记忆。所期望的东西，通过注意，进入记忆。将来尚未存在，但对将来的期望已经存在于心中。过去已不存在，但过去的记忆还存在于心中。现在没有长度，只是疾驰而去的点滴，但注意能持续下去，将来通过注意走向过去。所谓将来的时间长，是对将来的长期等待；所谓过去的时间长，是对过去的长远回忆。

没有被造之物，就没有时间。

理解是为了信仰；信仰是为了可以理解。有些事情，除非我们理解，否则就不能相信；另外一些事情，除非我们相信，否则就不能理解。

【附记】

□奥古斯丁阐释了基督教的世界观，成为教父思想的最高成就者，对后世基督教起了指导作用，影响一直延续到近代。

□基督教是犹太教融合希腊哲学的产物，在许多方面受希腊哲学的影响，有毕达哥拉斯主义、斯多亚主义、新柏拉图主义等的思想印记。

□基督教初创的几个世纪中，为基督教的确立和生存，先后出现了一些给基督教制定教义和进行论证的职业教士，他们的传教、护教贡献，受到信徒的敬重，被尊称为"教父"，他们的论述和思想即是"教父学"。著名的教父有早期的查士丁、德尔都良等，而奥古斯丁则是教父学的集大成者，他的思想成为教父学的正宗。

五、中世纪经院哲学家

中世纪出现了托马斯·阿奎那和邓斯·司各脱，分别属于前期和后期经院哲学家。经院哲学把哲学玷污为神学的奴仆，其阵营内部分裂为正统和非正统两派，思想有分歧有论争，在关于唯名论和实在论的争论中触及到了哲学问题。

托玛斯·阿奎那

【生平】

　　公元 1225 年出生于意大利的洛卡塞卡城堡，此处属阿奎那家族的领地。五岁时被送进卡西诺修道院为修童。1239 年弗里德利二世皇帝派兵占领并封闭了该修道院，阿奎那结束了修道院生活，进入那不勒斯大学，接触了亚里士多德著作。1244 年入多米尼克修道院，次年被修会送到巴黎的圣雅克修道院学习，1248 年又到科隆继续学习；1252 年入巴黎大学神学院学习，1256 年秋结业获硕士学位，由此开始了教学生涯；其间完成了代表作《反异教大全》。1265 年受修会委托创办罗马大学，并在此讲学，于 1268 年完成另一代表作《神学大全》第一部分。同年返回巴黎，在此进行亚里士多德多部著作的评注工作，同时完成了《神学大全》第二部分。1272 年被修会召回建立总学馆，选址在那不勒斯，同时任教于学馆和那不勒斯大学，除了继续评注亚里士多德著作之外还进行了《神学大全》第三部分等的写作。1274 年 2 月因健康恶化，写作计划没有完成，3 月在去里昂开主教会议的路上，病殁于那不勒斯和罗马之间的弗粲努瓦教堂。他死后三年，其著作曾受到两个坎特伯雷主教的抨击，但他的著作很快在教会中获得尊重，于 1323 年被教会奉为正典，所有抨击随即停止，最终被视为有教会以来的最高正统，共有六十部著作经过确认而留传下来。

【思想】

I

　　天主教主张上帝不是从他的实体中创造出世间万物，而是从无中创造万物。

上帝的存在可以从五个方面证明。第一，从事物的运动或变化方面论证。在世界上，有些事物是在运动着，凡事物运动，总是受其他事物推动；但是，一件事物如果没有被推向一处的潜能性，也是不可能动的。一件事物，除了受某一个现实事物的影响，绝不能从潜能性变为现实性。例如用火使柴发生变化即是以现实的热使潜在的热变为现实的热。但是，一件事物不可能在同一方面，同一个方向上说是推动的又是被推动的。如果一件事物本身在动，而又必受其他事物推动，那么其他事物又必受另一个其他事物推动，但绝不能一个一个地推到无限。因为那样就会没有第一推动者，也就没有第二第三推动者。每个人都知道，这个第一推动者就是上帝。第二，从动力因的性质来讨论。在现象世界中有一个动力因的秩序。这里绝找不到一件自身就是动力因的事物。动力因同样也不可能推溯到无限。第一个动力因是中间动力因的原因，如果没有第一个动力因，那就会没有中间的原因，也不会有最后的结果。这个最初动力因大家都称它为上帝。第三，从可能和必然性来论证。一切存在事物不仅是可能的，而且有些事物还必须作为必然性的事物而存在，其必然性有的是由其他事物引起。这种由其事物引起的必然性事物不能推展到无限，因此不能不承认有一种不依赖其他事物而自身就具有自己的必然性的某一东西，一切人都称它为上帝。第四，从事物中发现的真实性的等级论证。世界上一定有一种最真实的东西，一种最美好的东西，一种最高贵的东西，因此一定有一种最完全的存在。在任何物类中，这种最高点也就是那个物类中所有物类的原因。例如火是热的最高体也是所有热的事物的原因。世界上必然有一种东西作为世界上一切事物得以存在和具有良好以及其他完善性的原因。这种原因我们称为上帝。第五，从世界的秩序（或目的因）来论证。一个无知的人如果不受某一个有知识和智慧的存在者的指挥，如像箭受射者指挥一样，那他也不能移动到目的地。所以必定有一个有智慧的存在者，一切自然的事物都靠它指向着事物的各自目的。这个存在者我们称为上帝。

《圣经》中《致提摩太书》第 2 卷第 3 章上说："全部经书，都是凭上帝启示定下的，对于教导，对于谴责，对于使人归正，对于使人

受正义教育，都是有益的。"这就是凭上帝启示写的，它并不属于人类
凭理智获得的哲学理论。所以除哲学外，建立一种凭上帝启示的学问，
是有益的。除了哲学理论以外，为了拯救人类，必须有一种上帝启示
的学问。所以为了使人类得救，必须知道一些超出理智以外的上帝启
示的道理。因此，除了用人的理智所得的哲学理论外，还必须有上帝
启示的神圣道理。虽然超出人类理智的事物，用理智不能求得，但若
有上帝的启示，凭信仰就可取得。我们也不应禁止用上帝启示的学问
去讨论哲学家用理智去认识的理论。

神学分为两部分，一是思辨的神学，一是实践的神学，它在思辨
和实践两方面都超出其他科学。思辨神学有较高的确实性，因为其他
科学的确实性都来源于人的理性的本性之光，这是会犯错误的；而神
学的确实性则来源于上帝的光照，是不会犯错误的。神学所探究的题
材，主要是超出理性的、优美至上的东西，而其他科学则只注意人的
理性所能把握的东西。神学的目的，就其实践方面说，则在于永恒的
幸福，而这是一切实践科学所趋向的最后目的。所以说神学高于其他
科学。

神学可能凭借哲学来发挥，但不是非要它不可，而是借它来把自
己的义理讲得更清楚。神学不是把其他科学作为上级长官而依赖，而
是把它们看成自己的下级和奴仆来使用。

II

认识的对象是和认识能力相应的。认识能力有三等：一种是感觉，
它是一个物质肌体的活动；因此，每一感觉能力的对象都是存在于有
形物质中的一种形式；这样的物质是个体化的本原，所以感觉部分的
每种能力所取得的知识只能是个体的知识。另一等认识能力既不是一
个物质肌体的活动，也和有形体的物质没有任何关系，这就是天使的
理智。这种认识能力的对象是脱离物质而存在的一种形式。天使虽然
认识物质事物，但也只有从非物质（从它自身或从上帝）的地位去认
识。再一等是人类的理智，它不是一个肌体的活动，而是灵魂的一种

能力，是从个别物质中去认识其形式，而不把它当作存在于那样的物质中，这就是从表现为影像的个别物质抽出其形式。所以，我们的理智是用对种种影像进行抽象的方法来了解物质事物。我们正是通过这样了解的物质事物而获得某些非物质的事物的知识，反之，天使却是通过非物质事物来认识物质事物。

大哲学家亚里士多德证明：知识来源于感觉。亚里士多德同意德谟克利特的这种看法：各种感觉的活动本来是由于感性事物对感性施加影响所引起的。但他不赞同德谟克利特说这是由于影像的流射，而是认为由于可感觉的事物的某种活动的结果。亚里士多德认定，理智具有一种不涉及身体的活动，没有一种有形体的东西能在无形体的东西上造出印象，所以他说，要使理智活动起来，单靠可感觉的物体造成的印象是不够的，还必须有更高级的东西。但他也不是说理智活动只依靠某种高级事物的印象来推动，如柏拉图所主张的，而是以我们称为"主动的理智"的更高贵的主动力，采用抽象方法，把从各种感觉所接受的幻象变成现实上可以理解的。根据这个意见，在幻象这一部分上，理智的知识是由感觉引起的，但幻象不能凭自己使可能的理智有变化，它还必须依靠主动的理智来使自己变为现实上可理解的。所以，绝不能说感性认识是理智知识的总原因或全部原因，它只是在一个方面可作为原因看待。

理智的知识在某一阶段上是来源于感性的认识。由于感性是以单个的和个体的事物为对象，理智则以共相（普遍的事物）作为自己的对象，因此感性的认识先于理智的认识。而要知道某一个包含着许多事物的事物，如果不把其中的每一个事物弄清楚，那么对这个某一事物的了解就是混乱的。因为每一全体，如果不是把其中各部分都弄清，那对全体的了解也只能是糊涂不清的。同时，对普遍的、全体的内容认识清楚，对普遍共同性较少的东西也会认识清楚。所以，我们混乱不清地认识动物，就会把它看成是动物而停止了；如果清楚明白地认识动物，我们就会弄清楚它是理性的动物还是非理性的动物，即弄清它是人还是狮子。所以，我们的理智认识动物总是先于认识人。这个道理也可同样用于任何较普遍的概念和较不普遍的概念的关系。感性也和理智一样，我们运用感性在判断较不普遍的东西之前来判断较普遍的东西。因此我们得出结论：单独的、个体的知识，就我们来讲，它是先于普遍的知识，正如感性知识是先于理智知识一样。但就感性和理智二者而言，对较普遍的东西的认识则先于对较不普遍的东西的认识。

我们从两个含义理解"被抽象出的共相"这一说法，一方面把它了解为事物的本质，另一方面把它了解成抽象概念或普遍概念。本质自身之被认识、被抽象，或者说发生普遍性的思维关系，那是偶然的，它是只存在于个别事物中的；至于那被认识、被抽象，或者说普遍性的思维关系，则恰恰存在于理智之中。"人类"就是以这种方式存在着，它只是在这个或那个人身上被认识到的；它之被撇开各种个别情节理解到，这就在于它被抽象出来了，由于抽象出来了，才有思维中的普遍性关系，而这只是偶然的，因为它是由理智知觉到的，理智与"种"有类似处，而与个体原则无类似处。

共相可从两方面考察。第一，共相的性质可看作是和普遍概念在一起的。由于普遍性的概念来自理智的抽象，所以这样的共相是在我们的已有知识之后获得的；因此有人说"普遍的动物若不是空无所有的东西，就是后来添加的东西"。但根据柏拉图的见解，共相先于殊相而存在。第二，共相也可从它存在于个体中的性质本身来看（如动物性或人性）。从人和动物在自然界中产生的次序来说，动物先于人产生，因而较普遍的东西居先。从完善程度或自然界的意向来说，完善比不完善在先，例如人比动物占先，因为自然界的意向绝不止于产生动物，而在于产生人，所以较不普遍的东西在较普遍的东西之先。

真理只在理智之中。一切事物被称为真实的，都和某一理智中的真理有关系。理智中的真理就在于理智和所了解的事物一致。但是这种一致可能通过双方之一的变化而引起两方面都变化：第一，真理的变化是由理智方面引起的；第二，事物发生了变化，但人对它的意见还保持原样。这两种变化都是从真实变为错误。上帝的理智中的真理是不变的。我们人类理智中的真理却是可变化的，这不是说真理本身是变化的主体，而是说我们的理智是从真变到伪。但是一切物质事物所赖以称为真实的真理，都是上帝的理智中的真理。它是完全不能变化的。

信仰的对象是超出人类理性所能达到的、不可见的东西。如果用不足以取信于人的论证去证明信仰，这不免要引起不信教的人的嘲笑。我们凭论证而去信仰就等于为论证而信仰。所以，我们要证明信仰的真理，只能用权威的力量来讲给愿接受权威的人。对于其他的人，则只能说信仰所坚持的事不是不可能，便已经足够了。

【附记】

□托玛斯·阿奎那是中世纪最大的正统经院哲学家，他系统化了经院哲学，形成一个庞大的体系，成为经院哲学的集大成者。

□经院哲学是中世纪天主教会掌管的神学院所探讨的学问。天主教在中世纪欧洲成为社会各领域的统治力量，从而经院哲学便成为当时封建制度的主流意识形态。

□经院哲学以讨论教义和神学为基本内容，其讨论问题的思维方式极为烦琐，因此"经院哲学"这一称谓在后世又转义为烦琐哲学。它远离实际，且又唯教会权威是从，完全与科学精神背道而驰。

□经院哲学也对古代哲学的某些概念进行研讨，或依傍亚里士多德学说，或汲取柏拉图思想。但是，哲学的讨论在它却是为论证神学服务的，正如托玛斯·阿奎那所愿，哲学已沦落为神学的奴仆。

□经院哲学有一个从确立到发展的历程。在确立以前，早期即有波爱修（480—525）和艾留根纳（800/818—877）两个哲学家，在当时宗教统治的环境中已先后发表了分别带有神学影响的哲学思想。到十一世纪，教会学院出现了经院哲学家，但其阵营从开始就存在正统和非正统的思想分歧。正统派的代表为安瑟尔谟（1033—1109），非正统派的代表有洛色林（1050—1114）和阿伯拉尔（1079—1142），具体表现于实在论（或称唯实论）和唯名论的观点对立。安瑟尔谟在实在论的思想基础上提出了一个"上帝存在的本体论证明"，确立了正统经院哲学，它上承奥古斯丁的教父学，下传发展到十三世纪托玛斯·阿奎那的神学体系。

□实在论作为正统经院哲学的思想基础之一，在于把"一般"（或译"共相"）看作是独立于个别事物的实在，而唯名论则把"一般"理解为个别事物的名称。二者在理论上都是错误的，都不懂"一般"在客观上是同类个别事物本身固有的真实共同性、普遍性，并且以思想反映此"一般"（共相）的概念形式，存在于思想中，既非独立实在，亦非事物名称。二者中实在论有唯心主义因素，唯名论在肯定只有个别事物是独立的实在这点上接近唯物主义。

□托玛斯·阿奎那用偷梁换柱的手法改装了实在论。他在讲自然事物的产生顺序时提出，动物比人较为普遍，先于较不普遍的人而产生；这实质是说普遍的东西（"一般"）在不普遍的东西（"特殊"）之先产生并且独立存在，也即变相肯定了实在论观点。这里他混淆了两个问题。说动物先于人在自然界产生，这只能表示人也是动物而和其他动物之间的关系，是全体中这一部分和另一部分的关系，不能作为普遍和特殊的关系来看。而从动物作为普遍的东西（"一般"）而言，则必须指出，人本身也属动物，在这种关系上，动物作为普遍性，是人也具有的，不能脱离人而居先或独立存在。不过和赤裸裸的实在论不同，托玛斯·阿奎那同时承认"一般"独立存在于个体事物之内，并以概念形式存在于思想上，这使他的实在论在历史上被称为温和实在论，它的实质就在于主张"一般"是内在于个体事物的独立实在，也即变相实在论。

□正统经院哲学不只在其思想基础方面有唯名论和它对立，而且在它宣讲的教义和神学方面，从它产生之日就受到异端的挑战。各种异端对教义和神学做出各自独特的解说，其实是以隐蔽或公开的方式对教义和神学的反叛，其中有阿拉伯哲学家阿维洛依的哲学，有艾克哈特的泛神论神秘主义，有英、法、德、意各国的市民异端，以及代表平民和农民要求并和起义相结合的异端，在十二世纪到十四世纪形成绵延不绝的历史潮流，此起彼伏地对教会及其经院哲学进行冲击。

邓斯·司各脱

【生平】

公元 1265 年出生于苏格兰伯立克郡的邓斯，十五岁便加入弗兰西斯修会。1283 年至 1290 年在牛津和巴黎学习，1291 年被任命为神甫。1294 年至 1297 年在巴黎大学学习神学，毕业后在巴黎、牛津等地讲授《箴言书》。其间因参与教皇反法王菲利浦的活动于 1304 年被法王驱逐出境。1305 年教皇去世，他重返巴黎，获神学教授席位，但在一次辩论中的胜利被法王的支持者指责为异端，弗兰西斯会于1307 年把他调往科隆的修会学馆，一年后去世。他曾同许多人进行过论争，其中有罗吉尔、托玛斯、阿维洛依等。他对托玛斯·阿奎那的抨击甚至具有摧毁性。他的主要著作有《牛津评注》，是他的讲稿；在巴黎的讲课记录被编辑为《巴黎记录》；此外有《论灵魂》《巴黎与牛津提要》《形而上学精细论题集》《自由论辩集》等。

【思想】

I

必须要说的是：如果感觉的官能没有妨碍，那么感觉的表象所描写的事物不会有错误。

我在外部距我很远的事物上看见的白色当然是不必可靠的，因为可因媒介物或器官引起错觉，但即令在器官上有错误，然而"我看见"仍是一件可靠的事实。至于对那些处在感觉下的事物，例如某些外物，呈现为白的或热的，又怎样有可靠的认识呢？我回答：对这样所认识的物体有两种可能，或者是不同的感官有相反的印象，若不然就是认识这物体的一切感觉都有同样的判断。就后者而言，我们对那由感觉所认识的事物就有可靠的认识。所以当物体呈现的时候，既然在大多数情形下，感觉上发生同样的变化，这就可以说感觉的变化或所产生的表象，乃是那原因的自然结果，而那外部的物体确实是"白"或"热"，或按照在许多情形之下产生的表象所自然代表的。

如果不同的感觉对所看见的外物有不同的判断，在这样的情形中仍有可靠的判断，仍可知什么感觉是真的，什么是错误的。这是由于存在于心中的一个命题比之于任何感觉的判断来得都更为正确，同时，这命题也是由于许多感觉的共同活动所补充，所以总有一个命题可以纠正感觉的认识，分辨何为真何为假，而在这命题中，心智不是依赖感觉作为原因，只是以感觉为机缘。

外部感觉界在感官中偶尔产生的印象是混乱的和简单的，即是以量、形、色，以及其他感觉界的偶性作为描写事物的根据，所以许多人所了解的不过是那偶然的事物。但真理是纯粹地和绝对地由事物的本质而产生，只在这些事物是从偶然的属性分离开。"每一个整体都大于它的局部"，这命题的真实不是指什么石头或木材，所谓整体是指从一切与它结合的偶然事物抽出来的整体。若只在偶然的概念中认识整体，例如只在石头或木材中认识整体，绝不能认识原理中的纯粹真理，因为作这样认识的心智不理解真理所以是真理的理由。

由经验所认识的事物，虽不是从一切事物、而只是从许多事物得来的，虽不是恒常有的，而只是多次有的，然而一个人仍然可以由经验而确实地了解；事实如此，永远如此，而且在一切情形中也是如此；他之所以这样从经验了解，是由于心中宿有下面的命题："凡从一个非自由的原因在许多事情中发生的事，是那个原因的自然结果"；即令这个命题中的条项是来自可能有错误的感觉，但这个命题仍是心智可以认识的。因为一个非自由的原因不能在许多事情中产生相反的结果，只有一个偶然的原因才可产生也可不产生相反的偶然结果，所以若结果是常常产生的，那绝不是由于偶然的原因，它的原因若不是自由的，便是自然的。不过这一点就非得从经验去学习不可，因为在某一个时候偶然地又发现某一特性，在另一个时候偶然地又发现那一特性，就足以证明，不论那偶然的遭遇是怎样的分歧，那样的结果总要自然跟从那样的特性，所以那样的结果就不是由那特性的偶然性质而生，而是由那特性本身而生。有时候所经验的是一个结论，而结论一旦因为是事实被接受了，我们就用演绎分析方法探讨其原因。我们从所经验的结论出发，推演到其事项中所能认识的原理，这样我们对于那最初只由经验所认识的结论，可能达到更正确的认识，即由自明的原理去认识它，于是我们就有更正确的认识，以它本身的原因为根据的认识，而在原理被发现以前，我们不过是由经验认识它。有时候我们找不到什么推理的方法足以证明，只能认它是由经验所认识的事物而已。不过这是科学知识中最低的一个阶段，也许不足以称之为认识。

获得不存在事物的直觉知识是可能的。这种直觉的洞察力、想象力不论是感官的还是理智的，都是人的主体性的构想和匠心，主体与所见事物客体之间存在适当的距离，当我们说星星已消失时，想象仍存在。有一点也是很清楚的，我们的智力不仅只认识感觉到的事物，而且也能认识精神上的存在，精神上的存在绝不是感官的对象。精神上的存在属于精神活动、心理活动，不需被感觉到的存在或感官的对象，都能内在地体验到。

自明的原理所包含的那些义项，具有如此的同一性以至于很明显的是，其中一个义项必然包含另一义项。因此，我们的理智掌握了这些义项并把它们联结在一个命题里面，这就向理智自身表明了这个命题同组成它的义项之间具有一致性的必然原因，而且还是异常明显的原因。因此，理智了解了这些义项，把它们联结在一个命题里，就必然使得命题与义项之间出现一致性的关系。正是命题与义项的这种一致性，构成了判断的真理性。因此，把这样的义项联结在一个判断里，这个判断就一定是真的，而且，一个人认识到这个命题及其义项，就一定认识到这个命题与其义项的一致性，从而一定认识到这个真理。因为最初所认识到的已经包含着这个命题之为真理的认识。

我要证明柏拉图派否认一切知识的可能是错误的，我们应注意有三种知识可以自然地得到可靠的确知，那即是：第一，从自明的原理和由之而得的结论；第二，从经验所认识的事物；第三，从我们的认知行动。

II

任何可想象的事物，其存在由自身决定而无须其他的证明，这样的事物是个别和数学上的一。任何科学都以个体为出发点。感觉提供个别事物，由感觉产生记忆，由记忆产生经验，通过经验，我们获得艺术和科学的基础——一般。

任何一般都是个别事物，都是通过许多个别事物表现出来的一般。

现在我知道，一般是从外在于心灵的一部分事物中产生的真实的东西。以某些方式表现出一般的实在，在个体中是真实的，尽管某些人认为，一般脱离个体是可以存在的，因此，它们的存在被认为是真正地存在于个别对象本身。这一种观点是虚假的。我的观点则与此相反，在众多个别对象中不存在唯一的东西，在被创造的任何个体中也不存在。如果这样的东西存在，那么它一定是一个数学上的"一"，一般的事物将也是数学上的"一"。总之，我认为，不存在依靠直感产生的存在于事物的共同的一般；以任何一种方式外在于心灵的一般是不存在的，除非固执己见，但能被肯定的一切，却必然地以心理形式或逻辑形式等存在于精神之中。

【附记】

□邓斯·司各脱是经院哲学阵营中一位战斗的唯名论者，他给予托玛斯·阿奎那的正统经院哲学以摧毁性的打击。作为唯名论者他同时孕育和萌发出新的哲学思想因素，预示了经院哲学自身走向瓦解的历史趋势。

□作为经院哲学家，邓斯·司各脱曾超前提出过一个令人震撼的猜想，马克思赞赏说："大不列颠的经院哲学家邓斯·司各脱就曾问过自己：'物质是不是不能思维？'为了实现这种奇迹，他求助于上帝的万能，也就是说，让神学来宣扬唯物主义。"这个猜想道出了唯物主义的真谛：思维原本是物质的一种性能。

　　□宣称感觉可靠，肯定经验可以确知事物，相信获得知识是可能的，这是作为经院哲学家的邓斯·司各脱极为难能可贵的思想，这已经是向唯物主义认识论迈进的非常确定的、开始起步的动向。

　　□邓斯·司各脱作为晚期的唯名论者，他对"一般"的理解已经有所前进，他不是把"一般"单纯理解为个别事物的名称，而是认为："通过许多个别事物表现出来的一般""在个体中是真实的"，即真实地存在于个体之中；同时他反对"某些人认为一般脱离个体是可以存在的，因此它们的存在被认为是真正地存在于个别对象本身"。这是指托玛斯·阿奎那的温和实在论，即一般认作是作为个别事物的本质而独立存在于个体之中。这里的问题是，阿奎那主张的"一般"可以从个体本身脱离出来而存在，那就意味着，寓于个别对象之内的"一般"是被设定为独立的个体形态，这就是温和实在论的要害所在。这是一种谬误。邓斯·司各脱相反，认为"不存在依靠直感产生的、存在于事物的一般"，就是说，"一般"是不能直感的，只有个体才可以被直接感知，因此，不能设想有可以直感的也即个体形式的或独立存在的一般寓于个别对象之内。正是在这一点上，唯名论接近于唯物主义，马克思曾说过，唯名论是唯物主义的最初表现形式。但是，对于邓斯·司各脱来说，这个"一般"究竟怎样在个别对象内存在着，问题并没有得到解决。我们注意到，他声称"以任何一种方式外在于心灵的'一般'是不存在的"，而只承认"一般""必然地以心理形式或逻辑形式等存在于精神中"。显然，他在这里陷入混乱和矛盾：既肯定"一般"在个体中真实存在，而且不能脱离个体，却又否认有任何外在于心灵的"一般"。他没有理解，"一般"作为许多个体的不可剥离的真实共同性、普遍性，正是在心灵之外的客观存在，而精神中的"一般"恰恰就是这个"外在于心灵的'一般'"在主观上的反映形式。他不区别，所谓"外在于心灵"既有独立存在的方式，又有作为独立个体的内在性质而客观存在的方式。"一般"作为同类独立个体的内在共同性、普遍性，既是"外在于心灵"而又不是以独立实体的方式存在的。

六、文艺复兴时期哲学家

文艺复兴时期出现了作为人文主义者、唯物主义者和画家的达·芬奇，以及同教会势力斗争至死不屈、视死如归、慷慨就义的战斗唯物主义者布鲁诺。

达·芬奇

【生平】

公元 1452 年出生于意大利佛罗伦萨附近的芬奇镇，因此习惯上称谓他达·芬奇。他的父亲是佛罗伦萨一位世袭的公证人。大约在 1466 年前后他随家庭迁居佛罗伦萨，并于次年进入名画家维罗启奥的工场学习，在这里他研究了解剖学、透视学，同时研习了数学、力学、生物学、物理学、水力学和建筑学。1475 年他在老师的画作《基督受洗》上协助画了一个侧面天使，受到赞誉，初次显露了他的绘画才能。在此期间他又自己独立创作了一批绘画，已成为有名的画家。1477 年他离开了这个工场。1482 年经人推荐去米兰投奔摩罗公爵，他在自荐书中表达自己的愿望时说："在平时我愿做个建筑师为殿下办事，我将建筑私人的和公家的房屋，挖掘运河和设立水道，雕刻大理石、黄铜和陶土以及绘画；凡有委托我都能做，不下于其他人。"此外，他还表示愿把自己发明的轻而耐久的桥梁以及战车、炸弹、大炮、臼炮、冲城机、投石机、海战攻防器、战舰、新炸药等向公爵公开。在米兰的十七年里他是以军事工程师、建筑师、雕刻家、画家的身份工作的，他和工匠们埋头于日常琐事，只有少量画作，其中就有 1495 年至 1498 年创作完成的《最后的晚餐》。1499 年因法国入侵米兰，公爵逃亡，他回到佛罗伦萨，在此他进行科学研究，担任共和国军事工程师。1503 —1506 年完成了另一名画《蒙娜丽莎》的创作。1507 年受法国驻米兰总督邀请，以法王宫廷画师的名义再赴米兰。1513 年法国退出米兰，他遂去往罗马，这时的罗马贵族已转向声名鹊起的米开朗琪罗和拉斐尔，达·芬奇遭到冷遇，处境孤寂。1516 年再次受聘为法王宫廷画师，便携带着他的《蒙娜丽莎》离开了意大利去往法国，1519 年病逝。他遗留下大量笔记手稿，其中有画稿、科学设想和设计草图等，死后被编为《笔记》出版。

【思想】

I

智慧是经验的产儿。

人们错误地大声反对经验，严厉地斥责经验骗人。请勿烦扰经验吧，应该抱怨自己的无知；正是无知使你被虚妄狂热的欲望迷住了心窍，你才指望经验做出超出能力范围的事情。

虽说我不善于像他们那样巧妙地引征著作家的话，可是我要引证的却是有价值得多的东西，我引用经验——他们老师的老师。

我不是一个文人，有些傲慢的人会因此说我对书本学问一窍不通。蠢材啊！他们不知道，要说明我所研究的问题，需要的是经验，而不是别人的词句！经验既是一切文章妙手的老师，我就把它当作我的老师，在每一个问题上都请教它。

经验是没有错误的，犯错误的只是我们的判断，它会让经验去办超出能力范围的事情。

在我看来，经验是一切可靠知识的母亲，那些不是从经验里产生、也不受经验检定的学问，那些无论在开头、中间或末尾都不过任何感官的学问，是虚妄无实、充满谬误的。

我们的一切知识，全都来自我们的感觉能力。

如果我们怀疑一切通过五官的东西，以为不可靠，那就应当加倍地怀疑那些背离五官的东西，如上帝和灵魂的本质之类，因为在这类问题上是争执不休、永无定论的。

正如爱者受到被爱者的吸引，感觉被它所感知的事物所吸引并且与事物相统一，从而它们合而为一，成为相同的东西。统一所产生的第一个东西是作用；如果被爱者是伪劣的，那爱者就变成低劣的。当被纳入统一的事物与接纳它的事物是和谐的时，就伴随着喜悦、愉快和满足。当爱者与被爱者获得统一，那爱者就在那里找到了憩息之地；当重负被卸下，它就在那里得到休息。

虽说自然开始于原因并结束于实验，但我们必须反其道而行之，也就是说，必须从实验开始并借助实验以寻求原因。

单凭眼睛的实践和判断、不假思索地进行临摹的画家好像一面镜子，这镜子只能模仿摆在它对面的全部事物，却不具备有关这些事物的知识。画家的头脑是这样的镜子，它总是变成它选作对象的那个事物的色调，并且，它对面存在着多少事物，它也就充满多少个形象。

那些真正的科学满怀希望，通过五官深入研究，使争论者哑口无言；它们并不拿梦想来哺育研究者，始终根据那些真实不虚的、人所共知的根本原理一步一步前进，循着正确的次序，最后达到目的。这一点在普通数学里是很明显的。

热衷于实践而不要理论的人好像一个水手上了一只没有舵手和罗盘的船，拿不稳该往哪里航行。实践永远应当建立在正确的理论上，透视学就是正确理论的向导和门径，没有它，在绘画上就一事无成。

凡是不能运用任何一门数学科学的地方，凡是跟数学没有关系的地方，在那里科学也就没有任何可靠性。

人类的任何探讨，如果不是通过数学的证明进行的，就不能说是真正的科学。

科学是统帅，实践是士兵。

最大的不幸是理论脱离实践。

谁思考得少，谁就犯的错误多。

如果你说那些从头到尾都在理性中的科学才有真理性，那是我们不能同意的，最重要的一条理由就是这种理性探讨里毫无经验，离开了经验是谈不到什么可靠性的。

II

大自然是如此缤纷多彩、花样无穷、令人心旷神怡，在同一个品种的树木中你找不到一棵跟另一棵完全相似的来，不仅整个树是这样，就是枝、叶、果，你也找不出一个跟另一个一模一样的来。

在自然中没有无因之果，知道了原因，你将不需要去经验。

同样的结果总是产生于同样的原因。如果原因消除了，结果也就不可能产生。

必然性是自然的老师和监管者；既是笼头，又是永恒规律。当然，自然的规律和规律性范畴，可以说所有的自然哲学家都研究过，但是在他们那里，这个范畴还是以拟人说或半拟人说的方式来理解的，并且带有多多少少相当可观的目的论的因素。

必然性是自然的主妇和向导。必然性是自然的主旋律和巧计，是缰绳与永恒的法则。

大自然是在必然性的影响下赋予迫切需要的、有积极作用的器官以必要的形态和合理的配置的。

有灵性之物的所有活动都是按照力学规律进行的。

【附记】

□达·芬奇是一位最具有文艺复兴时代精神的大师，恩格斯曾说，文艺复兴"是一个需要巨人而且产生了巨人——在思维能力、热情和性格方面，在多才多艺和学识渊博方面的巨人的时代。……列奥纳多·达·芬奇不仅是大画家，而且也是大数学家、力学家和工程师，在物理学的各种不同部门中都有重要的发现"。此外在思想领域，达·芬奇又是一个人文主义者和唯物主义者。

□文艺复兴是欧洲新兴资产阶级反对封建主义而兴起的思想文化运动，在以这个名称所涵盖的历史时期中，资产阶级的代表人物在三个方面向封建制度的意识形态——宗教神学，发动猛烈攻击，形成了人文主义、宗教改革、唯物主义三支势不可挡的历史力量，达·芬奇则是人文主义和唯物主义两支力量中的主将之一。

□人文主义的中心思想是人的解放，它高唱人性，呐喊人权，夸赞个人，鼓吹自由，颂扬理性，向往现实，追求享乐，所有矛头集中指向教会及其经院哲学，涌现了佩脱拉克、依拉斯谟、蒙台涅及其他一大批著名代表人物，遍布西欧各国，形成一个群体，分别占据思想文化各个阵地，斗争历经14—16世纪不衰，达·芬奇即在其中。

□达·芬奇是在自己的自然科学研究中走上唯物主义思想道路的。恩格斯说："现代自然科学，和整个近代史一样，是从这样一个伟

大的时代算起……这是从十五世纪下半叶开始的时代。""自然科学当
时也在普遍的革命中发展着，而且它本身就是彻底革命的；它还得为
争取自己的生存权利而斗争。"因此，现代自然科学同样是在向教会权
威做斗争中发展的，它的根本精神就倾向于唯物主义，它的研究活动
又是和经院哲学根本对立的，它的根本方法就符合于唯物主义。达·芬
奇的唯物主义便是在对自然科学的研究活动中总结出来的：尊重经验，
信赖感觉，依靠实验，接受理性指导，引入数学方法，坚持自然规律
的非目的性，按照自然的必然性规律行动。

布鲁诺

【生平】

　　于公元 1548 年出生于意大利那不勒斯东北一个古老小镇诺拉的
没落小贵族家庭，他在中年以后的社会活动中常常自称诺拉人，并称
自己的哲学为诺拉哲学。他在十一岁左右去那不勒斯就读于一所私立
人文主义学校，在校六年学习了世俗课程。当时在这里恰有人文主义
小组的活动，几位有影响的人文主义人物如莫莱肖特等在这里生活。
布鲁诺因家境贫寒无力进大学深造，只能选择修道院。1565 年十七岁
时他入多米尼克修道院成为一名见习修道士，取教名乔尔丹诺，一年
后转正，直至 1576 年。十年间他已初显异端思想，毕业时虽然被迫违
心完成了神学论文的答辩，但在一次辩论会上竟令人吃惊地驳斥了一
位大神学家的发言，遭到狂暴的围攻，当夜他便逃往罗马。实际上罗
马是个更险恶的去处，这里每年都有人被宗教裁判所判罪或处死，有
一年曾烧死五人，布鲁诺于是义无反顾地抛弃自己的僧侣身份，离开
罗马开始了终生流浪漂泊的生涯。他初在北意大利的几个城市，后去
了卡尔文教统治的瑞士日内瓦，1579 年被日内瓦大学录用，但在一次
辩论会上发言非难了卡尔文主义和它尊奉的亚里士多德学说而与卡尔
文主义发生冲突。后来他又写了一本小册子驳斥日内瓦的第二号卡尔

文主义著名人物德拉菲教授讲课中的错误观点，经人告密被捕入狱。当局给他办了一个侮辱性的悔过仪式释放了他，随后他去了法国里昂又转往图卢兹，受聘为图卢兹大学哲学教授。他因主讲哥白尼学说，遭到憎恨、谩骂和侮辱，甚至性命也有危险，于是在 1581 年去了巴黎，应聘为索尔蓬纳大学教授，在这里展现出成熟思想，给予经院哲学以沉重的打击，使学生耳目一新。但由于天主教势力的统治，只得在 1583 年离开法国去往英国。在英国他受到法国驻英大使的款待并被接到家中住下，使他度过了二年半的安定生活。起初他在牛津大学讲学，结果又因宣讲哥白尼天文学和驳斥亚里士多德学说而被停止了讲课；所幸在伦敦学术界他受到一些接受哥白尼学说的学者所看重，随即在安定的生活条件下把自己完全成熟的思想付诸笔端，两年中先后发表了六部著作：

1584 年：《圣灰星期三的晚餐》《论原因、本原和太一》《论无限、宇宙和众多世界》《驱逐趾高气扬的野兽》；

1585 年：《飞马的秘密》《论英雄热情》。

法国驻英大使于 1585 年秋奉调回国，布鲁诺随行赴法。这时法国的天主教势力进一步增强，但他还是获得机会在康布雷学院举行辩论会，在会上作一次反对亚里士多德学说的公开演讲。辩论会先由他的学生安乃肯代表他本人发言向与会者发出挑战。一个有政治背景的人物站出来反驳，布鲁诺本该于次日答辩，但是由于当时的危险境遇他按事先计划没有出面而是避往德国。他奔波了几个城市找不到工作，最后在维滕贝格由友人协助找到讲课的机会；两年间他在讲课中详述了他在牛津和巴黎所宣讲的思想。后因卡尔文教得势而又离开这里，辗转几个城市之后再回到瑞士。这期间他在自己的学生和助手耶朗尼·白斯勒协助下完成了三部著作的撰写：《论单子、数和形》《论不可度量者和不可数者》《论三种最小和数》。不过他仍希望找到讲课的机会，所以当一个威尼斯贵族乔万尼·莫钦尼柯邀请他去讲授记忆法时，由于他乐观地估计了威尼斯的形势，同时也因为想取得这里的帕多瓦大学的教席，便接受了邀请。可叹这个决定让布鲁诺走上了一条不祥之路，将由此遭遇令人扼腕的悲壮命运而终结一生。乔万尼·莫钦尼柯是个凶狠、贪婪、多疑和无信之徒，他怀疑布鲁诺对他隐瞒了主要的秘密知识，而布鲁诺也厌烦了他的各种要求，便借口去法兰克福付印新书欲离开威尼斯，不料乔万尼·莫钦尼柯受一个神父的唆使密告了布鲁诺。罗马教廷命令把布鲁诺引渡给罗马宗教裁判所。布鲁诺经受了近八年的牢狱之苦，始终不渝坚持自己的观点。在向他宣读判决书时，他大义凛然，厉声呵斥说："你们宣读判决书可能比我听到这判决更加胆战心惊！"1600年2月17日，布鲁诺慷慨就义于罗马百花广场的火刑台上。

【思想】

I

自然界或者是上帝自身，或者是在事物中展现出来的神明力量。

我认为上帝完全是无限的，因为不存在适用于他的界限，并且他的每一个属性都是一个无限。我称上帝是全体的无限，因为他的整个自我无限地、整体地存在于整个世界的每一个组成部分。

宇宙是统一的、无限的、不动的。

宇宙不包含自己，因为它不比自己大，它不被自己包含，因为它不比自己小。它不允许比较，因为它不是一个和另一个，而是同一个。它是没有差异的一切，所以它是统一的；它是太一。

我把宇宙作为整体称之为无限，是因为它既没有极限，也没有表面。我认为它并非全体地无限，是因为我们可挑出每一个部分都是有限的，它包含了无数的世界，其中每一个都是有限的。

宇宙具有无限的范围，世界是不可胜数的。

有两种无限，这就是宇宙的无限大和世界的无限多。从这里也就间接地得出对那种以信仰为基础的真理的否定。

假如世界是有限的，世界之外是一片虚无，那么，世界存在于哪里？宇宙又存在于哪里？作为第一容器的宇宙并不存在于其他容器之中，所谓"太空"只是一种容器体的表面和终极。因此，一个没有容器的事物是没有任何位置的。对于世界之外的事物，假如说那里只是虚无，那么，天空、宇宙肯定也无处可容身。

宇宙也是不动的。这是因为它包含一切，不允许有一个和另一个存在着，它不以自身传递任何变化，也不在自身中经历任何变化；因之，它是它所可能是的一切，而且在它之中，现实和可能性是没有差异的。

宇宙在空间中不动，因为它在自身之外，没有任何可容它移动的地方，因为它是一切。它不生，因为没有别的存在是它希望和期待的，因为它占有全部存在。它不灭，因为没有别的事物是它能够变成的，因为它是任何事物。它不能缩小或扩大，因为它是无限的。既不能给它增添什么，也不能从它那里拿去什么，因为无限没有可用某种东西来通约的部分。它不能改变成另一种配置，因为没有任何外在的东西能够使它遭受到什么并使它处于被刺激的状态。

但是，你们会问我：为什么事物要变化呢？为什么局部的物质急于寻求另外的形式呢？

某些神学家的观点认为，上帝根据其推动事物运动的普遍规则，匀称地、完全永恒地推动第一运动物体的天空，因而世界可以被认为是有限的。但是，首先应该考察一下，既然宇宙是有限的、静止的，那么寻找其推动者是没有根据的。其次，既然包含于宇宙中的世界——地球、火星和其他被称之为星星的各种事物的总体——在数量上是有限的，其运动都来源于一种永恒的力量，那么正如我们早已说明的，这是它们自我的灵魂。因此，在它们身上寻找任何外在的原动力将会徒劳无功。第一原因并非某种运动的力量，而是静止不动的，它把自己的运动能力给予了有限、有数的世界，使广阔的宇宙中大大小小的存在生气勃勃，每一存在都具有自己的运动、冲力和其他非本质的属性。

不论是处在天上的或天下的，一切皆旋转、运动，静止是没有的。任何事物皆有运动，不管它是离我们近的或远的，不管它是重的或轻的。

事物变化所寻求的不是另一个存在，而是另一种存在样式。宇宙和宇宙万物之间的区别也是这样的；因为，前者包含全部存在和所有的存在样式；而后者中的每一个，具有全部存在，但并不具有所有的存在样式。事实上这每一个也不能具有全部的属性和偶性，因为许多形式是不能共容于同一个基质之中的，这或者是由于它们彼此对立，或者是由于它们属于不同的种类。宇宙完完全全地包含着全部存在，没有什么是在它之外和除它以外的；而万物中的每一个虽也包含着全部存在，但不是完完全全地包含着，因为除它们中的每一个以外，还有无数个其他的。因此你应该明白，全部存在处于一切之中，但不是完完全全地和以所有样式处于每一个之中。因此，每个事物都是太一的，但样式不一。

把太一的存在称作存在、实体、实质是不错的；它无论在实体方面或在持续性、广延性、力量方面，都是无限无尽的。在太一、无限、不动者中，即在实体中，存在着众多性、数；不过，后者虽是存在的样式和多形性，但并不因此使存在成为多于太一的东西，而是使它成为多样的、多形的、多状的东西。所以，如果我们同自然哲学家一起进行严肃认真的思考，并把逻辑学家及其虚构搁在一旁的话，那我们就会发现，凡是构成差别和数的一切，都是纯粹的偶性，纯粹的形状，纯粹的补充。每一个制作品，不管是什么样的，都是改变，因为实体总是同一个实体，因为只存在着一个实体，一个神明的、不灭的本体。

由于现实是太一的，并处处构成太一的存在，所以我们不应该认为，在世界上有着众多实体和真实的存在。

人们从诸物体身上所觉察到的各种不同，诸如形式、状态、特点、颜色以及其他独特的个性和一般属性，所有这一切无非是同一个实体的各种不同的外观，是不动的、稳定的、永恒的存在之流逝的、变动的、变易的外观。在这个永恒存在之中，包含着所有的形式、形状和肢体，但不可区分，好似一块烧结矿一般。

被产生者和产生者，以及产生之所从出者，总是属于同一个实体。而且，既然一切形式都处于它之中，因而一切规定都适用于它，因此，互相矛盾的判断都是真实的。那构成物的多样性者，并不是存在，不是物本身，而是显现出来的东西，是呈现于感官、浮于事物表面的东西。

宇宙在自己的存在中包含着处于统一和一致的全部对立面，且不可能具有成为另一个新存在甚或仅只取得另一种存在方式的任何倾向，它是一切，是最大，是太一，是宇宙。

拿一些图形和验证法来说明吧，我们希望借助于这些东西得出这样的结论：对立面吻合于一；从这里不难最后引出：万物都是统一的，正像所有的数，不管偶数或奇数，都可化为个数一样。个数重复了有限的次数，便得出一个数，个数重复了无限的次数，便否定了数。

什么东西比圆周更不像直线？什么东西比曲线更对立于直线？然而在本原和最小中它们是一致的；所以，在最小的弧和最小的弦之间你能找到什么区别呢？其次，在最大中，你能从无限的圆周和直线之间找到什么区别呢？弧在愈来愈大时，也就愈来愈比较直，所以在所有的弧中那最大的弧也一定是所有的弧中最直的。所以，归根到底，无限长的直线便成了无限大的圆圈。由此可见，不仅最大和最小吻合于一个存在中，而且在最大和最小中对立面也是归于一、归于无区别的东西的。

谈到验证法，谁不知道，热的本原是不可分的，但可以从任何热分离出来，因为本原不应该是受本原制约的任何东西。如果是这样，那么对于本原既不是热也不是冷，而是热与冷的同一这一论断，谁还会犹疑不决呢？难道从这里不应该得出：一个对立面是另一个对立面的本原，变化带有循环性质，这只是因为存在着一个基质、一个本原、一个界限、一个持续和一个两极吻合？难道最小的热和最小的冷不是同一个东西吗？难道向着冷的方向的运动不是从最大的热的界限得到其本原的吗？

不仅相对应的两个最大和相一致的两个最小在一定场合下汇为一流，而且最大和最小由于辗转变化也汇为一流了。所以，医生在最好的情况下担心有坏的结局，有远见的人在最幸福的时刻感到特别畏缩，这并不是没有原因的。

谁看不见产生与消灭的本原是统一的呢？难道消灭的最后界限不就是产生的本原吗？难道我们不是同时说：此去、彼立，过去是彼、现在是此吗？仔细思索一下就会看出，消灭无非是产生，产生也无非是消灭；爱就是恨，恨就是爱；归根到底，对反面的恨也就是对正面的爱，对前者的爱也就是对后者的恨。因此就实体、就根源而论，爱和恨、友谊和敌对是同一个东西。

对于医生有什么比毒药适于攻毒呢？有什么能比蝮蛇提供更好的消毒剂呢？在最强烈的毒品中有着最好、最能治病的药剂。难道说不是一个可能性包含在两个相反的对立面中吗？这种情形如果不是由于太一是存在的本原，对立面属于一个主体，又会是由于什么呢？

我们来总结一下。谁要认识自然的最大秘密，就请他去研究和观察矛盾和对立面的最大和最小吧。深奥的魔法就在于：能够先找到结合点，再引出对立。

II

万物都是有生机的。没有不具有灵魂的东西，或者说，至少没有不具有生命本原的东西——这正是我所主张的。我认为，桌子作为桌子，并不是有生机的，衣裳作为衣裳、皮革作为皮革、玻璃作为玻璃，都不是有生机的；但是，它们作为自然物和组合物，都包含着物质和形式。一个东西，不管怎样纤小，怎样微不足道，其中总有精神实体的部分。这种精神实体，只要找到合适的主体便力图成为植物，成为动物，并受理任何一个物体的肢体，这就是通常所说的有了生机。因为精神处于万有之中，任何一个最微小的物体，都不能不包含着成为有生机之物的可能性。这个精神处于一切事物之中，这些事物如果不是活的，便是有生机的；如果它们按可感知的存在说不具有生机和生命，那么，按照本原和某种太初作用说，它们是具有生机和生命的。我们也可以凭感官从干枯的草和根中看到同样的情形：它们纯化汁液，聚集汁液，改造液体，就必然表露出生命的特征。我将有机会更详细地谈论精神、灵魂、生命、理智，它渗透一切、处于一切之中，并导致全部物质运动，充满物质的怀抱，并且，与其说物质胜过它，不如说它胜过物质，与其说物质超越于它，不如说它超越于物质，因为，精神的实体是不能被物质的实体制胜的，倒是前者为后者设定界限。

既然精神、灵魂、生命处于万物之中，并按照一定的程度充满全部物质，因之，完全可以相信，它才是万物的真正现实，是万物的真正形式。所以，世界灵魂——这乃是宇宙以及宇宙万物起形成作用的形式本原。我认为，既然生命处于万物之中，那么，灵魂必然是万物的形式；它在一切之中操纵着物质，并在一切复合物中处于支配地位，它造成诸部分的组合与一致。因此，适用于物质的那种永恒性也同样适用于这种形式。依我看，这形式是万物中的太一。它按照物质的不同的感受性，按照能动的和被动的物质本原的能力，造成各种不同的形体和生出各种不同的能力，有时表露出没有感觉的生命活动，有时候表露出没有理智的生命和感觉活动；有时候似乎还有这样的情形：它的全部能力或由于物质的软弱无力，或由于物质的其他欠欠而被压抑、被遏制。因此，这个形式当改变处所、变换情况时，是不可能被消灭的，因为，精神实体，其永恒性并不比物质体的差一些。改变的消灭的只是一些外在的形式，因为它们不是物，而只是归属于物的，不是实体，而只是实体的偶性和境遇。由此可见，我们有一个内在的本原，它是形式的、永恒的和本质的。

世界灵魂是普遍的世界形式。

我是这样主张的：不把这个形式了解为偶然的或类似偶然的东西，既不了解为与物质混合的、也不了解为外加于物质的，而是了解为存在于物质内部、与物质紧密联系、内在于物质的东西。此外，这形式被物质所规定、所限制，因为，它虽在自身内部具有一种能力、能形成无数各类的个性，但它只限于形成一个个体；可是在另一方面，能够承受任何形式的、无限制的物质，其能力却集中于一个种类；所以，一方乃是规定和限制另一方的原因。

我认为：普遍的物理的作用因是普遍的理智，这是世界卫生组灵魂的第一的和主要的能力。

普遍理智——这是世界灵魂内部的、最实在的、特有的能力，是世界灵魂的起作用的部分。它是单一的同一，充满一切，照耀宇宙，并指导自然产生万物，各从其类。因之，它之产生自然万物，犹如我们的理智相应地产生各种观念事物那样。这个理智，从自身将某种东西传递和转移给物质，便产生万物，而它自身仍停留于静止和不动状态。我们称它为内在的艺术家，因为它从内部形成物质和形式，好像从种子或根的内部生出和形成干，从干的内部长出主枝，从主枝内部长出各式各样的细枝，从细枝内部发出嫩芽，从嫩芽内部像出自神经纤维地形成、组成、长出叶、花和果；并且在一定的时间，又以内在的方式将汁液从叶与果重新引回细枝，从细枝引回主枝，从主枝引回干，从干引回根。在动物中，它也是以同样的方式展开自己的活动的。我称它为外因，是因为它作为作用因，不是复合的、被产生的事物的一部分。它所以是内因，是因为它不是加作用因于物质之上，也不是在物质之外起作用，而是像刚才所说的那样起作用。所以，就它的存在（不同于它的产物的实体和实质）而言，它是外因，因为它的存在不同于产生着和消灭着的事物的存在，尽管它也在它们之中起作用；就它活动的方式方法说，它是内因。

正像作用因在宇宙中具有普遍的性质、在宇宙的各个部分和肢体中具有特殊的和特别的性质那样，它的形式和它的目的也同样具有这种性质。形式在某种意义上是跟上述的作用因一样的；理智作为世界灵魂的一种能力，已经被称作自然万物的最近的作用因了。宇宙灵魂由于赋予灵魂并提供形式，所以它是宇宙的内在部分和形式部分；但是作为推动者和管理者，它不是部分，不具有本原的意义，而具有原因的意义。

这个形式是怎样进入宇宙的物质中去的呢？它是这样的加入宇宙物质的：物体的自然，本身并不美，但具有这种能力，能成为美的参与者，因为，凡美，莫不以某种状态或形式表现出来，凡形式，莫不从灵魂派生。不仅宇宙的形式，而且自然万物的所有形式，都是灵魂。

世界灵魂和神性整个地存在于一切之中，其方式并不像某一物质的存在方式那样。说世界灵魂和普遍形式存在于一切之中，不能理解为在形体方面和在空间方面如此，而是说它们以精神的方式整个地处于一切之中。譬如可设想一下声音，它整个地处于全屋和屋的每一部分之中，因为无论从哪里都可以全部听到它；假如我的声音可以扩大到全世界，那么它便是整个地处于一切之中。因之，灵魂并不像点那样不可分，而是在某种程度上像声音那样不可分。神性整个地处于任一部分之中，正像我的声音可以从这个讲堂的任一部分完全听到一样。

世界灵魂是一切的现实，是一切的可能性，并是一切中的一切；因此，既然有着无数的个体，那么，归根到底，每一个事物都是统一的，认识这种统一性乃是一切哲学和自然探讨的目的和界域，而那最高的静观——它超越于自然之上，对于不相信它的人说是不可能、是无——仍然保持在自己的领域之内；只有借助于超自然之光，才能升高到那个境界。谁不是到无限大的世界和无限多的事物之外去寻找神，而是到世界内部和众事物之中去寻找，就没有这种超自然之光。

III

必然有这么一个对象，自然从它、用它、并在它之中发生自己的作用、进行自己的工作；而这个对象则从自然中取得呈现于我们眼睛之前的纷繁多样的各种形式。就像木头本身没有任何技艺上的形式、而能借木匠之活动取得任何一种技艺上的形式那样，同样的，我们所说的物质，就其本身和就其本性说，也是没有任何天然的形式的，但是能够借助于自然的积极本原的活动，而取得任何一种形式。这种自然的物质不能够像技艺物质那样被感知，因为自然的物质绝对没有任何形式；而技艺物质则是已被自然赋予形式的东西。再者，技艺只能在木头、铁、石头、毛料等这类被自然赋予了形式的东西的表面上进行制作；而自然则可以说是从自己的对象（或完全没有形式的物质）的中心进行制作的。所以，技艺的对象有许许多多，而自然的对象则只有一个：前者以不同的方式被自然赋予形式，故而各不相同，多种多样；后者则不以任何方式被赋予形式，故而完全没有任何独有的特征，要知道，任何特异之点，任何多样性，都是从形式产生的。

如果就技艺而论，尽管形式可作无穷的变化（如果这是可能的话），但在这些形式之下总是保持着同一种物质，譬如，木头的形式，先是树干的形式，而后是圆木的形式，而后是木板的形式，于是有桌子、凳子、框子、梳子等等，但木头依然是木头。就自然而论，情形也是这样。尽管各种形式变化无穷，更迭不已，但是物质依然是那个物质。因此，必然有一种依然如故的东西，它本身既不是石头、土、死尸、人、胚胎、血液，也不是别的什么；但是在它成了血液之后，可变成胚胎，取得胚胎的存在；在它成了胚胎之后，可以取得人的存在，而变成人；就像那种被自然赋予形式并成为技艺之对象的东西，当它成了木料之后，便是木板并取得木板的存在；当它成了木板之后，便取得门的存在，并且是门。

被自然赋予形式的东西，是技艺物质，只有一种没有形式的东西才是自然物质。前者我们是用肉眼看，后者是用理性的眼睛看。

就像某些东西只有借助于手和触摸、另一些东西借助于听觉、另一些东西借助于味觉、另一些东西借助于眼睛才能明白那样，自然事物的这种物质，只有借助于理智才能弄明白。

任何东西都不会消失，也不失去存在，所失去的只是偶然的、外在的和物质的形式。所以，无论是物质，无论是每一个自然物的实体形式（即灵魂），都是不可破坏、不可消灭的；无论从哪个角度看，它们都丝毫不会丧失自己的存在。

既然我们能判明有一个永久的恒常的物质本原，那必然也能肯定有一个同样的形式本原。一切自然形式都源起于物质，并又回归于物质；除物质以外，没有任何东西是永恒的、常住的、持久不易的，配称作本原的。此外，形式离开物质，便没有存在，形式在物质中产生，在物质中消灭，来自物质和归于物质。所以，物质总是依然故我，是结实生果的东西，因此，它作为现存的和永存的东西，应该优先地被当作实体性本原来认识。而所有的形式，总的说来，则只应看作物质的来去无常的、各不相同的配置——一些逝去，另一些复起，其中没有一个具有本原的意义。有这么一些人，他们把形式看作可消灭的东西，而不是看作只是由于物质才发生变化的东西，把它看作被产生的东西，而不是看作能生产的东西，把它看作有根基的东西，而不是看作能提供根基的东西，把它看作被培植出来的东西，而不是看作具有培植能力的东西，把它跟那常住的、永恒的、能生育的、母亲般的物质相比时，降低、贬损了它的身价。凡不知道我们所知道的东西的人，都会遭此际遇。

形式是在物质怀抱中。由此应得出：物质是现实的源泉。所以，物质不是存在的可能性或它所可能是的东西，因为它永远是它，是不变的，与其说它本身在变化，不如说相对它和在它之中有变化发生。

物质从自己的怀抱中产生出形式，因而在自身中具有形式。物质不欲求那些每天在它表面上发生变化的形式，倒是这种形式应该热切地求助于物质，以便能继续存在下来，因为形式一旦离开物质，便要失去存在；而物质则不作此希求，因为它具有它在该形式遇上它以前就具有的一切，并且还可以具有其他形式。当有了消灭的原因时，那时并不说形式摆脱物质或丢下物质。而是说，物质抛开这个形式以采取另一个形式。

IV

目睹宇宙无限性根本毫无意义，我的结论中也不存在任何与此相应的要求。宇宙无限性不能成为感觉的对象，对于任何一位要求通过感官获得无限性观念的人，希望他最好能用眼睛观察实质和本质。假如他竟以看不见、摸不着为理由来否认无限，那他将迫使自己一起否认自我的本质和存在。我们必须对来自感觉的证据的期望加以确切的限制。我们认为感觉的验证仅仅局限于感觉得到的事物；甚至这些事物也是缺乏感染力的。除非感觉判断被理智所支配，想想感觉在确定诸如地平线这类现象时是如何五花八门。当我们根据以往经验得知我们如何轻而易举地为关于我们所居住的地球的表面经验所蒙骗时，那么，我们对感官提供给我们有关太空穹隆的界限的证据，又如何不会产生更多的怀疑呢？感觉仅仅用来唤醒理智的本能，提供可能性，指引道路，部分加以验证；而并没有提供最终的证据。那么，真理又存在何处？真理反映在可感知物体里就像反射在镜子里一样；它通过推理、讨论而存在于理性之中；通过前提与结论存在于智慧之中；真理存在于理智之中，存在于绝对存在的形式中。

感觉只适宜于引起理智；在理智面前，感觉可以指责、告发、部分地可以证明，但感觉不能做完全合乎条件的见证人，尤其不能进行判断或做出最后决定。因为，感觉不管多么完善，总不可能没有一点模糊的杂质。正因为如此，所以真理只有一小部分来自感觉这个薄弱的本原，但真理并不包含在感觉中。

【附记】

□布鲁诺是让中世纪教会势力胆战心惊的一位为捍卫真理不被教会权威扼杀而顽强斗争、无畏不屈、视死如归、壮烈殉难的伟大唯物主义战士。他倾注自己毕生的精力坚持和宣扬哥白尼的天文学说，并且阐述了一个令人赞叹的唯物主义宇宙图景，这成为文艺复兴运动最后涌现出的成就最高也最具战斗威力的唯物主义哲学；它的出现，在新世纪到来的黎明前好似闪电雷鸣，震动了中世纪黑夜。

□布鲁诺说："自然界或者是上帝自身，或者是在事物展现出来的神明力量。"这是表述得很明确的泛神论观点。泛神论是从中世纪初期以来就出现的以神学外衣掩盖唯物主义倾向的异端思想；这是中世纪历史条件下艰难挣脱教会教义愚昧统治所可能采取的一种隐蔽方式。

□分析布鲁诺的论述，可以理出这样的逻辑思路和核心思想："现实是太一的，而且处处构成太一的存在"，"把太一的存在称作存在、实体、实质是不错的"，"实体总是同一个实体，因为只存在一个实体"，"不应该认为在世界上有着众多的实体"。这就是说，现实世界是太一的存在，也称为实体；世界作为实体，是唯一的统一的同一的，即太一的。在这个叙述里没看到上帝的身影，没展现神明的痕迹，本然的世界自身就是一个实体。这就是泛神论帽子下面的布鲁诺唯物主义的真实面目。

□从布鲁诺关于宇宙的论述中可以看到宇宙所具有的许多对立方面，尽管这些对立方面在布鲁诺并不是明确作为对立关系提出加以论述的，但是却在事实上揭示了宇宙本身的诸多对立关系：

"我把宇宙作为整体称之为无限的，是因为它既没有极限，也没有表面。我认为它并非全体地无限，是因为我们可以挑出它的每一个部分都是有限的，它包含了无数的世界，其中每个都是有限的。"

"宇宙在空间中不动，因为它在自身之外没有任何可容它移动的地方，……它不生，因为没有别的存在是它希望和期待的，……它不灭，因为没有别的事物是它能够变成的，因为它是任何事物。""不论是处在天上的或天下的，一切皆旋转、运动，静止是没有的。任何事物皆有运动"，"事物变化所寻求的不是一个存在，而是另一种存在样式。"

"每个事物都是太一的，但样式不一"，"在太一、无限、不动者中，即在实体中，存在着众多性、数；……但并不因此使存在成为多于太一的东西，而是使它成为多样的、多形的、多状的东西。""所有这一切无非是同一实体的各种不同的外观，是不动的、稳定的、永恒的存在之流逝的、变动的、变易的外观。"

可以看到，这里已经包含了宇宙的统一和多样，无限和有限、永恒和变易，同一和差别等对立关系，非常深刻而精辟地描绘出宇宙作为多个对立关系的统一体，显示了布鲁诺是在辩证地观察和思考宇宙。不仅如此，他更在整体上把握了宇宙对立的统一体，同时也指出了在万事万物中"对立面吻合于一"，"万物都是统一的"。

□布鲁诺讲万物有生机，也称有生命或有灵魂有精神，并概括为"世界灵魂"的概念。这无疑是物活论观点。但是，他强调，对这个世界灵魂"既不了解为与物质混合的、也不了解为外加于物质的，而是了解为存在于物质内部、与物质紧密联系、内在于物质的东西"。就是说，布鲁诺理解的这个灵魂不是和物质并立的存在，而是它"整个地存在于一切之中，其方式并不像某一物质的存在方式那样。不能理解为在形体方面和在空间方面"，也就是它在物质内部不具有形体不占据空间；它"作为振动者和管理者，它不是部分，不具有本原的意义，而具有原因的意义。"可以看出，布鲁诺笔下的这个无形无踪的所谓"世界灵魂"，指的其实就是物质内部具有的推动物质运动的"原因"，如他自己所说，"精神、灵魂、生命、理智，它渗透一切、处于一切之中，并导致全部物质运动。"布鲁诺直接叫这个原因为"物理的作用因"：
"普遍的物理的作用因是普遍的理智，这是世界灵魂的第一的主要的能
力。"作为原因，"我称它为外因，是因为它作为作用因，不是复合的
被产生的事物的一部分。它所以是内因，是因为它不是外加作用于物
质之上，也不是在物质之外起作用。"这里所描述的，很明显正是物质
运动的内在原因，布鲁诺给它取名世界灵魂，而唯物主义者则称它为
物质的内在能动性。这正像他把宇宙叫作上帝，在泛神论的外衣下宣
讲唯物主义，他又在物活论的言辞下，阐述了物质的内在能动性。还
要注意到，布鲁诺把世界灵魂同亚里士多德使用的"形式"概念联系
在一起："完全可以相信，它（灵魂）才是万物的真正现实，是万物的
真正的形式。所以，世界灵魂——这乃是宇宙以及宇宙万物的起形式
作用的形式本原。""世界灵魂是普遍的世界形式。"虽然，这个形式概
念也并非唯物主义，却对世界灵魂的物活论色彩，有所冲淡。

　　□物质（质料）和形式作为亚里士多德创始的一对概念，本身并
不是科学的。布鲁诺沿用了这两个概念分析万物及其形式，给出了他
自己独立的阐释，对这两概念作了许多与亚里士多德相反的规定，如
指出物质是现实的源泉不是存在的可能性；认为物质在自己的怀抱中
产生出形式，形式一旦离开物质便要失去存在；肯定物质不欲求形式
而是形式热切求助于物质，断言所有的形式没有一个具有本原的意
义。此外，他的有些陈述也接近于认识到物质统一性和多样性的结合：
"尽管形式可作无穷的变化，但在这些形式之下总是保持着同一种物
质"，"尽管各种形式变化无穷，更迭不已，但是物质依然是那个物
质"，"所有的形式，总的来说，则只应看作是来去无常的、各不相同
的配置——一些逝去，另一些复起"。

　　但是在物质和形式的关系这个问题上，布鲁诺的阐述是有很多缺
陷的，根源就在他没有摆脱亚里士多德对此设定的理论框架，即把物
质理解为与形式相分离的独立存在："我们所说的物质，就其本身和本
性说，也是没有任何天然的形式的"，"自然的物质绝对没有任何形式"，
"只有一种没有形式的东西才是自然物质"。这就是他的理论失误所在，
他设想了一个脱离形式的"自然物质"，他没有考虑，如果真有这种所

谓"自然物质"存在，它的自然存在就应该和宇宙中任何真实存在一样，其自身已经是具有一定形式的物质了，而不应是"没有形式的东西"，没有形式就不是东西只能是"无"；只要是真实独立存在于现实世界的，必然是物质和形式的结合。根本不存在也不可能有无形式的赤裸裸的物质。

布鲁诺设想有个"自然物质"，是他错把物质和形式相结合与实物的产生过程这两个不同问题混为一谈的结果。他认为，"没有任何天然形式的'物质'能够借助于自然的积极本原的活动而取得任何一种形式"，"自然可以说是从自己的对象（或完全没有形式的物质）的中心进行制作的"，"就像木头本身没有任何技艺上的形式而能借木匠的活动取得任何一种技艺上的形式"。这就是说，他把物质和形式的结合理解为"没有形式"的原料物质"取得"任何由人工或自然活动提供的形式，即物质和形式由分离转变为结合而实现产生，但事实并非如此。且从事物的产生过程来说，首先，产生是从原料开始萌发，但原料物质不是没有任何形式，而是具有其自身固有的与之相统一的形式；其次，在事物产生过程中，由于未来产物的新形式尚未出现还不存在，原料物质自然无从与之相结合；最后，在原料物质转化为新的实物也就是发生质变时，则原料物质因质变而不再是原料物质，它自身和其原来固有的形式便一同不再存在了，因而也同样无从与此新形式相结合。实际情况却是，正是经由质变产生的新实物，才具有了它的与生俱来的新形式，实现了物质与形式的新的统一，而不是由原料物质与虚设的新形式相结合实现的。现实世界所有实物的产生过程都是如此，一方面，原料物质作为其未来产物的前身必然结合着它自己的固有形式，即使原料物质是原始的物质也不会例外"没有形式"；另一方面，原料物质产生出新的实物，正是此新实物而不是原料物质才和新实物的形式相结合。物质和形式相结合是物质的存在方式，是物质自身的两个方面：有什么样物质就自然具有了什么样的形式，而且有了什么样物质才会有什么样的形式，并不是某种原料物质与它所不具有的另一种形式由分离转变为结合而实现的产生效应。设想没有一定形式的物质能与尚未出现、还不存在的形式相结合，是不可思议的。

　　在物质和形式的结合中，物质作为相结合的不可分割的一方，可由思维活动抽象分离出来，弃置形式于不顾而形成物质概念，在理性思维中相对独立存在。但布鲁诺却错把这种只在抽象思维中的相对分离独立绝对化客观化了，认定"没有形式"的物质在自然界中有独立的实在。

　　由于与形式相对分离独立的物质只是作为理性概念存在，并不具有感性的存在，因而不发生感官对它的感知，而只是由理性来把握。我们看到，布鲁诺可说是从直觉上触到了上述这一点："被赋予形式的东西……我们用肉眼看"，"没有形式的东西才是自然物质……是用理性的眼睛看"；自然物质"不能像被赋予形式的技艺物质那样被感知"；"自然物质的这种物质，只有借助于理智才能弄明白"。这表明他从另一个视角猜到了与形式分离的物质只有也只能由理性来把握，而不是感知的对象。但是布鲁诺视角的问题在于：他设想的这个没有形式而独立存在的自然物质何以"不能被感知"，他未曾思考过。他不明白，这个所谓的自然物质在自然界根本找不到它的任何痕迹，感官当然无从感知它，由此才"不能被感知"。这和物质概念在理性中的相对独立存在是两个问题。布鲁诺的错误是提出了一个客观上并不存在的所谓脱离形式独立存在的自然物质；而这个反面命题正是由他自己用"不能被感知"这一点所否定并印证了正面道理：不应该有并且也不可能有与形式绝对分离的赤裸物质独立存在。

七、十七世纪西欧各国哲学家

十七世纪是哲学发展史上进行思想蜕变的时期，在力图挣脱中世纪神学统治的斗争中出现了多位不同倾向的哲学家，其中有英国的唯物主义者培根、霍布斯、洛克，法国的二元论者笛卡尔和唯物主义者伽森狄，荷兰的唯物主义理性主义者斯宾诺莎，德国的思想体系复杂的客观唯心主义者莱布尼茨。

培根

【生平】

公元 1561 年培根出生于英国一个高官显贵的家庭，是伊丽莎白女王的掌玺大臣尼可拉斯·培根的儿子。他十二岁开始入剑桥大学学习三年，于 1576 年去巴黎，在英国驻法使馆任职。1579 年回国从事律师职业，1584 年 23 岁当选为下院议员。1617 年被詹姆士国王任命为掌玺大臣，1618 年出任大法官，并被封为维鲁拉姆男爵和圣·奥本斯子爵。两年后，于 1621 年在大法官的职位上被控受贿，对此他只辩说没有影响判决，结果被判罚重金四万英镑、监禁于伦敦塔里，期限由国王的旨意决定，终生逐出朝廷，不得任官职。但判决并未全部执行，既未强令他交罚金，且又只监禁了四天。这件事据英国现代哲学家罗素认为，在培根的时代英国法律界普通道德堕落，几乎每个法官都接受馈赠，通常情况是原告和被告双方的都接受，已成为当时的惯例。至于培根的被定罪，也是一场党派哄斗中的风波，并不是因为培根的问题特别重大。此后培根即隐退为平民，经历了五年平民生活，从事写作度过余生，最后是在一次做冷冻实验时受寒致病而于 1626 年病逝。他留下的主要著作有:《学术的进步》(1603)、《新工具》(1602)以及《论说文集》《新大西岛》等。

【思想】

I

整个看来，在科学上，到现在为止，人们并不是幸福的；特别是各种证明和已知的实验都不很可靠，宇宙在人类理智的眼里好像一座迷宫。

亚里士多德用他的逻辑毁坏了自然科学，如果把他的哲学和其他希腊人中著名的体系比较一下，这个缺点是表现得很清楚的。因为阿那克萨戈拉的"相同部分"，留基波和德谟克里特的原子，巴门尼德的天地，恩培多克勒的爱与憎，赫拉克利特关于物体怎样消解为火的中间性质以及怎样再变成固体的主张，这一切都具有一些自然哲学家的气味，即对于事物的性质以及经验和物体的某种喜好。可是在亚里士多德的《物理学》中，除了逻辑的语言之外，你几乎听不到什么别的东西；在他的《形而上学》中，他又在一种更加庄严的名义之下，同时也确乎更加是以一种唯实论者而非唯名论者的身份，重新把这种逻辑语言处理了一次。虽然在他的《论动物》一书中，在他的《问题集》和其他论文中，也常常讲到实验，但是我们并不能重视这件事实。因为他预先已经得到了他的结论。他并没有照着他所应当做的去和经验商量，以便形成他的决定和原理，而是在根据他的意志先把问题解决了。以后再去诉诸经验，使经验屈从于他的意见，把经验带着到处走，就像一个游行示众的俘虏一样。因此，正是在这一点上，他比他的那些根本放弃了经验的近代追随者经院哲学家，是更有罪过的。

但是迷信和一种神学的混合物对于哲学的破坏是更加广泛流行的，并且不管是对于整个体系，或者是对于体系的某些部分来说，都造成了极大的害处。在希腊人中间，这种哲学的一个鲜明的例子便是毕达哥拉斯；另一个例子便是柏拉图和他的学派，这是一个更危险、更微妙的例子。要求把自己变成崇拜对象的这种虚荣，正是理智本身的一种病症。在这种虚荣驱使之下，某些近代的人正以极端轻浮的态度拼命追求这种虚荣，甚至根据《创世记》的第一章，根据《约伯记》以及《圣经》的其他部分来建立一个自然哲学的体系。

就现在情况而论，由于有了经院学者们的总结和体系，就使得关于自然的谈论更为困难和有更多危险，因为那些经院学者们已经尽其所能把神学归成极有规则的一套，已经把神学规划成一种方术，结局并还把亚里士多德的好争而多刺的哲学很不相称地和宗教的体系糅合在一起了。

必须给人类的理智开辟一条与以往完全不同的道路，提供一些别的帮助，使心灵在认识事物的本性方面可以发挥它本来具有的权威作用。

II

真理不能求之于任何时代的喜好；因为喜好是一种不稳定的东西，而是要在自然的经验的指导下来寻求，因为这才是永恒的东西。

由于人们有喜欢停留在抽象事物上的恶劣积习，所以比较稳健的办法是从那些与实践有关系的基础上开始把各种科学建立起来。

我要直接以简单的感官知觉为起点，另外开辟一条新的准确的通路，让心灵循以行进。

人，既然是自然的仆役和解释者，他所能做的和了解的，就是他在事实上或思想上对自然过程所观察到的那么多，也只有那么多；除此以外，他什么都不知道，也什么都不能做。

但是人的理智的最大障碍和差错还是在于感官的迟钝、无力和欺骗，在于刺激感官的东西的力量超过了不直接刺激感官而更重要的东西。感觉本身乃是一种不可靠和容易发生错误的东西，而用来扩大感觉或使之锐利的工具，也不能有太大的作用。但是一切比较真实的对自然的解释，乃是由适当的例证和实验得到的。感觉所决定的只接触到实验，而实验所决定的才接触到自然和事物本身。

感官的证验，在某种校正过程的帮助和防护之下，我是要保留使用的。

最好的论证当然就是经验，只要它不逾越实际的实验。

简单的经验，如果是自然发生的，就叫作偶然的事情，如果是有意去寻求的，则叫做实验。但是这种简单经验只是一种暗中摸索，就如同在黑暗里的人一样，四面八方摸索，希望侥幸找到他们的道路；其实他们最好等到天亮，或者点起蜡烛来，然后用蜡烛照明道路，这种方法实际上是从经过适当安排和消化的经验开始，而不是从粗劣或错误的经验开始，由此寻出原理来，又从既定的原理寻出新的实验来。

我们的步骤必须有一个线索引导，我们的整个道路，从第一个感官知觉起，必须建立在一个可靠的计划上。毫无疑问，古人发挥聪明才智、进行抽象思考的每一件事，都证明他们是非常了不起的。要知道，此前在科学技术方面做出的那些发现，是可以通过实践、思考、观察、论证做出的。因为这些事情贴近感官，又直接处在共同的概念之下。我们必须首先给人类心灵和理智介绍一种更完善的用法，然后才能达到自然界那些更遥远、更隐蔽的部分。

III

自然的基本活动，这乃是所有繁多事物的生命和推动原则。

物体的运动和努力也有其复合、分解和错综的关系，不亚于物体本身。我首先举陈运动或活动性能的主要种类。第一种运动是物质中的抗拒运动，这是物质的每一个别部分所固有；物质凭借它才绝对地拒绝遭受消灭。第二种运动是我所谓的连接运动。物体不能忍受在与另一种物体贴靠中从自身的任何一点上拆离开来。第三种运动是我所谓的自由运动。物质总是要逃脱非自然的压力或张力而恢复到适合于自身性质的体积。第四种运动我名之为物质运动。在这种运动中物体渴求一个新的范围或体积。如空气遇热渴望扩张，渴求一个新的范围，扩张到某种程度后竟根本不想返还，除非再用冷使之发生一次新的变化。第五种运动是连续运动。一切物体都惧怕其内部的自我连续的分解。第六种运动我叫作谋得运动或有求运动。例如电，不外是物体经轻柔摩擦的刺激后的一种倾向，即不善容忍空气，而只要有其他可触物近在身边，就要加以择取。第七种运动我叫作大趋聚运动。物体趋向于在性质上与自己相像的巨量块体的运动，如重物体趋向于地球，轻物体趋向于天边的运动。第八种运动是小趋聚运动。一物体中的同质分子结合在一起而和异质分子分离开来。第九种运动我名之为磁性运动。如月亮把水提起或使潮湿的东西扩张。天体把行星吸升到远地点。第十种运动是逃避运动。物体出于一种反感要逃开敌对物体，也要使敌对物体躲开。这种运动在动物的排泄物中是突出地显著。空气中界那里的冷，就像是从天体范围排出的冷性的结果。地下的热和燃烧也像是从地球内部排出热性的结果。油和水不能混合并不单是比重不同，也是由于两者相互间感应不良之故。第十一种运动是同化运动，或叫自我增殖运动。植物和动物的元精接触到饲料中或水质中或油质中较精的分子时，就要把自己增殖而生新的元精。植物和动物的各个部分首先以一定程度的选择来吸收饲料中的汁液，然后再加以同化，转为自身的性质。无生命的物体中也有这种运动。第十二种运动是诱发运动。这种运动以在热和冷当中为特别显著。热在使一个物体热时并不传送原热从而散播热的自身，却只是把物体的分子诱到那种作为热的形式的一种运动。同样，磁石对铁也能赋予其分子以一种新的秉性和一个相应的运动而丝毫不损失磁石自身的性能。第十三种运动是感染运动。这种运动显示在三件事物上：一是光线，二是音的震荡，三是磁力的表现。如把光线、震荡、磁石移去，其影响随之消失。第十四种运动是配置或自位运动。物体在这种运动中并不要求与其他物体结合或分开，而是要求得到位置，要求配置于其他物体之间与之并列。例如天体朝一个方面运动，我以为那是宇宙的某种谐和性和感应性所造成。另外还有磁石的指极性、方向性和偏角，也可归到这种运动。物体内分子之间也有某种排列和位次。第十五种运动是过渡运动或叫通行运动。例如一种中介物适于光的通行，另一种中介物适于声的通行，又一种中介物适于冷热，还有一种中介物适于磁性的通行，等等。第十六种运动是王权的运动，或叫政权的运动。物体中占优势的、统治的分子约束着、镇服着、压制着、管理着其他分子，迫使后者或合或分，或止或动，以及如何排列，以有利于统治分子。这在动物的元精中最突出地显著，只要其元精总是活跃有力，就总在节制着其他分子的一切运动。在其他物体中也以较低程度表现出这种运动。第十七种运动是自发旋转运动。物体处于便利地位又乐于运动，就以圆圈的形式运动。而这就是永恒的和无限的运动。第十八种运动是震荡运动。这种运动在动物的心脏和脉搏中可以见到。一切物体，凡处于便和不便的中间状态，也必然都出现这种运动。第十九种运动我叫作安息运动或称恶动运动。如大地块体静立着不动，而它的端极则趋于聚合，实在说来这些物体的唯一倾向就是要求不动。

至于在自然哲学方面已被公认的体系中，所有关于运动的一些流俗的区分，如所谓生成、毁灭、增大、减小，变易和位移等，也没有任何价值可言。所有这些都是流俗之说，丝毫没有深入到自然里面，因为它们都是运动的度量和界限，而不是运动的各类。他们所示及的是"到何程度"，而不是"用何方法"或"从何根源"。因为他们没有提示到任何关于物体的欲求和关于物体各分子的发展的东西；他们只是当运动已使物体在感官面前呈现为显然大异于前时，才开始标志其区分。即当他们愿就运动的原因有所提示并据以树立一种区划时，他们却又以极度的疏忽只提出了自然运动与强力运动之分；这区分乃完全出自流俗概念，因为一切强力的运动事实上也是自然的，外来的能力只不过是促使自然活动异于往常罢了。但是，抛开这一切不谈，如果有人观察到例如物体中有一种欲求要相互贴靠，以便自然的统一体不致大有间离和断裂而造成一个虚空；如果有人说物体中有一种欲求要保持其自然的体积或强度，所以每当遭到向里压缩或向外扩张的时候立刻起而奋斗以图恢复其自己，并重复回到原来的容量和广延；或者如果再有人说物体中还有一种欲求要趋聚于性质相类的块体，如浓厚的物体趋聚于大地的球面，稀薄的物体则趋聚于天的圆周；——那么，所有这些以及类似的运动才真正是属于物理一类的运动；而此外的那些则完全是逻辑的和经院哲学的东西，这从上面的对照中也可看得十分明白了。

IV

所有那些在我之前从事于技术发明的人，只是在事实、例证和经验方面看一两眼，便直截了当地进而把他们自己的精灵召唤出来，以给予他们神示，好像发明只不过是一种思想的练习而已。相反地，我却纯然地和经常地停留在自然事物之中。

我们的目的不在于把自然归结为一些抽象，而是在于把它分解为许多部分，正如德谟克里特学派所做的那样，这个学派比其他学派更能够深入到自然里去。

不过我们也不能采用原子学说。这种学说蕴含着关于虚空的假设和物质不变的假设（二者都是错误的），我们只能采取实际存在的真实分子。

任何火，任何重量即压力，任何强暴，以任何长时间，都不能把物质的哪怕极小极小的任何部分化为无，它永远总在那里，永远总占着某些空间，你无论把它置于何种窘境，它总会借改变形式或改变位置的方法把自己解脱出来。如果这些都不行，它就原封不动存在下去，总之它绝不会走到无有或无所在的途径上去。

V

凡值得存在的东西就值得知道，因为知识乃是存在的表象。

在自然中真正存在的东西，虽然除掉个别物体按照一定的规律进行纯粹个体的活动之外，没有别的，但是在哲学里面，正是这种规律以及对于这种规律的研究、发现和解释构成知识与活动的基础。

我们应当注意的对象不是形式，而是物质的结构和结构的变化，是简单的作用，以及作用（运动）的规律；因为形式乃是人心的虚构，除非你打算把那些作用的规律称为"形式"。

当我们说到"形式"的时候，我的意思指的也就是这种规律及其所包含的部分，这个名词是我宁愿采取的，因为它已经成为大家所习用和熟知的名词了。

当我赋予"形式"以这样一个显著作用的时候，我不能不经常提醒人们注意，不要把我所说的用到他们惯于设想的那些形式上去。

因为第一，我现在所说的并不是复合的形式。复合形式乃是按照宇宙的普通过程而形成的简单性质的组合，如狮子、老鹰、玫瑰、黄金的形式。但是即使对于简单性质来说，人们也不能把我所说的了解成为根本不能用物质来定义的或者没有明确定义的抽象的形式或观念。因为当我讲到"形式"的时候，我所指的不是别的，正是支配和构成简单性质的那些绝对现实的规律和规定性，如各种物质中的光、热、重量和能够接受这些性质的东西。因此，热的"形式"或光的"形式"和热的规律或光的规律乃是同一的东西。

愈是接近简单性质，一切事物就愈变得容易和明显。因为事情已经从复杂变成简单，从不可通约变成可通约，从不尽根变成有理量，从无限和不清楚变成有限而确定，如同字母系统中的单个字母和音乐中的音符一样。

有了一定的"形式"一定的性质就必然跟着出现。因此，当这个性质存在着的时候，这个"形式"总是存在着的，它普遍蕴含着这个性质，而且经常是这个性质所固有的。如果这个性质不存在，它总是不存在的，总是蕴含着这个性质的不存在，并且绝不为别的东西所固有。

由于"形式"的发现，我们就可以在思想上得到真理，而在行动上得到自由。

VI

人的知识和人的力量是含二而一的，因为只要不知道原因，就不能产生结果。要命令自然就必须服从自然。在思考中作为原因的，就是在行动中当作规则的。

在一个物体上产生和加上一种新的性质或几种新的性质，乃是人的力量的工作和目的。而发现一种性质的形式，或真正的属差，或产生自然的自然，或流射的源泉（因为这些名词都是对于这件事的最近似的描写），乃是人类知识的工作和目的。

达到人的力量的道路和达到人的知识的道路是紧挨着的，而且几乎是一样的。

VII

历来研究科学的人若不是经验主义者，就是教条主义者。经验主义者像蚂蚁，他们只是收集起来使用。理性主义好像蜘蛛，从自身把网子造出来，但是蜜蜂则采取一种中间的道路。它从花园和田野里面的花采集材料，但是用它自己的力量来改变和消化这种材料。真正的哲学工作也正像这样。因为它既不只是或不主要是依靠心智的力量，但也不是从自然历史和机械实验中把材料收集起来，并且照原来的样子把它整个保存在记忆中。它是把这种材料加以改变和消化而保存在理智中的。因此从这两种能力之间、即实验的和理性的能力之间更密切和更纯粹的结合（这是从来还没有做过的），我们是可以希望得到很多的东西。

理性派哲学家只是从经验中抓到一些既没有经过适当审定也没有经过仔细考察和衡量的普通例证，而把其余的事情都交给了玄想和个人的机智活动。

至于那些把逻辑放在第一位的人，认定科学应该在逻辑里找到最可靠的帮助，他们确实非常正确、非常高明地看到，人的理智不能没有规范，否则就不可靠；可是他们投下的药剂太轻，治不了重病，而且本身也不是没有副作用。因为大家公认的那种逻辑只适用于涉及言谈和意见那些学艺，用于自然就嫌不够精细；把它用在它所不能驾驭的对象上，就只能使错误巩固、谬种流传，而非为真理开辟道路。

但是经验派哲学比诡辩派或理性派所产生的教条还要更加丑恶和怪诞。因为它并不是在共同概念的光辉照耀之下建立起来的，而是建立在少数狭隘和暧昧的实验之上的。在这方面，炼金术士及其信条是一个著名的例子，虽然在现在，这种例子也许除掉在吉尔伯特的哲学中可以找到之外，在别的地方是很难找到的。尽管这样，我们仍然不能不对这种哲学提出一个警告。

我并不取消感官的权威，而是要给它以帮助，我并不轻视理解能力，而是要管理它。

我一开始就说并一贯力主，人类的感官和理解力纵然较弱，也不应剥夺它们的权威，而应给它们提供助力。

我对解释自然的指导含有两个部分：一是指导人们怎样从经验中抽象和形成原理；另一是指导人们怎样从原理又演绎出和推出新的实验。对于前一部分，可分三步。首先，我们必须备妥一部自然和实验的历史，要充分，还要好。这是一切的基础，因为我们不是要去想象或假定，而是要去发现，自然在做什么或我们可以叫它去做什么。

但是，自然和实验的历史是如此纷繁复杂，若不按适当的秩序加以整列再提到人们面前，它会反而淆乱和分散理解力。因此我们第二步又必须按某种方法和秩序把事例制成表式和排成行列，以使理解力会能够对付它们。

即使这点做到了，若把理解力置之不理，任其自发地运动，而不加以指导和防护，那它仍不足也不宜去形成原理。于是第三步还必须使用归纳法，真正的和合格的归纳法，这才是解释自然的真正钥匙。这一步虽居最后，我却必须把它提到前头来谈。

VIII

为要深入到自然的内部深处，必须用一种更稳当更审慎的方法，把概念和原理从事物中引申出来；必须采取一种更好的和更确切的运用理智的方法。

人类理性以那种通用方式应用于自然问题而得出的结论，我称为对自然的冒测（就其粗率和不成熟而言）；至于另一种经由一个正当的和有方法的过程而从事实抽出的理论，我称为对自然的解释。

现在通行的逻辑只足以用来确定基于流行观念的错误，并把这些错误固定下来，而不能用来探求其真理，因此它只是有害多于有益的。

三段论并不能用于科学的第一原理，而用于中间原理也是无效的；因为它比不上自然的精微。所以它只能迫人同意命题，而不能把握事物本身。

三段论是由命题组成的，命题是由语词组成的，而语词是概念的符号。因此，如果概念本身（这是事情的根本所在）不清晰，并且是很草率地从事实中抽出来的，那么其上面的建筑就不能稳固。所以我们唯一的希望就是在于一种真正的归纳法。

对于"形式"的研究是这样来进行的：有了一个既定的性质，我们必须首先把已知的在质料上很不相同而在这既定性质上是一致的一切例证收集起来放在理智面前，我称之为"本质和具有表"。其次我们必须给理智提供缺少这既定性质的例证。反面的例证应附加在正面的例证上面，而研究既定性质的缺少，也只应在最近似于这种性质存在以及会有这种性质存在于其中的例证那些东西中间去进行，我称之为"差异表"。第三，必须给理解能力提供一些我们所探究的性质以多少不同的程度出现的例证。这就必须把这个性质在同一物体中的增减加以比较，或在不同物体中的多少加以比较，我称之为"程度表"。

这项列示事例的工作一经做过，就必须使归纳法自身动作起来了。

真正的归纳法的第一步工作（就着发现形式来说）是当某既予的性质在某事例中出现时把那个不出现的性质，或是当某既予的性质在某事例中不出现时把那个出现的性质，或是当某既予的性质在某事例中减少时把那个增加的性质，或是当某既予的性质在某事例中增加时把那个减少的性质，都一概加以排除。

当这项排除工作恰当地做过之后，在一切轻浮意见都化烟散净之余，最终就将剩下一个坚实的、真确的、定义得当的正面"形式"。

我们在进行排除的过程中已经为真正的归纳法打下基础，但真正的归纳法不到取得一个正面的东西时是还不算完成的。排除部分的本身也绝对不是完全的，它在开头时也根本不可能是这样。

在三个初步列示表已经做出并经过考量之后，我就可允许理解力凭着各表所列事例以及别处所遇事例的力量来做一回正面解释的尝试，我称之为理解力的放纵，或解释的开端，或初步的收获。

有了这个初步收获，形式或真确定义自然就随之而来。这可用很少的字来表述。

几个初步列示表以及排除工作或排除过程既已完成，从而初步收获也已经做出来了，现在就要给出对于理解力在解释自然方面也即在掌用真正的和完整的归纳方面的一些其他帮助。

寻求和发现真理的道路只有也只能有两条。一条是从感觉和特殊事物跃出到最普遍的原理，把这些原理看成固定不变的真理，然后从这些原理出发来进行判断和发现中间的原理。这是现在流行的道路。另一条是从感觉和特殊事物把原理引申出来，然后不断地逐渐上升，最后才达到最普通的原理。这是真正的道路，但是还没有试行过。

特殊的东西是数目极其庞大的一支军队，而且那支队伍又星罗棋布，足以分散和惑乱我们的理解力，所以我们若只凭智力的一些小的战斗小的攻击以及一些间歇性的运动，那是没有多大希望的。要想有希望，必须借助那些适用的、排列很好的、也可说是富有生气的"发现表"，把与探讨主题有关的一切特殊的东西都摆开而排列起来，并使我们的心就着那些"发现表"所提供的、经过适当整理和编列的各种补助材料而动作起来。

在特殊事例的收集已经适当完成之后，我们也还不能立刻就进行研究和发现新的事例或工作；无论如何，即使我们这样做，我们也不能就停留在那里。虽然我不否认这也会发现出许多小有助于人类生活和情况的新事例，可是从这里仍不可能希望得到什么重大的东西；如果我们所根据的是用一定的方法和规则从特殊事例抽绎出来之后，回过来又指出取得新事例的途径的原理，那么我们就可以希望得到更重大的东西。因为我们的道路是有升有降的，先上升到原理，然后下降到工作。

但是，不能允许理智从特殊的事例一下跳到和飞到遥远的原理和几乎是最高的普遍原则上去（如所谓技术和事物的第一原理），站在它们上面把它们当作不能动摇的真理，并且进而根据它们来证明和形成中间原理；这是一向实行的办法，人的理智之所以走上了这条道路，不仅是由于一种自然的冲动，而且是由于使用它所习用的三段论的证明。但是我们只有根据一种正当的上升阶梯和连续不断的步骤，从特殊的事例上升到较低的原理，然后上升到一个比一个高的中间原理，最后上升到最普遍的原理，我们才可能对科学抱着好的希望。因为最低的原理和简单经验差不多，而最高的、最普遍的原理（指我们现在已有的）又是意念的、抽象的、没有坚实性的。只有中级原理却是真正的、坚实的和富有活力的，人们的事务和前程正是依靠着它们，并且只从它们向上，到最后才能有那真正是普遍的原理。这就不再是那种抽象的，而是被那些中间原理所切实规限出的最普遍原理。

在建立原理当中，我们必须规划一个有异于迄今所用的另一形式的归纳法，那种以简单枚举来进行的归纳法是幼稚的，其结论是不稳定的。对于发现和论证上的科学方术真能得用的归纳法，在于必须以正当的排拒法和排除法来分析自然，有了足够的反面事例，然后再得出根据正面事例的结论。正是这种归纳法才是我们的主要希望所寄托。

IX

现在占据着人的理解力并在其中扎下深根的各种假相和错误观念，不仅困扰着人们的心灵以致真理不得其门而入，而且即便在得到门径以后，除非人们预先得到危险警告而尽力增强自己以防御它们的进攻，它们也还会在科学刚刚复兴之际聚拢起来扰乱我们。

以真正的归纳法来形成概念和原理，这无疑是排除和肃清假相的适当补救办法。而首先指出这些假相，却是有很大用处的，因为假相学说对于解释自然的关系，正如反驳诡辩的学说对于普通逻辑的关系是一样的。

困扰人们心灵的假相共有四类：族类假相，洞穴假相，市场假相，剧场假相。

族类假相根植于人的本性之中，即根植于人类自身。因为一切知觉，感官的或心灵的都是以人为尺度，而不是以宇宙为尺度、为根据的。人类理解力正如一面凹凸镜，它接受光线既不规则，于是就因在反映事物时掺入了它自己的性质而使得事物的性质受到了歪曲，改变了颜色。

我所称为族类假相的假相，或则起于人类元精本质的齐一性，或则起于它的成见性，或起于它的狭窄性，或起于它的不知罢休的运动，或起于情感的注入，或起于感官的不称职，或起于感受的样式。

洞穴假相是个人的假相。因为每一个人（除普通人性所共有的错误外）都各有自己的洞穴，使自然之光曲折和变色。这是由于每个人都有他自己所特有的本性。因此人的精神（按其分配于不同的个人而定）事实上是一种变化和富于动乱的东西。

洞穴假相起因于：或则先有一个心爱的题目占着优势，或在进行比较或区分时有着过度的趋向，或则对于特定的年代有所偏爱，或则所思辨的对象有偏广偏细之病。凡从事于自然研究的人都请把这一句话作为规则：凡是你心所占所注而特感满意者就该予以清醒。

市场假相，是由于人们彼此往来交流而形成。人们靠言谈来联系；而所使用语言的意义则是依照一般俗人的了解确定的，因此选用语词之失当害意就惊人地阻碍着人的理解力。

市场假相是四类假相中最麻烦的一种。这种假相是通过语词和名称的各种联合而爬进理解力中来的。由于语词的形成所遵循的乃是对于流俗理解力最为浅显的划分线，每当要改变这些界线以合于自然的真正划分时，语词就从中作梗，反抗改变。

从哲学的各种教条以及一些错误的论证规则移植到人们心中的假相我称之为剧场假相，因为在我看来一切公认的学说体系只不过是许多舞台戏剧，依照虚构的布景的式样，表现着它们自己创造出来的一些世界。我所指的又还不限于那些完整的体系，科学当中许多由于传统、轻信和疏忽而被公认的原则和原理也是一样的。

剧场假相不是天赋的，也不是暗中渗入理解力之中，而是由各种哲学体系的"剧本"和乖谬的论证规则所印入人心而为人心所接受进去的。

剧场假相，或学说体系假相，是很多的，而且还可以更多或者将要更多起来的。正如在天体的现象方面人们可以构出许多假相，同样（并且更甚）在哲学的现象方面当然亦会有多种多样的教条被建立起来。

这个错误的哲学，可以分为三种：诡辩派（或理性派）、经验派和迷信派。

X

对于形式的给予者和制造者——上帝来说，或者也可以对于天使和具有较高智慧的东西来说，他们在一开始思考的时候，就直接具有对于形式的肯定的知识，但是这肯定不是人所能做到的。人只能从否定的东西出发，最后在穷尽了排斥之后，才能够达到肯定的东西。

如同水有的是从上边降落的，有的是从下边涌出的那样，人的知识有一种是由自然之光所显示的，有一种是由神圣的启示所鼓舞的。

【附记】

　　□培根是英国唯物主义和整个近代实验科学的始祖，是近代经验主义传统的开创者。他创立的归纳逻辑为科学发现提供了认识工具，鼓舞了科学发现的信心。

　　□培根的唯物主义思想还处在朴素的形式下，即他把物质理解为具有能动性的个别物体，把物体自身固有的运动规律叫作"形式"。这个朴素性含有一定的积极因素，马克思说："唯物主义在它的第一个创始人培根那里，还在朴素的形式下包含着全面发展的萌芽。物质带着诗意的感性光辉对人的全身心发出微笑。"

　　□培根提出了物体主要有十九种运动，他所列举的运动种类已超出机械运动的范围，例如已接触到分子聚散、光、电磁、磁、引力、燃烧、生物代谢等现象。由于复杂运动都包含简单运动，因而他列举的各种运动也都有机械运动的因素，即位置变化和数量增减。但是，对于这些复杂运动，其各自的机理或原因尽管他并未科学地揭示出来，却根本不是单纯机械性的。即便他对机械运动的陈述，也不是着眼于位置变化和数量增减。他对各种运动的全部叙述，分别指出了种种不同的原因，而他指出的原因实际上都是物体的一种内在倾向、趋向，根据他的特色表述，可概括为意向。因此，他强调在物体中有一种"欲求"，认为这才是"真正的物理的运动"，表现了他对物质具有能动性怀有一种朴素的认识，马克思曾这样评述他关于运动的观点："在物质的固有的特性中，运动是第一个特性而且是最重要的特性，——这里所说的运动不仅是机械的和数学的运动，而且更是趋向、生命力、紧张，或者用雅科布·伯麦的话来说，是物质的痛苦。"

　　□培根把物体看成为几种"简单性质"连同其各自的"形式"的复合体，认为就像字母对于文句或音符对于乐曲一样，可把千差万别的物体从不可通约变为可通约，从不尽根变为有理量，从无限变为有限，因而把物质世界的无限多样性看成了有限数量的"简单性质"所构成，这使他的唯物主义带上了机械性局限。

□培根把各种物体分解、归结为有限数量的"简单性质"及其"形式"，这个事实体现了在近代自然科学发展上起过推动作用的分析方法对哲学的影响，如恩格斯所说："这种考察事物的方法被培根和洛克从自然科学中移到哲学中以后，就造成了最近几个世纪所特有的局限性，即形而上学的思维方法。"

□培根破除了中世纪以来学者们对亚里士多德逻辑学的迷信，引导人们面向自然，注重实验，以严密的归纳探求真理，对近代经验科学的发展产生了深远的积极影响。

□培根在自己的逻辑学说中虽然并不排除而是肯定理性的认识作用，且生动地阐述了经验和理性相结合对科学研究的原则意义，但是他毕竟没有理解演绎推理在逻辑学中的地位和作用。

□培根对归纳法的形式结构作了初步的探究，他自知并不完善，曾说过"在这上面人们还一定要花比过去花在三段论上更多的工夫"。

□培根哲学的批判锋芒虽然是直指中世纪教会经院哲学的，但是却未能摆脱神学的束缚，竟把上帝说成是"形式"的"给予者和制造者"，说什么"在一开始思考的时候就直接具有对形式的肯定的知识，而这肯定不是人所能做到的"。由此可以理解培根提出了自然真理和启示真理的二重真理说，这表明了在人类思想史上举步前进的艰难，他虽然力图把自然真理从神学中解脱出来，却又摆脱不掉神学的羁绊。

霍布斯

【生平】

公元 1588 年出生于英国玛姆兹伯利，是一个乡村牧师的儿子。少年时代曾熟读古典著作。十五岁入牛津大学，接受了经院派逻辑学和亚里士多德哲学的教育。1610 年二十二岁时给一贵族子弟做家庭教师，当时英国的富贵家庭为了完成对子弟的教育都要让他周游法国及其他欧洲大陆国家，霍布斯因此曾伴随自己的学生游历于法意等国。一次偶然的机会他读了欧几里得几何学，为其中的演绎推理方法所折服，激发了他对几何学的强烈研究兴趣，并高度赞扬和推崇几何学方法。1636 年，他游历意大利时拜访了伽利略。1640 年英国发生资产阶级革命（长期国会开会），他因主张君主专制而出逃法国。在法国的十一年期间，他同伽森狄相熟，与笛卡尔有过接触和论争，并同大批英国王党分子交往。在这期间他曾受到法国数学家和科学家的欢迎，并于 1646 年至 1648 年教过英国未来君主查理二世数学。他的代表著作《利维坦》是在这里完成的，于 1651 年在伦敦出版。此书虽然主张君主专制，但其理论基础却是无神论，因此遭到那些流亡分子的愤恨。同年他潜回英国，在克伦威尔执政期间得到克伦威尔的庇护。回国后他相继完成了《论物体》（1655）和《论人》（1658）两部著作。王室复辟以后，虽然国王和王党中较温和的分子宽容他，但他因无神论而在政界和社会上遭到强烈抵制。晚年他把荷马的两部史诗译成英文后于 1699 年逝世于英国哈德威克。

【思想】

I

哲学的对象，或者哲学所处理的材料，乃是每一个这样的物体：这种物体我们可以设想它有产生，并且可以通过对它的思考，把它同别的物体加以比较，或者是，这种物体是可以加以组合与分解的，也就是说，它的产生或特性我们是能够认识的。

哲学的主要部分有两个。因为主要有两类物体，彼此很不相同。其中一类是自然的作品，称为自然的物体，另一类则称为国家，是由人们的意志与契约造成的。因此便产生哲学的两个部分，称为自然哲学和公民哲学。

某个东西由于它具有广延，我们一般称为物体；由于它不依赖我们的思想，我们说它是一个自己存在的东西，它也是存在的，因为它在我们之外。

物体的定义可以这样下：物体是不依赖于我们思想的东西，与空间的某个部分相合或具有同样的广延。

物体一词在其最普遍的意义下，指的是充满或占据某个空间或假想地方的东西；它不取决于构想，而是我们所谓的宇宙中真实的一部分。因为宇宙是所有物体的集合，所以其中任何真实的部分都不可能不同时是物体，而任何正式的物体也不可能不是宇宙（全部物体的集合）的一部分。

世界（我说的不只是地球，而是说宇宙，即一切存在的东西的整体）是有形体的，这就是说世界是物体，它有大小的度量，即长宽高。物体的任何部分，也是物体，具有同样的度量。因此，宇宙的任何部分都是物体。凡不是物体的，就不是宇宙的一部分。而因为宇宙是全体，若不属于宇宙的一部分，那就是虚无，也就不存在。

II

对于寻求某种现象或某种结果的原因的人们，有时不知道被寻求原因的那个东西是物质（或物体）还是物体的某种偶性。鉴于物质不能因我们的任何企图而被制造或消灭，被增加或减少，或被推动得离开它的地位，那么那个可以出现、消失、被增加、被减少并被推得来来去去运动的东西，我们就可以确定地断言它不是一个物体，而只是一种偶性。

多数人都愿意说一个偶性是某样东西，亦即自然物的某一部分，而实际上它却不是自然物的部分。最好是把偶性定义为某个物体借以得到了解的方式。一个偶性就是某个物体借以在我们心中造成它的概念的那种能力。我给偶性下的定义是：我们认识物体的方式。

物体容易发生变化，就是说，它可以有不同的偶性，例如有时运动，有时静止；对我们的感官来说有时热、有时冷；其色、味、声等有时是一个样子，有时又是另一个样子等等。这种不同的表象是由于物体对我们的感觉器官所发生的不同作用而产生的，我们归之于发生作用的物体的变化，称之为这些物体的偶性。

除了大小或广延以外，其他一切偶性都是可以产生和消灭的。物体与物体借以有各样表现的那些偶性，有这样的分别：物体是东西，不是产生的；偶性是产生的，但不是东西。

一个偶性在它的主体里面，并不是作为主体的任何部分；它可以离开主体而主体仍然留存。但是有些偶性，只有在物体也消灭时它们才消灭，因为广延或形状，若没有它们物体是不能设想的。其他一切不为全部物体所共有、只为某些物体所特有的偶性，如静止、运动、颜色、坚硬之类则逐渐消灭，为别的偶性所代替，而物体却永不消灭。

III

一个物体的广延，就是它的大小，也就是所谓真实空间。但是这个大小不似想象空间那样依赖我们的思维。因为想象空间是我们想象的结果，而大小却是想象空间的原因，想象空间是心灵的一种偶性，而物体的偶性是存在于心灵之外的。

空间是一个单纯在心灵以外存在的东西的影像；即空间是那样一种影像，其中我们不考虑别的偶性，只考虑它在我们之外呈现。

人们在心中划分一物体时，办法是数它的各个部分；数这些部分时也就数了它所填充的空间的各个部分。因此，在划分这些部分时，我就不得不同时也划分这些部分所占的空间。这样，任何人在心中都无法设想比所占空间更多或更少的物体部分。

空间只有属于物体的空间才是可以理解的，那种认为运动的东西不改变位置或不具有广延，是超乎我们理解范围之上的空间观，因为凡有广延的东西都是物体。

像一个物体在心里留下一个关于它的大小的影像一样，运动的物体也留下一个关于它的运动的影像，也就是关于那个物体从一个空间连续不断地过渡到另一个空间的观念或影像，就是我叫作时间的东西。

时间是一种影像，不过是运动的一种影像。

时间是运动中的先与后的影像。

时间是运动的度量，并不那么确切，因为我们是以运动来量时间的，而不是以时间来量运动。

IV

一切变化都在于运动，虽然在没有以某种方式对这一点加以证明以前，许多人是不能了解的。

没有时间就不能设想运动。因为时间根据定义就是运动的一个影像，也就是运动的一个概念。所以，设想某种东西可以离开时间而运动，就等于设想没有运动的运动，这是不可能的。

一个正确认识运动的人，不会不知道运动就是失掉一个位置而获得另一个位置。

运动就是连续地离开一个位置又获得另一个位置。

运动是不断放弃一个位置又取得另一个位置。

任何一件静止的东西，若不是在它以外有别的物体以运动力图进入它的位置使它不再处于静止，就将永远静止。任何一件运动的东西，除非在它以外有别的物体使它静止，即将永远运动。

除非凭借运动，是无法理解任何一件事物能够脱离它的静止状态，或者脱离它的运动状态的。

一般的事物（至少那些有原因的事物）其原因是自明的，或者（像大家通常所说的那样）是对于本性来说所知道的。因此根本用不着方法，因为它们总共只有一个一般的原因，就是运动。一切形状的不同，都是由于造成这些形状的运动不同。而运动除了以运动为原因之外，不能被了解为有别的原因。

由于生命只是肢体的一种运动，它的起源在于内部的某些主要部分，那么我们为什么不能说，一切像钟表一样用发条和齿轮运行的"自动机械结构"也具有人造的生命呢？是否可以说它们的"心脏"无非是"发条"，"神经"只是一些"游丝"，而"关节"不过是一些"齿轮"，这些零件如创造者所意图的那样，使整体得到活动的呢？

一切已经产生或将要产生的结果，都在其先行的事物中有其必然性。

一般说来，一切偶然的东西都有其必然的原因，但是，它们相对于它们所不依赖的那些事件而被称为偶然的东西。明天将要下的雨，将是必然下的，就是说，将是由于必然的原因下的；但是，我们认为它是偶然下的，并且也说它是偶然下的，这是因为我们还不了解它的原因。

V

我们通过感觉而觉察到的东西，像颜色、声音、滋味等的不同，除了运动以外，也没有别的原因。这种运动一部分在对我们感官起作用的对象里，一部分在我自身里面，这种情况显然表明它是某种运动，虽然我们若不推理就不会知道它究竟属于哪种运动。

一切所谓感性的质，在引起这些性质的物体中，不过是物质的各种运动，物质借这些运动，以不同的方式作用于我们的感官。它们在我们内部也不过是运动。

感觉是人类身体的器官和内在部分中的运动，是由我们看到或听到的事物的作用引起的。

在感觉方面，真正存在于我们体内的，只是外在对象的作用所引起的运动。从外表上说来，在视觉方面，这就是光和颜色；在听觉方面，这就是声音；在嗅觉方面，这就是气味，其余不一一列举。

视觉等感觉活动，知识和理解能力，这些在我们身上不是别的，就是外物压在人体的各部分器官上所造成的心理扰动。

一切观念最初都来自事物本身的作用，观念就是事物的观念。当作用出现时，它所产生的观念也叫感觉，一个事物的作用产生了感觉，这个事物就叫作感觉对象。

每一思想都是我们身外物体的某一种性质或另一种偶性的表象或现象。这种身外物体通称为对象，它对人类身体的眼、耳和其他部分发生作用；由于作用不同而各有不同，所以产生的现象也各自相异。

感觉的原因就是对每一专司感觉的器官施加压力的外界物体或对象。

我们通过种种感官，对于对象的种种性质得到种种观念。

所有的观念都来自外部对象。

任何观念都不是天赋的。

感觉是一种影像，由感觉器官向外的反应及努力所造成的，为或多或少持续存在每一段时间的对象向内的一种努力所引起的。

感觉告诉我，当直接去看时，颜色好像存在于对象中；感觉也同样告诉我，当我根据反射来看时，颜色并不在对象中。

钟锤没有声音，只有运动，它在铃的内部产生运动。铃有运动而无声音，它使空气振动。空气运动而无声音。它的运动通过耳和神经传至大脑。大脑有运动而无声音。这运动从大脑折回，沿着神经向外走，成为在外部的显现。我们称这显现为声音。

我们所有的一切知识都是从感觉获得的。

不能想象没有思想者的思想。因此，看来从事于思想的东西是具体的。因为一切活动的主体中只能以具体的或物质的形态去了解，我们不能把思想同思想的物质分开。

VI

理论思维揭示出各个事物之间的依存关系和因果关系。感觉能力是生而具有的，思维则只是随着语言的应用发展起来，是需要学习和锻炼的。

知识的开端是感觉和想象中的影像；这种影像的存在，我们凭本能就知道得很清楚。但是认识它们为什么存在，或根据什么原因而产生，则是推理的工作。

推理就是一种计算，也就是把公认为标示思想或表明思想的那些普通名词所构成的序列相加减；我所谓的标示是就我们自己进行计算时的说法，而所谓表明则是向别人说明或证明我们的计算时的说法。

我所谓推理是指计算。计算或者是把要加到一起的许多东西聚成总数，或者是求知从一件事物中取去另一件事物还剩下什么。所以推理是与加和减相同的。乘不过是把一些相等的量相加起来，而除不过是把一些相等的量一一减去。因此一切推理都包含在心灵的这两种活动——加和减中。

当一个人进行推理时，他做的不过是在心中将各部分相加求得一个总和，或是在心中将一个数目减去另一个数目求得一个余数。这种过程如果是用语词进行的，他便是在心中把各部分的名词序列连成一个整体的名词或从整体及一个部分的名词求得另一个部分的名词。人们在数字等方面虽然除加减以外还用乘除等其他运算法，但这些运算法实际上是同一回事。这些运算并不限于数字方面，而是所有可以相加减的事物全都适用，因为正像算术家在数学方面讲加减一样，几何学家在线、形、角等等方面也讲加减，逻辑学家在语词系列、两个名词相加成为一个判断、两个判断相加成为一个三段论、许多三段论形成一个证明以及从一个三段论证的总结或结论中减去一个命题以求出另一个命题等等方面，也同样讲加减运算。总而言之，不论什么事物里，用得着加减的地方就用得着推理，用不着加减法的地方就与推理无缘。

人不但能在数字方面推理或计算，而且还能在所有其他可以相加减的事物方面进行推理或计算。

我们不要认为计算，即推理，只可以应用到数目上，因为量、物体、运动、时间、性质的程度、作用、观念、比例、语言与名称（所有的各种哲学都寄托在这上面）都能加和减。当我们加减这样一些东西，也就是把它们加以计算时，可以说我们就是在思考。

VII

作为全人类共有普遍倾向，我首先提出来的便是，得其一思其二、死而后已、永无休止的权势欲。造成这种情形的原因，并不永远是人们得陇望蜀，希望获得比现在取得的快乐还要更大的快乐，也不是他不满足于一般的权势，而是因为他不事多求就会连现有的权势以及取得美好生活的手段也保不住。

财富、荣誉、统治权或其他权势的竞争，使人倾向于争斗、敌对和战争。因为在竞争中一方达成其欲望的方式就是杀害、征服、排挤、驱逐另一方。

自然使人在身心两方面的能力大家都十分相等，由这种能力上的平等出发，就产生达到目的的希望的平等。因此，任何两个人如果想取得同一个东西又不能同时享用时，彼此就会成为仇敌。他们的目的主要是自我保全，有时则只是为了自己的欢乐；在达到这一目的的过程中，彼此都力图摧毁或征服对方。

由于人们这样互相疑惧，于是自保之道最合理的就是先发制人，也就是用武力或机诈来控制一切他所能控制的人，直到他看到没有其他力量足以危害他为止。这并没有超出他的自我保全所要求的限度，一般是允许的。同时又由于有些人把征服进行得超出了自己的安全所需的限度之外，以玩味自己在这种征服中的权势为乐；那么其他那些本来乐于安分守己，不愿以侵略扩张其权势的人们，他们也不能长期地单纯只靠防卫而生存下去。其结果是这种统治权的扩张成了人们自我保全的必要条件，应当加以允许。此外，在没有权力可以使大家全都慑服的地方，人们相处时就不会有快乐存在；相反地他们还会有很大的忧伤。每当他遇到轻视或估价过低的迹象时，自然就会敢于力图尽自己的胆量（在没有共同权力使大家平安相处的地方，这就足以使彼此互相摧毁）加害于人，强使轻视者作更高的估价，并且以杀一儆百的方式从其他人方面得到同样的结果。

著作家们一般称之为自然权利的，就是每一个人按照自己所愿意的方式运用自己的力量保全自己的天性（也就是保全自己的生命）的自由。因此，这种自由就是以他自己的判断和理性的认为最适合的手段去做任何事情的自由。

所以在人类的天性中我们便发现：有三种造成争斗的主要原因存在。第一是竞争，第二是猜疑，第三是荣誉。

根据这一切，我们就可以显然看出：在没有一个共同权力使大家慑服的时候，人们便处在所谓的战争状态之下。

这种战争是每一个人对每一个人的战争。

也许会有人认为这种时代和这种战争状态从来没有存在过，我也相信绝不会在整个世界普遍出现这种状况，但有许多地方的人现在却是这样生活的。因为美洲有许多地方的野蛮民族除了小家族以外并无其他政府，而小家族中的协调则又完全取决于自然欲望，他们今天还生活在我上面所说的那种野蛮残忍的状态中。

就具体的个人说来，人人相互为战的状态虽然在任何时代都从没有存在过，然而在所有的时代中，国王和最高元首由于具有独立地位，始终是互相猜忌的，并保持着斗剑的状态和姿势。但由于他们用这种办法维持了居民的产业，所以便没有产生伴随个人自由行动而出现的那种悲惨状况。

但我们并没有攻击人类的天性。人类的欲望和其他激情并没有罪。在人们不知道有法律禁止以前，从这些激情中产生的行为也同样是无辜的。

VIII

使人们倾向于和平的激情是对于死亡的畏惧，对舒适生活所必需的事物的欲望，以及通过自己的勤劳取得这一切的希望。于是理智便提示出可以使人同意的方便易行的和平条件。这种和平条件也称为自然律。

自然律是理性所发现的戒条或一般准则。这种戒条或一般准则禁止人们去做损毁自己生命的或剥夺保全自己生命的手段的事情。

权在于做或不做的自由，而律则决定并约束人们采取其中之一。所以律和权的区别就像义务和自由的区别一样，两者在同一事物中是不相一致的。

因为人们的状况是每一个人对每一个人交战的状况，在这种情况下，人人都受自己的理性控制。凡是他所能利用的东西，没有一种不能帮助他抵抗敌人，保全生命。于是以下的话就成了理性的戒条或一般准则：每一个人只要有获得和平的希望时，就应力求和平；在不能得到和平时，他就要以寻求并利用战争的一切有利条件和助力。

这条准则的第一部分包含着第一同时也是基本的自然律——寻求和平、信守和平。第二部分则是自然、权利的概括——利用一切可能的办法保卫我们自己。

这条基本的也即第一个自然律规定人们力求和平，从这里又引申出第二自然律：在别人也愿意这样做的条件下，当一个人为了和平与自己的目的而认为必要，会自愿放弃这种对一切事物的权利；而在对待他人方面，则以和自己让他人自己拥有的自由权利相当的自由为满足。这就是福音书上那条戒律"你们愿意别人怎样对待你，你们也要怎样对待别人"，也就是那条一切人的准则，"己所不欲，勿施于人"。

让出权利可以是单纯的放弃，也可以是转让给另一个人。当让出的人不管让出的权益归于谁时就是单纯的放弃，当他要把让出的权益赋予某一个或某一些人时就是转让。

一个人不论在哪一种方式下捐弃或让出其权利之后，就谓之有义务或受约束不妨害接受此人捐弃或允许让出此项权利的某个人享有该权益。

当一个人转让或放弃他的权利时，那总是由于考虑到对方将某种权利回让给他，要不然就是因为他希望由此得到某种别的好处。

权利的互相转让就是人们所谓的契约。

IX

追求安逸与肉欲之乐的欲望使人服从一个共同权力。因为有了这个种欲望之后，人们就会放弃那种通过自身勤奋努力而可望获得的保障。畏死惧伤也使人有同样的倾向，其理由也相同。

爱知识和承平之世的艺术这种欲望，也使人倾向于服从于一个共同的权力，因为这种欲望包含着安闲的欲望，因之也想求得他人保障权力。

如果要建立这样一种能抵御外来侵略和制止相互侵害的共同权力，以便保障大家能通过自己的辛劳和土地的丰产为生并生活得很满意，那就只有一条道路：把大家所有的权力和力量付托给某一个人或一个能通过多数的意见把大家的意见化为一个意志的多人组成的集体。这也就是说，指定一个人或一个由多人组成的集体来代表他们的人格，每一个人都承认授权给如此承当本身人格的人在有关公共和平或安全方面所采取的任何行为，或命令他人而做出的行为，在这种行为中，大家都把自己的意志服从于他的意志，把自己的判断服从于他的判断。这就不仅是同意或协调，而是全体真正统一于唯一人格之中；这一人格是大家人人相互订立信约而形成的，其方式就好像是人人都向每一个其他的人说：我承认这个人或集体，并放弃我管理自己的权利，把它授予这人或集体，但条件是你也把自己的权利拿出来授予他，并以同样的方式承认他的一切行为。这一点办到之后，像这样统一在一个人格之中的一群人就称为国家，在拉丁文中称为城邦。这就是伟大的利维坦的诞生。用一个定义来说就是，一大群人相互订立信约、每个人都对它的行为授权，以便使它能按其认为有利于大家的和平与共同防卫的方式运用全体的力量和手段的一个人格。

当一群人确实达成协议，并且每个人同每一个其他人订立信约，不论大多数人把代表全体的人格的权利授予任何个人或一群人组成的集体（使其成为全体的代表）时，赞成和反对的人每一个都将以同一方式对这人或这一集体为了在自己之间过和平生活并防御外人的目的所采取的一切行为和裁断给予授权，就像是自己的行为和裁断一样。这时国家就称为按约建立了。

我们看到，天生爱好自由和统治他人的人类，在国家之中生活，使自己受到束缚，他们的终极动机、目的或企图，是预想要通过这样的方式保全自己并因此得到满意的生活，也就是说，要使自己脱离战争的悲惨状况。如果没有有形的力量使人们畏服、并以刑法之威约束他们履行信约和遵守各种自然法时，这种战争状况便是人类自然激情的必然结果。

各种自然法本身（诸如正义、公道、谦谨、慈爱，以及己所欲施于人），如果没有某种权威使人们遵从，便跟那些驱使我们走向偏私、自傲、复仇等等的自然激情互相冲突。没有武力，信约便只是一纸空文，完全没有力量使人们得到安全保障。

X

如果把君主政体和另两种政体（民主政体和贵族政体）加以比较，可以看出：

一、不论任何人，在承担人民的人格时，或在成为承担人民人格的会议中的成员时，也具有其本身的自然人身份。他在政治身份方面虽然留意谋求公共福利，但他会同样或更多地留意谋求他自己以及他的家属和亲友的私人利益。在大多数情形下，当公私利益冲突时，他就会先顾个人利益，因为人们的感情力量一般说来比理智更为强大。由此可得出一个结论：公私利益结合得最紧密的地方，公共利益所得到的推进也最大。在君主国家中，私人利益和公共利益是同一回事。君主的财富、权力和尊荣只可能来自人民的财富、权力和荣誉。反之君主也就不可能富裕、光荣和安全。然而在民主政体或贵族政体中，公众的繁荣对于贪污腐化或具有野心者的私欲说来，所能给予的东西往往不如奸诈的建议、欺骗的行为或内战所给予的那样多。

二、君主可以随便在任何时候、任何地点听取任何人的谘议，因为可以不计阶级和品位，听取有关事物的专家的意见。但当一个主权议会要听取意见时，除那些自始就有权力的人以外，其他人不得进入，而这些人大多数都精于谋财而拙于求知，发表意见时往往长篇大论，这种议论可以鼓舞而且一般也的确鼓舞了人们的行动，却不能加以支配。

三、君主的决断除人生本身朝三暮四的情形之外，不会有其他前后不一的地方。但在议会中则除人性之外还有人数所产生的矛盾。

四、君主绝不可能由于嫉妒或利益而自己反对自己，但议会却会这样，甚至达到可以引起内战的程度。

XI

在人类对原因无知的情况下，经常存在的恐惧就像在黑暗中一样，是始终伴随着人类的，它必然要以某种事物为对象。因此，当我们看不见任何东西的时候，无从找出祸福的根源，便只有归之于某种不可见的力量。可能就是在这种意义下，某些旧诗人所说，神最初是由人类的恐惧创造出来的。谈到众神，也就是异教徒的诸神时，这一说法是非常正确的。但承认一个永存、无限和全能的上帝这一点却比较容易从人类想知道自然物体的原因及其各种不同的性质与作用的欲望中引导出来，而不容易从人们对未来将降临在自己身上的事情的恐惧中引导出来。因为一个人如果见到任何结果发生，便从这结果开始推论紧接在它前面的原因，接着再推论原因的原因，以致深深地卷在原因的探求中时，最后他就会得出一个连异教哲学家也承认的结论，认为它必然有一个原始推动者存在；也就是说，有一个万物的初始和永恒的原因存在，这就是人们所谓上帝这一名称的意义。

哲学排除神学，我指的是关于永恒的不能产生的、不可思议的神的学说，在神里面是没有东西可以分合、也不能设想有何产生的。

哲学排除一切凭神的灵感的启示得来的知识，排除一切并非由理性引导给我们而是一瞬间凭神的恩惠、也可说凭某种超自然的感觉获得的知识。

哲学不只排除一切错误的学说，并且排除无确实根据的学说。像现时宣传的占星术，以及一切这一类的占卜，都不是科学，都被排除。

敬神的学说也排除在哲学以外，因为这不是通过自然的理性而是通过教会的权威而认识的，因为这种学说是信仰的对象，而不是知识的对象。

【附记】

□霍布斯系统化了培根的唯物主义学说，创立了一个机械论的唯物主义体系，使唯物主义变得片面了。

　　□霍布斯把物体确定为哲学研究的对象，并定义物体是在思想之外自己存在的东西，这个定义的历史意义在于明确指出了物质最根本的规定性。但是它所定义的物质只是诸多具体形态之一的物体，而不是一般物质，这就带上了机械论的特点。

　　□霍布斯所理解的运动也只是限于物体的位置变化和几何学的点、线等运动，所以马克思说他，"物质的运动成为机械运动或数学运动的牺牲品"。当然不止如此，甚至连生命也成为机械运动的牺牲品，更不要说人的感觉。

　　□霍布斯继承了培根的唯物主义经验论，但是感性在他那里失去了鲜明的色彩而变成了抽象的感性，知识起源于感性世界这个基本原则没有得到更详尽的论证。

　　□和培根的经验主义不同的是，霍布斯在肯定知识起源于感性经验的同时也承认推理的必要。不过他既未探讨推理的形式结构，也没有认识到推理的本质，只是把推理简单化地归结为加减的计算。这不仅没有超越经验主义的局限，也仍有机械论的痕迹。而另一方面，因他推崇几何学的演绎方法是唯一的、真正的科学方法从而使感性失去了光彩，这又使他的思想具有了理性主义倾向。这个情况显示出，经验和理性、归纳和演绎的关系问题已历史地提到哲学家的面前。

　　□霍布斯否定了天赋观念，坚持感觉观念产生于外界对象的运动在人体中向内传导和向外折返，但与对象是否相似，他的认识模糊而混乱。他偶尔也有感觉是表象、影像这一类说法，可是他明确认为颜色、声音只是对象的运动在感官中的外部显现，而不是对象本身所具有的"质"。这既表现了他的唯物主义思想的机械论特点，也远远背离了反映论的基本原则。

　　□霍布斯认定物体不能被制造和消灭而只能有变化，其变化在于不同偶性的更替，也即偶性是有产生和消灭的。但是他的论述里有两个问题。一是，广延被他作为物体的规定性，承认它同物体本身一样不会消灭，却同样被称为"偶性"，因而他的偶性概念自相矛盾。第二，运动也被理解为物体的偶性，即可消灭，为静止所替换，这就在运动观的问题上否定了运动的绝对性永恒性。

□霍布斯把国家叫作"利维坦"是借用《圣经》中讲到的一种巨大海怪的名称，比喻国家具有至高无上的权力，这个最高权力集中于国家元首即君主身上。不过他是以契约论建立这个国家学说的，从而否定了君权神授说，因此马克思曾说，"他已经用人的眼光观察国家了"。尽管如此，他也是一个王权保卫者，鼓吹镇压人民的君主专制制度。

□霍布斯彻底摆脱了有神论，在这一点上比培根前进了一步。

洛克

【生平】

公元 1632 年出生于英国萨莫塞特一个小康地主家庭。他的父亲在当地乡村兼做律师，曾在国王与国会内战时期支持国会，参加国会一方作过战。洛克在克伦威尔专政时期于 1652 年入牛津大学，该校当时处在清教徒控制之下，同时也是一个与波义耳等人有关的科学活动的中心，但在哲学上仍受经院哲学统治。洛克憎恶以经院哲学为主的本科课程，转而专心于医学、化学的研究，和牛顿、波义耳成为密友，深受他们的影响，并对笛卡尔哲学发生兴趣。1656 年毕业留校任教。王朝复辟时期，洛克由于自己的医学知识而结识了沙甫茨伯利伯爵，此人为辉格党的政治领袖，1667 年洛克离开牛津后成为他的私人医生、政治顾问兼做其子孙的家庭教师，洛克也因而进入政界和科学界，先后担任过几个官职，并于 1668 年当选为皇家学会会员。1670 年洛克开始酝酿和写作《人类理解论》，1675—1679 年因健康情况曾一度旅居法国，在那里结识了一些科学家。由于受到王党的胁迫，洛克的恩主沙甫茨伯利伯爵于 1682 年逃亡荷兰，次年去世。洛克也为自己的处境担忧，遂于 1683 年避居荷兰。在那里他继续写作，其中有一部《政府论》阐述他的政治主张，批驳君权神授说，以社会契约论的观点论证君主立宪政治制度，最早提出立法和行政分权的思想，表达了资产阶级的民主要求。

　　1688 年资产阶级与贵族妥协实行宫廷政变建立君主立宪制度,使贵族和资产阶级的利益都得保全,英国历史上称为"光荣革命",实现了洛克的政治理想。革命后洛克回国相继出版了他的《政府论》(1689)、《人类理解论》(1690)、《论宽容》(1689、1690、1692 三封书信)。这些著作在不同方面适应和体现了 1688 年革命的需求。1696 年曾任高级贸易专员,但 1698 年接任国王亲自委派给他的重要职务未能胜任。晚年在奥茨、埃塞克斯度过余生,1704 年去世。

【思想】

I

　　从我们获得知识的方式来看,足以证明知识不是天赋的。

　　人们都普遍承认,有一些思辨的和实践的原则,是一切人类所一致承认的,因此就说,这些原则一定是一些恒常的印象,一定是人类心灵在降生之初就必然而切实地受之于天然,带到世界上来的,就如他们带来自己的任何一种天赋的才具似的。

　　普遍的同意并不能证明有什么天赋的东西。因为事实上纵然真有一切人类所公认的真理,那也不足以证明它们是天赋的,人们对于自己所同意的那些事物所以发生了普遍的共许,是另有其他途径的。

　　用普遍的同意来证明天赋的原则,这个论证似乎还正好可以证明,根本就没有所谓天赋的原则,因为一切人类并没有共同承认的原则。

　　"凡存在者存在","一事物不能同时存在又不存在",这两条原则在一切原则中,算是最有权利配称为天赋原则的,而且它们都被人确认为是普遍承认了的公理。不过我敢冒昧地说,这些命题不但不曾得到普遍的同意,而且人类大部分根本就不知道这回事。它们不是自然地印于人心的,因为儿童和白痴等等都是不知道它们的,儿童和白痴分明一点也想不到这些原则;他们既然想不到,这就足以把普遍的同意消灭了；而普遍的同意又是一切天赋的真理所必需的伴随条件。

他们如果说，借助理性的运用人们就可以发现这些原则，这足以证明这些原则是天赋的，那么他们的辩论方法就是：凡理性所能明白地使我们发现的一切真理，凡理性所强迫我们坚决承认的真理，都是自然印入心中的，因为能标志天赋原则的那种普遍的同意，只不过是表明，我们借助理性的运用可以确知这些原则、同意这些原则罢了。

要说理解借助理性的运用才能看到原来在自身印入的东西，才能看到在理解中存在而且被理解所知觉的东西，才能看到在理解中存在而且被理解知觉的东西，这就如同说，眼睛要凭借理性的运用才能发现可见的物象一样。因此，要说理性能发现原来印入的东西，那无异于说，理性的运用可以发现人们早已知道的东西，而如果人们在运用理性以前，虽已印了那些天赋的真理，可是在不能运用理性的时候，他们常常不知道那些真理，那么这实际上只是说，人们同时既知道它们又不知道它们。

在这里，人们或许会说，数学的解证以及其他非天赋的真理在最初提出时并不能得到人们的同意，因此可以看出，它们同这些公理及其他天赋的真理，是有所区别的。但差别之处仅在于：一种是需要理性和证明才能做出，才能得到人们同意，一种是在最初了解之后不用任何推理就可被人接受，被人同意。不过这一层区别正可以把人们那个说法的弱点揭露出来。因为虽然他们说，要发现这些普遍真理，理性的运用是必需的，可是我们却必须承认，在发现这些真理时，丝毫也用不着推理。我想人们一定不会鲁莽地说，我们所以知道"一事物不能同时存在而又不存在"这条公理，是由于我们理性的演绎来的。这样说他们就会把他们似乎很喜爱的自然的惠赐毁灭了。因为一切推理都只是来回四面求索，需要人的辛苦和专心。既然自然所印入的东西是理性的基础和指导，那么你如果假定在发现这些真理时理性的动用是必需的，还有什么意义呢？如果说理性的运用可以帮助我们来知道这些公理，那又证明它们不是天赋的了。

儿童们在知道"一物不能同时存在而又不存在"这条公理以前，很早就能运用理性；大部分文盲和野人就是在其能运用理性的年纪，也往往过了很多年还不知道这个命题及类似的普遍命题。当然我承认人们不能运用理性时不会知道这些所谓天赋的普遍抽象真理，但是，人们即便在开始运用理性时，也不能就知道了这些真理。这是因为人们在不能运用理性时，心中尚未形成抽象的观念，因而那些概括的公理也不能成立。这些概括的公理人们虽误认为天赋的原则，可是它们仍是后来发现的真理；而且人心在发现它们时所经由的方式和步骤，正同发现那些无人妄认为天赋的其他命题时一样。因此，我只承认，人们在知道这些普遍真理以前，必须先能运用理性，可是我否认人们在开始运用理性时，同时就能发现出这些普遍的原则。

我纵然退一步来承认，人们在开始运用理性时恰好正是开始注意这些公理的时候，但也不承认这就能证明这些公理是天赋的。我们如果说"人类在能运用理性时就承认这些公理"，这个说法所仅有的真实意义只不过是说，有了推理能力，我们才可以逐渐地与日俱进地来形成抽象的观念，了解概括的名词，所以儿童们往往一直等到他们在较熟悉、较特殊的观念上把自己的理性运用了很久，才能认为他们可以理解推理的谈论。那么，在这个意义或别的意义下，这个说法如何能证明这些公理是天赋的？

我自然承认，人们对一些真理所拥有的知识是很早就存在于心中的，不过那种存在的方法仍然指明，那些真理不是天赋的。因为我们稍作观察就会发现，人心所从事的，仍是后得的观念而不是天赋的观念。它所从事的观念仍是由外物所印入的，因为那些外物最初就在儿童们的感官上反复千万次印上的各种印象。

已经充分证明，儿童们、白痴们以及人类的大部分，是不知道我们所讨论的那些概括的公理的；因此，我们就分明看到，这些公理并不能得到普遍的同意，也并不是概括的印象。不过我们还可由此再进一步来证明，这些公理不是天赋的。因为这些标记如果是天生的原始的印象，则它们便应该在那些人的心中显现得特别明了、特别清楚，可是事实上我们没有看到那些人的心中有这些标记的痕迹。不仅如此，那些人还是最不知道这些标记的，因此，在我看来这就更不能证明它们是天赋的。因为儿童、白痴、生番以及大部分文盲，在人类中是最不为习惯和借来的意见所污染的，而且他们的天然思想也不曾被学习和教育在新模型里陶铸一番，外来的制作的各种学说也并没有把自然在他们思想上所写得明白标记混乱了，因此我们可以很合理地想象，他们心中这些天赋的意念一定是明明白白可以为人观察出的，就如同儿童们具有的思想似的。由于人们假设这些原则是一直印在心灵上的，并不跟身体的组织或器官有联系，认为这正是这些原则同其他原则存在的唯一差别，所以我们还可以想象，天生的白痴们一定可以完全知道这些原则。不过可惜得很！在儿童们、白痴人、生番、不识字的人们心中，究竟有什么普遍的公理呢？有什么普遍的知识原则呢？任何人如果以为一个未受教育的儿童，或森林里的一个野人，会知道这些抽象的公理和著名的科学原则，恐怕他会发现自己是错了的。这一类的普遍命题，在印第安人的茅舍里是很少提到的，在儿童们的思想中也是少见的，在白痴的心中更是完全没有它们的印象。

　　总起来说，我找不到任何理由可以相信这两条思辨的公理是天赋的，因为它们不是人类所普遍同意的，它们所引起的一般同意不是由自然的铭印得来的，而是由另外的方式得来的。知识同科学方面的这些第一原则如果不是天赋的，那么我想，其他的思辨公理也并没有较大的权利配称为天赋的。

　　如果我们所讨论的那些思辨的公理不能得到全人类的切实的普遍同意，那么我们更容易看到，实践的原则也同样是不能得到普遍认可的。因此，我们看到，道德原则更是不配称为天赋的。它们并不是印入人心的天然标记，可是这并不能贬抑了这些原则的真实和确定性。现在我们可以说，这些道德的规则是可以解证出来的。如果我们不能确知它们，那只是我们自己的错误。既然许多人不知道这些规则，而且人们在接受这些规则时也有些迟缓的样子，这就足以证明它们不是天赋的，不是不经探求就能自然呈现出来的。

　　如果有天赋的实践真理，那么它一定会毫无疑义地普遍为人所接受，可是这个真理究竟在哪里呢？公正和践约似乎是许多人能共同同意的，人们都以为这条原则是扩展及于富豪中和元恶大憝的党羽中的，而且就是甘心灭绝人道的那些人们，在他们相互之间也是要保持信义和公正规则的。不过他们并不以为这些规则是自然的天赋法则。他们虽然在他们的社会以内为了方便实行这些规则，但是一个人如果一面同其盗党公平行事，一面在随后遇到一个忠实的人时却又抢劫杀戮，那么我们万不能想象他把公正认为是实践的原则。你能说那些以欺骗和抢劫度日的人们，有他们所同意的信义和公正的天赋法则吗？

人们在口头上对这些规则所表示的外在认可，并不足以证明它们是天赋的。不但如此，这个认可也不足以证明，人们在内心承认这些原则是不可侵犯的实践原则。因为我们看到，尘世的利益和安全虽使人们在表面上承认这些原则，可是他们的行动更足以证明，他们很不在意建立这些规则的立法者，也并不在意那个为处罚犯法者所准备的地狱。

人们的行动可使我们相信，德性的规则不是他们的天赋原则。我们会看到，他们在内心并不尊敬这些规则，而且也不很完全相信这些规则的确定性和约束力。因此，"以所欲于己者施于人"这个伟大的道德规则，虽常有人赞美，却少有人实行。

或许有人说，我们还有良心足以约束我们。如果你以为良心就是天赋的原则，那么相反的信念也可说是天赋的原则，因为有些人虽然也具有同样的良心倾心，可是他们所行的事正是别人所要避免的。

人们只要仔细观察人类历史，一经考察各民族的生活，并且以中立眼光来视察他们的行动，就一定会相信，在一个地方人们所提到的或想到的道德原则，几乎没有一种不是在其他地方为其他全社会的风俗所忽略、所鄙弃的，因为后一种人所遵守的生活，其实践意见和规则正是与前一种人相反的。

各个人的实践原则是有很大差异的，要以普遍同意作为标记来证实天赋的道德原则是不可能的。

我们还容易看到人们的国籍、教育和性情如果不同，他们所认为不容怀疑的第一原则，也只是许多不相同的意见。其中有的是荒谬的，有的是互相对立的。

一切人类无论哪一等级，都各有其所主张的五花八门的相反的原则。

上帝的观念不是天赋的，古人在史传上所贬斥的那些无神论者不用说了，即便在近代，自航海以来，人们不是曾在 Soldania 海湾以及巴西、Borauday、Carribee 群岛发现了那里整个的国家没有上帝的观念，并且不知道有宗教吗？

纵然一切人类到处都有一个上帝的观念（而历史告诉我们的情况正相反），我们也不能因此就说上帝观念是天赋的。正如火、热、日、数等名称所代表的观念不是天赋的一样。不过在另一方面，纵然人们没有上帝的观念，而且虽然他们的心中没有那个意念，但也不能否认上帝的存在。

II

我们可以假定人心好似白纸，没有任何标记，没有任何观念，那么它如何会又有那些观念呢？我可以用一句话回答，它们都是从"经验"来的，我们的一切知识都是建立在经验上的，而且最后是导源于经验的。

我们的感官，在熟悉了特殊的可感的物象以后，能按照那些物象刺激感官的各种方式，把各种事物的清晰知觉传达于人心。因此，我们就得到了一切所谓可感物等等的观念。我们的大部分观念既导源于感官，既由感官进到心中，我们便叫这个来源为"感觉"。

我们可以确信，在各种外物刺激我们时，我们的官能关于外物存在所做的报告，是不会错误的。

知觉是由刺激我们感官的一些外界原因给我们所产生的；因为缺乏任何感觉器官的人就不能在心中生起属于那个感官的观念来。

一定有一种外界的原因，一定有一种外物的活跃动作，不论我们愿意与否，总要给我们心中产生出那些观念来，因为它们的效力我们是不能抗拒的。

我们的感官既然实实在在把一个观念输入于我们的理解中，所以我们不得不相信，在那时，外界真正有一种东西在刺激我们的感官，并且借感官使我们的理解官能注意到它，因而确实产生了我们由此所知觉到的那个观念。

我们在运用理解以考察它们所获得的那些观念时，还知觉到自己有各种心理活动。我们的心灵在反省考察这些心理作用时，便供给理解以另一套观念，那些观念是不能由外面得到的。这一类观念有知觉、思想、怀疑、信仰、推论、认识、意欲，以及一切人心的作用。这种观念的来源是人们完全在其自身所具有的，它不同感官一样跟外物发生了关系，可称为内在感官。我既然叫前一种为感觉，所以应叫后一种为"反省"。

我们所以有连续观念和绵延观念，都只是因为我们反省自己的一系列观念；因为我们在醒的时候，有许多观念自然出现于思想中，有许多外界物体连续地刺激我们的感官，促发起我们的反省来。

外界的物象使理解得到各种可感性质的观念，这些观念就是那些物象在我们心中所产生的各种不同的知觉，至于心灵则供给理解以自己活动的观念。

外界的物质的东西是感觉的对象，自己的心理作用是反省的对象。我们的一切观念所以发生，二者是它们唯一的来源。

人心从外面接受了各种观念以后，在反省自己时，在观察自己对那些观念所发生的作用时，便又会从内部得到别的观念，而这些观念也如从外面所接受的那些观念似的，同样可以作为人心的思维对象。

总而言之，人心的印象或是由外物经过感官印入人心的，或是在反省那些印象时，它所发生的各种作用给它印入的。人类智力的第一种能力，也就在于使人心把这些印象都接受了。人类在发现各种东西时，便以接受印象为第一步，他后来自然所有的一切观念，也是建立在这个基础上的。一切高耸的思想虽然高入云霄直达天际，也都是导源于此，立足于此。人心虽然涉思玄妙，想入非非，可是尽其驰骋的能力也不能稍为越出感官反省所供给的那些思维的材料——观念——以外。

在接受简单观念时，理解只是被动的。它是否要有这些知识的起源或材料，不是它自己的能力所能决定的。因为我们不论是否愿意，感官的各种对象都一定把它们的特殊观念强印在人心上；既然如此，我们自己的心理作用一定会使我们对它们至少发生了一种含糊的意念。一个人在思想时，总不能完全不知道自己所想的是什么。这些简单的观念既然呈现于理解，理解便不能拒绝接受，而且它们既然印在那里，正如一面镜子不能拒绝，不能改变，不能涂抹它面前的各种物象在它以内所印的各种影像或观念。

我们因为能观察所知觉到的外界可感物，能观察所知觉、所反省到的内部心理活动，所以我们的理解才能得到思想的一切材料。这便是知识的两个来源：我们所已有的，或自然要有的各种观念，都是发源于此。

在我看来，知识进入理解的通路，实在只有内外两种感觉。就我们所能发现的，只有这两种感觉能成为暗室的窗户，把光明透进来。因为我想，人的理解正同暗室差不多，与光明完全绝缘，只有小孔能从外面把外界事物的可见的肖像或观念传达进来，进到那样一个暗室中的画片如果能停在那里，并能有秩序地在那里（如有时所见的），那就正如同人的理解中一切视觉的对象以及物象的各种观念差不多。

III

我们应在自己的观念方面仔细注意一件事，就是有的观念是简单的，有的观念是复杂的。

刺激感官的各种性质，在事物本身虽然都是联系着，混合着，以至都不能分离，没有距离；不过我们分明看到，它们经过各种感官以后在心中所产生的观念，却是单纯而非混杂的。在同一主体中结合着的那些简单观念，都是完全清晰的，就好像由不同的感官来的那些观念一样。这些观念本身个个都是单纯不杂的，因此它们只含有一种纯一的现象，只能引起心中纯一的认识，而不能再分为各种不同的观念。

人的理解不论多么高超，如何扩大，它也没有能力凭着神速而变幻的思想，在感觉和反省两途径之外来发明、制作新的简单观念。而且那些观念只要一经在那里存在，理解便没有任何力量来消灭它们。

由感官和反省得来的简单观念是完全被动的，它们不是人心自己所能造成的。不过人心在接受简单观念方面虽然完全是被动的，而在另一方面它也能施用自己的力量，利用简单观念为材料和基础，以构成其他观念。人心在把自己的能力施用于简单观念时，其作用约可分为三种：第一，它可以把几个简单观念合成一个复合观念，因而造成一切复杂观念。第二，它可以把两个观念（不论是简单或复杂的）并列起来，同时观察，但并不把它们结合为一；这样，它就得到它的一切关系观念。第三，它可以把连带的其他观念排斥于主要观念的真正存在之外；这便叫作抽象作用，这样就造成一切概括的观念。这就分明表示出，人类的能力及其作用方式，在物质世界方面和理性世界方面，都是一样的。因为在两种世界方面，所有的物质，人都没有能力来支配，也不能制造，也不能毁灭；人所能为的，只是把它们加以联合，或加以并列，或完全分开。简单观念既能联合成各种集合体，人心就有一种能力，认为它们是结合在一个观念中的，而且人心认为它们是结合的时，不只因为它们在外物中原是结合着的，而且也因为它本身把它们联合起来。由几个简单观念所合成的观念，我叫它们为复杂观念。这些观念虽然都是由各种简单观念复合而成的，虽然是由简单观念合成的复杂观念所复合而成的，可是人心可以任意认为它们是整个的一个东西，并且用一个名词来表示它们。

心灵在使自己的观念重复和联结在一起的这种能力里，有很大的力量使自己的思想对象发生变化、繁多起来，远远地超出感觉或反省所供给它的东西；但是，这一切仍然限于心灵从那两个来源所得到的那些简单观念的范围以内，简单观念乃是心灵的一切组合的最终材料。因为简单观念全都是从事物本身来的，关于这种观念，心灵所具有的不能多于它所接受的，也不能异于它所接受的。但是，心灵一旦得到这些简单观念之后，它就不单单局限于观察，局限于外界供给它的那些东西了，它可以凭借自己的力量，把它所具有的那些观念结合在一起，造成新的复杂观念，像这样结合起来的复杂观念，它以前是从未接受过的。

复杂观念不外情状（样式）、实体和关系三种。

我所谓情状的那些复杂观念，无论是怎样组合成的，并不含有其自身存在的假定，而只是实体的一些附性，或性质。这些情状可分为两种。第一，有些观念只是同一简单观念的各种变化或各种组合，其中并没有混杂着其他观念，如"一打""二十"，只不过是把那么多独立的单位观念加在一起，这种情状叫作简单情状，因为它们包含在一个简单观念范围以内。第二，还有一些别的观念，是由几种不同的简单观念组合成复杂的。例如美，就是形相和颜色所配合成的；又如偷盗，则是指不经物主同意，暗中变换了事物的所有权而言，因此是几个不同观念的组合体。我们叫这些观念为混杂情状。

实体观念也是简单观念的组合体；这些简单观念的组合体代表着独立自存的一些独立的、特殊的事物。我们如果在实体上加了一种暗白色，以及某种程度的重量、硬度、韧性、熔性等观念，我们便有了铅的观念。某种形相的观念同运动、思想、推论等能力结合起来，加在实体的观念上，我们便有了通常的人的观念。实体观念还可分为两种：一种是简单实体观念，它们是单独存在的，例如羊和人即是；另一种是各种简单实体观念集合而成的，例如军队和羊群便是。

复杂观念中最后一种，就是所谓关系观念。关系是由于我们考究和比较各种观念而成立的。我们对于种种关系所具有的各种观念，同别的观念一样都是由简单的观念所形成的。那些观念不论如何精细，如何与感官离得很远，可是它们的结果总要归结于简单的观念。最广泛的一种关系就是所谓因果关系。时间和空间也是各种普遍关系的基础。此外还有同一性和差异性以及其他一些关系。

IV

为了更好地揭示我们的观念的本性，为了明白易解地来讨论它们，宜于从两方面来分别考察它们：一方面，它们是我们心中的观念或知觉；另一方面，它们是那些引起我们这些知觉的、在物体里面的物质的变形。

心灵在自身知觉到的东西，或知觉、思想、理智的直接对象，我称之为观念；那种在我们心中产生任何观念的能力，我称之为具有这种能力的主体的性质。例如一个雪球就有在我们心中产生白、冷、圆等观念的能力，这种能力作为在雪球中的东西，我称之为性质；作为我们理智中的感觉或知觉，我就称之为观念。如果我有时把它说得好像是在事物本身里面，那我的意思就是指物体里面那些在我们心中产生这些观念的性质。

存在于物体中的性质有两种：第一种是这样一种性质，不论物体处于什么状态，它都绝不能与物体分离；不论物体遭受什么改变或变化，受到什么压力，它都仍然为物体所保持。其次是这样一种性质，事实上它并不是什么存在于对象本身中的东西，而是一种能力，可以借物体的"第一性的质"，亦即借物体的各个不可见部分的大小、形状、组织、运动等，在我们心中产生各种不同的感觉，例如颜色、声音、滋味等，这些我叫作"第二性的质"。

如果外物在我们心中产生观念时并不和我们的心灵相接触，而我们仍然知觉到那些分别落入我们各种感官范围内的东西的原初性质，那显然一定是因为有某种来自那些东西的运动，通过我们的神经或"生命精气"，通过我们身体的某些部分，把它传到我们的大脑或感觉中枢，在那里使我们的心灵产生我们关于那些东西的特殊观念。

所谓第二性的质的观念，其产生方式是和第一性的质的观念的产生方式相同的，就是说，是由不可见的微粒作用于我们感官而产生的。既然有那么许多细小的物体存在，每一个都细小到我们不能用任何一种感官来发现其大小、形状或运动，这种微粒的各种不同的运动以及形状、大小和数目，在影响我们的一些感觉器官时，就在我们心中产生出我们那些关于物体的颜色和气味的不同感觉，例如一朵紫罗兰花，就是借这类具有特殊形状和大小的、以不同形态和程度运动着的不可见的物质微粒的冲击，使那朵花的蓝色和香味的观念得以在我们心中产生。我们完全可以设想上帝把这些观念上面这些同它们并无相似之处的运动联系在一起，就像可以设想上帝把刀片割我们肉的运动与同它毫无相似之处的痛苦的观念联系在一起一样。

对颜色和气味所说的话，可适用于滋味和声音，以及其他类似的可感觉的性质；这些性质不论我们错误地赋予它们什么真实性，实际上并不是什么物体本身中的东西，而是一些在我们心中产生各种感觉的能力，并且是依赖于那些第一性的质即物体各部分的大小、形状、组合和运动的。

其所以一种性质通常被称为实在的性质，而另一种则被认为只是能力，理由似乎在于：由于我们关于不同的颜色、声音等等的观念并不包含任何大小、形状或运动，我们就不习惯于把它们看成是这些第一性的质的效果，这些第一性的质在我们的感官看来，在产生颜色、声音等等时是看不出什么作用的，跟颜色、声音也并无任何显著的符合或可以觉察到的关系。因此我们就轻率地以为那些观念是一些真实存在于对象里面的东西的肖像，因为在颜色、声音等等产生时，感觉并没有发现物体的各个部分的大小、形状或运动，理性也不能证明物体怎样能够借它们的大小、形状和运动在我们心中产生不同颜色的观念。

物体的第一性的质产生的观念是和第一性的质相似的，它们的原型是确实存在于物体里面的，第二性的质在我们心中产生的观念则根本不与第二性的质相似。这些性质在我们用它们来称呼的物体里面只不过是一种在我们心中产生这些感觉的能力，并没有什么与我们的观念相似的东西存在于物体本身之中。观念中的甜、蓝或温暖，只不过是我们称为甜、蓝或温暖的物体本身里面的不可见部分的某种大小、形状和运动而已。

我们称火焰为热的和亮的，称雪为白的和冷的，称甘露为白的和甜的，这都是由这些东西在我们心中所产生的观念而得名。这些性质在物体里面的样子，通常被认为和观念在我们心里面的样子相同，后者是前者的完善的肖像，就像一面镜子里的肖像似的。火或雪的各个部分的特殊大小、数目、形状和运动，是确实存在于它们之中的，不论是否有任何人的感官知觉到它们；因此可以称它们为实在的性质，因为它们确实存在于物体里面。但是光、热、白或冷则并不是确实存在于火或雪里面。如果取消对它们的感觉，所有的颜色、滋味、气味和声音，作为这种特殊的观念，就将消失无存，都还原为它们的原因，即各个部分的大小、形状和运动了。

第一性的质的观念是肖像，第二性的质的观念不是。我们必须区分物体中常在的原初的真正的性质，同第二性的、附加的性质。原初性质在起作用时，如果不能清晰地被人分别出它们的各种组合所发生的各种能力，这便是所谓的第二性的质。有了这层区别，我们就可知道，某些观念是真正存在着的外物性质的真正肖像，某些观念不是。

此外还可加上第三种性质。这些性质虽然也同我所称的那些性质一样是真实性质，但人们往往承认它们只是一种能力。不过这种能力仍是一种性质。因为火所以能在蜡上或泥上产生一种新的颜色或新的密度，这正同它们所以能在我心中产生一种新的热的观念或烧的感觉似的；这两种能力都是性质，都是凭借这同一的原始性质，即凭借于火的细微部分的体积、组织和运动。

所以，物体的性质若正确地加以考察，可以分为三种。

第一种是物体的各个占体积的部分的大小、形状、数目、位置、运动和静止。这些性质，不论我们知觉它们与否，都在物体里面，如果它们达到足以被我们发现，我们就能借它们获得了事物本身的观念，在人工制造的东西方面，这是很显然的。这些性质我们称为第一性的质。

第二种是一个物体里面那种根据它的不可感觉的第一性的质以某种特殊方式作用于我们的感官、从而在我们心中产生一些颜色、声音、气味、滋味的不同观念的能力。这些性质通常称为可感觉的性质。

第三种是一个物体里面那种借自己的第一性的质的特殊构造而改变另一物体的大小、形状、组织和运动，使它以不同于以前的方式作用于我们的感官的能力。这些性质通常称为能力。

第一种性质我想可能有理由称为实在的原初的或第一性的质，因为不论我们知觉到它们与否，它们都在物体本身里面，甚至第二性的质也是依赖于它们的各种不同的变形。

另两种性质只不过是一些以不同方式作用于别的东西的能力，这些能力乃是第一性的质的不同变形的结果。

V

每个物种所以能有其特有的性质，并能和别的物种有别，原因是它有它的尺度和界限；这种界限就是所谓本质，这个本质就是附有名称的一个抽象观念；因此，这个观念中所包含的一切事物，都是那个物种所必需的。不过这个本质虽然就是我们所"知道"的一切自然实体的全部本质，而且我们也以它来分类各个实体，可是我们叫这种本质为名义本质，以别于实体的实在组织。名义本质，和物种的一切特性，都依靠于实在的组织，因此，这种组织，如前所说，就可以叫作实在的本质。例如黄金的名义本质，就是黄金一词所表示的那个复杂观念，即一个黄色、有重量、可熔而且固定的物体。至于所谓实在的本质，就是那个物体的不可觉察的各种部分的组织，黄金的这些特性以及别的特性，都依靠于此。这两种本质虽都是本质，可它们是有很大差别的。

某种形状的身体，同自愿的动作，同感觉和理性结合以后，我们便形成一个复杂观念；这个复杂观念，我和别人都叫它为人，因此它就成了所谓人这一物种的本质。不过没有人会说，那个物种当中各个所有的一切动作，都以这个复杂观念为其实在的本质或源泉。构成那个复杂观念的那些性质，有另一种十分不同的基础；我们如果能知道，人的动作能力、感觉能力、推动能力，都是从什么组织流出的，并且能知道人的有规则的形状依靠于什么组织，我们对于人的本质所形成的观念就会很不同于现在人的定义中所含的一切（不论这个定义如何）。

从各个实体方面说，其实在的本质和其名义本质（它们的抽象观念）是不同的。所谓实在的本质，就是任何物体的实在组织；包括在名义本质中而与之共存的一切特性都以这种组织为基础。这种特殊的组织是各物体自身所包含的，并不与以外的东西发生关系。

两种本质中哪一种可以决定各个实体，使之属于这一物种，或那一物种，很显然，这是由名义本质所决定的。因为名称——事物的标记——能表示的，只是这种本质。因此，只有那个名称所标记的那个观念，能决定各个概括的名称所表示的各个物种。而这个观念不是别的，只是我们所谓的名义本质。

我们并不能依据事物的实在本质来分类物种，并命名它们，因为我们根本就不知道它们。我们的各种官能在我们关于实体的知识和区别方面所能为力的，只是使我们得到在各实体中被观察出的各个可感观念的一个集合体，这个集合体离那些性质所发源的那种真正内在组织很远。我们根本没有达到这种知识的官能。

我们的抽象观念就是我们判断物种时所依据的尺度，人这个复杂观念就是个好例子。世界上有些动物，形状类似我们，有人如果问这些是不是人，是否属于人类？我们就分明看到，这个问题只关涉于名义本质，即他们如果同人这个字的定义相合，或同人字所表示的这个复杂观念相合，他们就是人，否则就不是。我们判断物种时所用的尺度，只是我们所知道的那个抽象观念，不是抽象观念所不包含的的那种内在的组织。

物种的那个确立不移的界限究竟在什么地方，我们如果一作观察，就会分明知道，自然并没有造出这种东西，并没有在人类中建立了这种东西。我们虽然用名义本质来限制、区分各种实体，可是那些本质只是由人所自由形成的，而并不是精确地根据自然所确立的界限摹拟来的。因此各种实体并不是由自然确立的界限来区分。动物种类的界限是如此不确定，因此，我们只能用自己所集合的复杂观念作为我们的尺度。任何定义都不能得到普遍的同意。

各种实体的名义本质虽由人心所形成，但它们并不是任意形成的。人心在形成它的复杂的实体观念时，只能依据于自然；而且它所联系的那些复杂观念，我们也必须假设它们在自然中原本有联系。人们既然看到某些性质永远在一起联合着，因此就摹拟自然，并且用这些联合好的观念造成他们的复杂的实体观念。因为人们虽然可以任意形成各种复杂观念，并且随意给它们以各种名称；可是他们在谈说实在的事物时，为使人了解，就必须在某种程度内，使他们的观念同他们所说的事物相符合。

事物本身中所含的某些性质，在类别的观念中是故意被人舍掉的。因为人心既然想形成概括的观念，来包括各种特殊情节，它便不能不把时间、空间情节，以及使它们各不相通的那些情节除掉；同样，它如果要形成更概括的观念，以便包含各个物种，它又不得不舍掉那些使各物种互相差异的那些性质，还不得不在那个新组合中加进各个物种所共同的那些观念。把各个物种所特有的那些性质舍掉，而以它们所共有的那些性质做成一个复杂观念。在这个观念上加一个名称，就形成了所谓类，这个类的本质，就是一个复杂观念，这个复杂观念中只包含着一些观念中所共有的性质，而这一名称下包含的各个物种所特有的其他的性质，就被排斥于这个观念之外。

只有人可以造成事物的种类。因为个别的事物之中既是由个别本质形成的，因此只有能制作抽象观念的人们，才能形成所谓物种，因为抽象观念正是名义的本质。

大自然在不断地产生各种特殊的事物时，并不常使它们成为新种，成为异种，而是常使它们互相类似，互相联系。但我仍觉得，说人们分类它们时所依据的物种界限，是由人所造成的，那也是正确的，因为各种名称所区分的各物种的本质，只是由人所形成的，很少与它们所源出的事物的实在本质互相适合，可以正确断言，事物的这种分类法完全是由人所造成的。

我们已经说过，字眼所以成为概括的，只是因为它们是概括观念的标记，而且可以无分别地应用在许多特殊的事物上；观念所以成为概括的，只是因为它们表象许多特殊的事物，不过各种事物自身并没有普遍性，而且那些字眼和观念的意义虽是概括的，可是各种事物的存在都是特殊的。

共相不属于事物的实在存在，而只是理解所做的一些发明和产物，而且它所以造它们也只是为自己的用途，只把它们作为一些标记来使用——一字眼或观念。

VI

人心在所有的思想中、推论中，除了自己的观念以外，既然没有别的对象可供其思维，因此我们可以断言，我们的知识只有关于观念。

所谓知识不是别的，只是人心对于任何观念之间具有的联系和符合或矛盾和冲突所产生的一种知觉。一有这种知觉，就有知识，没有这种知觉，我们就只能想象、猜度或信仰，而不能得到什么知识。

更进一步了解这种符合或不符合是由什么成立的，我们可以把它归为四种：（一）同一性或差异性，（二）关系，（三）共存或必然的联系，（四）实在的存在。

我们在各个观念方面所做的肯定或否定，可以归为四类，就是同一，共存，关系和实在的存在。

在这四种符合或不符合中，我想就包括了我们所能有的一切知识。因为我们在观念方面所考察的，所认识的，所断言的，只不过是说，（一）它就是它自身，不是别的；（二）它与别的观念永远共存于同一实体中，或不在其中共存；（三）它与别的观念有此种或他种关系；（四）它们在心外另有一种实在的存在。譬如，说"蓝不是白"，就是论同一性的。又如，说"两平行线间等底的各三角形相等"，就是论关系的。又如，说"铁可以受磁力的影响"，就是论共存的。又如，说"上帝是存在的"，就是论实在存在的。

只是我们能看到我们观念间的符合或不符合，我们就有确定的知识；只是我们能确知那些观念和事物的真相相符合，我们就有确定的、实在的知识。

所谓知识，只是描写事物的真相，而非写照人的梦寐和想象。

我们的知识所以为真，只是因为在我们的观念和事物的实相之间有一种符合。我们以什么作为标准呢？人心既然除了自己的观念以外不认识其他，它怎么能知道它们是和事物本身相符合的呢？

第一点，简单观念都是与事物相符合的。简单的观念都不是自己想象的虚构，都是外界事物在我们身上起了实在作用以后自然地、有规则地所产生的。因此它们都能照上帝的旨意及人类的需要而和事物互相符合；因为那些观念都在它们所适于产生的那些特殊的现象下给我们表象出各种事物，使我们能依据那些现象来区分各个特殊实体的种类，来观察它们所处的情况，来使它们供我们的需要，并使它们供自己的应用。在我们的简单观念和事物的存在之间，所具有的这层符合就足以成为实在知识的基础。

第二点，除实体观念之外，我们的一切复杂观念都是人心自己造的原型，并不被认为是任何事物的摹本，也不以任何事物的存在的原本而与之参照，因此它们便不需要实在知识所要求的任何一种符合关系。那些复杂观念是人心所自由形成的一些观念集合体，而且在形成时并不考察它们在自然中的联系。因此在这方面观念本身就是原型，而且各种事物不能不与它们相合，因此我们能够确实无误地断言，我们在这些观念方面所得到的知识都是实在的，都可以达于事物本身。

人人都容易承认，我们在数学的真理方面所有的知识，不但是确定的，而且是实在的。这种知识只是有关我们的观念的。数学家考察三角形或环形的真实或性质，只是就它们是自己心中的观念这个范围内来考察的。但是在环形或任何数学形状方面，他对于任何真理或数学知识，即便应用到实际存在的事物上也是真实的、确定的，因为在那些命题中，我们考察实际事物只是把它们当作是和人心中那些原型相符合的。因此，他在那些形状方面所有的知识不论在心中或在物质中都是一样真实的；因为那些形状虽然在心中只有观念性的存在，在物质中却又有实在的存在。

数学家所有的一切推论，并不与那些形状的实际存在相关，不论世界上有无环形或方形存在，他们的解证都是不变的，因为那些解证只是依靠于他们的观念。同样，道德推论中的真理和确实性，是可以脱离人生和德性的实际存在的。

第三点，我们的实体观念既是由简单观念集合成的，而且那些简单观念又是由自然产品而来的，因此它们可以同自然事物有所出入，因为它们所结合的各个观念可以比自然事物的观念多，或者跟自然事物本身所结合的观念有所差异，往往和事物本身不相符合。在实体观念方面要想有实在的知识，必须使它们同事物本身相符合，因此，我们如果只把不相矛盾的各个观念联系起来，那还不够。因为我们的实体观念既是假设的摹本，而且是和外界的原型相参照的，因此，它们必须取之于现存或已存的一些事物，它们所含的各个观念一定不能是人心离开外界的模型任意联系的——纵然在这种组合中我们看不到什么矛盾。一切复杂的实体观念必须是由自然中我们所见的范围以内共存的一些简单观念形成的，然后我们对于各种实体的知识才能达到实在的程度。这些观念虽非很精确的摹本，却是真正的摹本，可以成为实在知识的成分。这种知识范围并不很大，在它所能涉及的范围内，是实在的知识。

所谓真理，只是按照实在事物的是否相合而进行的各种标记的分合，也就是以另一名称称之为命题的。真理原是属于命题的。命题按普通常用的两种标记——观念和文字——区分为心理的和口头的两种。

命题的成立，在于标记的或合或分，而真理的成立，就在于这些标记的合或分符合于事物本身的相合或不合。

既然知识就在于对我们任何两个观念是否符合的知觉，因此，我们具有知识不能越出我们具有观念的范围。只有当我们知觉到观念之间的符合或不符合的时候，我们才能有知识。这种知识或者是（一）凭直觉或直接比较两个观念而得来的；或者是（二）凭理性、凭插入某些别的观念来考察两个观念的符合或不符合而得来。

我们不可能有一种直觉的知识达到我们的一切观念以及我们关于这些观念所想知道的一切。因为我们不能凭借把这些观念加以对照或加以直接比较，从而考察它们，知觉到它们彼此之间的一切关系。

我们的理性知识也不能达到我们的观念的整个范围，因为在我们要考察的两个不同观念之间我们并不是总能找到这样一种中间观念，能在推理过程的每一步中都借直觉的知识，把它们互相联结起来。在缺乏这种中间观念的地方，我们就不能有知识和证明。

感性知识的范围既然不能超出实际呈现于我们感官的事物存在，所以它的范围就更狭窄了。

可见我们的知识的范围不仅谈不上像事物的实在范围那样广阔，而且连我们自己的观念的范围也比不上。

我们的知识是很狭窄的，我们如果稍一观察黑暗的一面和我们的无知，我们或许会对自己的心理状况窥测到这一点。

我可以自信不疑地说，理性的世界和感性的世界有完全相似的一点：就是我们在两方面所见的都是不能同所未见的成比例，而且我们用眼或思想在两方面所见的，比起其余的来，也只是一点点，甚至等于零。

只就我们所观察到的各种事物而言，我们虽然看到它们的作用是有规则的，而且我们虽然可以断言，它们是依照它们的规律进行的，可是这个规律究竟是什么，那是我们所不知道的。因此，各种原因虽然经常地进行着，各种结果虽经常地由它们流出来，可是它们的联系和关系并不能在我们的观察之中被感知到，因此，我们对它们只有实验的知识。各种结果每日虽都可以促醒感官的注意，可是我们对它们只有感性的知识，至于它们的原因、方式和产生的必然性，只有安于不知了。在这些方面，我们并不能超出于特殊经验所指示的事物而外，我们只能凭着比附来猜想相似的物体在别的试验中会有什么样的结果。不过每说到自然物体方面的完备科学，我相信，我们完全没有此种能力，因此，我敢断言，我们如果妄想来追求它，那只有白费心力。

VII

理性的作用在于发现出人心由各种观念所演绎出的各种命题或真理的确实性或概然性。另一方面，信仰是根据说教者的信用，而对任何命题所给予的同意；这里的命题不是由理性演绎出的，而是以特殊的传达方法由上帝来的。这种向人暴露真理的途径，就叫作启示。

我们如果知道有一种实在的存在物，并且虚无不能产生出实在的存在物来，那就分明解证出，从无始以来就有一种东西存在，因为凡不是从无始以来就存在的东西，一定有一个开始。而凡是开始存在的东西，都一定是为另外一种东西所产生的。因此就有一个悠久的，全能的，全知的主宰。这个主宰，人们叫作上帝与否，都无关系。

宇宙中必定从无始以来就有某种东西，假定宇宙中曾有一时是完全无物的，这实在是最明显的矛盾。因为设想纯粹的虚无，一切事物的完全否定和缺如，可以产生出任何实在存在来，这乃是荒谬之至的。

从无始以来不但必然有一种东西存在，而且那种东西必然是一个有意识能力的东西，因为虚无或一切事物的否定既然不能产生出积极的存在物或物质来，因此无认识力的物质也不能产生有认识力的物质来。我们既然发现了一个悠久的必然存在，因此我们就可以充分知道有一个上帝存在。因此有了上帝，后来开始存在的一切其他有灵之物，都是依据于他的。

【附记】

□洛克继承并发展了培根、霍布斯的唯物主义学说。他提出一个知识起源的理论体系，论证了唯物主义感觉论，并成为后来 18 世纪法国唯物主义的出发点。马克思曾指出，在 18 世纪的法国"除了否定神学和 17 世纪的形而上学之外，还需要有肯定的、反形而上学的体系。人们感到需要一部能够把当时的生活实践归结为一个体系并从理论上加以论证的书。这时，洛克关于人类理性起源的著作很凑巧地在英吉利海峡那边出现了，它像一位久盼的客人一样受到热烈的欢迎"。

□洛克主张观念有感觉和反省两个来源。他把反省界定为心灵的作用或心理作用，指的实际上就是除感觉以外的其他意识活动。他在说明二者的区别时说反省不像感觉那样同外物发生关系，认为反省是心灵本身所具有，这就绝对化、片面化而背离了反映论。不过在有的场合他也触及反省同外物的联系，例如他说"反省是由外界物体的刺激所引发"，"由感觉和反省得来的观念是完全被动的而不是人心自己造成的"。这表明，他未能正确把握在意识活动与外物之间感觉是直接联系，而其他意识形式也有联系，但只是间接关系，所以不能说没有关系。

□洛克关于物体有两种性质的学说同样是片面的。区分两种性质是源于他对外部感觉色、声、香、味的理解，他认为这类感觉不是对象中某种东西的肖像，因而排除了此类感觉的客观内容，从而在这个问题上同样背离了反映论。由此，他否认了物体本身具有色、声、香、味的客观性质。但另一方面他又为这类感觉相应地提出了所谓物体的"第二性的质"，作为这类感觉的"原因"，说它并非存在于对象中的原型，而只是依靠物体微粒的"第一性的质"而产生这类感觉的一种"能力"。他认为能力并非原型。这个观点虽然没有放弃唯物主认立场，却背离了反映论。他不理解，唯物主义若割断与反映论的必然联系，也就走向自己的反面。

□洛克把观念分解为简单观念和复杂观念，确定感觉或反省得到的单一观念为简单观念，由一些简单观念组合起来即是复杂观念。这个以感觉的数量多少所做出的对两种观念的划分，似乎触及感觉和概念两个领域的区别，但却没有接触到这两个领域的实质。从他对复杂观念的阐释来看，虽具有概念的某种特征，但他用简单和复杂作为划分标准，却根本不是这两个领域的本质规定。此外，他虽肯定了复杂观念与感觉有联系，却完全脱离了感觉向概念转化的实际过程，他的所谓复杂观念既不是感觉的质的飞跃,也不是对事物本质属性的把握，而仅仅归结为感觉数量多少的区别。

□洛克在自己的知识起源论体系中对一些问题都使用分析方法作了分解：外部感觉和内部感觉，简单观念和复杂观念，第一性的质和第二性的质，名义本质和实在本质。这些分解没有脱离唯物主义的立脚点，但在方法上却带有一定机械论的性质：内部感觉（反省）与外物没有关系而不同于外部感觉，简单观念和复杂观念只是单纯数量关系，第二性的质不同于第一性的质，不是观念的原型；所有这些都被割断并抹杀了两方之间的质的联系，也就堕入形而上学，即恩格斯曾指出的历史局限性。

□洛克为他的复杂观念举出了三个类别，三者之中有一个实体类的复杂观念。正是在这个关于实体的论述中，他触及本质、概念、普遍性之间的关系。他认为，实体有两种本质——名义本质和实在本质。所谓名义本质，他理解为各个具体物种的名称所标示的那个概念，由此他进入本质、概念、普遍性的关系问题，而这又是历史上哲学家一直求索解决而未能正确理解的问题。洛克也仍然没能超越这个局限。
首先，他确认，名义本质决定各个实体所归属的各种不同物种是什么；
但是，这个用来区分不同物种的名义本质却被他说成不是由自然所确
立，而是人所自由形成的，也即把名义本质主观化了。虽然他又说过，
名义本质不是人心任意形成的，"只能依据自然""摹拟自然"，但是问
题在于，他承认所摹拟的正是他说的具体物种所特有的自然属性的联
合一体，而洛克又不称它是本质。这就是说，他不懂本质有主观和客
观两种形式，他所谓的名义本质（概念），实即物种的本质在主观上的
反映，而本质的客观存在则因他不承认而被抹杀了。至于他提出的"实
在本质"，则是另一种含义，是指实体的"内在组织"，不决定物种的
分界，也不是名义本质摹拟的原型，对此我们就不能把"实在本质"
解读为客观形式的本质。其次一个问题是，洛克认为，概念作为物种
的名义本质，它概括，表象每个物种所包括的全部特殊事物，即具有
概括性，它舍弃了众多特殊事物之间各不相通互相差异的情节、性质，
保留其共有的性质，形成概括性观念，冠以名称即是物种的名义本质。
这里表明，洛克肯定概念概括了特殊事物之间的共同性，这实际就是
事物的普遍性，或叫一般性。但洛克认为普遍性、一般性只能是概念
所具有，而与概念相反，"各种事物的存在都是特殊的"，"各种事物自
身并没有普遍性"；至于他所承认的特殊事物之间的共同性，他又不认
为是普遍性，因此否认了普遍性的客观存在。他不理解，概念本身的
普遍性（概括性）正是客观普遍性（也即共同性）的主观反映形式。
洛克陷入这个误区在于他远离了反映论，而直接根源是他承袭英国唯
名论传统，把普遍、一般仅仅归结等同为概念，并看作是给事物做标
记用的名字，用洛克自己的话，是理性"把它们作标记用的字眼或观
念"，因而错误认为"一般不属于事物的实在"。

　　□洛克对什么是知识作了两点规定：一、知识是对两个观念之间
是否符合一致的知觉、断言；二、知识是对事物真相的描写。这正好
是就判断和事物真相这两个方面对知识做出的规定。由此洛克确立了
他的真理观：真理在于命题符合于事物的真相。这无疑是鲜明确切的
唯物主义观点。但在知识何以为真、何以符合事物真相的问题上，洛

克又未能摆脱理解上的混乱。他一方面认为，简单观念"都是外界事物在我们身上起了实在作用而产生的"，"简单观念和事物的存在之间有一种符合"，同样，复杂观念中的实体类观念"是和外界的原型相参照的"，"虽不是很精确的摹本却是真正的摹本"，因此在这两种情况中所形成的判断就符合于事物的真相。但是另一方面，在这两种观念之外，即复杂观念当中的其他类别，洛克则认为"不是任何事物的摹本，也不是以任何事物的存在为原本与之参照"，"在这方面观念本身即是原型"。这个说法就和唯物主义原则大相径庭了。那么，这些由其他类别的复杂观念形成的判断又如何能够符合事物真相呢？洛克以数学为例，说明数学的命题和推论"并不与形状的实际存在相关"，相反，在洛克看来，"我们考察实际事物只当作是和心中那些原型相符合的"，因此数学的命题和推论"不论在心中或物质中都是一样真实的"。说事物要以心中观念为原型而不是相反，这不仅陷入唯心主义，而且错误理解了数学。

□洛克提出知识的获得有两个途径，一为直觉，二为理性。所谓直觉，他指不经中介观念而直接比较两个观念是否符合一致；所谓理性他指凭借中介观念来考察观念之间的关系，实即指推论。应该指出，他所理解的直接比较和间接推论，其实都属判断过程的思维活动，并非通常理解的感性和理性两者的区别。但是洛克认为，直觉也好，理性也好，"不能达到我们的一切观念相互间的一切关系"，因此"知识的范围不仅谈不上像事物的实在范围那样广阔，而且连观念的范围也比不上"，由此他做出论断："知识的范围是很狭窄的"。他不理解，人类认识能力可无止境地逐步接近、深入实际事物无限广阔的范围，结果是形而上学思想方法使他看不到认识世界的无限可能性而具有了不可知论倾向。

□作为一位唯物主义感觉论者，洛克的历史地位和历史功绩在于他否定了天赋观念论，坚持了观念起源于对外界事物的感觉。但是在他的理解中还认为有感官无力触及的实际事物存在，一个就是他所谓的"实在本质"，如他所说，"我们的各种官能在关于实体的知识上所能为力的，只在于使我们能获得实体中被观察到的各个性质的观念的集合体，而这个观念集合体距那些性质所发源的真正内在组织（即所谓实在本质）很远"，"我们根本就不知道它们"。感官触及不到的另一个就是规律性、必然性、因果性，他认为"只就我们所观察到的各种事物而言，我们虽然看到它们的作用是有规则的，按它们的规律进行的，可是这个规律究竟是什么那是我们所不知道的"；原因和结果经常地进行着，"可是它们的联系和关系，并不能在我们的观察中被感觉到"，对此"我们只有实验的知识"，"我们并不能超出于特殊的经验所指示的事物之外"。这显露了洛克对感官的局限性没有正确的认识，他不理解，对于实体的"内在组织"，正是需要借助于工具或仪器来深入接触，而对于规律，则是需要通过理性思维来把握，无疑都不是感官所能直接触及的。洛克只强调了感官本身的功能，把感官的直接作用看成认识活动的唯一手段，陷入片面的感觉主义，以致把感官未及的领域说成为"我们根本就不知道它们"，结果失足于不可知论。

笛卡尔

【生平】

公元 1596 年出生于法国图棱省拉埃市，为贵族后裔，父亲是布列塔尼地方议会的议员，又是大地产主。1604 年笛卡尔被送进耶稣会学校受教育，学习经院哲学和数学，他对数学产生强烈兴趣，在这里打下了坚实的近代数学的基础，1612 年毕业后在普瓦捷学习法律，1616 年毕业。此后的十多年岁月中，将近半数他是在军旅中度过的。他自己说由于认识到早年所学典籍不仅值得怀疑，而且会毁坏人的良知，便决定去读"世界这本大书"，于是随军游历，先是在 1617 年入荷兰军队二年，1619 年又入巴伐利亚军队二年，1628 年还曾参加过围攻俞格诺派要塞的战役。在脱离军旅生活的几年中（1621－1628），访问过意大利，随后于 1625－1628 年定居巴黎，也间或出游。在这整个十年多的时期中，笛卡尔潜心于数学和自然科学的研究，与科学家交往，同时又深入思考对哲学的重建。1629 年他为摆脱不利于研究和著述的国内政治环境，隐居于当时唯一有民主自由的国家荷兰。在这里他于 1632 年完成了《宇宙论》，其中许多论述抛弃了作为教会教义的亚里士多德学说，特别是赞同了哥白尼的太阳中心说，后因 1634 年宗教法庭宣布伽利略有罪而迫使笛卡尔暂缓了论著的出版。1637 年发表了他的一部科学著作集《折光学、气象学、几何学》，并为此写了一篇导言，即有名的《方法谈》。1641 年发表了他的哲学著作《第一哲学沉思集》，1644 年出版了《哲学原理》，1649 年出版了最后一部著作《灵魂的激情》，并于同年应瑞典女王邀请前去斯德哥尔摩为女王讲学，1650 年 2 月患肺炎，病逝。

【思想】

I

我自幼就受到典籍的教育，因为我听信了人们的话，认为靠读书就可以对一切有益于人生的东西得到一种明白而可靠的知识，所以我怀着一种极大的欲望去学习典籍。可是当我全部修毕这些课业，照例被认为成了学者的时候，我的意见就立刻完全改变了。因为我发现自己为这样多的怀疑和错误所困扰，因而觉得我的努力求学并没有得到别的好处，只不过是愈来愈发觉自己的无知。

我当时顶喜欢数学，因为数学的推理确切而明白，但是我觉得非常奇怪，它的基础既然这样稳固，这样坚实，人们竟然没有在上面建起更大的建筑物来。

我当时也尊敬神学，并且和别的人一样要求升天堂，可是当我听说天堂之路对于最无知的人和对于最有学问的人同样地敞开，以及升到天堂的天启真理超出我们的智力之上时，我想若研讨这些真理，一定要不仅只是个普通人才行。

我对于哲学没有什么话说，虽然它经过了千百年的研讨，还是找不出一件事不在争辩之中，因而没有一件事不是可疑的，所以我把一切只不过是或然的东西一律认为大约是虚假的。

在逻辑学方面，三段论以及大部分其他逻辑条规都只能用来向别人说明已知的东西，只能用来不加判断地讲不知道的事物，而不能用来求知这些东西，虽然它事实上也包含许多非常真非常好的规则。

经院中的逻辑只教人如何向人解释已知的东西，只教人虽无真知灼见却絮絮不休地议论我们不知道的事物，因此它不能增加人们的良知，而只能毁坏人们的良知。

至于别的学问，由于都是从哲学取得它们的原理的，所以我认定在这样不稳固的基础上是不能建造起任何坚实的东西来的。

我在好多年以前就已经觉察到，我从早年以来，曾经把大量错误的意见当作真的加以接受，而我以后建立在这样一些不可靠的原则上的东西，必只能是极其可疑，极不确实的；从那时起，我就断定，如果要想在科学上建立一些牢固的、经久的东西，就必须在我有生之日认真地把我历来信以为真的一切见解统统清除出去，重新开始从根本做起。

II

我不得不承认，凡是我早先信以为真的见解，没有一个是我现在不能怀疑的，这绝不是由于考虑不周或轻率的缘故，而是由于强有力的、经过深思熟虑的理由。

只要我们在科学里除了直到现在已有的那些根据以外，还找不出别的根据，那么我就有理由普遍怀疑一切。

我们如果想认真进行哲学思考，并想尽力探求自己所能认知的一切真理，我们首先就得把我们的偏见先撇开，即必须先细心怀疑我们以前所承认的意见，直到重新考察之后发现它们是真的，再同意它们。

说到我心里直到现在所信服的那些意见，我却没有别的更好的办法，只有把它们一下通通清除出去，以便空出地位，然后或者安放上另外一些更好的意见，或者当我把原来的意见放在理性的尺度上校正之后，再把它放回去。我深信用这种方法来指导我的生活，所得的成就会大大超过只是在旧的基础上进行建筑，以及只是依据我青年时代没有考察是否真实便加以相信的那些原则。

我对每一件可使我怀疑、可使我不相信的事，都特别加以思考，同时把以前潜入我的心灵的一切错误都通通从我心中拔除干净，我这样做并不是模仿那些为怀疑而怀疑并且装作永远犹疑不决的怀疑派，因为正好相反，我的整个计划只是要为自己寻求确信的理由，把浮土和沙子排除，以便找出岩石或黏土。

从前我们既然有一度都是儿童，而是在不能完全运用自己的理性之时，就已经对于感官所见的对象构成各种判断，因此就有许多偏见阻碍着我们认识真理的道路；我们如果不把自己发现的稍有可疑的事物在一生中一度加以怀疑，我们就似乎不可能排除这些偏见。

我们现在既然只打算从事研究真理，我们首先就要怀疑：落于我们感官之前的一切事物，和我们所想象的一切事物，其中有无一种是真正存在的。

要想追求真理，我们必须在一生中尽可能地把所有事物都来怀疑一次。

我们有一个自由意志，可借以不同意于可疑的事物，因而避免错误。

III

我们排斥了稍可怀疑的一切事物，甚至想象它们是虚妄的，但我们在怀疑这些事物的真实性时，却不能同时假设我们是不存在的。因为要想象一种有思想的东西是不存在的，那是一种矛盾，因此，我思故我在的这种知识，乃是一个有条有理进行推理的人所体会到的首先的最确定的知识。

当我愿意想着一切都是假的时，这个在想这件事的"我"必然应当是某种东西，并发现"我思故我在"这条真理是这样确实，这样可靠，连怀疑派的任何一种最狂妄的假定都不能使它发生动摇，于是我断定，可以毫无疑虑地接受这条真理，把它当作我所研求的哲学的第一条原理。

我曾说服我自己相信世界上什么都没有，没有天，没有地，没有精神，没有物体，但也说服我相信我不存在吗？绝对不，如果我曾说服我自己相信什么东西的话，或者仅仅是我想到过什么东西，那么毫无疑问，我是存在的。

我可以设想我没有身体，没有我所在的世界，也没有我所在的地点，但是我不能就此设想我不存在，相反地，正是从我想到怀疑一切其他事物的真实性这一点，可以非常明白、非常确定地推出：我是存在的；而另一方面，如果我一旦停止思想，纵然我所想象的其他事物都真实地存在，我也没有任何理由相信我存在。

我思维多长时间，就存在多长时间；因为假如我停止思维，也许很可能我就同时停止了存在。

IV

可是我究竟是什么东西呢？是一个在思想的东西。什么是一个在思想的东西呢？就是一个在怀疑、理解、领会、肯定、否定、愿意、不愿意、想象和感觉的东西。的确，如果这些东西都属我的本性，那就不少了。

我是一个在思维的东西，这就是说，我是一个在怀疑，在肯定，在否定，知道的很少，不知道的很多，在爱、在恨、在愿意、在不愿意、也在想象、在感觉的东西。

事情本身就十分明显，是我在怀疑，在理解，在愿意，在这里是不需要加添任何东西来说明的。不过，如果没有人的心灵，我就不能像这样来想象。

对于这个心灵，也就是对于我自己，我要说些什么呢？因为直到现在，在我之内，除了心灵以外，我是不承认任何别的东西的。

正因为我清楚地认识到我存在，同时认识到除了我是一个在思想的东西之外，我觉察不到任何别的东西必然地属于我的本性或我的本质，所以我极其恰当地得出结论说：我的本质只是在于我是一个在思想的东西，或者我是一个仅仅以思想为全部本质或本性的实体。

由此我就认识到，我是一个实体，这个实体的全部本质或本性只是思想，它并不需要任何地点以便存在，也不依赖于任何物质性的东西；因此这个"我"，亦即我赖以成为我的那个心灵，是与身体完全不同的，甚至比身体更容易认识，纵然身体并不存在，心灵也仍然不失其为心灵。

一方面我对自己有一个清楚明白的观念，即我只是一个在思维的东西而没有广延，另一方面我对于身体有一个分明的观念，即它是一个有广延的东西而不能思维，所以肯定的是：这个我，也就是我之所以为我而凭借的我的心灵，是完全、真正跟我的身体有分别的，心灵可以没有肉体而存在。

理性心灵绝不能像我们所说过的其他事物一样，从物质的力量派生出来，它显然应当是创造出来的。我们的心灵有一个完全独立于身体的本性，因此也绝不会与身体同死；我们既然见不到别的毁灭心灵的原因，自然会因此断定心灵是不死的了。

人的肉体很容易死灭，但精神或人的灵魂（我认为这二者没有区别的），从它的本性说是不灭的。

人的灵魂虽与全身结合着，但它的主要位置仍在脑部，只有在脑部，它才不但进行理解、想象，而且还进行知觉活动。

我凭思考知道，怀疑一切的人在怀疑时不能怀疑他自身的存在，而且在怀疑一切独不怀疑自己时，能推理的那种东西不是我们所谓身体，而是所谓人心或思想。

严格说来我只是一个在思维的东西，也就是说，一个精神，一个理智，或一个理性。

我们称之为良知或理性的那种东西，是人人天然均等的；我们的意见所以不同，并非由于一些人具有的理性比另一些人更多，而只是由于我们通过不同的途径来运用我们的思想，以及考察的不是同样的东西。因为单有良好的心智是不够的，主要在于正确地运用它。

说到理性或良知，既然它是唯一使我们成为人并使我们与禽兽有别的东西，所以我很愿意认为它在每个人身上都是完整的，并且愿意在这方面遵从哲学家的意见：同一个种类的个体，只是在所具有的偶性方面可有或多或少的差别，它们所具有的本性则并无多少之别。

就我意识到属于我的本质的东西而言，我只知道我是一个在思想的东西，也就是说，是一个本身之中具有思想能力的东西。

所谓思想，就是在我们身上发生而为我们所直接意识到的一切，因此，不只是理解、意欲、想象，就是知觉也跟思想无异。

V

人类的主要部分既然在于心灵，他们就应该以探求学问为自己的主要职务，因为学问才是人心的真正营养品。

除了通过自明的直觉和必然的演绎以外，人类没有其他途径达到确实性的知识。

直觉和演绎这两条途径是获得知识的最可靠的途径，我们的心智不应接受任何别的途径。所有其他途径都是有危险的、可能出错的而应加以拒绝。

直觉是赋予我们以明晰专注的心智的那种概念，它赋予这种心智既顺利又清楚，从而我们在所理解的事情上就免除了怀疑。或者也可这样说，直觉是明晰而专注的心智所隶属的、只是出自理性光芒的那种无可怀疑的概念。它比演绎更简单，也就更确实，虽然演绎也不会让我们得出结论错误。

要想发现任何真理，其方法完全在于我们须加指导的精神所面对的对象的次序和处置。我们遵循这种方法，就是从复杂含混的命题中一步一步分析出较为简单的东西。然后从对最简单的东西的直觉开始，依相似的步骤，上升到全部其他东西的知识。

把我的考察的每一难题都尽可能地分成细小的部分，直到可以而且适于加以圆满解决的程度为止。还要按照次序引导我的思想，以便从最简单、最容易认识的对象开始，一点一点逐步上升到对复杂对象的认识，即便是那些彼此并无自然次序的对象，我也给它们设定一个次序。

最简单最自明的意念，往往被逻辑学的定义弄得暧昧起来。我们不应把这些意念归之于由研究得来的认识之列，因为它们是与生俱来的。

在我的这些观念当中，有些我认为是我生而具有的，有些是来自外界的，有些是由我自己做成和捏造的。

我们如果希望科学是完善的，就必须由连续不断的思想运动来仔细检查过成为我们关注目标的那些事情，并按一定方法适当列成详表。

这个思想运动在任何地方都不可间断。人们往往从很远的原理过于匆忙地推导结论，而不防止会轻易省略很多步骤，相反却是不去充分严密地追溯中间结论的整个链条。确定无疑的是：不论丢掉哪里的最小环节，链条就断裂，结论的确实性也就丧失。

VI

我们可以说，确定性不在于感官，只在于具有明白知觉的理解中。

我们根据经验知道，各种感官有时是会犯错误的，因而过分信赖曾经欺骗过我们的事物，也是很鲁莽的。

直到现在，我曾相信有些东西在我以外，和我不同，它们通过我的感官，或别的什么方法，把它们的观念或影像传送给我，并且给我们印上它们的形象，这都不是一种可靠的、经过深思熟虑的判断，而仅仅是一种盲目的、鲁莽的冲动得出来的。

要想把感觉方面明白的成分和暧昧的成分加以区分，我们应极其细心地注意，我们何时有明白的知识，何时有暧昧的知识。我们如果把痛苦、颜色或同类东西，只认为是一些感觉或思想，我们便对它们有明白、清晰的知识。但是我们如果认为它们是在我们心外独立存在的一些事物，我们便完全不能对它们形成任何概念。因为一个人在不很仔细地考察自己的思想时，固然容易相信，他对那种事物有相当的认识，因为他认为有一种东西和他所意识到的颜色感觉或痛苦感觉相似；但是他如果仔细想一想颜色观念或痛苦观念给他表象出有色物体或受伤肢体中的什么来，他就会看到，自己对于这样的东西是绝对不知道的。

说我们知觉到物体中的一些颜色，那实际就等于说，我们在物象中知觉到某种东西，不过不知道它是什么，只知道它是在我们心中激起某种很明白、很活跃的感觉，即激起我们所谓颜色的感觉来的一种东西，我们如果只判断说，对象中有一些不可知的东西，我们不但不致陷于错误，反而可以预防陷于错误，因为我们这样就不容易鲁莽地判断我们明知自己所不知道的事物。但是，我们如果以为自己在对象中看到颜色，我们便容易陷于错误，便容易主张说，存在于对象中的所谓颜色是和我们所知觉的颜色完全相似的一种东西。实际上我们自己并不知道我们所谓颜色究竟是什么，而且也不能存想，我们认为在物象中存在的那种颜色，和在感觉中的意识到的那种颜色，有任何相似之点。但是，由于在这些对象中有各种大小、形状、数目等等，我们明白知道它们正如我们感官所知觉的、理解所存想的那样，真正存在或可能存在于这些对象之内，因此，我们就很容易陷入错误，认为对象中的所谓颜色，是与我们知觉到的颜色完全相似的东西，因而便认为我们清楚地知道我们所不能知觉的东西。实际上滋味、气味这些感觉只是由人心自己所引起的。

身体受了伤，心便感到痛苦，身体遇到有益的事，心便感到快乐，身体如果只受了轻微的刺激，既无大益，也无大损，心便经验到所谓滋味、气味、声音、热冷、光、色等感觉。这些感觉实在并不表象我们心外存在的任何事情。但是，人心在同时还知觉到体积、形状、运动等等；这些东西之呈现于心，不像是一些感觉，而像是一些在心外存在的事物的情状，或至少也是能在心外存在的事物的情状。因此，人心认为，在心外存在的对象不但有体积、形状、运动等这些事物的情状，而且还认为它们有滋味、气味以及别的类似的观念，而实际这些感觉只是由身体自己所引起的。而人心在思考别的事物时，既然以事物对人心所寓的身体有益与否为准，因此它在判断各个物象的实在性大或小时，就看其对身体产生的印象是强或弱，于是它就相信，在岩石和金属中，比在空气或水中有较多的实体或物体，因为它看到前者含有较大的重量和硬度。当我们在空气中感觉不到风的激动，或觉察不到它是热或冷的，我们也容易认为空气是不存在的。各个星球所发的光，只不过像微弱的烛焰似的，因此我们便认为每个星体也只有那么大。人心既然不曾看到地球绕地轴转动，而且不曾看到地面弯曲得像圆球的表面一样，就很容易认为地球是不动的，地面是平坦的。

按人心的本性讲，只有物体的各种运动才能在人心中激起各种思想来，而这些思想并不一定在任何方面和产生它们的运动相似。因为各种语句不论发为声音还是书写出来，都在我们心中激起种种思想和情绪来。刀割皮肤时的运动只能产生痛的感觉，而不觉察刀的运动或形状，而且这种痛的感觉不同于引起痛感的那种运动，不同于受到刀割的那个身体部分的运动，也确乎像我们对于色、声、香、味等的感觉不同于引起它们的那些运动一样。

除了物质各部分的运动、体积、形状和每一物体各部分的位置而外（我认为这些是在物体之内的），我们凭感官所知觉的，只有光、色、声、香、味，以及其他可能的性质，而这些性质，我最近又指出，只是各种对象的一些配置，只是它们各部分的体积、形状和运动。

有许多经验逐渐破坏了我以前加给我的感官的全部信任。因为我多次看到，有些塔我远看是圆的，而近看却是方的；耸立在塔顶上的巨大塑像从塔底看却是小小的塑像；这样，在其他无数场合我都看出根据外部感官所下的判断是有错误的。

在很多事例上我经常看到对象和它自身的观念之间有很大的不同。例如对于太阳，我觉得我心里有两种截然不同的观念：一种是来源于感官的，属于来自外界的那一类，根据这个观念，我觉得它非常小。另外一个是来自天文学的道理，也就是从我生而具有的某些概念里得来的，或是由我用什么方法制造出来的，根据这个观念我觉得太阳比整个地球大很多倍。这两个观念当然不能都和同一个太阳一样，而理性使我相信，直接来自它的外表的那个观念是和它最不一样的。

我们在不能完全运用自己的理性之时，就已经对于感官所见的对象，构成各种判断，因此就有许多偏见阻碍着我们认识真理的道路。

一个人如果只信赖自己的感官，而不信赖成熟的理性的命令，那他就不够哲学家的身份了。

VII

凡是我领会得清楚明白的事情，都不能不是真的，尽管我不再去想我是根据什么理由把一切事物断定为真实的，只要我记得我是把它清楚明白地理解了，就不能给我提出任何理由使我再去怀疑它，这样我对这个事物就有了一种真实、可靠的知识。

我们要想建立确定不移的判断，我们所依靠的知识就不仅要明白，而且还要清晰。所谓明白的对象，就是明显地呈现于能注意它的那个心灵的对象，就如一些对象如果呈现于观察它们的那个眼睛前面。以充分的力量来刺激它，而且眼睛也处于观察它们的适当位置，我们即可以说自己是明白地看到了那些对象，至于所谓清晰的对象，则是界限分明与其他一切对象厘然各别，而其中只包括明白内容的一个对象。

我们如果想认真进行哲学思考，并想尽力探求自己所能认知的一切真理，必须依次复检心中的意念，只认定我们所能明白清楚地了解的意念才是真的。

我方才拿来作为规则看待的那个命题，即"凡是我们清楚明白地设想到的东西都是真的"，其所以可靠，只因有上帝存在，我们所有的一切都从上帝而来。由此可见，我们的观念或概念，既然就其清楚明白而言是从上帝而来的实在的东西，所以只能是真的。如果我们常常有一些包含虚假成分的观念，那必定是一些包含着混乱不清的东西的观念。

我曾经涉猎过几何学家们的一部分最简单的证明，我注意到，大家公认为这些证明所具有的这种巨大的确定性，只不过在于人们依据我方才所说的规则明白地设想到这些证明。

任何事物，如果看来不比几何学已往的那些证明更加明白更加清楚，我就不把它看作真的。

每当我把我的意志限制在我的认识的范围之内，让它除了理智给它清楚、明白地提供出来的那些事物之外，不对任何事物下判断，这样我就不至于弄错，因为凡是我领会得清楚、明白的，毫无疑问都是实在的、肯定的东西。

不管我使用什么证明和论据也必须回到这一点上来：只有我领会得清楚、明白的东西才有力量使我完全相信。

我一旦非常清楚、明白地理解了什么事物，我自然相信它是真的。

在对各种事物有了很明白、很清楚的知觉时，它的判断一定不会错误。

有些人由于不充分知道达到真理的正当层次，所以他们的追求真理的欲望，竟至使他们仓促判断他们所不明白知道的事情，结果他们就常常发生错误。

我们如果只同意于自己所明白地、清楚地了解到的东西，我们就永远不会犯错误。我们如果只判断我们所明白地、清楚地了解到的那些事物，我们永不会把虚妄认为真实。

良知或上帝给我们的知识能力，只要它能认识任何对象，清晰地、明白地理解那个对象，它就永远不会了解不真实的对象。

我们所同意的如果只是我们所明白地、清晰地知觉到的，我们也不会陷于错误。

不过原理如果不明白，不管推论的方法在形式上如何正确，都不能由此得出明确的结论，由这些原理所得出的推论，并不能使他们确知任何事物。

VIII

当前我要做的主要事情是试求从我这几天所陷入的全部怀疑中解脱出来，甩掉那些怀疑，看看关于物质性的东西是否一点确切的东西都认识不到。

现在我剩下来的只是去研讨是否有物质性的东西。就人们把物质性的东西看成几何学证明的对象来说，我的确是知道它们可以存在的，因为从这个方面来看，我是十分清楚、十分明白地理会到它们的。

我们虽然充分相信物质事物的存在，不过这一层在以前我们既然怀疑过，且曾一度把这种存在的信念列于幼时的偏见，那么我们必须考察一下，究竟凭何根据可以确知这个真理。

在我心里有某种受动的感觉功能，即接受和认识可感知的东西的观念的功能，但是如果在我心里或别人心里没有另一种能动的功能可以形成和产生这些观念，那么这种受动的功能对我就是无用的。可是，由于能动的功能并不事先根据我的思维，并且那些观念也绝不经我协助，甚至还经常和我的意愿相反地出现给我，因此这能动的功能一定是在不同于我的什么实体里。这个实体要么是一个物体，要么是上帝本身，或别的什么比物体更高贵的造物者。

我们不能怀疑，我们所有的每一种知觉都是由异于我们心灵的一种物象来的，而每一种知觉都是完全依靠那个能触动我们感官的对象的。因此，我们就可以问，那个对象是上帝呢，还是异于上帝的一种事物呢？然而我们既然知觉到，而且明白、清晰地理解到有某种具有长宽高三向的物质，而其各部分又各有各的形状和运动，又使我们生起颜色、气味和痛苦等感觉来，那么如果上帝自动、直接地把这个有广延的物质观念呈现在我们心中，或间接地使某种没有广延、形状和运动的对象把那个观念呈现给我们，上帝就可以被看作是个骗子了，因为我们分明设想这个物质完全异于上帝，异于我们自己，异乎我们的心灵的。而且我们还似乎明白察知，这个观念之在我们心中形成，乃是起因于我们心外存在的对象，而这个观念和那些对象在各方面都是相似的。就上帝的本性来说，他既然不会欺骗我们，那就应该毫无迟疑地断言，一定有一种具有长、宽、高三向的对象存在，而且它一定具有我们在有广延的事物方面所明白见到的一切特性，这个有广延的实体，就是我们所称的物体或物质。

凡是自然告诉我的都含有某种真实性。因为自然，一般说来，我是指上帝本身，或上帝在各造物里所建立的秩序和安排说的。自然告诉我的没有再比这个更明白、更显著的了，即我有一个肉体，因此我绝不怀疑在这上面有无真实性。此外自然告诉我，我的身体周围还存在许多别的物体，在这些物体中我应趋向一些，躲避一些。

考虑到了出现在我的思维里的所有这些我真正、直接感到的观念，那么于是我相信我感觉到了一些和我的思维完全不同的东西，也就是说产生这些观念的物体。这也并非没有道理，因为我曾体验到这些观念出现给我的思维并没有得到我的同意，因此不管什么东西，如果它没有表现在我的感觉器官之一，尽管我有感觉它的愿望，我也感觉不到它；而当它表现在我的感觉器官之一的时候，我根本不可能不感觉到它。而且因为我通过感官得来的那些观念，比起我沉思时所能虚构的任何观念来，都要生动得多，明显得多，甚至都以其特有的方式表现得清楚得多，看来它们不能是从我心里产生的，所以它们必然是由一些别的什么东西在我心里引起的。既然除了那些观念给我的认识之外，我对那些东西什么认识都没有，那么除非那些东西是和它们所引起的观念一样，此外就没有别的东西能够来到我的心里了。

我凭经验知道，当我从事考察物质性的东西时，我是使用一种想象能力；这种能力可以使我相信有物质性的东西存在；因为当我仔细地考察什么是想象时，我发现这只不过是认识能力对于物体的一种应用，这物体是直接呈现于认识能力的，因此是存在的。为了把这一点弄得很明白，我首先指出想象和纯粹理解（或领会）之间的区别。区别仅在于心灵在领会时以某种方式转向自身，考察它自身里面的某一观念；而它在想象时，则转向物体，考察物体中与观念相合的某个东西。我很容易领会到，如果真有物体存在，想象就可以像这样形成。由于我找不出别的办法来说明想象是怎样形成的，所以我就以或然的方式揣测有物体存在。

所谓物体，是指一切可以为某个形状所限定的东西；它可以包含在某个地方，充满一个空间，从而把其他的物体都排斥在外面；我们可以借触觉，或视觉，或听觉，或味觉，或嗅觉来感知它。

物体的本性不在于重量、硬度、颜色等，而只在于广延。

一般说来，物质或物体的本性并不在于它是硬的、重的或有颜色的，或以其他方法刺激我们的感官。它的本性只在于它是一个具有长、宽、高三量向的实体。

我们探究了物质事物的一些原理，这些原理我们是凭理性的知觉而不是凭感官的偏见追求到的。它们这样就十分明白，使我们不能怀疑其真实。

IX

可感的物体是由不可觉察的分子合成的。

我承认在每一物体中有许多分子不是为任何感官所能知觉的，人们只要思考一下逐渐增长的物体所时时增加的东西，以及逐渐减少的物体所时时失去的东西，就没有人能怀疑有许多物体是小得不能为任何感官所知觉的。

我一方面既然认为物体中不可觉察的分子具有确定的形状、体积和运动，仿佛我曾经见过它们一样，而另一方面却又认为它们不为感官所知觉。对这个问题，我的答复是，我首先概括地考察了在我们理解中存在的一切关于物质事物的明白而清晰的意念，结果只看到有形状、体积和运动三种意念，以及这三者互相变化的一些规则（这些规则就是几何和机械学的原则），因此我就判断，人类对自然的知识，必然都是由这个根源来的。

凡是物体性的或说有广延的东西，没有一个是我不能很容易用我的思维分成很多部分的，从而没有一个我认为不可分的。

我们不论假设物质的部分如何之小，它们既然一定是有广延的，我们就永远能在思想中把任何一部分分为两个或较多更小部分，并可因此承认它们的可分割性。因此，最小的有广延的分子，永远是可分的，因为它的本性原来就如此。

宇宙中并不能有天然不可分的原子或物质部分存在。

人们或者会说德谟克利特也假设有一些原子，形状不同，大小有别，运动各异，而且以为它们堆积在一起，互相配合以后，便产生一切可感的物体。德谟克利特的哲学所以被人排斥，并非因为他承认有比我们所知觉的物体还要小的物体存在，并非因为他承认它们有不同的大小、形状和运动，因为任何人都并不怀疑有这些东西存在。人们所以排斥那种哲学，第一是因为他假设这些原子是不可分的，而我也同样加以排斥。第二是因为他想象原子周围有一个虚空，而我指出这是不可能的。第三是因为他认为这些物体有重量，但在我看来，一个物体单独被思考时并无所谓重量，因为重量是依靠各种物体的相对运动关系和位置关系的一种性质。最后因为他不曾特别解释一切事物如何会只由原子会合而来，即使他解释过少数事物的原因，其全部推论也绝非首尾一贯，也不能担保可把同样的解释应用于整个自然界而无错误。

X

我将证明，这个混沌的绝大部分物质如何必定遵守自然规律，以一定的方式来对自己进行安排布置，而这种方式便使物质形成类似我们的天宇的东西。

地和天是由同一物质做成的，而纵然有无数世界，它们也都是由这种物质构成的。由此就得出一个结论，即多重世界是不可能的，因为我们明白设想到这些别的世界所占的一切可以想象的空间，都为物质所占据，而且物质的本性就在于它是一个有广延的实体，同时，我们在自身也发现不出对于任何别的物质的观念。

天上和地下的物质都是一样的，而且世界不是多元的。全宇宙中只有一种物质，我们所以知道这一层，只是因为它是有广延的。

这个世界或物质实体的全部，其广延是没有界限的，因为不论我们在什么地方立一个界限，我们不只可以想象在此界限以外，还有广延无定的许多空间，而且还看到，那些空间是真正可以想象的，事实上它们正如我们所想象的那样。因此，它们所含的有物质实体的广延，也是无定限的，因为在任何空间，我们所设想到的广延观念和物质实体的观念，分明是同一的。

我敢说，我观察到一些规律，上帝一方面把这些规律建立在自然之中，一方面又把它们的概念印入我们的心灵之中，所以我们对此充分反省之后，便绝不会怀疑这些规律之为世界上所存在、所发生的一切事物所遵守。

我更指出什么是自然的规律，并且不使自己的推理依靠任何其他原则，而只是依靠上帝的各种无限完满性，力求对一切可以置疑的规律进行证明，指出它们确是如此，即令上帝创造出许多世界，也不会有一个世界不遵守这些规律。

我们如果终于相信，全宇宙中并没有真正静止的点，我们就会因此断言，任何事物，除了在我们思想中使之固定不变外，都没有恒常的位置。

物质的一切花样，或其形式的多样性，都依靠于运动。

在物质方面，我们所能清晰地知觉到的一切特性，都可以溯源于它之能够依其各部分被分割、被运动。

所谓运动，据其通常意义而言，是指一个物体由此地到彼地的动作。我此处所谓运动是指位置的运动，因为我想不到有别的运动，因此我们也不应该假设自然中有别种运动。

如果抛开那些全无根据的说法，按照事物的真相来了解我们对于运动一词所应知道的内容，那么为给它一个确定的本性，我们可以说，所谓运动，意思是一个物质部分（或物体）由其紧相邻接的物体（或我们认为静止的物体），移近于别的物体。运动是指那转移过程，不是指那能转移的力量或动作。运动是永远在可动的事物中而不是在能发动的事物中的。

物体可以用许多种方式来推动，不过确乎不是被自己所推动，而是由在它以外的某个东西所推动，这个东西接触到它，并对它施加压力；因为具有自己推动自己的能力，也同感觉和思想一样，我根本不认为是属于物体的本性的。

我一向形容这个地球，和这整个可见的世界，仿佛是一架机器。

XI

同一广延不但构成物体的本性，必构成空间的本性。如果我们排除一切与物体的本性无关重要的性质，我们将看到，物体观念中并没有剩下别的，只剩下一种在长、宽、高三方面延展开来的东西。这种东西是包含在我们的空间观念中的。

我们的确从来不把空间和长、宽、高三向的广延加以区分。我们只是有时以为场所是在事物以内，有时以为它在事物以外。内在场所和空间全无差异，不过外在场所可认为是直接围绕着那个占场所的事物的外沿，也即能围绕的物体和被围绕的物体之间的界限。

老实说，长、宽、高三向的广延不但构成空间，也构成物体。它们的差别在于：在物体中，我们认为广延是特殊的，并设想它跟着物体变化；至于在空间方面，我们以为广延有一个概括的统一性，因此，在空间方面，我们在把一个物体由某种空间移出以后，我们并不以为自己同时也把那段空间的广延移走。因为那段广延只是保持同一的体积和形状，只要同我们赖以确定这个空间的四周某些物体保持其固有的位置，那段广延仍是不变的。

说到哲学上所谓虚空，即无实体的空间，这种东西显然并不存在，因为空间的或内在场所的广延，和物体的广延并不互相差异。我们所以断言物体是一个实体，只因物体有长、宽、高三量向的广延，因此，我们就可以对假设的虚空形成一个相似的推论说，那个虚空中既有广延，它也必然包含一个实体。

虚空一词的通用意义并非指一个绝对没有任何事物的场所或空间。当空间没有包含可感知的事物时，我们说它是虚的，显然它仍然含着被创造的、独立自存的物质。我们所以说它是虚的，是因为周围的物体如果不在我们的感官上印上强有力的印象，使我们知觉到它们，我们便不常加以思考，但是，如果说所谓虚空的那个空间不但不含可感知的对象，而且根本不含任何对象，那就错了，这正如我们因为一个水瓶里只有空气就说它是空的，并因而判断说，其中所含的空气不是实体一样。

XII

由于我们在自己心中发现有上帝（或至极完美的存在）这个观念，我们就有权利询问，我们是由什么根源得来这个观念的。我们可以根据良知明白看到，不只任何事物不能由无中生出，不只更完美的事物不能由不甚完美的事物生出，而且我们自身或身外如果没有一种原型实际上包括向我们表象的一切完美品德，则我们便不能在自己身上发现我们对之有观念的那些绝对的完美品德，我们也就必须断言，它们存在于与我们的本性不同的一种本性中，即存在于上帝身上，至少在他身上存在过。

如果世界上有某些物体或某些心智或者其他的本性不是完全完满的事物，那它们的存在一定要依赖上帝的力量：如果没有上帝，它们就一刻也不能维持存在。

这样，我们先是看到，我们的本性就在于思想，在这个范围以内我们才是存在的，同时我们还可能看到，有一位我们所依靠的上帝；在考察他的品德之后，我们就能够考察其他一切事物的真实性，因为上帝是它们的原因。除了我们对于上帝和自己心灵所具有的这些意念之外，我们还将发现自己心中具有关于能被运动被分割的一种物质的或有广延的实体的知识。

何谓实体，这个名词在应用于上帝和被造物时，意思是不同的，所谓实体，我们只能看作是能自己存在而其存在并不需要别的事物的一种事物。

每一实体都有一种主要的属性，如思想就是人心的属性，广延就是物体的属性。虽然任何属性都足以使我们知道有一个实体，可是每一个实体都只有一种主要的性质，来构成它的本性或本质，而为别的性质所依托。例如长、宽、高三向广延就构成物质实体的本性，思想就成为能思实体的本性。

我们如果仔细地区分思想的属性和广延的属性，我们就容易获得两个明白清晰的观念或意念：一是被创造的能思想的实体的观念，一是物质的实体的观念。此外，我们如果只注意我们明知属于绝对完美的"造物者"本性的那些特质，那么我们对于上帝，对于不被创造的、独立的思想实体，也可得到一个明白而清晰的观念。

【附记】

　　□与英国的经验主义相对立，笛卡尔开创了大陆西欧国家的理性主义传统。而单从笛卡尔本人来说，他的理性主义是和天赋观念论融合在一起的，是属于唯心主义的理性主义。

□笛卡尔同时又是二元论的哲学家。他在近代哲学史上创立了一个亚里士多德型的哲学体系，即他自己所说："全部哲学就如一棵树，形而上学是根，物理学是干，别的一切科学就是干上生出来的枝。"他把自己的哲学分为形而上学和物理学两个部分，前者讨论上帝、天赋观念、心灵，后者研究物质事物，由此他的哲学就具有了形而上学的唯心主义和物理学的唯物主义两个倾向。马克思评述说：笛卡尔"把他的物理学和他的形而上学完全分开。在他的物理学的范围内，物质是唯一的实体，是存在和认识的唯一根据"。正是基于他的哲学的两个方面，他提出了心灵和物质是两个各自独立存在的实体的二元论世界观。可是他另外又捧出了上帝作为心灵和物质两个实体的共同原因，最终又倒向了唯心主义一元论。

□笛卡尔哲学的理性主义、物理学以及怀疑一切的方法，正是十七世纪法国思想领域反经院哲学历史潮流的集中表现，但他同时也囿于历史条件，未能彻底冲破神学和唯心主义的藩篱。

□笛卡尔不只是一位哲学家，他在自然科学和数学的领域也有许多创见。在物理学中，他提出了物质不灭、运动量守恒的原理，发现了折光的定律等。从力学上说，他认识到宇宙中没有真正静止的点。在宇宙学方面，他猜测到天体有一个演化发展过程，其猜测接近后世的星云假说。他对数学的贡献，是创立了解析几何，确立了坐标概念，把变数引进了数学。这些创见表明，在笛卡尔的思想中，辩证法因素正在积聚，开始形成对形而上学世界观冲击的历史趋向。

□笛卡尔哲学是一个矛盾的思想体系，它的出现像是思想史上的一个十字路口，众多的后继者从它的不同方面加以引申发展正好说明这一点，其中有十八世纪法国启蒙思想家发展了它的物理学中的唯物主义，也有名叫马勒伯朗士的天主教神父继承了它的唯心主义，而受它影响的荷兰理性主义哲学家斯宾诺莎，则对它的实体概念进行了唯物主义改造。

伽森狄

【生平】

公元 1592 年出生于法国普洛旺斯省尚太尔西耶的一个农民家庭，毕业于艾克斯大学。1614 年在阿维尼获神学博士学位，1617 年成为神甫。同年，受聘担任艾克斯大学的哲学讲座，由于他在哲学讲座中批评了亚里士多德，引起耶稣会士的不满，于 1623 年被迫辞去教职，翌年他发表了《对亚里士多德的异议》。随后他去到巴黎，结识了笛卡尔等一些学者。一度还去过荷兰和英国，在英国与霍布斯相识，极为赞佩他的唯物主义学说。1631 年重回普洛旺斯，在这里从事天文学的研究，直到 1637 年。此后他再次去到巴黎，1640 年笛卡尔写成《形而上学的沉思》，向各方征求意见，伽森狄为此写了他的《诘难》并被笛卡尔收入书中于 1641 年一同发表。笛卡尔在书中对这些"诘难"做了答辩，伽森狄针对答辩又做了补充反驳，于 1644 年以《形而上学的探讨》为名出了单行本。1645 年他在法兰西皇家学院讲授数学，1646 年和费尔马共同发表了《关于重物下落的加速》和《天文学指南》。伽森狄是当时法国的天文学、物理学和数学的伟大学者之一。他自称是乔尔丹诺·布鲁诺的学生，曾和伽利略通过信，宣称自己的生活口号是"烧死也不屈服"。他没有特意宣示拥护哥白尼和伽利略的太阳中心说，但在他的天文学著作中维护了这个学说。1647 年他着手研究伊壁鸠鲁的哲学，到 1649 年他先后发表了《伊壁鸠鲁的生、死和快乐学说》和《伊壁鸠鲁的哲学体系》。1655 年伽森狄在巴黎去世。他有一部阐述自己哲学观点的遗著《哲学体系》，包括了逻辑学、物理学和伦理学三部分，是在他死后于 1658 年出版的。

【思想】

I

　　原子是物的第一个原则，第一种物质。但是，不应像通常那样把原子理解为没有任何部分，没有任何广延，因而不过是一个数学上的点；而应理解为一种如此结实、如此坚硬和紧密以致自然界中没有任何力量能使它分裂的东西。特定的、即复合的物体由于夹杂有许多空隙，因而是可分裂的，直正分裂为原子、即物体的原初成分，而原子由于本身不含有任何空际，因而是绝对结实的、不可分裂的、不可分割的。因为，正如世界上存在着没有任何物体的纯粹虚空一样，世界上也存在着结实的、其中没有任何空隙、因而也没有任何分裂原则的物体。原子由于极其细微，因而最敏锐的视力也不能察觉出它。原子的必要性在于世界上必须有一种最原始的、不能产生也不能消灭的物质，各种物体最后都分解为这样的物质。因为自然界不能从虚无中创造出任何事物，也不能把任何事物变成虚无，因此在分解复合物时必然留下某些再不可能分解为其他东西的不可分解之物。伊壁鸠鲁和卢克莱修关于不能从虚无中产生出任何东西的论断仅仅在自然界范围内才是正确的，而物质的永恒性和不灭性也只在下述意义上才是正确的，即只有当世界被创造出来并保存下来时，世界的任何一个部分都不会毁灭或者被摧毁。

　　原子按其本质特性或按其本质来说，是没有差别的，因为原子都同样是结实的，同样是有形体的和单纯的。但是，原子也有一些特殊的特性，即广延、形状和重量或重力，并通过这些特性而相互区别。因此，原子不是那种没有广延，也不能产生广延的点，因为，人们说得很对：不可分的东西和不可分的东西加在一起，不能产生出广延。可是，原子虽然具有若干部分，因而具有广延，但它是不可分的和不可消灭的，因为它异常结实，不包含任何空隙，因此它的各个部分仅仅在思想上是可以区分的，事实上它不是许多部分，而毋宁是一个非常单纯的本质。这些部分是异常的、不可比拟的、绝对的、细微的。

对感觉而言最小的部分也是由亿万个原子所组成，因而比原子无限大得多。这听起来可能令人感到奇怪，可是我们的视觉觉得非常细小的东西，对自然界本身来说仍然是非常庞大的；我们的最精密、最纤细的区别力结束的地方，也就是自然界的纤细的细微的区别力（仿佛是敏感性）开始的地方。自然界在一颗麦粒上所区别开的部分，比人在高加索山上，甚至在整个地球上所区别开的部分还要多。原子虽然异常细微，但是它们有不同的形状，因为它们各自有其广延，而形状不外是广延的界限和规定。原子的形状诚然是不可领会的，但并不是无限的。原子的第三种特性重力或重量，不外是它们的一种天然的、自我运动的力量和能力，或者是它们的一种天生的、原初的、与自身不可分离的对运动的趋向和倾向。运动有两种：一种是天然的运动，即原子由于自己的重力所产生的向下的运动，另一种是反射的运动，即原子在其与另一原子相碰撞时向后弹回的运动。反射运动的原因既在于虚空的本性，因为虚空不能抵住向后弹回的原子，也在于原子本身的本性，因为它们非常结实，不能互相渗透，因而在碰撞时必然被弹回。一切原子都以同样的速度运动着。伊壁鸠鲁的先验学说认为，一切原子尽管在重量和质量上有差别，可是都按同样的速度运动着。这一学说得到了经验的证实：一切物体不论在大小和质量上如何不同，但都以同样的速度从高处落下。

由此可见，原子和虚空（它与原子是不可分的）是物的原则。但是，不能像有人错误地理解伊壁鸠鲁那样把这一点理解为；世界，或者短暂的、复合的物体，仿佛是由原子和虚空组成的，就像由两个部分或两个复合的、构成的原则所组成一样。因为，并非原子和虚空都是物体的成分，只有原子才是物体的成分，虚空不过是原子分隔开来时所利用的场所。既然虚空不是物体，那如何能由虚空组成物体呢？虽然虚空存在于物体之间，但是虚空不是物体的一部分，正如空气虽然存在于我们的鼻、口和肺之中，但不是我们身体的一部分。

但是，绝不能像伊壁鸠鲁所理解的那样去理解原子，而应作些限制，去掉某些规定性。例如，应当去掉原子的下面这种规定性：原子是永恒的、不能创造的和数量无限的。诚然，应当把原子看作原初的物质，但是应当记住，原子归根结底是上帝创造的，上帝把原子变成这个可见的世界，然后让这个世界按照它自己的、但由上帝赋予的力量和规律发展着。还必须去掉原子的这样一种规定性：原子从自身中获得运动的力量和能力；因此，应当承认原子之中只有可动性，而实际的运动力量却是从上帝那里得来的，上帝在创造原子时也在原子之中创造了运动的力量，并使这种力量不断地发生作用，因为上帝支持着万物，并参加到万物之中。但是，伊壁鸠鲁的错误主要在于：第一，他郑重其事地断言，世界的原因不是上帝，而是偶然性；第二，世界被创造出来，既不是为了上帝，也不是为了人。然而事实上，上帝是世界的那个创造万物和支配万物的原因。不过，即使承认上帝是自然界的最高统治，也不应由此否定那些按照上帝意志产生的、起着自己独特作用的特殊原因。因此，在解释自然界的任何一种活动时，不应立刻求助于上帝，好像上帝是这种活动的唯一原因，而在这些活动之间没有任何自然的原因；上帝只不过是普遍的原因罢了。

II

我们的全部知识似乎都来源于感官，尤其是在理智里的东西没有什么不是首先提供给感官，不是由于同感官接触而来的，尽管它是以后才完成并且由于类比、组合、划分、增加、削减以及诸如此类的其他一些办法而改进的。

你怎么可能有动物的观念以及其余一切事物的观念，对于那些事物，我相信除非它们落于你的感官你永远不会有任何观念，而你对于数不尽的其余事物也永远不会有任何观念除非你看到或听说过它们。但是，我同意人们能够把存在于心灵的各种事物的观念进行安排、组合，从而产生许多别的事物的形式。

假如你一切的感官作用都没有了，以致你什么都没有看到，物体的什么表面或尖端都没有摸到过，你想你能在你的心里做出三角形的观念或其他任何形状的观念来吗？

对太阳我们有两种很不相同的观念：一种是我们通过感官接受来

的，根据这个观念，我们觉得太阳非常小；另一个是从天文学的道理中得来的，根据那个观念，我们觉得太阳非常大。但是人们可以这样回答：太阳这两个观念都像太阳，都真实，或者说都与太阳相符合，只是在程度上一个较多一些，另一个较少一些罢了，正如对同一个人的不同的两个观念，其中一个是从十步以外给我们送来的；另一个是从百步以外或千步以外给我们送来的；两个都像那个人，都真实，都相符，只是在程度上前一个较多一些，后一个较少一些。

我并不打算在这里争论我们的感官的真实性。因为，错误或虚假倒不是在感官里，感官并不主动，它只是接受影像，只是按照影像对它表现的那样，按照影像由于当时感官、对象、环境等情况而必然地应该对它表现的那样把它提供出来。错误或虚假是在判断里，或是在心灵里；判断或心灵没有给予应有的周密细致对待，没有注意到离得远的东西只是由于离得远或由于别的原因而应该比它们在离我们较近时显得小和模糊；在别的情况下也是这样。

如果我们要有一个太阳的清楚的思想，我们就必须接受借助于我们通过感官的媒介而接受来的观念。如果我们相信太阳比我们看到的那样子大得多，假如我们的眼睛距离它更近，它就会接受一个更宽广得多、更巨大得多的观念，这也就足够了；但是我们的心灵必须满足于我们的感官给它提供的那个观念，那个观念是怎么样，我们的心灵就必须把它看成是怎么样。

我们不能怀疑这一点，即一切事物给我们表现得就像它们给我们表现的那样，而且它们那样地表现给我们也不可能不是非常真实的。并且虽然自然似乎给我们呈现出许多为理性所告诉我们不要去相信的事物，但这并不能去掉现象的真实性，并不能使这件事不是真的，即我们把事物看成我们所看见的那样。

III

观念的实在性的原因是被观念所表象的事物本身，由于事物把它们自己的影像好像送到镜子里边一样地送到你的心里，即使在你有时能够想出一些怪物的时候都是如此。

为了认识一个事物，必须是这个事物作用于认知功能，即必须是这个事物把它的形象送到认知的功能里边，或者说，必须是这个事物告知认知的功能，把自己的影像装在它上面。

不停地从对象上流出或发出的这种精细的、稀疏的实体，一旦被收到理智里边就变成一个观念。这个观念具有对象的表象或形象，它的各个部分的配合和安排使它得以把对象表象出来。

不错，你在心灵里边的三角形是如同一个尺子一样，你用它来检查，看看某种东西是否应该用三角形这个名称来称呼。但是不要因此就以为这个三角形是什么实在的东西或者是在理智以外的一个真实的、存在的东西，因为这完全是心灵根据感官使它知觉到的一些物质的三角形的模样做成的，心灵把这些模样的观念凑集起来，做成一个共同的观念。

事实上，理智惯于从柏拉图身上，从苏格拉底身上，以及从其他一切人身上所看到的一切相同的性质中，做成一个共同的概念，在这个共同概念上他们大家都一致，因此这个概念很可以被称作人的一种共相的本性，或人的本质，因为人们理会它是一般地符合于大家的。但是，要说在柏拉图以及其他一切人存在以前它就已经是共相的，理智就已经做成了这种共相的抽象，这的确是不可解释的。

属于物质的三角形的那些特点，也不要因为它们对这些三角形都适合就想象它们是从那个理想的、共相的三角形搬过来的；因为恰恰相反，本身真正具有三角形那些特点的是那些物质的三角形，而不是那个理想的、共相的三角形；除非在这样的情况下，即理智认出了那些特点是在物质的三角形之内，然后把它们给了那个理想的、共相的三角形，后来在遇到论证的时候又把它们归还到物质的三角形上去。同样，人类本性的特点不是从这个共相的本性搬过来而存在于柏拉图或苏格拉底身上的；因为恰恰相反，这个共相的本性之所以具有这些特点只是由于理智在柏拉图身上，在苏柏拉底身上，以及在其他一切人身上认出了这些特点之后把这些特点加到共相的本性上去的；只有在需要做一个论据的时候，才把它们归还到他们中间的每一个人身上去。因为，非常明白而且众所周知的是：理智是在看到了柏拉图、苏格拉底以及其他很多人都有理性之后才做了一切人都有理性这个命题的；当它以后想证明柏拉图有理性时才把它拿过来作为三段论法的前提。

做出一个共同的概念，这个共同的概念只有从对于个别的一些事物的认识上才能做成。

IV

你[笛卡尔]把凡是我们理会得非常清楚非常明白的东西都是真实的这一条订为总的准则了。不错，一直到现在我们还没有在人类事物的暗昧中找出我们关于确定性的更可靠的准则，不过，既然有那么多伟大的学者，他们虽然似乎本来已经非常清楚、非常明白地认识了许多事物，却认为真理是存在于上帝的心里或者是高深莫测的，那么难道不能怀疑这个准则可能是错误的吗？当然，在怀疑论者们所说的话以后，从认识得清楚的一件事物里我只能得出事物真的就像它们对每个人所表现的那样；除此而外，我们还能保证什么真理呢？举例来说，我清楚、明白地感觉到瓜的味道很好吃，因此瓜的味道对我来说就真是这样；但是，在我年轻时和在我身体健康情况非常好的时候，我认为它并不是这样，我那时明明白白地感觉在瓜里有另一种味道。甚至我现在还看到有不少人并不认为它好吃。难道一个事物虽然它被清楚、明白地理会了，它本身却不是真的，而实际上只是被理会为真的吗？为什么在人们之间有那么多不同的见解？每个人都认为他非常清楚、明白地认识了他所辩护的见解。

从一开始我们就反驳说，甚至在我们觉得对一个事物认识得如此清楚、如此明白，以致我们不能想我们还能认识得更清楚、更明白的时候，我们也经常会弄错。

假如理智把某一事物理会得或认为理会得清楚，自由裁决就会把判断下得坚定、确切，无论这个判断在实际上是正确的，或者是被认为是如此的；但是，假如它把事物理会得很模糊，自由裁决就会把判断下得犹豫、不确定，却自信它更可能是对的，而不会是它的反面，即使这个判断可能与事实相符也可能与事实不符。

最必要的是应该教导我们一种好的方法，使我们学会指导我们的思想，使我们知道：每次当我们以为清楚、明白地理会了什么事物时，我们到底是弄错了，还是没有弄错。

假如真理只是判断和所判断的事物二者之间的一致性而不是别的，那么真理就只是一种关系，因而它就不能从事物本身和事物的观念这二者之间的比较中分得开，或者说就不能从事物的观念分得开，因为事物的观念不仅有表象其自身的性质，同时也有如实地表象事物的性质。既然观念同事物一致，或者说，既然观念事实上如实地表象事物，那么真理的观念和事物的观念就是一回事；因此，假如事物的观念不是与我们俱生的，假如事物的观念是外来的，那么真理的观念也是外来的，而不是与我们俱生的。这一点既然适合于每个特殊真理，也能适合于被一般地考虑的真理，这种真理，是从每个特殊的真理的概念或观念中抽出来的。

可见，错误不见得是在于自由裁决运用得坏了，而是在于在判断和被判断的事物之间的关系太少的缘故，这是由于理智所理会的和事物本身不一致所致。这就是为什么错误不是来自自由裁决方面，不是由于它判断得坏，而是来自理智方面，由于它理会得不好。

虽然要达到完全的真理也许是不可能的，但是我们却一定能达到最接近真理的、最近似真理的东西。

V

你[笛卡尔]把观念分为三种：有些是与我们俱生的，有些是来自外界的、外来的，还有些是由我们制造和捏造的。我想现在请你注意：似乎全部观念都是外来的，它们是由存在于理智以外的事物落于我们的某一个感官之上而生起的。因为，实际上，心灵不仅具有（甚至可以说它本就是）理会那些从外在对象发出，通过感官而达到心灵的外来的观念的能力，具有把这些观念赤裸裸地、清清楚楚地理会为就是心灵本身所接受它们的那个样子的能力；而且也有把这些观念各式各样地加以集合、分割，加以放大、缩小，并用其他若干方式加以对比、组合的能力。这样一来，至少你所建立的第三类观念就和第二类观念毫无区别；因为，一个狮头羊身龙尾怪物的观念实际上和一个狮头观念、一个羊身观念、一个蛇尾观念并没有什么不同，心灵把它们聚集起来，组成为一个单一的观念；因为把它们分割开来看，或对每一个加以个别的观察时，它们都是外来的，来自外界的。同样，一个巨人的观念，就是心灵任意加以放大的一个普通高度的人的外来观念。一个从未见过的金字塔的，或城市的，或任何其东西的观念，就是人们以前见过的一个金字塔或城市的外来的多少改样了的、因而是模糊的观念，心灵以某种方式把这个观念加以增添、划分和类比。至于你所说的与我们俱生的那一类观念，我不相信有任何一种观念是属于这一类的，我甚至认为人们以这个名称称谓的一切观念似乎都是外来的。

为什么在一个天生的瞎子的心里没有任何颜色的观念，或者在一个天生的聋子的心里没有任何声音的观念 ，是不是因为这些外在的东西本身没有能够把它们自己的影像送到这个残废人的心里，由于一生下来这些道路被障碍所堵塞住了而它们没有能够打通。

除去外在的对象本身把它们的观念给你送来以外，这些观念还是来自你的父母、你的老师们、圣贤的话里、以及和你一起谈话的人的话里，你是从那些话里学来的。

假如不是同时在心灵里有那么多的个别东西，心灵把这些东西抽象出来，做成一个一般地适合于一切东西而不是特殊地适合于一个东西的一种概念或一种观念的话，这一般的观念怎么可能在心灵里呢？假如一个东西的观念是与人俱生的，那一切普通观念当然就都是与人俱生的，而我们就用不着费那么大的事去把许多个别的东西加以辨识，以便在把所有不同点去掉之后，我们得到的只是对各个东西都有共同性的东西，或者是，以便得以由此做成一个类的观念。

至于我们认为是非物质性的东西的观念，例如上帝、天使、人的灵魂或心灵等的观念，的确，我们心里所有的这些东西的观念都或者是有形体的，或者差不多是有形体的，它们都是从人的形象和其他一些非常简单、非常轻以及非常不容易知觉的东西（例如风、火或空气）的形象那里抽出来的。

你[笛卡尔]所给予上帝的所有那些属性不是别的，而只是一大堆你在某些人身上和其余的东西上所观察到的某些完满性，对这些完满性，你的心灵有能力高兴怎么样就怎么样加以理解、组合和扩大，就如同我们多少次所观察到的那样。

我们习惯于加到上帝身上的所有这些高尚的完满性似乎都是从我们平常用的称赞我们自己的一些东西里抽出来的，如持续、能力、知识、善、幸福等等，我们把这些都尽可能地加以扩大之后，说上帝是永恒的、全能的、全知的、至善的、完全幸福的等等。这样一来，上帝的观念就表象了所有这些东西，不过，既然这个上帝的观念是按照上述的样子从各种有限的事物的观念组成然后加以扩大的，那么它就不能比各种有限的事物总和起来有更多的客观实在性。

【附记】

□伽森狄是作为笛卡尔唯心主义的对抗者而与笛卡尔同时登上法国哲学论坛的，他以鲜明的唯物主义观点批驳了笛卡尔的唯心主义。马克思曾说："在法国以笛卡尔为主要代表的十七世纪的形而上学，从诞生之日起就遇上了唯物主义这一对抗者。唯物主义通过伽森狄（他恢复了伊壁鸠鲁的唯物主义）来反对笛卡尔。"

□伽森狄唯物主义的一个有历史意义的内容即是他恢复了伊壁鸠鲁的原子论。马克思说："伽森狄恢复了伊壁鸠鲁的原子学说，使它摆脱了中世纪神学所加于它的禁令。"不过有损于他的历史功绩的是，他对伊壁鸠鲁学说做了许多限制和修改，使原子论学说失去不少原有的光彩。

□伽森狄对伊壁鸠鲁学说做的一个不可取的修改是他不提这个学说主张的原子偏斜运动，这样就把这个观点中所蕴含的、原子在自身必然下落运动中会偶然发生偏斜这一容纳了偶然性和自主性的思想舍弃了。

□伽森狄由于慑于天主教会的反动势力，在阐述伊壁鸠鲁学说时处处附加上神学的说明，还对伊壁鸠鲁的原子永恒说作了保留而强调原子是由上帝创造的。后世的狄德罗曾叹息说："可怜的伽森狄，为了躲避殉教者的花冠，不得不给伊壁鸠鲁挂上基督教的面具。"他甚至在批驳笛卡尔的推论无逻辑必然性时还要肯定一句："虽然结论是非常正确的，即上帝存在。"不过如马克思曾指出过的，伽森狄"竭力要使他的天主教良心和他的异教的知识相协调，使他的伊壁鸠鲁和教会相适合，这当然是白费力气的"。

　　□伽森狄是十七世纪法国第一个也是唯一的一个举起唯物主义鲜明旗帜的哲学家，虽然在对抗唯心主义上势单力薄，但他肇始了新的不可抵御的历史潮流，他的众多后继者在十八世纪形成了强大的战斗力，最终完成伽森狄开创的历史事业，马克思说："伽森狄和霍布斯正是在他们的敌人已经作为官方势力统治着法国的一切学派的时候战胜这个敌人的，而这已是他们去世以后很久的事了。"

斯宾诺莎

【生平】

　　公元 1632 年出生于阿姆斯特丹市一个犹太商人家庭。原先他家祖居西班牙，因信奉犹太教，同其他犹太人家庭一样遭到当地天主教会的驱逐而移居葡萄牙，仍未避开天主教会的迫害，终于迁往荷兰定居。斯宾诺莎七岁时入一所犹太教会学校接受经书教育，表现优异，博得学校和老师的赏识。但是渐渐地他对经书和教义失去兴趣，产生怀疑。毕业后他在具有进步思想的学者恩顿所主持的拉丁学校学习拉丁文，在这里受到恩顿思想的决定性影响，转向科学和哲学；他如饥似渴地阅读哲学著作，其中包括布鲁诺、笛卡尔、培根、霍布斯等人的著作，确立了唯物主义观点，具有了无神论思想，遂与犹太教决裂。教会起初想利诱他隐匿自己的异端思想，未能奏效，转而又阴谋杀害他，也告失败，最后决定开除他的犹太教教籍。斯宾诺莎从此离开阿姆斯特丹深居郊外乡村，以他创始的新方法磨制望远镜片维持极为俭朴的生活。后期他去了海牙。他没有与世隔绝，他有开明的政界朋友，有思想领域的同道，也和科学家通信，同时进行哲学著述。他的最初哲学著作是《略论神、人和人的幸福》以及《知性改进论》(1659－1660)。他深受笛卡尔哲学的影响，于 1663 年出版了《笛卡尔哲学原理》，其中也初步具有了他自己的某些观点，此书是他生前用真名出版的唯一著作。1670 年他匿名出版了《神学政治论》，遭到教会和神学家的激烈反对，人们立刻就知道作者是斯宾诺莎。1675 年他完成了最主要的著作，一部按照几何学的体例和论证方法写的《伦理学》，由于教会势力的阻挠未能出版。随后他开始写作《政治论》，因过早逝世没有写完。

斯宾诺莎和同时代的一些哲学家如霍布斯等一样，采取了社会契约论的政治主张。不过和霍布斯不同的是，他认为最自然的政体是民主制而不是君主制，并主张臣民不应把全部权力都放弃。1677 年因肺结核在海牙去世。

【思想】

I

宇宙间除了实体及其特殊状态以外，不能有别的东西。

宇宙间只有一个实体存在着，而这个实体是绝对无限的。因此寻求辨别多数实体的标志是徒劳的。

实体，我理解为在自身内并通过自身而被认识的东西。换言之，形成实体的概念可以无须借助于别的事物的概念。

实体的本性就是存在。

实体必然存在，这就是说，存在属于它的本性。

实体所以存在，也只是出于实体的本性，因为实体的本性就包含存在。

一件东西如果本性就包含着存在，那就是自因，就只是因为它的本性的必然性而存在。

实体是自因。

实体不能为任何别的东西所产生，所以它必定是自因，换言之，它的本质必然包含存在，或者说存在属于它的本性。

如果一个实体可以为另一个实体所产生，那么认识这个实体就必须依靠认识它的原因；这样，它就不是实体了。

实体所具有的圆满性不是依靠外因而得来的，所以它的存在只是基于它自己的本性，因此它的存在无非是它的本质。

不能有多数实体，只有唯一的实体。

实体必然是无限的存在。

永恒性属于实体的本性。

在理智外面，除了实体以外，或换句话说，除了实体的属性和特殊状态以外，没有任何东西可以用来区别众多事物之间的异同。

两个或多数不同的事物，区别的所在或是由于实体的属性不同，或是由于实体的特殊状态各异。

属性，我理解为从理智看来是构成实体的本质的东西。

实体所具有的一切属性都始终共处于实体内，一个属性不能产生另一个属性，但是每一个属性都各自表现实体的实在性或存在。

思想实体和广延实体，乃是同一实体有时从这个属性去了解，有时从那个属性去了解。

样式，我理解为实体的特殊状态。

样式不外是实体的属性的特殊状态。

除了实体和它的特殊状态以外，没有别的东西。

除了实体和样式以外并没有别的东西。

如果没有实体，样式就既不能存在，也不能被认识。

II

自然中只有唯一的实体，就是神。

神就是实体。

除了神以外，不能有任何实体，也不能设想任何实体。

在神以外不能有任何实体，这就是说，在神以外不能有任何自在的东西。

我不知道为什么物质不配有神的本性，因为在神以外，没有任何实体可以使神的本性受支配。

神以外没有任何在自身内并通过自身而被认识的东西。

只有神的本性才包含存在。

神是凭借自身的原因，而不是凭借偶然事物的原因。

单是由神的本质的必然性，就可以推出：神是自因。

神，我理解为绝对无限的东西，亦即具有无限多的属性的东西。

神是永恒的。

神或神的一切属性，都是永恒的。

具有无限多属性各自表现永恒无限的本质的神或实体是必然存在的。

只要我们承认有广延的实体具有永恒性和无限性，我们也无法说它不配有神的本性。

神，或神的属性，假如它们在存在方面改变了，则它们在本质方面也必定改变，这无异于说，从真的变成假的。

神的属性应当理解为表现神圣实体本质的东西。

广延是神的一个属性，换言之，神是有广延的。

有广延的实体是神的无限多的属性之一。

思想是神的一个属性，换言之，神是思想的东西。

思想是表现神的永恒无限的本质的无限多的属性之一。

形体，我理解为一种就神被看成有广延的东西而在某种一定的方式下表现神的本质的样式。

观念的存在，是思想的一个样式，也就是说，是一种就神是思想者而言在一定的方式下表现神的本质的样式。

特殊的思想，或者这个或那个思想，乃是在某种一定的方式下表现神的本质的样式。

除了形体及思想的样式以外，我们并不感觉或知觉到任何特殊事物。

样式不外是神的属性的特殊状态。

特殊的事物只不过是神的属性的特殊状态，也就是以某种一定的方式表现神的属性的样式。

从神的本性的必然性，必定得出具有无限多的样式的无限多的事物。

神产生无限多具有无限多样式的事物，是出于神的本性的必然性。

神是万物本质及万物存在的唯一原因，就是说，神不仅是万物生成的原因，而且是人们所常说的万物存在的原因。

神不单是使万物开始存在的原因，而且也是使万物继续存在的原因，也可以说神是万物的"存在因"。

一切事物的存在与动作都是被无限的因果联系所决定的。

意志和其他一切事物一样，也要有一个原因决定它在一定的方式下存在和动作。

每一个意愿只有为另一个原因所决定，才可以存在，可以动作，而这一个原因本身又为另一个原因所决定，像这样一直到无穷。因此意志不能称为自由原因，只能称为必然的或受制的原因。

心灵不能是自己的行为的自由原因，而是必定有一个原因决定它愿意这样或那样，而这个原因又为另一个原因所决定，这样一直到无穷。

自然中没有任何偶然的东西，一切事物都受到神的本性的必然性的决定而以一定的方式存在和动作。

万物都为神的本性的必然性所决定，不但被决定存在，而且被决定在一定的方式下存在和运作，偶然的东西是没有的。

说一件东西是偶然的，实在没有别的原因，只不过是由于我们的知识有缺陷。因为一件东西我们不知道因果关系，对它的存在不能明确地加以肯定，因此我们把它叫作偶然的或可能的。

一切都为神预先决定——并不是为神的意志自由或绝对任性所决定，而是被神的绝对本性或无限力量所决定。

神是绝对的第一因。

不断地追问原因的原因，一直把你逼到托庇神的旨意——这是无知的避难所。

许多人妄自揣想，以为神同人一样具有形体和心灵，也受情欲的支配；他们的看法离开神的真观念有多远，是很明白的。

要正确地了解我的意思，就只有十分小心，不把神的力量与人的力量或国王的权力混淆起来。

我们也常说神有理智和意志。如果理智和意志属于神的本质，也当然应当把这两种属性了解成与一般人所谓的理智和意志完全不同。因为构成神的本质的理智和意志与我们的理智和意志应当有天壤之别，最多只是名称相同。神的理智就它被理解成神的本质来说，其实就是万物的原因。

人们的成见在过去和现在都能在极大的程度上阻碍人们以我说明过的方式了解事物的联系。那些成见都是依据下面这一点，就是人们一般地认定一切自然物都和自己一样，为了达到目的而行动，并且认定神自身把万物都引向一定的目的。

自然并没有预定的目的，一切目的因都只不过是人的虚构。

III

观念的存在，只就神被看成思维物而言，不就神为别的属性所说明而言，神乃是它的原因。也就是说，神的各种属性的观念，以及特殊事物的观念，它们的动力因都不是观念的对象或被认知的事物，而是作为思想者的神本身。

神之能够形成他自己的本质的观念，以及一切从他的本质必然得出的事物的观念，只是因为神是思想的东西，而不是因为他是他的观念的对象。

在神之内，必然有神的本质的观念，以及一切从神的本质必然得出的事物的观念。因为神能够思想无限多具有无限多样式的事物，或者说能够形成他自己的本质的观念，以及一切从他的本质必然得出的事物的观念。这种观念必然存在，而且只能存在于神之内。

一切事物的观念，必然存在于神内，而神就是这个观念的原因。

观念，我理解为心灵所形成的，因为心灵是思维的东西。

人类心灵是神的无限理智的一部分，所以当我们说人类心灵看见这件事物或那件事物时，我们只不过是说神具有这个或那个观念，但并不是就神是无限的而言，而是就神构成人类心灵的本质而言。

神的理智既然是我们的理智的本质的原因与存在的原因，所以神的理智就其被理解为构成神的本质以及就其存在而言，都异于我们的理智，除了名称以外，决无其他相同之点。

我们的理智只不过是绝对思想的一种样式，有别于其他如欲望、爱情等等各种样式。

特殊的思想，或者说这个和那个思想，乃是在某种一定的方式下表现神的本性的样式。所以神具有这样一个属性，一切特殊的思想都包含有这个属性的概念，而且借这个属性才可以得到理解。

当我们说在我们心中有一个恰当的、完满的观念时，我们的意思只不过是说，就神由人类心灵的本性所表明，或就神构成我们心灵的本质而言，有一个恰当的完满的观念在神之内。

我们心中一切绝对的或恰当的、完满的观念，都是真的。

恰当的观念，我理解为这样一种观念：单就它本身而不涉及对象来说，它就具有真观念的一切特性和内在的标志。我说内在的标志，是为了排除外在的标志，即观念与它的对象的符合。

真观念必定符合它的对象。

一个人何以能够确知他具有与对象相符合的观念的问题，我已经说过了，即是他知道他的观念符合其对象，是因为他具有一个与对象相符合的观念，或者说因为真理即是真理自身的标准。

除了真观念外，还有什么更明白更确定的东西定以作真理的标准呢？正如光明之显示其自身并显示黑暗，所以真理既是真理自身的标准，又是错误的标准。

真观念与错误观念的区别仅在于真观念与它的对象相符合。

错误仅在于片断的和混淆的观念所包含的缺陷。

错误是由于知识的缺陷，而不正确的片断的和混淆的观念，必定包含知识的缺陷。

错误是由于知识的缺陷，这种缺陷是对事物的不正确知识或不正确和混淆的观念所包含的。

一切观念，就其与神关联而言，都是真的。因为一切在神之内的观念，都与它们的对象完全符合。

当我们说神具有这个或那个观念时，是不仅就神构成人类心灵的本质而言，而且是就神同时借人类心灵而有另一件事物的观念而言。

在任何心灵中是正确的观念，在神中也是正确的，因为神构成这个心灵的本质；不过在人的心灵中不正确的观念在神中却仍然是正确的，因为神在自身中不仅仅包含这一个心灵的本质，而且同时也包含着别的事物的观念。

一切观念都在神之内，而且就它们关联到神而言，它们都是真的和恰当的。因此只有它们关联到某个人的特殊心灵而言，才会有不恰当的和紊乱的观念。

只要人身在任何情形下被外界物体所激动，则人心便知觉外界物体。

观念是构成人类心灵的第一件东西，但并不是一件不存在的事物的观念。构成人类心灵的现实存在的第一件东西是某个现实存在的个别事物的观念。

构成人的心灵的观念其对象有了什么变化，必定被人的心灵所觉察，换言之，对于对象变化的观念将必定存在于人的心灵之中。

客观地包含在理智中的东西，一定必然存在于自然中。

任何物体被激动而成的一切情形出于被激动的物体的性质，同时也出于激动物体的性质，所以这些情形的观念必定包含能激动和被激动的两种物体的性质；所以人的身体为外物所激动的任何一个情形的观念必定包含有人体和外物的性质。

人心能够知觉许多物体的性质，以及它自己身体的性质。

人心有认知多量事物的能力，如果它的身体能够适应的方面愈多，则这种能力将随着愈大。

只要人心常为外界所决定或者为偶然机缘所决定以观认此物或

彼物，而非为内在本质所决定以同时观认多数事物而观察其相同、相异和相反之处，则人心对于它自身以及外界物体都没有正确知识，而只有混淆的片断的知识，因为只要心灵在此种或彼种方式下面由内在本质所决定，则心灵便能清楚明晰地观认事物。

我们知觉许多事物，并且形成许多普遍的观念。从通过感官片断地、混淆地和不依理智的秩序而呈现给我们的个体事物得来的观念，我常称这样的知觉为从泛泛经验得来的知识。从记号得来的观念，如当我们听到或读到某一些字，便同时回忆起与它们相应的事物，并形成与它们类似的观念，借这些观念来想象事物。这两种考察事物的方式我称为第一种知识。从对事物的特质具有共同概念和正确观念而得来的观念，这种认识事物的方式，我称为理性或第二种知识。第三种知识我称之为直觉知识。这种知识是从神的某一属性的本质的正确观念出发，进而达到对事物本质的正确知识。

只有第一类知识是错误的原因，第二类和第三类知识是必然正确的。

教导我们识别真伪的只有第二类和第三类知识，不是第一类知识。

理性的本性在于真正地认识事物或在于认知事物的本身，换言之，不在于以事物为偶然的，而在于以事物为必然的。

理性对事物的这种必然性具有真知识，或说能够认知事物的自身，但这种必然性乃是神的永恒本性的自身的必然性。所以理性的本性在于在这种永恒的形式下来考察事物。并且，理性的基础是表示事物的共同特质的概念，而这些概念并不表示个体事物的本质，必然要在某种永恒的形式下去认识事物。

一个事物的观念，不论是部分的或全体的，将必定包含神的永恒无限的本质。因此那种能够给我们以神的永恒无限的本质的知识的东西，是万物共有的，并且同等地在部分或全体之中，所以这种知识必然是恰当的或完满的。

我们的心灵有时主动，但有时也被动；只要具有正确的观念，它必然主动，只要它具有不正确的观念，它必然被动。

心灵具有不正确的观念愈多，它便愈受情欲的支配，心灵具有的正确观念愈多，它便愈能主动。

凡具有正确观念的人，也就是凡真正认识一个事物的人，必同时具有关于它的知识的正确观念或真知识，这就是说他必定同时确知他所知道的东西的真理性。

【附记】

□斯宾诺莎确立了以实体概念为核心的唯物主义自然观，他把实体概念界定为宇宙间唯一、无限、永恒、以自身为原因的存在，也就是把整个自然界作为实体来理解，从而否定了超自然的力量和原因，给予中世纪以来的神学唯心主义以强力的一击。

□斯宾诺莎把唯一存在的实体又叫作神，但声称这个所谓的神并非普通人理解的有意志有形体有情欲的神，而是指"万物的原因"，即以自身为原因的自然界（实体）自身。这是泛神论的语言，表现了斯宾诺莎所处时代的两重性、局限性：勇于向教会神学挑战却又无奈，挣不脱它的精神枷锁。

□斯宾诺莎把他所谓的"样式"理解为实体具有的无限多样的特殊状态，指的是自然的千姿百态，宇宙的纷繁杂多，世界的万物万事，这就是说，他关于实体和样式的学说讲的就是实体（自然、宇宙、世界）的统一性和多样性，而从实体作为客观实在来说，并且从他说过物质"有神的本性"来说，实际上讲的就是物质实在的统一性、普遍性和多样性、特殊性。

□斯宾诺莎按自己的思想体系论述他的自然观，其中零散地在个别问题上很精辟地说出了可贵的辩证观点，但仅仅是片言只语地接触到辩证观点，虽然深刻却并不完整，更不系统，而从整体上说，他的思想体系是机械唯物主义的，他没达到在世界观的高度把握辩证法，例如他认为，"一切物体的动与静必定为另一物体所决定"就显示了机械运动观，他忽视了物体具有内在能动性。

□斯宾诺莎作为唯物主义者，他坚持了决定论，宣称"自然并没有预定的目的"，"一切事物的存在和动作都被无限的因果联系所决定"，斩钉截铁地否定了目的论。但是，他作为一个机械唯物主义者，把因果链条的必然性绝对化了，在世界的无限因果链条中完全排除了偶然性，断言"自然中没有任何偶然的东西"，"万物都为神的本性的必然性所决定，偶然的东西是没有的"。在因果链条中排除偶然性的存在，这只能把必然性抽象化而沦为机械的决定论。而机械决定论不可避免地会跌入到自己的反面，和宿命论异途同归，所以不出所料他说过这样一句话："一切都为神预先决定——并不是为神的意志自由或绝对任性所决定，而是为神的绝对本性或无限力量所决定。"

　　□斯宾诺莎否认偶然性的存在，又要解释什么是偶然性，他认为人们通常所说的偶然的东西不过是"一件东西我们不知道它的因果联系，对它的存在不能明确地加以肯定"，把偶然性归结为"我们的知识有缺陷"。这个解释一方面把必然性狭隘地归结于、混同于因果性从而导致机械决定论，另方面又把偶然性主观化了。所谓不知道因果联系，并不是否定有原因存在，产生结果本属必然，问题是，必然性的因果关系在什么意义上又会是偶然的。斯宾诺莎所理解的偶然性实质上是指：由于"不知道"某事物的原因以致"不能确定"它会发生却出乎意料它发生了。这个理解有两个问题，第一，出乎意料——这本是偶然性的个别具体表现之一，不应看成为一切偶然性普遍具有的本质规定，若用这种"意外"来界定偶然性，就把偶然性主观化并把没有意识介入的客观领域的偶然性排除掉了；第二，事实上也有知其发生原因的偶然性存在，若用"不知道"原因来规定偶然性就把知其原因的偶然性也排除掉了。因此，偶然性概念的实质不在"不知道"原因，而在于在一定的必然性过程中，会发生各种由该必然过程外部的已知或未知的原因决定的因果关系，成为该必然过程的表现形式和补充，正是这个意义的因果关系定位为该必然过程中的偶然性因果。根本之点仅在于它的发生原因是出自一定客观的或主观的必然性过程之外，而与我们是否知此外在原因无涉，知或不知同属偶然性。

　　□斯宾诺莎提出广延和思想是实体的两个属性，这个学说的一个深刻的哲学意义是把思维作为属性而跟实体划分开来，否定了把思维理解为实体的唯心主义和二元论，坚持了唯物主义一元论。他把实体概念之外的一切，例如事物、属性、样式、广延、思想、观念、心灵、理智等等，都严密地封闭在实体之内，尤其是对于作为实体属性的思想及其样式——观念，毫不疏漏地几乎处处讲它"必然""只能"存在于作为实体的"神"之内："观念的存在是思想的一个样式"，"一切观念都在神之内"，一切观念"只能存在于神之内"，"一切事物的观念必然存在于神之内"，表明他强调思想不是也不能是独立于实体之外的东西。斯宾诺莎本来确定实体具有无限多的属性，可是在论述中只提出广延和思维是我们所知觉到的属性，甚至对运动他也认为不是实体的属性，此外究竟什么是属性，就无从得知了。

　　□斯宾诺莎作为唯物主义者，在认识论上鲜明地肯定了世界可知，认为人心受外界物体刺激而知觉外物，现实存在的个别事物构成人类心灵的观念，在理智中的东西必然存在于自然中，并且认为"人心有认知多量事物的能力，如果身体能适应的方面愈多，则这种能力将随着愈大"。但另一方面他又指出，"人心常为外界所决定，或者为偶然机缘所决定以观认此物和彼物"，那么"人心对它自身以及外界物体都没有正确知识""而只有混淆的片断的知识"，"错误仅在于片断的和混淆的观念所包含的缺陷"。对此他的解释是"人心只有为内在本质所决定"，才能"清楚明晰地观认事物"，而所谓由内在本质所决定，就是"同时观认多数事物而观察其相同、相异和相反之处"，也就是他并非根本否定对外界物体的认知，他只是不满意"从感官片断、混淆地和不依理智的秩序而呈现给我们的个体事物得来的观念"。由此看出，他所谓的人心内在本质指的就是"理智的秩序"；他把由感官得来的片断、混淆的观念称为"第一种知识"，并且指出"只有第一种知识是错误的原因"，而理性则是"第二种知识"，"第三种知识我称之为直觉"，"第二种和第三种知识是必然正确的"。这充分显示斯宾诺莎是一位并不彻底排除感觉，主张"依理智的秩序""同时观认多数事物"的唯物主义理性主义哲学家。

　　□与包含有知识缺陷的、错误的"片断、混淆的观念"相对应，斯宾诺莎提出了真观念的概念："我们心中一切绝对的或恰当的、完满的观念都是真的"。但什么才是"恰当的完满的"观念，他却只讲了一句话："其出身就具有真观念的一切特性和内在标志"，而没有亮明特性和标志的具体内容。从他曾讲过人心由内在本质所决定"便能清楚明晰地观认事物"来看，与从感官得来的片断、混淆的观念相对立的真观念的特性和标志，应该就是这里提到的"清楚明晰"。这明显是笛卡尔的影子。事实上从观念本身寻找辨别真假的标志是根本找不出的，也只有效仿一下笛卡尔。可赞的是，斯宾诺莎终究还是突破了笛卡尔的藩篱，为真观念提出了一个"外在标志"："我说内在标志，是为了排除外在的标志，即观念与它的对象的符合"。其中的"排除"一词，应该认为并非否定外在标志，而应解读为"暂避""撇开""不提"，意思是说此处"只谈"内在标志。因为他坚决明确地肯定："真观念必定符合它的对象"，"真观念与错误观念的区别仅在于其观念与它的对象相符合"，说明他承认外在标志。我们看到，斯宾诺莎是在走一条理性主义的方向而又不离开唯物主义的道路，不过他走得并不顺畅，他还不知道怎样可以找到这样一条顺畅的路，于是很自然地他在遇到如何能够确知观念是否符合对象的问题时，他的路线就绕起圈子来："一个人何以能够确知他具有与对象相符合的观念的问题，我已经说过了：是因为他具有一个与对象相符合的观念，或者说因为真理即是真理自身的标准。""除了真观念之外还有什么更明白更确定的东西足以作真理的标准呢？"结果是从外在标志又绕回到内在标志上来。斯宾诺莎走不出这个魔圈，找到魔圈出口的历史机遇不属于斯宾诺莎，历史还没有提供这个条件。

莱布尼茨

【生平】

公元 1646 年出生于莱比锡，父亲是莱比锡大学的伦理学教授。莱布尼茨 1661 年入莱比锡大学学习，1663 年转入耶拿大学，1666 年获阿尔道夫大学法学博士学位。1667 年到美因兹大主教手下工作，

1672 年经大主教的赞同出使巴黎，游说法国国王路易十四不要攻打德国。在巴黎活动的四年时间对他的思想发展产生重要影响，他接触了笛卡尔哲学和伽森狄的唯物论，抛弃了大学时期接受的经院哲学。1676年回国途经荷兰专访了斯宾诺莎，受到重大影响。但是后来他转向了唯心主义，晚年他甚至附和对斯宾诺莎的攻击。

他和汉诺威王室从 1673 年建立了关系，在从巴黎回汉诺威后，于 1680 年任王室图书馆馆长，毕生在汉诺威王室供职。莱布尼茨才智卓绝，是一个大学者，一生有多方面的历史性建树。他奠定了数理逻辑的最初基础，更正了笛卡尔的动量守恒定律公式（即 $MV^2=C$），并早于牛顿发表了微积分创立的研究成果。此外他还曾改进了巴斯噶的加法器，设计制造了手摇演算机，促成了柏林科学院的建立等等。莱布尼茨的主要著作有《人类理智新论》（1704）、《神正论》（1710）、《单子论》（1714）。莱布尼茨晚年很孤寂，1717 年在汉诺威于冷落中去世。

【思想】

I

我们在这里所要讲的单子，不是别的东西，只是一种组成复合物的单纯实体，单纯，就是没有部分的意思。

复合物不是别的东西，只是一些单纯物的一个堆积或聚集。

在没有部分的地方，是不可能有广延、形状、可分性的。这些单子乃是自然的真正的原子，简言之，必就是事物的原素。

单子必须有一些性质。单纯的实体之间如果没有性质上的差别，就无法觉察事物中的任何变化，因为存在于复合物中的东西，只能来自单纯的组成部分，单子如果没有性质，也就不能彼此分别，因为它们之间本来没有量的差别。

每个单子必须与任何一个别的单子不同，因为在自然中绝没有两个东西完全相似，而不可能在其中找出一种内在的差别或基于一种固有特质的差别。

也根本不必怕单子会分解，根本就不能设想一个单纯的实体可以用什么方式自然地消灭，也根本不能设想一个单纯的实体可以用什么方式自然地产生，因为它是不能通过组合而形成的。

单子只能凭借创造而突然产生，凭借毁灭而突然消灭，至于复合物，则是凭借部分而产生或消灭的。

只有上帝是原始的统一或最初的单纯实体，一切创造出来的或派生的单子都是它的产物，可以说是凭借神性的一刹那的连续闪光而产生的，神性是受到创造物的容受性限制的，对于创造物说，有限乃是它的本质。

我们可以把一切单纯实体或创造出来的单子命名为"隐得来希"，因为它们自身之内具有一定的完满性，有一种自足性使它们成为它们的内在活动的源泉，也可以说，使它们成为无形体的自动机。

在上帝之中的那些属性是绝对无限或完满的，而在创造出来的单子或"隐得来希"中，则只是按照具有完满性的程度而定的一些仿制品。

说一个创造物比另一个创造物更完满，意思就是说，我们发现这个创造物中有一种成分，可以用来先天地说明另一创造物中所发生的事情的因由；就是因为这一点，我们才说它对另一创造物起作用。

一个单子不可能由某个别的创造物在它的内部造成变化或改变，因为我们不能在单子内做出任何移动，也不能设想单子中有任何内部的运动可以在其中被激起、引导、增加或减少，而这在复合物中是可能的，在复合物内是有部分之间的变化的。单子没有可供事物出入的窗户，偶性不能脱离实体，不能漂游于实体之外。因此，不论实体或偶性，都不能从外面进入一个单子。

我也同意一切创造物都是有变化的，因而创造出来的单子也是有变化的，我并且同意这种变化在每一个单子中都是连续的。

单子的自然变化是从一个内在的原则而来，因为一个外在的原因是不可能影响到它的内部的。

在单纯实体内必须有许多特殊状态和关系，虽然并没有任何部分。

这个包含并表现单纯实体里面的一种"多"的暂时状态，不是别的东西，就是所谓知觉。

单纯实体是不能消灭的，它也不能没有特殊状态而存在下去，特殊状态不是别的，就是它的知觉。

我们的知觉中如果没有什么突出的、可以说高级的和有较高趣味的东西，我们就总是处在昏迷状态之中。一切赤裸的单子即是这种状态。

自然给予了动物一些高级的知觉。

那种使一个知觉变化或过渡到另一个知觉的内在原则的活动，可以称为欲求；诚然，欲望不能总是完全达到它所期待的全部知觉，但是它总是得到某个东西，达到一些新的知觉。

知觉和依附在知觉上的东西，是不能用机械的理由来说明的，也就是说，不能用形体和运动来说明。应当在单纯实体中而不应当在复合物或机器中去寻找知觉。因此，在单纯实体中所能找到的，只有这个，也就是说，只有知觉和知觉的变化。也只有在这里面，才能包含各个单纯实体的一切内在活动。

但是在单纯的实体之间，只存在一个单子对另一个单子所发生的理想的影响，它只是通过上帝为中介，才能产生它的效果，因为在上帝的观念中，一个单子有理由要求上帝在万物发端之际规范其他单子时注意到它。因为一个单子既然不能对另一个单子的内部发生一种物理的影响，那就只有靠上帝为中介的理想的影响这种办法，一个单子才能为另一个单子所依赖。

在创造物之间，能动与被动是相互的。因为上帝比较两个单纯实体，发现每一个里面都有使它适应于另一个的理由，因此就一个方面说是能动的，从另一个观点看来则是被动的。说它能动，是由于其中有一种成分，可以说明另一个里面所发生的事情；说它被动，是由于其中所发生的事情的因由在另一个的成分中。

这种一切事物对每一事物的联系或适应，以及每一事物对一切事物的联系或适应，使每一单纯实体具有表现其他一切事物的关系，并且使它因而成为宇宙的一面永恒的活的镜子。

正如一座城市从不同的方面去看便显现出完全不同的样子，好像因观点的不同而成为许多城市，同样情形，由于单纯实体的数量无限多，也就好像有无限多的不同的宇宙，然而这些不同的宇宙乃是唯一宇宙依据每一个单子的各种不同观点而产生的种种景观。

这就是获得最大可能的多样性和可能最大的秩序的方法；也就是说，这就是获得最大可能的完满性的方法。

也就是这个假设，恰当地表扬了上帝的伟大。提不出任何理由来说明何以不可能有这样一种普遍的和谐，使每个实体凭借着它与其他一切实体的关系确切地表示出其他一切实体。

有一些先天的理由说明何以事物不能是别样的，因为上帝在规范全体时注意到每一个部分，特别是注意到每一个单子。单子的本性既然是表象，所以任何东西都不能限制单子只表象事物的一部分，虽然这种表象确乎在整个宇宙的细节方面只是混乱，而只能在事物的一小部分中是清晰的，就是说，只能在那些对于每一个单子说或是最近或是最大的事物中，才是清晰的；要不然单子就会是一个神了。单子之受到限制，并不是在对象方面，而是在认识对象时所采取的方式方面。单子都以混乱的方式追求无限，追求全体，但是它们都按照知觉的清晰程度而受到限制和区别。

复合物在这一方面乃是单纯实体的象征。每一个物体都不仅受到与它相接触的物体的影响，并以某种方式感受到这些物体中所发生的事件的影响，而且还以这些事件为媒介，感受到与它所直接接触到的这些事物相接触的事物的影响。所以，这种传达一直达到一切遥远的距离。因此一切物体都感受到宇宙中所发生的一切，因而观看全体的人能够在每一个物体中看到各处所发生的事，以至过去或未来所发生的事，在现在中观察到在时间上和空间上甚为遥远的事。但是，一个灵魂只能在自身中看到清晰地表象于其中的东西，而不能一下发挥出它的全部奥秘，因为这些奥秘是趋于无穷的。

虽然每个创造出来的单子都表象宇宙，它却特别清晰地表象着与它关系特别密切的、以它为"隐得来希"的那个形体：这个形体既是以"充实"中的全部物质的联系来表现全宇宙，灵魂也就以表象这个用一种特殊方式附属于它的形体来表象全宇宙。

每一个单子既是一面以各自的方式反映宇宙的镜子，宇宙又是被规范在一种完满的秩序中，所以在表象中，即在灵魂的知觉中，应当也有一种秩序。因此在形体中也应当有一种秩序，而宇宙是随着形体被表象于灵魂中的。

灵魂遵守它自身的规律，形体也遵守它自身的规律，它们的会合一体，是由于一切实体之间的预定的和谐，因为一切实体都是同一宇宙的表象。

灵魂依据目的因的规律，凭借欲望、目的和手段而活动。形体依据动力因的规律或运动而活动。动力因的界域和目的因的界域，是互相调协的。这个预定和谐体系使形体好像（自然是不可能的）根本没有灵魂似的活动着，使灵魂好像根本没有形体似的活动着，并且使两者好像彼此影响似的活动着。

我也就是用那些感觉不到的知觉来解释心灵与身体之间的这种奇妙的预定和谐，甚至一切单子或单纯实体之间的预定和谐。这种预定和谐代替了各个单子彼此之间的那种站不住脚的影响。

II

我承认，如果物质是由各个坚硬不可分的小部分合成的，在"充满"之中运动就是不可能的，就如同一间房子充满了许多石块，连最小的空隙都没有那样。但这个假设是得不到承认的，同时也显得毫无理由，虽然这种微粒的坚硬性或凝聚性构成形体的本质。我们毋宁应该设想空间充满了一种原来的流动物质，可以接受一切分割，甚至在实际上被一分再分，直到无限。但是在不同的场所，由于运动的协同作用在程度上有所不同，物质的可分性以及分割的程度也就不相等。这就使得物质到处都有某种程度的坚硬性，同时也有某种程度的流动性，没有一个物体是极度坚硬或极度流动的。换句话说，找不到任何一个原子，会有不可克服的坚硬性，也不会有一团物质，对于分割是不在乎的。

物质的每一部分不仅如古人所承认的那样无限可分，而且实际上被无限地再分割，部分更分为部分，这些小部分中的每一个都有其固有的运动，否则便不可能说物质的每个部分都能表象宇宙了。

任何事物都不是一下造成的，这是我的一条最大的准则，并且是完全证实了的准则："自然从来不飞跃"。我是初在《文坛新闻》上提到这条法则，称之为"连续律"；这条法则在物理学上的用处是很大的。这条法则主张，我们永远要经过程度上和部分上的中间阶段，才能从小到大，或者从大到小；并且从来没有一种运动是从静止中直接产生的，也不会从一种运动直接回到静止，而只有经过一种较小的运动才能达到。

一般的灵魂是反映创造物的宇宙的活的镜子，而人的精神则又是神本身或自然创造主本身的形相，能认识宇宙的体系，并能凭借建筑模型而模仿宇宙体系的若干点；每一个精神在它的范围内颇像一个小小的神。

就是这个道理，使精神能够以一种方式与上帝发生社会关系，上帝对于精神不仅是一个发明家对于他的机器的关系（如同上帝对于创造物的关系），而且是一位君主对他的臣民的关系，甚至是一个父亲对其子女的关系。

一切精神总合起来应当组成上帝的城邦，亦即在最完善的君主统治之下的尽可能最完善的国家。

这个上帝的城邦，这个真正普遍的王国，乃是自然世界中的一个道德世界，乃是上帝作品中最崇高和最神圣的部分。也正是由于对这个神圣的城邦的关系，上帝才特别具有善，至于上帝的智慧和权力，却是无处不表现的。

我们已经在动力因和目的因这两个自然界域之间建立了一种完满的和谐，现在应当指出另一种和谐存在于自然的物理界和神恩的道德界之间，亦即建造宇宙机器的上帝和君临精神的神圣城邦的上帝之间。作为建筑师的上帝，在一切方面都是满足立法者的上帝的。因此罪恶必然凭借自然的秩序，甚至凭借事物的机械结构而带来它的惩罚；同样地，善良的行为则通过形体方面的机械途径而获致它的报偿，虽然这不应当经常立刻达到的。

最后，在这个完满的政府之下，绝不会有善良的行为不受报偿，也不会有邪恶的行为不受惩罚，一切都应当为了善人的福利而造成。如果我们能够充分了解宇宙的秩序，我们便会发现宇宙实在超出了所有贤明的人的愿望，并且承认，如果我们归附那创造一切的创世主，那么，这个宇宙秩序就是不可能比现在更好的了。

III

使我们与单纯的动物分开、使我们具有理性和各种科学、将我们提高到认识自己和上帝的东西，则是对于必然和永恒的真理的知识。这就是我们内在的所谓"理性灵魂"和"精神"。

证明有必然真理的内在原则的东西，也就是区别人和禽兽的东西。

有两种真理：推理的真理和事实的真理。推理的真理是必然的，它们的反面是不可能的；事实的真理是偶然的，它们的反面是可能的。

我们认为：任何一件事如果是真实的或实在的，任何一个陈述如果是真的，就必须有一个为什么这样而不那样的充足理由，虽然这些理由常常总是不能为我们所知道的。

当一个真理是必然的时，我们可以用分析法找出它的理由来，把它们归结为单纯的观念和真理，一直到原始的真理。

但是充足理由也必须存在于偶然的真理或事实的真理之中。在创造物的宇宙中，由于自然界的事物极其繁多，以及物体可以无穷分割，所以对特殊理由的分析是可以达到无穷的细节的。

既然这全部细节本身包含着另外一些在先的或更细的偶然因素，而这些因素又要以一个同样的分析来说明其理由，所以我们这样做是不能更进一步的。充足理由或最后的理由应当存在于这个偶然事物的系列之外，尽管这个系列可以是无限的。

所以事物的最后理由应当在一个必然的实体里面，而这个实体就是我们所谓上帝。这个实体乃是全部细节的充足理由。

这个唯一、普遍和必然的最高实体，既然没有任何东西在它以外独立存在，就应当不可能有任何限制，并且应当包含着全部可能有的实在性。不能以为永恒的真理既是依赖上帝的，所以是任意的，是依赖上帝的意志的，这种看法只对偶然的真理是正确的，偶然真理的原则是"对最佳者的选择"，至于必然真理，则只是依赖上帝的理智，是上帝的理智的内在对象。

IV

为什么一切都必须是我们由对外物的统觉得来，为什么从我们本身之中什么也发掘不出来呢？我们又到哪里去找本身毫无变异的板呢？

心灵本身是否像亚里士多德和《理智论》作者所说的那样，是完完全全空白的，好像一块还没有写上一个字的板（Tabula Rasa 白板）；是否在心灵上留下痕迹的东西，都是仅仅从感觉和经验而来，抑或是心灵原来就包含着一些概念和学说的原则，外界的对象只是靠机缘把这些原则唤醒了。我和柏拉图一样，持后面一种主张。

究竟是一切真理都依赖经验，亦即依赖归纳与例证，还是有些真理更有别的基础。因为如果某些事件我们在根本未作任何试验之前就能预先见到，那就显然是我们自己对此也有所贡献的。

我们在纯数学中、特别是在算术和几何学中所见到的那些必然的真理，应该有一些原则不靠举例可得到证明，也不靠感觉的见证，虽然没有感觉我们是不会想到它们的。逻辑学和形而上学在一起形成了神学，和伦理学在一起形成了法理学，这两种学问都是自然的，都充满了这种真理，因此它们的证明只能来自所谓天赋的内在原则。诚然，我们不能想象，在心灵中，我们可以像读一本打开了的书一样读到理性的永恒法则，就像读到裁判官的法令那样毫无困难，毫不用探求，但是只要凭感觉所供给的机缘，集中注意力，就足以在我们心中发现这些法则。实验的成功也可以用来印证理性，颇有点像算术里演算过程很长时，可用验算来免除演算错误一样。

难道还能否认在我们心中有存在、统一、实体、绵延、变化、行为、知觉、快乐以及其他许许多多我们的理智观念的对象吗？这些对象既然直接呈现在我们的理智之前，而且永远呈现，那么为什么我们说这些观念和一切依赖于这些观念的东西都是我们天赋的，就觉得惊诧呢？我也曾经用一块有纹路的大理石来做比喻，而不把心灵比作一块完全一色的大理石或空白的板。因为如果心灵像这种空白板那样，那么真理之在我们心中，就像在一块大理石里刻上这个像或别的像都完全是无所谓的了。但是如果这块石头上本来有些纹路，刻这个像比刻别的像更好，这个像就可以说是以某种方式天赋地在这块石头上了，虽然也必需加工使这些纹路显出来，使它更加清晰，把那些阻碍这个像显现的纹路去掉。同样，观念和真理是作为倾向、禀赋、习性或自然的潜在能力而天赋在我们心中，并不是作为现实作用而天赋在我们心中，虽然这种潜在能力永远伴随着与它相适应的、常常感觉不到的现实作用。

Ⅴ

感觉对于我们的一切现实认识虽然是必要的，但是不足以向我们提供全部认识，因为感觉永远只能给我们提供一些例子，亦即特殊的或个别的真理，然而印证一个一般真理的全部例子，尽管数目很多，也不足以建立这个真理的普遍必然性，因为不能因此便说，过去发生的事情，将来也会同样发生。例如希腊人、罗马人以及地上一切为古代人所知的民族，都总是指出，在 24 小时过去之前，昼变成夜，夜变成昼。但是如果以为这条规律无论在什么地方都有效，到新地岛去住一下，就看到了相反的情形。如果有人以为至少在我们的地域内，这是一条必然的、永恒不变的真理，那还是错了，因为应该说，地球和太阳本身也并不是必然存在的，也许会有一个时候，这个美丽的星球和它的整个系统不再存在下去，至少是不再以现在的方式存在下去。

人类的认识与禽兽的认识不同之点正在于，禽兽纯粹凭经验，只是靠例子来指导自己，因为就我们所能判断的来说，禽兽决达不到提出必然命题的地步，而人则能够有证明的科学知识。禽兽的联想纯粹和单纯的经验主义者的联想一样，他们以为凡是以前发生过的事，以后在一种使他们觉得相似的场合下也会发生，而不能判断。

诚然理性也告诉我们，凡是与过去长时期的经验相符合的事，通常可以期望在未来发生；但是这并不因此就是一个必然的、万无一失的真理，当支持着它的那些理由改变了的时候，即令我们对它的期望极小我们的预期也会失败。因为这个缘故，最贤明的人就不那么信赖经验。因为只有理性能建立可靠的规律，并指出它的例外，以补不可靠的规律的不足，最后更在必然后果的力量中找出确定的联系。这样常常使我们无须乎实际经验到影像之间的感性联系，就能对事件的发生有所预见，而禽兽则不然。

【附记】

□莱布尼茨哲学是作为以洛克为代表的 17 世纪西欧唯物主义思潮的反对者出现的。他提出没有广延但有知觉并且是由上帝创造被称为灵魂的"单子"，以否定当时唯物主义的机械物质观，确立了 17 世纪西欧独树一帜的客观唯心主义体系，同时也开启了近代德国唯心主义传统的先河。

□莱布尼茨的单子是没有广延、没有部分、不可分割的单纯实体，是组成物质事物的元素。但它如何能够组成有广延、有部分、可分割的物质事物，是无法解释的。一位同时代的科学家曾对此说："没有广延的、感觉不到的物理粒子结合在一起，不可能产生任何有广延的东西"。列宁曾这样评论莱布尼茨哲学："我的自由的转达：单子＝特种的灵魂。莱布尼茨＝唯心主义者。而物质是灵魂的异在或是一种用世俗的、肉体的联系把单子粘在一起的糨糊。"

□莱布尼茨有几个突出的观点正好冲撞了机械唯物主义这里或那里的要害，如他肯定广延可无限分割，肯定事物的普遍联系和相互一致，以及提出单子有内在活动原则，这个原则揭示出物质必然具有内在能动性从而和运动有不可分割的联系。莱布尼茨哲学包含有诸多辩证法的萌芽，在历史上预示了辩证世界观的发展前景。

　　□莱布尼茨哲学是一个矛盾的体系。它在神学的形式下包含有可说是"特种的"辩证法，但是在整体上是形而上学的，它把单子确定为各自独立没有窗子可进入的单纯实体，互不发生"物理影响"，却又神秘主义地通过上帝为中介的"理想影响"让单子相互联系；单子、事物都彼此协调一致，却又是上帝规范好不可变更的"前定的和谐"；物质事物可无限分割，而单子本身则没有可分性；单子有内在能动性，事物有变化，但"自然从来不飞跃"，只有程度上或部分上的增减。他囿于当时的种种局限和制约难于解脱矛盾。

　　□莱布尼茨在认识论上作为唯物主义经验论的对立面，反对洛克的"白板说"。他提出自己的"大理石论"，承认天赋观念，肯定演绎推理的真理性，是一个唯心主义的理性主义者。不过他同时也看到感觉在理性认识上有机缘作用以及演绎推理之外有事实真理，虽然表明他已不能忽视感性经验的重要性，但真正说来他并不真懂得感性认识在认识活动全过程中的作用、意义和地位。

八、十八世纪英国法国哲学家

十八世纪分别展示了英国的主观唯心主义者和法国的强大唯物主义集团。

英国的巴克莱把唯物主义经验论逆转为主观唯心主义经验论，休谟继承了巴克莱思想。被称为『百科全书派』的法国哲学家们，在对宗教神学的斗争中把形而上学唯物主义发展臻于成熟：旗帜鲜明无讳，观点明确无疑，语言纯正无歧，甚至走到突破自身形而上学局限性的临界处，竟踏入了辩证法的边界。

巴克莱

【生平】

公元 1684 年出生于爱尔兰的基尔肯尼，是个神职人员。他早年求学于基尔肯尼学校，1700 年入都柏林三一学院学习四年，毕业后留校任教。1709 年就任执行牧师，开始了他的神职生涯，一度在伦敦居住，曾于 1713—1720 年周游法、意等国。1724 年起改任北爱尔兰德利地区的教长，有一个时期在百慕大群岛传教。1728 年携妻子赴美洲，继续他在百慕大时的传教活动，后因创办圣保罗学院计划的经费无着落，于 1731 年返回英国。1734 年出任爱尔兰克罗因地区的主教至 1753 年在牛津去世。

作为一名传教士，巴克莱涉足哲学领域，目的极为明确，就是提倡"对于上帝和我们的天职的研究"，以唯物论和无神论为不共戴天的敌人，对其进行毫不掩饰地攻击，为此他先后出版了《视觉新论》（1709）、《人类知识原理》（1710）、《希勒斯和斐洛诺斯的三篇对话》（1713）以及《阿尔西弗朗》（1732）。

【思想】

I

借着视觉，我们可以有光和颜色及不同程度与差异的观念。借着触觉，我们可以感知到硬和软、热和冷、运动和阻力以及它们在数量上或程度上的大小深浅。嗅觉供给我们气味，味觉供给我们以滋味，听觉则可以把各种不同曲调的声音传入我心中。由于这些观念中有一些是一同出现的，我们就用一个名称来标记它们，并且因而就把它们认为是一个东西。因此，例如某种颜色、滋味、气味、形相和硬度，如果常在一起出现,我们便会把这些观念当作一个单独的事物来看待。并用苹果的名称来表示它。另外一些观念的集合,则构成一块石头、一棵树、一本书和其他类似的可以感觉的东西。这些东西又因为是适意的或不适意的而引起爱、憎、悲、乐等等情感来。

光和色,热和冷,广延和形相——一句话,我们看到和感触到的东西——它们除了就是一些感觉、意念、观念或感官上的印象外,还是什么呢?

显然,广延、形相和运动仅仅是些存在于心中的观念。

当我们看见一个人的颜色、大小、形相和运动时,我们只是感知到在我们自己的心灵中所引起的某些感觉和观念。

一切可以感觉的性质,都只是颜色、形相、运动、气味、滋味等等,也就是说,都只是被感官感知的观念。

真正讲来,物象和感觉是同一个东西,两者是不能彼此分离的。

说到我们的感官,我们通过它们只能知道我们的感觉、观念或者那些为感官所直接感知的东西,你随便怎样称呼它们都可以。

我们所吃的、所穿的,乃是我们借感官直接感知的东西。我们已经表示过,联合组成各种食物或衣着的硬、软、颜色、滋味、温暖、形相以及诸如此类的性质,都在感知它们的心灵中存在;而这就是我称它们为观念的全部意义。观念一词如果通常用起来像事物一词的意义一样,那么,说我们吃观念、喝观念、穿观念,听起来也就不会觉得比事物一词更难听、更可笑了。因此,假若认为我们吃的、喝的、穿的都是感官的一些直接对象,而这些对象不能不被感知或在心灵之外存在,那么我也可以立刻承认,说它们应叫作事物,而不该叫作观念,那是较为恰当或合乎习惯的。为什么我要用观念一词,而不顺从习惯称它们为事物,有两个理由:第一,因为事物一词与观念一词相反,一般是被假设来指在心灵之外存在的某种东西。第二,因为事物一词比起观念来有更广的含义,它既包括观念,也包括精神或能思维的东西。因此,既然感官的对象仅仅存在于心中,并且同时又是无思想的和非能动的,所以我就选择观念一词来表示它们。

我们已经表示过,与虚幻的或我们自己所构成的观念相反的真实事物的意义何在。不过，它们都同样是在心中存在的，而且在这个意义下，它们都同样是些观念。

印在感官上的观念是真实的事物，或者是真实存在的；这一点，我们并不否认。不过，我们否认它们"能"在感知它们的心灵以外存在，否认它们是在心灵以外存在的任何原型的肖像。

II

说事物的任何一部分有一种独立于精神之外的存在，那是完全不可理解的。

视觉的固有的对象既不外于心而存在，亦不是外物的图像。

你可以说：虽然观念本身并不离开心灵而存在，但是仍可以有与观念相似的东西，而观念只是它们的摹本或肖像；这些东西则是可以离开心灵而存在于一个不思维的实体中的。我可以问：所假设的那些为观念所描绘或代表的"原本"或外物，本身究竟是能被感知的呢，还是不能被感知的呢？如果是能被感知的，那么，它们就仍然是些观念，这正表示我的主张胜利了。

只要人们认为真实的事物存在于心灵以外，并且认为他们的知识只有在"符合于真实的事物"时，才是真实的，那么，我们如何能知道被感知的事物符合于那些不被感知的事物或在心灵以外存在的事物呢？

既然我们承认这个不可知的物质实体可能存在，我们能假设它在什么地方存在呢？它不是在心灵中存在，但也不能在一个场所存在，因为一切场所或广延只存在于心灵中。那么，我们就不能不说它根本是不在任何地方存在了。

纵使我们承认别的性质是在心外存在的，但数目却完全是心的产物：同一个东西可以因我们观察方面的不同而有不同的数目的称谓。因此，同一个广延，可以因我们按照一码、一英尺或一英寸来观察它而称为一或三或三十六。数目显然是相对的，并且是依人的知性为转移的；一个人如果以为它离开了心而有一个绝对的存在，那真是一种奇怪的想法。

那些主张形相、运动及其他第一性的质存在于心外不能思维的实体中的人们，都同时承认颜色、声音、冷热及这一类的第二性的质是不存在于心外的。但是，我是没有能力构成一个有广延和运动而不涉及别的感性性质的物体观念的，除非我同时给它一些颜色或其他感性性质，而这些性质是仅存于心中的。因此，其他感性性质在什么地方存在，第一性的质也必定在什么地方存在，即只存在于心中，而不能存在于别的地方。

依照现代哲学家们证明某些可感的性质不存在于物质中或心以外的方法，我们也可以证明所有别的任何可感的性质，都是如此。他们说，热和冷仅仅是心中的一些变化，而全然不是真实事物的摹本，它们并不存在于引起它们的有形实体之中；因为一个物体，对于一只手是冷的，而对于另一只手又可以表现为热的；那么，为什么我们不可以同样说，形相和广延也不是存在于物质中的性质的摹本或肖像呢？因为同一个眼睛在不同的地位，或不同结构的眼睛在同一个地位，其所看到的形相和广延都是各不相同的。所以，它们都不能是任何存在于心外之确定的事物的图像。任何颜色或广延或其他一切可感的性质都不可能存在于一个心外不思维的实体中，或者实在说来，根本不可能有任何所谓外物这样的东西。

我们不必多费精神来讨论所谓形相、运动以及其他可感性质的物质的基质或支柱，要讨论这个，那岂不是已经假设了它们在心外还有存在吗？这不是一个明显的矛盾和不可想象的吗？

我们已经表示过，就是第一性的质亦不可能外于能认知它们的精神或心而存在；由此可见，我们再也没有任何理由来假设物质的存在了。

纵使坚实的、有形相、能运动的实体可能存在于心外，并且与我们对物体所具有的观念相应，我们又如何能知道这一点呢？如果我们还能知道外物的话，那就必定是靠理性从感官直接感知的东西来推断它们的存在了。但是有什么理由可以使我们根据我们所感知的来相信心外之物的存在呢？

人们也许会认为：我们如果假设有与一切感觉相似的外物存在，也许比没有这种假设更容易一些来设想和说明观念产生的方法；因此至少我们可以推想有外物这样的东西，来在我们心中引起对它们的观念。然而即使我们承认像唯物论者所说的外物，可是他们也自认他们并不能因此而更贴近地知道我们的观念是如何产生的，因为他们承认他们自己并不能了解物体如何作用于精神或者它如何可能在心中印上任何观念。所以，我们不能因为我们心中有观念或感觉产生就以此作为理由来假设有所谓物质或有形体的实体存在；因为他们只承认，无论有没有这个假设，观念的产生是一样不可解释的。

我们是否可能懂得所谓可感物自己的绝对存在或在心外的存在究竟有什么意义呢？对于我，显然，这些字只是标示一个明显的矛盾，要不然，就是毫无意义的。

我并不否认我们借感官或反省所能理解的任何一个事物的存在。我用眼睛看到的事物和用手摸到的事物，都是存在的，真实地存在的，对于这一点，我丝毫也不怀疑。唯一我们所否认为存在的，乃是哲学家们所谓的"物质"或有形体的实体。否认这个，无神论者的确会因此而感到缺乏一个空名的装饰来支持他们的渎神，"哲学家们"也可能因此而觉得他们在烦琐的争论中完全失去了把柄。不过，我所能见到的损害就止于此。

我倒是愿意看到有人能用"物质"来解释自然中任何最平凡的现象；或者能说出他之所以主张"物质"存在的任何理由，即使是可能性最低的理由也好；或者甚至于能使这种假设有任何还可以说得过去的意义。

III

印在"感官"上的各种感觉或观念，尽管混杂、尽管结合在一起（即不论组成什么对象），也不能不在感知它们的心灵中存在。只要注意一下存在一词用于可感觉的事物时的意义，就可以知道这一点。我说我写字的桌子存在，这就是说我看到它。假若我走出书房以后还说它存在，这个意思就是说，假若我在书房中，我就可以感知它，或者说，有某个别的精神实际上感知它。有气味，就是说我嗅到过它；有声音，就是说我听到过它；有颜色或形相，就是说我用视觉或触觉感知过它。所谓不思想的事物完全与它的被感知无关而有绝对的存在，那在我是完全不能了解的。它们的存在，就是被感知，它们不可能在心灵或感知它们的能思维的东西以外有任何存在。

感官的对象不可能不被感知而存在。

我所看到的、听到的和感触到的，都是存在的，即是说，都是被我感知的，这一点我并不怀疑，犹如我不怀疑我自己的存在一样。

天上的一切星宿，地上的一切陈设，总之，构成大宇宙的一切物体，在心灵以外都没有任何存在；它们的存在就是被感知或被知道。

日月星辰以及每一个别的感官对象，都只是人们心中的许多感觉，除了仅仅是被感知而外，没有别的存在。

诚然，在人们中间奇特地流行着一种意见，认为房屋、山河，一句话，一切可感的东西，都不必被知性所感知而有一种自然的或真实的存在。但是，除了我们用感官所感知的事物之外，还有什么上述这些物象呢？

我不能在思想中设想任何可感之物可以离开我对它的感觉或感知。

心灵的一切不能思想的对象，都同样是完全被动的，而且它们的存在只在于被感知。至于灵魂或精神则是一个能动体，它的存在不在于被感知，而在于感知观念和思想。

按照我们的意见，感官所感知的不能思想的事物，不能不被感知而存在，并且因此它们不能存在于任何别的实体中，而只能存在于那些无广延的、不可分的实体或精神中，精神能自动、能思想并能感知它们。

当我说物体离开了心灵就不能存在时，我希望大家不要误会，以为我是指这个或那个特殊的心灵，我所指的乃是一切心灵。因此，我们不能说在我们对于它们的感知间断时，它们完全不能存在。

我们不能说，感官的对象除了只被我们感知外，就不能存在；因为虽然我们没有感知它们，但是还可以有某个别的精神感知它们。

被感官感知的事物就其起源说，也可以被称为外在的；因为它们不是由心灵自己从内部产生的，而是由异于感知它们的那个心灵的"精神"印入的。可以感觉的对象，在另一种意义下，即当它们存在于某个别的心灵中的时候，也可以被称为在心灵以外。这样，当我闭上我的眼睛时，我看见过的事物仍然可以存在，不过，它一定是存在于别的心灵中。

构成大宇宙的一切物体，如果它们不是实际上被我所感知，或者不存在于我或任何别的被创造的精神的心中，那么它们不是根本不存在，就是存在于某种"永恒的精神"的心中。

感官的观念是按照某种自然的规律或法则印入心中的，它可以说明它们自己是一个较人类的精神更有权力、更明智的"心灵"的产品。

不论我如何有能力来运用我自己的思想，但是我知道，借感官实际上感知的观念却并不同样地依存于我的意志。当我在白天里一张开眼睛，我就没有能力来选择我是看，还是不看，也没有能力来决定究竟哪些特殊的对象会呈现在我的眼前。至于听觉和其他的感官，也是如此，即在它们上面的观念并不是我的意志的产物。那么，一定会有某种别的"意志"或"精神"来产生它们。

我们所看到、听到、触到或无论以何种方式由感官感知到的每件东西，都是上帝的权力的一个记号或结果。

造物主在我们"感官"上所印下的观念，叫作真实的事物。

在我看来，显然，一个全知、全善和全能的"精神"的实体，就足以充分地解释自然中的一切现象。至于那个迟钝的、无感觉的"物质"，则我看不出有任何东西与它有丝毫联系，或让我们想到它。

至于哲学家们则粗俗地主张，感性性质存在于一种迟钝的、有广延的、不能感知的"实体"中，他们称之为"物质"，并且认为它在一切能思想的东西之外，或不为任何心灵所感知、甚至不为造物主的"永恒的心灵"所感知而有一种自然的存在。关于"物质"或"有形实体"的学说，是"怀疑主义"的主要支柱；同样，一切"无神论"和"不信宗教"的渎神企图，也是建立在这个基础之上的。物质的实体从来就是"无神论者"的挚友，他们的一切古怪系统，一旦把这块基石去掉，其整个建筑物就不能不垮台。

【附记】

□巴克莱主教以其著名的主观唯心主义感觉论，在近代英国哲学的经验论传统中，成为逆转唯物主义经验论而走向和确立唯心主义经验论的哲学家。同时，他立足神职，从主观唯心主义认识论原则出发论证上帝，由此又成为"英国哲学中的神秘唯心主义的代表"（马克思语）。

□巴克莱宣讲自己的哲学，首先设置了一个不做论证的前提，即认为对象、事物不过就是感觉、观念，或反转过来说，感觉、观念即是（或组合成）对象、事物。他把这当作不证自明的事实给人接受。结果是整个世界就被他囊括在人的心灵之内，人同对象的关系被看成人同感觉观念的关系。他以此演绎了一整套谬说连篇的诡辩论证。

□感觉作为意识的诸形式之一，有别于其他意识形式的特点在于，它无疑是意识与客观对象之间的一种直接联系。巴克莱恰是利用了这一点，诡辩地把这一事实歪曲成感觉和对象两者等同合一，他毫无顾忌地说："真正讲来，物象和感觉是同一个东西，两者是不能彼此分离的。"这两者的直接联系确有被混淆为二者等同的可能，而混淆也就易于迷惑人。这就是巴克莱的哲学何以能诡辩大行其道的根源。

□认识世界的过程必然从感觉开始，感觉是知识的唯一来源，这是经验论哲学的依据。英国的唯物主义哲学都肯定和坚持了这一经验论原则。但是巴克莱的事例表明，从感觉出发还可能走向相反的唯心主义经验论。这就是列宁所指出的："从感觉出发，可以遵循主观主义的路线走向唯我论（物体是感觉的复合或组成），也可以遵循客观主义路线走向唯物主义（感觉是物体、外部世界的映象）。"

□巴克莱不遗余力地想把"构成大宇宙的一切物体"滴水不漏地说成是在人的心灵之内的感觉、观念，却无论如何弥补不了自身的漏洞。例如，他解释"存在"一词的含义，就曾多次使用"感官的对象"而不是"感觉的对象"来称谓他所谓的"由感觉观念组成的"事物。

说"感官的对象",表达的是对象在一定距离上处在感觉"器官"的对面,而不涉及对"心灵"的关系,也就是他默认了对象是舍离心灵而自立于感官之前这一事实。再看他所谓"存在就是被感知"这个巴克莱命题,其自身也表明一个事实:所谓"被感知",必定有"被感知"者或称"受感知"者身为感知的对方而自处于感知之外,由于受到感知而结成"被感知"的关系。问题还不止于以上所述。若按巴克莱的说法把对象、被感知者都理解为人的观念,那么感觉器官、感知者自身又是什么,是观念还是非观念?并且,观念存在于人的"心灵"之内,心灵又依附于人身,那么人身又存于何处,是存于心内还是存于心外?它回答不了这些问题,岂不暴露它荒诞至极!如上这些不经意地表露出来的漏洞恰恰说明,巴克莱尽管妄图否认,却根本避不开这个作为感觉对象的事物处在心灵之外这一顽强的、抹杀不了的确凿事实。

□巴克莱费尽气力"否认事物能在感知它们的心灵以外存",但又不得不面对矗立于心灵之外这个严酷事实,这就迫使他来修补他的体系漏洞,而他的所作则实在是在玩弄一个儿戏的伎俩:"当我说物体离开了心灵就不能存在时,我们不能说在我们对它们的感知间断时,它们完全不能存在。因为虽然我们没有感知它们,但是还可以有某个别的精神感知它们。当我闭上我的眼睛时,我看见过的事物仍然可以存在,不过它一定是存在于别的心灵中"。这个修补其实恰好触到巴克莱哲学自身的要害:既然断言我看到的事物是"我的"感觉观念,为什么在我不看它时却能脱离我的感知而存在着?对此他所做的解释是无奈的,他无法摆脱事物在心外存在;作为主教,巴克莱只能也必然自欺欺人祭出一个"心外精神"——上帝,来自圆其说愚弄人:"被感官感知的事物就其起源说也可被称为外在的,它们不是由心灵自己从内部产生的,而是由与感知它们的那个心灵不同的精神印入的"。在这里我们看到他已承认了三点:第一承认了"心灵以外"这个概念:"可以感觉的对象,当它们存在于某个别的心灵中的时候,也可以被称为在心灵以外";第二他承认"心灵以外"指的就是"可以感觉的对象"不依赖感知者的心灵而存在:"当我闭上我的眼睛时,我看见过的事物仍然可以存在，存在于别的心灵中"；第三他承认感知中的事物是"心灵以外"的原型的复印："它们不是由心灵自己从内部产生的，而是由与感知它们的那个心灵不同的'精神'印入的"。巴克莱原本对感觉观念曾明确地否认"是心灵以外存在的任何原型的肖像"，可是把他在上述三点中诡称"心灵以外"是所谓"别的心灵"这个宗教谎言剔除掉，我们看到显露出的真实本来面目岂不正是它所妄加否定的反映论！实际上巴克莱自己也明白，感觉观念并非上帝印入人的心灵，宗教谎言根本无法掩盖心外事物在感官中的反映这个真正的过程。所以不难理解他说出一句实话："感官的观念是按照某种自然规律或法则印入心中的"。巴克莱掩耳盗铃窃取反映论、篡改反映论，表明他摆脱不掉反映论，这个窘境绝对是他不可避免的，是他妄图抹杀、否认客观物质世界却又回避不了它是真实的客观存在这一点所注定。

休谟

【生平】

公元 1711 年出生于苏格兰的爱丁堡一个小地主家庭，曾受教于爱丁堡大学法学院，但他对哲学有浓厚兴趣，1734—1737 年去法国考察，在巴黎的三年中他专心研究了哲学并撰写了《人性论》一书，于 1739、1740 两年分卷出版。此书出版在当时社会上并没有引起注意，不为人所知，他自嘲该书"从印刷机上产下即已死去"。1741—1742 年发表了《道德、政治和文学概论》。此后他把《人性论》分卷改写，第一卷为《人类理解研究》，第三卷为《道德原理研究》，先后于 1748、1751 年出版，奠定了他的哲学家地位。1752 年发表了《经济学论文集》，又在经济学的历史上占有一席之地，此书曾受到他的年轻朋友经济学家亚当·斯密的赞誉。1752—1757 年出任爱丁堡大学法学院图书馆馆长。1757 年发表了四篇论文，其中包括了《论情绪》(《人性论》第二卷) 和《自然宗教史》。1754—1762 年他撰写并出版了他的巨著《英

国史》，使他又成为一名历史学家。1763 年他再次去巴黎，出任英国
使馆的秘书，在那里结识了众多的法国思想家。1763—1766 年还先后
担任过圣克莱将军和赫尔特福尔德勋爵的秘书。1767—1769 年任副国
务大臣。晚年在爱丁堡生活，1776 年去世。死后出版了他的几部遗著，
有《我的一生》（由亚当·斯密整理，1777），《自然宗教对话录》（1779），
《灵魂不死》（1783）等。

【思想】

I

心灵的全部知觉共分两类，即印象和观念，两者的差别只在于它
们不同的强烈和活泼的程度。

人类心灵中的一切知觉可分为显然不同的两类，我将称之为印象
和观念。两者的差别在于，当它们刺激心灵，进入我们的思想或意识
中时，它们的强烈程度和生动程度各不相同。进入心灵时最强最猛的
那些知觉，可称之为印象；在印象这个名词中间，我包括了所有初次
出现于灵魂中的一切感觉、情感和情绪。至于观念这个名词，我用来
指我们的感觉、情感和情绪在思维和推理中的微弱的意象。两者在少
数例子中虽有极为近似的情形，但一般说来，两者仍然极为不同。

每个简单观念都有和它类似的简单印象，每个简单印象都有一个
和它相应的观念。我们在黑暗中所形成的那个"红"的观念，和在日
光下刺激我们眼睛的那个"红"的印象，只有程度上的差别，没有本
质上的不同。我们的简单印象和观念都是同样如此。复合观念和印象
既然由简单观念和印象形成，我们就可以一般地断言，这两类知觉是
精确地相应的。

根据这两类知觉之间这种恒常的结合，我敢立刻断言，我们相应
的印象和观念之中有一种紧密的联系。这样无数的例子中的这样一种
恒常的结合绝不会出于偶然，而清楚地证明了不是印象依存于观念，
就是观念依存于印象。我们研究两者初次出现时的次序，并由经常的

经验发现，简单印象总是先于它的相应的观念出现，而从来不曾以相反的次序出现，我们这两类相类似的知觉的恒常结合就是个令人信服的证明，即印象是观念的原因，我们的印象是我们的观念的原因，而我们的观念不是我们的印象的原因。这是我建立的第一条原则。

一个印象最先刺激感官，使我们知觉种种冷热，饥饿，苦乐。这个印象被心中留下一个复本，印象停止以后，复本仍然存在；我们把这个复本称为观念。

我们的观念是由我们的印象复现而来，并表象出印象的一切部分。

一切观念都由印象得来，并且表象印象。

一切观念是从印象得来的，并且只是印象的复本和表象，那么，对于两者之一是真的道理，对于另外一种也必须承认是真的。

一个观念是一个较弱的印象，一个强烈的印象既是必然有一种确定的数量和性质，所以它的复本或表象也必然是同样的情形。

这个关于印象或观念的先后问题，正是和哲学家们争论有无天赋观念或我们的全部观念是否都从知觉和反省得来的那种在不同名词下大事争吵的问题一样。我们如果将哲学家们为证明广延和颜色的观念不是天赋的那些论证加以考察，可以发现这些论证只是证明了在观念之前已经先有了其他更为生动的知觉，这些知觉是观念的来源，并被观念所表现，我希望我清楚地陈述问题，将会消除有关这个问题的一切争论，并使我建立的那个原则在我们的推理中具有比至今更大的作用。

天赋观念的原则已经被驳倒了，而现在在学术界几乎已被普遍地排斥了。

II

印象可分为两种，一为感觉印象，一为反省印象。反省印象出现于感觉印象之后，而且是由感觉印象得来的。

假如我现在形成一个观念但已经忘记其相应的印象，我还是可以根据这个观念断定那样一个印象确曾一度存在过。因为这个观念在这里不被认为是任何不存在的对象表象，而被认为是我们在心中亲切地意识到的一个实在的知觉。

记忆和想象这两种官能都从印象得到它们的简单观念，并永远不能超出这些原始知觉之外的。

有些印象既然显得是在身体以外，所以我们就假设它们也在我们的自我以外。为了防止这个推论，我们只需衡量下面三个考虑就行了。第一，恰当地说，当我们观察自己的肢体时，我们所知觉的不是我们的身体，而是由感官传来的一些印象；把一种实在的、物质的存在归于这些印象，此种心理作用和我们现在所考察的心理作用是同样难于说明的。第二，声音、滋味、气味，虽然被心灵通常认为是持续的独立的性质，可是并不显得是任何占有空间的存在，因而对感官来说不能显得是位于身体之外的。第三，甚至我们的视觉，如果不借助于某种推理和经验，也不能直接以距离或外在性报告我们。

哲学告诉我们，呈现于心灵前的每样东西只是一个知觉。并且是间断的、依靠于心灵的；至于一般人，却把知觉混淆为对象，而赋予他们所感觉和所看见的那些事物以一种独立持续的存在。

我们的感官显然不把它们的印象呈现为某一种个别的、独立的和外在的事物意象；因为它们只给我们传来一个单纯的知觉，而毫不以任何外在事物提示我们。我们的感官如果提示出独立存在的任何观念来，那么它一定借着一种谬误和幻觉，才把印象作为那些存在物的自身传来。如果感官把印象呈现为在我们之外并独立于我们之外的，那么对象和我们自身都必然被我们的感官明显地感到才行，否则两者便不能被这些官能加以比较。要设想感官真能区别我们和外界对象，那是荒谬的。

近代的学者们都普遍地承认，事物的一切感性性质，如硬、软、热、冷、黑、白等，都只是第二性的，并不存在于事物本身之内，而只是心灵的一些知觉，并不包含任何事物所表现的原型或本相。我们如果承认第二性的质是这样的，那么也就要承认第一性的质如广延和体积等等也是这样的；后者也和前者一样不能称为第一性的质。广延的观念完全是从视觉和触觉得来的，如果一切由感觉而得知的性质都在心灵中，而不在事物中，那么，就必须将同样的结论扩充到广延的上面，因为这些观念是完全依赖感性观念或第二性的质的观念的。

声音、颜色、冷和热，以及其他可感的性质既被排除出持续独立存在物之列，那么我们所剩下的便只有所谓第一性的质，只有这些性质是我们对之有任何恰当观念的实在性质。这些第一性的质就是广延和充实性，以及它们的种种混合和变异，即形状、运动、重力和凝聚力。我相信，对于这个体系可以提出许多反驳，不过我现在将只限于提出一种我认为很有决定意义的反驳。我肯定，通过这个体系，我们不但说明不了外界对象的作用，反而把所有这些对象完全消灭了。如果颜色、声音、滋味、气味只是知——那么我们所能想象的任何东西便不能具有一种实在的、持续的、独立的存在；甚至连人们所主要强调的第一性的质，如运动、广延和充实性等也都没有这种存在。

我们断言，颜色、声音、滋味，都没有持续、独立的存在。当我们排除了这些可感知的性质时，宇宙中也就剩不下具有那种存在的任何东西。

我们纵然尽可能把注意力转移到我们的身外，把我们的想象推移到天际，或是一直到宇宙的尽头，我们实际上一步也超不出自我之外，而且除了在那个狭窄范围之内出现的那些知觉，我们也不能想象任何一种存在。

用什么论据可以证明，心灵的各种知觉一定是由一些虽然与它们相似（如果这是可能的）、但是与它们完全不同的外物引起的，而不能由心灵本身的能力，或者由某种看不见、不知道的精神的启示，或者由某种我们更不知道的其他原因产生的呢？大家都承认，事实上这些知觉有许多并不是由任何外物产生的，例如在梦中、发疯的时候以及患其他病症时那样。我们既然假定了心灵是一种与物体很不相同的、甚至相反的实体，那么，物体怎样会对心灵发生作用，将自身的映像带到心灵中，这个问题是最无法解释的。

III

我们永远不能由知觉的存在或其任何性质，形成关于对象的存在的任何结论。

关于我们所认为与我们的知觉是在种类上不同的那个外界存在的概念，我们已经指出其谬误了。

我们的理性实际上没有、同时根据了任何假设也不可能给予我们以关于物体的持续和独立存在的信念。这个意见必然完全来自想象。

我们永远也不会有任何理由推断说：我们的对象类似于我们的知觉。这个意见只是从想象本身的性质得来的。

我们虽然可以一般地假设，但却不能清楚地想象，对象就基本性而论除了恰恰就是知觉而外，还可能是其他东西。

如果问，究竟有没有物体？这是徒劳的。我们可以问，什么原因促使我们相信物体的存在？

由感官所发生的那些印象，据我看来，它们的最终原因是人类理性所完全不能解释的。我们永远不可能确实地断定，那些印象是直接由对象发生的，还是被心灵的创造力所产生的，还是从我们的造物主那里得来的。

感觉印象是由我们所不知的原因开始产生于心中。

感性知觉是否由与之相似的外物所产生，这是一个事实问题。这个问题的解决当然要凭经验，但是经验对此是没有什么话可说的，也必须完全保持沉默，在心灵前面呈现的，除了知觉以外，是根本没有别的东西的，它绝不能经验到知觉与对象的联系，我们假定这样一种联系，是没有任何理性根据的。理性绝不能从经验中找到任何令人信服的论据，来证明一切知觉是与任何外在事物相联系的。

哲学家们有人主张，物体是凭其实体的形式发生作用的；有人主张，物体是凭其偶性或性质发生作用的；有些人主张，物体是凭其内容与形式发生作用的；更有些人主张，物体是借与这些都不同的某些潜能和机能发生作用的。其中没有一个是有任何根据或证据的；而且假设物质的任何一种已知性质中含有效能，那是完全没有根据的。这些实体的形式、偶性和功能等原则，实际上并不是物体的任何已知的特性，而是完全不可理解的，不可说明的。我们如果在物质的一切已知性质中来寻找这种最终的能力，那是徒劳的。

IV

我们通常总是假设有一种联系，存在于眼前的事实和由此推断出来的事实之间。如果没有东西将它们联系起来，推论就会完全不可靠。如果我们分析一切具有这种性质的推论，就不难看出，它们是建立在因果关系上面的。

一切关于事实的推理，似乎都建立在因果关系上面。只要依照这种关系来做推论，我们便能够超出我们的记忆和感官的见证。

能够引导我们超出我们记忆和感官的直接印象间的唯一联系或关系，是因果关系，这是作为我们从一个对象推到另一个对象的正确推断的基础的唯一关系。

我们对于事实所做的一切推论的本性是什么？是建立在因果关系上。

原因和结果的发现，是不能通过理性，只能通过经验的。

我们关于因果关系的一切理论和结论的基础是什么？是经验。

过去的经验只是提供出关于一定事物以及认识这些事物的、一定时间的直接确定的报告。但是何以这种经验可以扩展到未来，扩展到我们认为仅仅在表面上相似的其他事物上面呢？

在各种物体活动的个别实例中，我们尽管细研究，也只能发现各个事件相继发生，而并不能了解原因借以活动的任何力量或能力，并不能了解原因与所假设的结果之间的任何联系。

即使我们在个别的实例或经验中见到某一特殊事件继另一事件而发生，我们根据这个实例也没有资格建立一个普遍的规则，或者预言在同样的情形之下将发生什么事件。个别的经验无论怎样精确可靠，我们也不能以它为根据来对整个自然进程有所断定。

原因和结果的观念是由经验得来的，经验报告我们那样一些特定的对象在过去的一切例子中都是经常结合在一起的。

一个人如果已经得到了更多的经验，因而观察到许多习见的事物或事件经常结合在一起，他便可以从一件事物的出现立刻推论出另一事物的存在。

为什么根据这种经验我们就能超出我们所经验过的那些过去的例子而推得任何结论呢？

如果某一特殊事件在所有的情况下总是与另一事件集合在一起，我们就可以毫不踌躇地预言，在这一事件出现之后将产生另一事件，并且这是唯一可以向我们保证任何事实和存在的推论方法。于是我们将一个对象称为原因，另一个对象称为结果。

从一个呈现于记忆或感官之前的印象，到我们称为原因或结果的那个对象的观念，这个推移过程看来既然是建立于过去的经验之上，建立于我们对于它们的恒常结合的记忆之上，那么问题就是：经验是借知性还是借着想象产生这个观念的呢？我们是被理性所决定还是被各个知觉的某种联想和关系所决定而作这种推移呢？

我们的理性不但不能帮助我们发现原因和结果的最终联系，而且即在经验给我们指出它们的恒常结合以后，我们也不能凭自己的理性使自己相信，我们为什么把那种经验扩大到我们所曾观察过的那些特殊事例之外。我们只是假设，却永不能证明。我们所经验过的那些对象必然类似于我们所未曾发现的那些对象。

一个人已经有了更多的经验，他可以从一件事物的出现立刻推论出另一事物的存在，他做出这种推论虽然并没有运用自己的理智，却仍然要继续这样的思想过程。这里还受另一个原则的决定，这个原则就是习惯。

当我们由一个对象的印象推移到另一个对象的观念和信念上时，我们不是由理性所决定，而是由习惯或联想原则所决定。

一切从经验而来的推论都是习惯的结果，而不是运用理性的结果。

根据两件事物经常联系在一起的经验，我们仅仅由于习惯就会由这一件事物的出现而期待那一件事物。

当有许多一致的实例出现，而且同样的对象经常有另一类同样的事件随之而来时，我们就感到了一种新的感觉印象，就是说，感到在思想或想象中，有一种习惯上的联系，存在于一个对象与它的经常伴随者之间。

只不过是在相似的实例反复出现若干次以后，心灵为习惯所影响，于是在某一事件发生之后，就期待经常继它之后而发生的事件发生，并且相信后一件事是会存在的。因此我们心中所感觉到的这种联系，我们就想象从一个对象进到经常伴随的对象的这种习惯性的推移，就是我们据以形成"能力"观念或"必然联系"观念的那种感觉或印象。

关于原因和结果的一切推理都只是由习惯得来的；而且恰当地说信念是我们天性中感性部分的活动，而不是认识活动的部分。

V

我们的必然观念和因果观念，完全是自然界中各种活动中可以观察到的齐一性中产生的。在自然界各种活动中，相似的对象是经常集合在一起的，心灵是为习惯所决定，从一件事的出现推断另一件事的。除了相似对象的恒常的集合以及从这一件事到另一件事的推论之外，我们是没有任何"必然"或"联系"的概念的。

究竟发生了什么使一个人有了这个"联系"的新观念呢？只不过是他现在感觉到这些事件在他的想象中是相联系的，并且能够轻易地从这一事件的出现预言另一事件的出现。因此当我们说一个对象与另一个对象相联系时，意思只是说它们在我们的思想中得到了一种联系，因而达到一种推论。

人们可以说，自然的作用是独立于人类思想和推理以外的，我也承认这点；对象之间彼此有接近关系和持续关系，所有这些都是独立于知性的活动以外，并且是在这种活动之先发生的。但是我们如果以一种能力或必然联系赋予这些对象，这却是我们绝不可能在它们身上发现的，而必须从我们思维它们时内心的感觉，来得到这个能力观念或必然观念。我对这点深信不疑。当任何对象呈现于我们面前时，它立刻就使心灵转到通常被发现为伴随这个对象的那个对象的生动观念上。心灵的这种倾向就形成了这些对象之间的必然联系。

单纯观察任何两个不论如何关联着的对象或行动，绝不能给予我们以任何能力观念或两者的联系观念。这个观念是由两个对象的结合一再重复而发生的；那种重复在对象中既不显现也不引生任何东西，而只是凭其所产生的那种习惯的推移对心灵有一种影响；这种习惯性的推移因此和那种能力及必然性是二而一的；因此，能力和必然性乃是知觉的性质，不是对象的性质，只是在内心被人感到，而不是被人知觉到存在于外界物体中的。

必然性是存在于心中，而不是存在于对象中的一种东西；如果它被看作是物体中的一种性质的话，我们永远也不可能对它形成任何哪怕是极渺茫的观念。要么我们根本没有必然性观念，要么必然性只是依照被经验过的结合而由因及果和由果及因进行推移的那种思想倾向。

我们内心的知觉之间的结合原理和外物之间的那种结合原理同样是不可理解的，除了凭借经验之外不可能在其他方式下被我们所认识的。但是经验的本性和结果已经被我们充分地考察和说明过了。它永远不能使我们洞察对象的内在结构或作用原理，它只是使心灵习惯于从一个对象转到另一个对象。

整个看来，在全部自然中，并没有任何一个联系是我们可以设想的。一切事物似乎都是散漫而分离的。一个事件随着另一个事件之后而产生，但是我们却根本不能观察到其间有任何纽带。它们似乎是"集合"在一起，而不是"联系"在一起。

呈现于我的感官面前的那个对象和我根据推理推断其为存在的那另一个对象，虽然可以被设想为借它们的特殊能力或性质互相影响，可是我们现在所考察的这个信念现象既然只是内心现象，所以这些能力和性质便完全不参与产生这个信念，因为我们对它们毫无所知。

我们确乎必须承认，自然使我们与它所有的秘密保持一个很大的距离，它只让我们认识事物的少数表面性质，至于那些为事物的影响完全依靠的力量和原理，它是掩藏起来不让我们看见的。

我们的简单观念之间的联系或结合，在想象中代替了那种在我们的记忆中结合这些观念的不可分离的联系，这是一种吸引作用。这种吸引作用的效果到处都表现得很明显，但是它的原因却大体上都是不知道的，一个真正的哲学家必须约束那种探求原因的过度的欲望。他如果只考察他的原则的效果，而不去探究它的原因，那么他的研究工作将会得到更好的结果。

问题的真相在于：每一个开始存在的对象是否都从一个原因得到它的存在；而我断言，这一点既没有直观的确实性，也没有理证的确实性。

争论之点正是在于每一种东西是否必然有一个原因。根据一切正确的推理，我们绝不能把这一点看作已被承认的了。

【附记】

□休谟继承巴克莱的主观唯心主义经验论，以此为基础，他一方面否定了笛卡尔的天赋观念论和巴克莱的上帝观念，另一方面则把先前唯物主义经验论的不彻底方面恣意发挥，引为自己的论据对唯物主义根本原则进行全力的攻击。

□唯心主义经验论坚守的原则是不超出感觉经验之外。但是在对待外界物质的问题上，与巴克莱否定物质存在的观点不同，休谟认为："感性知觉是否由与之相应的外物所产生，经验对此是没有什么话可说的，也必须完全保持沉默"，"如果问，究竟有没有物体？这是徒劳的"，因此他断言"实体的形式、偶性和功能等原则，是完全不可理解的，不可说明的"。这就是哲学史上著名的休谟不可知论，亦称休谟怀疑论，即对物质是否存在的问题持不可回答的存疑态度。

□休谟把对象之间的因果联系也同样视为自然界不可知的秘密，说"自然使我们与它所有的秘密保持一个很大的距离，那些为事物影响完全依靠的力量和原理，它是掩藏起来不让我们看见的"，因此，"每一个开始存在的对象都从一个原因得到它的存在，这一点既没有直观的确实性，也没有理证的确实性"。说因果的存在没有证明，恩格斯对此曾有深刻的分析和批判，指出："单是某些自然现象的有规则的依次更替，就能产生因果观念：随着太阳而来的热和光；但是在这里并没有任何证明，而且在这个范围内休谟的怀疑论说得很对：有规则的重复出现的在这以后，绝不能确立'由于这'。但是人类的实践活动对因果做出验证。"

□休谟不仅排除了观念的外在来源，还把因果关系也主观化，断言因果关系只是主观经验所建立。并且，他把经验片面化绝对化了，把他主张的所谓"习惯性的因果推移"看作是单纯经验过程，否认因果观念经由理性获得。这里的问题是，他说的理性是单指演绎推理，即他认为因果观念非由演绎推理形成。可是在他所谓"习惯性的因果推移"中实际上却有归纳、概括、抽象等理性思维的作用，这个事实则被他排除了。事实上因果观念并非单纯由经验形成。

□基于对外部世界的怀疑论立场，休谟否定了上帝的存在，认为"由于人类理解力的缺陷，神的性情对于我们完全是不可了解，不可知的"。但是休谟作为唯心主义者，他不会像彻底的唯物主义者一样根除有神论，所以相反地竟把对上帝的信仰说成是人的本性，宣称要使人"以极大的热心趋向天启真理"。

□休谟不可知论对物质实体问题不予正面回答，而把哲学论题只限定在主观的知觉领域，开启了唯心主义哲学一股新的思潮，即不谈物质，把讨论物质实体的哲学斥为"形而上学"，把肯定物质实体的唯物主义诬为"独断论"。康德即是受休谟思想影响的第一人，他自称休谟把他"从独断论的迷梦中唤醒"。

孟德斯鸠

【生平】

公元 1689 年于法国波尔多市附近的拉布莱德城堡村，本名查

理·路易·德·瑟贡达，系贵族世家，其高祖于 1561 年得到纳瓦拉王
国皇后的一笔赏金并用以从皇后那里买下波尔多附近一块贫瘠山地叫
作孟德斯鸠的领地；1606 年法王路易十四又把该地晋升为男爵领地，
到查理·路易的伯父继承这块男爵领地之后，因无子嗣，把领地和爵
位的继承权传给了这个侄子，称查理·路易·德·瑟贡达·孟德斯鸠
男爵。他的出生地拉布莱德是他母亲陪嫁的一处男爵领地。1700 年十
一岁的孟德斯鸠到远离家乡位于巴黎附近的著名朱伊公学求学，接受
了五年全面、扎实的基础教育。随后三年在波尔多大学专修法律，于
1708 年完成学士、硕士学业，并取得律师资格。1709—1713 年在巴黎
活动，与科学院的学者及社会名流结识、交流，其中不乏思想活跃、
无所顾忌、倾向异端的人物。1714 年孟德斯鸠被任命为波尔多市高等
法院推事，1716 年当选波尔多科学院的院士，同年他的伯父逝世，他
接任了伯父的高等法院院长职位。1718 年当选波尔多科学院年度院
长，在这里他进行过一些自然科学研究，所写论文表露了其初具机械
唯物主义性的思想倾向，否定自然史中的神意，肯定物质的普遍运动。
1721 年以皮尔·马尔多这个化名在阿姆斯特丹出版了他的成名作《波
斯人信札》，这是一部书信体小说，其中对封建制度的腐败和教会的黑
暗所做的揭露在社会上引起强烈共鸣，受到普遍欢迎，不啻是启蒙思
想山雨欲来的一个信号。1723 年之后他频繁去巴黎活动，开始酝酿自
己的思想理论体系。1728 年他当选法兰西学士院的院士，此后几年曾
到许多国家游历，回国后专心著述，1734 年发表了《罗马盛衰原因论》，
1748 年发表了他的巨著《论法的精神》，确立了他思想家的地位，成
为启蒙思想的开拓者之一。1755 年孟德斯鸠在巴黎突然患病去世。

【思想】

I

　　世界绝不是万古长存的，就连天体本身，亦非永远不坏。天体变
化，天文学家是目睹的证人；而这些变化，是宇宙中物质运动之极自

然的结果，地球和其他行星一样，受运动规律支配；它自身内部，忍受着各种元素的经常不息的搏斗：海洋与大陆仿佛处于永恒的战争中；每时每刻都有新的组合产生。人类托身于如此变化多端的寓所，自身情况也难预测：各百万种原因，可能发生作用，可能摧毁人类，何况增加或减少人类的数目。所有的历史家都对我们说起人类的始祖。他们给我们看初生时期的人类。这些哲学家认为，亚当是从一场普遍的灾祸中被拯救出来的，正如诺亚是从洪水中被救出来的一样；并且认为自从创造世界以来，地球上这种巨大事件是很多的。

上帝常常无能为力的原因，也许不在他本身，而在有关的事物；他之所以不能改变事物的本质原因在此。也就因此，在我们的神学博士之中，有几个敢于否认上帝的无穷预见，他们的基本理由是：上帝的预见，和他的正义是两不相容的。按照他们的说法，某些事物，依靠于自由原因的决定，这是上帝不可能预见的。因为，还没有发生的事物根本就没有，因此之故，无法认识。因为"无"之为物，毫无特点，故不能窥见。他们认为，上帝不能在某一毫不存在的意志上，有所辨认；也不能在一个灵魂中，看出某一并不存在于彼处的事物；因为，在事物被决定前，决定它的那一行动，并不存在于它本身。灵魂自己动手做出决定；然而某些场合，灵魂是如此犹豫不决，甚至连在哪一方面决定自己，都不知道。甚至有时，为了运用其自由，灵魂始作决定；由于这样，上帝不能预见这一决定，无论在灵魂的行动上，或在事物加于灵魂的行动上。上帝如何能预见这些依靠自由原因决定的事物呢？他至多能通过两种方式去预见它们：用揣测，而这是与无穷预见相矛盾的；或者为某一原因所产生的结果而加以预见；但这更为矛盾，因为如此则灵魂的自由，成为一种假设，而且在事实上，灵魂将不比一枚台球更自由，台球只能在别的球碰上它时，才能自由活动。但是你勿以为这些博士企图局限上帝的知识。上帝随兴所至，支配创造物，所以他想认识什么，就认识什么。不过，虽然他洞烛一切，却不经常运用这一机能，平常他总把行动与不行动的机能让创造物自己掌握，为了将功过之机能，亦给予万物；在这时候，上帝放弃了他支配创造物、决定创造物的权力。但是，他想知道什么，总能知道，因为他只要愿意这事物按照他的看法而发生，只要依照他的意志决定万物就行。就是如此，上帝从纯粹可能的事物中，得知某些事物必然发生，一边用他的命令，固定各人精神上将要作的决定，同时剥夺他所给予他们的行动与不行动的力量。

法，就最广的意义来说，就是由万物的本性派生出来的必然关系：在这个意义之下，一切实体都有它们自己的法，神有神的法，物质世界有物质世界的法，在人之上的天使有天使的法，禽兽有禽兽的法，人有人的法。神之于宇宙是创造者和保持者的关系：他据以创造宇宙的法，也就是他据以保持宇宙的法；他按照这些法则行动，是因为他认识它们；他认识它们，是因为他创造了它们；他创造了它们，是因为它们与他的智慧和权能有关系。既然我们看到，这个由物质的运动造成的，并无理智的世界是永远存在的，那么它的运动就一定有一些不变的法则。因此创世活动看似一种任意的行为，却要以一些同无神论者所说的命运一样不变的法则为前提。说创世主没有这些法则也能统治世界，那是荒谬的说法，因为世界没有这些法是不会存在下去的。这些法则是一种确定不移的关系。在一个运动的物体和另一个运动的物体之间，一切运动都是遵照着质量和速度的关系而取得、增加、减少和丧失的；每一种殊异都有齐一性，每一种变化都有恒定性。有理智的特殊实体可以有他们自己制定的法；但是他们也有并非他们自己制定的法。在有理智的实体以前，他们是可能的理智实体，因此他们有着可能的关系，并因而有着可能的法。但是理智世界远不如自然界治理得那样好。因为理智世界虽然也有在本性上不变的法，却并不始终不渝地遵守这些法——像自然界遵守它的法那样。其理由在于特殊的理智实体受到自己本性的局限，因而会犯错误；而另一方面，他们的本性又使他们凭自己行动。因此他们并不始终不渝地遵守他们的原始法；甚至他们自己制定的法他们也并不永远遵守。人，作为自然实体，是和其他物体一样，受一些不变的法支配的；作为理智实体，则不断地违犯神所制定的法，变更自己所制定的法。他必须引导自己，然而他是一个有限的实体；他是会陷于无知和错误的，正如一切有限的理智实体一样；他所具有的微弱的知识，也还要丧失。作为有感觉

的创造物，他变得受千百种感情支配。这样一个实体是时时刻刻可能
忘掉他的创造主的：于是神曾用宗教法来提醒他；这样一个实体是时
时刻刻可能忘掉自己的：于是哲学家们曾用道德法来告诫他；他生就
要在社会中生活，在社会中又可能忘掉旁人：于是立法者们曾用政治
法和公民法来使他尽自己的义务。

II

位于一切法之先的，是自然法，其所以称为自然法，是因为它们
是唯一从我们的存在结构派生出来的。欲很好地认识自然法，就必须
考查一个人在社会建立之前的情况。自然法就是他在这样一种状态中
所接受的法。人，在自然状态中，毋宁说只有认识能力而并非已有知
识。显然他的最初的观念不会是一些思辨的观念：他总是先想着保存
自己的存在，然后才探求他的存在的起源。一个这样的人，首先只会
感到自己的软弱；他的胆怯达到极点。在这种状态中，人人感到力不
如人；人人都很难有平等之感。因此人们是不会打算互相攻击的，和
平乃是第一条自然法。人除了感到软弱以外，又感到匮乏。因此另一
条自然法乃是促使他设法养活自己的法则。畏惧会使人们互相逃避，
但是又会使他们互相接近：他们彼此之间永远在进行的自然祈求，乃
是第三条自然法。过社会生活乃是第四条自然法。

人们一进入社会，就丧失了软弱的感觉；他们之间原有的平等关
系就终止了，战争状态就开始了。各个社会都进而感到自己有力：这
就产生了国与国之间的战争状态。每个社会中的个人都开始感到自己
有力，他们力图使这个社会的主要利益归自己享受：这就造成了个人
之间的战争状态。这两种战争状态乃是促使人间立法的原因。地球是
这样巨大的一个行星，必然有不同的民族，人作为地球的居民于是有
一些处理民族关系的法律：这就是国际法。人作为生活在一个社会中
的分子，而社会必须维持，于是有一些处理统治者和被统治者的关系
的法律：这就是公民法。

任何国家都有三种权力：立法权，执行有关国际法事务之权，执

行有关公民法事务之权。第一种权力制定临时的或永久的法律，第二种权力可径直称为国家行政权，第三种权力可称为司法权。立法和行政权为同一个人或同一个官厅并揽时，就没有自由可言；如果不把司法权和立法权及行政权分开，也没有自由可言。如果司法权和立法权集于一身，支配公民生命与自由的权力就是专断的，因为法官就是立法者。如果司法权和行政权集于一身，法官就可以有压迫的力量了。如果同一个人或同一个要人团体、贵族团体或人民团体来行使这三种权力，那就一切都完了。

III

如果精神的性格和情感在不同的气候中确实极端不同，法律就应该与这种情感的区别、这种性格的区别有关。

奴隶制度，人间最残酷的这种奴隶制度，还有另外一个来源。有一些地方天气炎热，令人体弱神疲，丧失勇气，唯有畏惧刑罚，才不得不去完成劳苦的工作：因此奴隶制在那种地方还不算太不合理；然而在那种地方，主人对待其君主，是与奴隶对待其主人一样懒惰的，因此民间奴隶制又伴随着政治奴隶制。亚里士多德意图证明有天生的奴隶；他的说法是很难证明这一点的。但是，既然人人都是生而平等的，那就应该说奴隶制是违反自然的，虽说它在某些地方有一种自然的理由为根据；我们应把这些地方看成特例，与那些以同样的自然理由否定了奴隶制度的地方分清，例如在欧洲各国，就已经非常幸运地废除了这种制度。政治奴隶制之系于气候的本性，也不亚于民间奴隶制和家庭奴隶制。热带民族的怠惰几乎总是使他们成为奴隶，寒带民族的勇敢则使他们保持自由，这应当说毫不足怪。这是一个出于自然原因的结果。这一点在美洲也是如此：墨西哥和秘鲁的那些专制帝国是接近赤道的，而几乎一切自由的小民族都靠近两极。

一个国度土地肥沃，就很自然地养成一种依赖性。构成人民主要部分的乡下人，是不那么渴望自由的：他们太专注于个人的私事了。因此，单独一个人的统治最常见于土地肥沃的国度，而若干人的统治则见于不肥沃的国度：这有时是一种补救办法。阿提卡由于土地贫瘠而建立了人民的统治；拉栖代孟由于土地肥沃就建立了贵族的统治。这些肥沃的国度处在平原，平原上的人不能与强者争，因而向强者屈服；一旦屈服，就不能恢复自由的精神了。但是山区则不同，人们是能够保持其所有物的，他们也没有多少可保持的东西。自由，也就是人们享有的统治，乃是人们唯一值得保卫的财产。因此艰苦的山区享有的自由，胜于得天独厚的地区。

有些地方之变成适于人居，是由于人们的勤劳所致，也必须有这种勤劳，才能保持生存；这些地方要求适中的统治。中国古代帝王不是征服者。但是要保证帝国中江南、浙江两省这样大的由人力造成的最美丽的省份不致废堕，势必要经常小心调护，这就要求人民有智慧的美俗，而无放荡的恶习，君主有合法的权力，而无专制的暴政。这个国家的权力必须是适中的，像从前的埃及那样；这个国家的权力必须是适中的，像现在的荷兰那样；自然创造出这种国家，是要它小心自持，并不是要它受荒怠放恣之害的。因此，尽管中国的气候有使人沦于奴役屈服的自然倾向，尽管帝国的幅员过大带来种种恐惧，中国的古代立法者们却勉力制定了一些非常美善的法律，而且这些法律也经常得到政府勉力奉行。

【附记】

□孟德斯鸠是 18 世纪法国资产阶级最早的启蒙思想家之一。启蒙思想作为法国即将来临的资产阶级革命的思想先驱和舆论准备，本身经历了从萌发到强盛的发展，孟德斯鸠和稍后的伏尔泰 、卢梭等，同属前期著名的启蒙思想家，他们发出了法国资产阶级最初的革命呼声。

□法国启蒙思想家在哲学领域先期是蹒跚起步，意图冲出唯心主义和教会神学的牢笼，到后来发展壮大，成长为坚强的唯物主义者和战斗的无神论者。孟德斯鸠作为早期的启蒙思想家，他创立法的世界观，界定"法"为万物本性所派生的必然关系，认为一切实体都有它们自己的法，而在"一切实体"当中，他把物质世界和神并列提出，表明在他的思想中物质世界处在和神同等的独立地位，已显露出对神学叛逆的端兆。

　　□孟德斯鸠承认上帝创造世界、上帝创造法，但是他同时明确提出，上帝不能预见某些事物的发生，在社会生活中人会违犯上帝所制定的法，而且神总是放弃他支配、决定创造物的权力，让创造物自己掌握行动和不行动的机能。这是那个时代几乎所有先进思想家共有的一种自然神论思想——"上帝创世并推动它开始运动之后不再支配、干预世界"。资产阶级思想家为摆脱教会思想统治而开始迈出了这第一步，同时这也是一种隐蔽在上帝外衣下的唯物主义，恩格斯曾讲过，在 18 世纪"唯物主义就以其两种形式中的这种或那种——公开的唯物主义或自然神论，成了法国一切有教养的青年的信条。"马克思也曾指出："自然神论——至少对唯物主义者来说——不过是摆脱宗教的一种简便易行的方法罢了。"

　　□孟德斯鸠把自然地理条件确定为政治法律制度的决定因素，提出：奴隶制度系于气候；专制帝国接近赤道，自由民族靠近两极；土地肥沃的国度常见单独一人的统治，若干人统治则见于土地不肥沃的国度；法律与人的性情有关，而人的性情受气候影响，等等。这是地理条件决定论的历史观，其历史意义也在于摆脱君权神授说和神学历史观，但在本质上它既不符合历史实际，并且也远离了政治法律的真正基础——社会生产关系。

　　□孟德斯鸠是三权分立政治学说的创始人。三权分立原则成为资产阶级政治制度的基本模式，后来的各资产阶级民主政体依此模式各有变通。孟德斯鸠本人主张最符合三权分立原则的政体是君主立宪制，表现了法国资产阶级处在发展初期的思想。

孔狄亚克

【生平】

公元 1714 年出生于里昂东南的勒洛布尔城一个省议会官员的家庭。13 岁时父亲去世，孔狄亚克被他的在里昂任职警察总监的长兄带往里昂，在那里进入耶稣会学校学习拉丁语、希腊语和哲学。其后由身为神父的次兄把他带往巴黎，前后进入圣茨尔比斯修道院和巴黎大学，接受了文学、科学和哲学的教育，因受洛克学说的影响，形成了与笛卡尔天赋观念论相对立的思想。他虽出身修道院，但并未履行教士的圣职，而是进入文人学者的圈子，与名流结交往来，与他们的接触，对他的思想产生了深刻影响，促使他去研读了不少科学的、艺术的、文学的和哲学的著作，其中包括培根、洛克、伏尔泰、拉·美特利等人的作品。他的第一篇论文《关于上帝存在的探讨》投寄给柏林科学院未被接受。1746 年他出版了他的《人类知识起源论》，1749 年发表了《论缺点和优点毕露的诸家学说》(《体系论》)，1754 年发表了《感觉论》，1755 年发表了《论动物》。1776 年孔狄亚克当选为法兰西科学院院士。1780 年在博让西去世。

【思想】

I

可以把一切能促进人类精神发展的东西简要地概括为：感官是我们知识的源泉，各种不同的感觉、知觉、意识、回忆、注意和想象都由此而产生。

在犯下原罪之前，人的心灵确是处于一种与它今日所处的截然不同的体系之中的。由于没有无知和情欲，心灵那时能管束自己的感官，停止。感官的活动，并且任意改变感官的活动。因而，心灵在感官的使用之前就已经具有了观念。然而，由于心灵不听上帝的话，事情就大大地改观了。上帝剥夺了它的全部这种支配权，心灵就变得如此地依赖于感官，以致感官成了它们所偶然引起的东西的生理原因，而对心灵来说，除了感官给它传送的知识而外，就再也没有别的知识了。我给自己提出来研究的，正是心灵的这种状态，因此，当我以后说到我们的所有观念无不来自感官时，我所说的仅仅是犯下原罪以来我们所处的状况。

我们的一切知识和一切能力来自感官，或说得更确切一点，都来自感觉，因为事实上感官只不过是机缘性的原因。感官并不能感知，唯有心灵才能以各种器官为机缘而有所感知；各种感觉使心灵发生变更，从而使它得到它的各种知识和各项能力。

人们称之为感觉的，乃是这样的一些观念，即一旦我们丧失了感官，就再也无法获得它们，这是最清楚不过的了。因此没有一位哲学家曾提出过感觉是天赋的说法，因为这种说法极明显是与经验相抵触的。只要稍加注意，就可以使我们知道，在我们察觉到光、颜色、坚固的时候，这些感觉以及其他类似的感觉就足以使我们获得人们通常对物体所具有的一切观念。难道这里面还有哪个观念实际上不包含在这些最初的知觉里了吗？难道人们在这里还不能找到广延、形状、地点、运动、静止以及依赖于上述知觉的一切观念吗？

有人说，我们不能够通过感官来确定事物是否如它所呈现的那样，因此，感官绝不能对事物提供任何观念。这算什么结论？难道用天赋观念就能更有把握地确定事物的本来面目了吗？说只有通过感官才能正确地认识一个物体的形状究竟是怎样的，这有什么要紧呢！问题在于弄清，即使在感官欺骗我们的时候，它们是否就不能给我们提供某个形状的观念了。我看见一个形状，我判定它是五边形，尽管这个形状在它的每一条边上形成了一个不易察觉的角。这确是一个错误。但是，这个形状在给我提供一个五边形的观念时，又究竟打了多少折扣呢？

毋庸置疑，必须承认存在于物体中的质，正是这些质，在物体作用于我们感官时引起了印象。人们认为造成困难的，是在于知道这些质和我们所感受到的质是否相同。使我们感到困惑的可能是，由于在我们身上发现广延的观念，而设想在物体中存在着某些类似的东西亦未见到有何不可，于是人们就想象在物体中也存在着某些和颜色、气味等知觉类似的东西。这正是一种轻率的判断，它只不过是建立在上述比较上的。其实，人们从这种比较中是得不到什么观念的。

至于颜色、气味等等，只要我们在对这些感觉进行反省时把它们看作是在我们身上一样，就像是我们所固有的东西，我们对它们就能获得极其清楚的观念。但是不妨这么说，如果我们想要把它们从我们身上去除掉，并把它们加到客体上去，我们就会造成一个我们对之不再具有观念的事物。我们之所以把它们归诸客体，仅仅是因为一方面我们不得不在客体中假设有某种东西在引起它们，而另一方面，这种原因又是我们完全无法知道的。

根据外界客体对我们所起的作用，我们就能通过各种感官接受着各种不同的观念，而且，根据对感觉在我们的心灵中所引起的活动进行反省，我们就获得了一切我们不能取自外界事物的观念。因此，感觉和心灵活动，就是我们的全部知识的材料，即反省所使用的材料，反省通过对这些材料进行一些组合，来寻求这些材料所包含的关系。可以断言，一切观念莫不是得自后天：最初的观念直接来自感官，尔后的观念则得自经验，并且随着人们反省能力的增长，这些观念也就会愈益增多。

洛克分别了我们的观念的两个来源：感觉和反省。但只承认一个来源要更确切一些：这在一方面是因为反省在原则上只不过是感觉本身，另一方面是因为它与其说是观念的来源，不如说是观念借以从感觉导出的途径。他的这种不确切处看起来很轻微，却在他的体系中布下了许多暧昧的暗影。这位哲学家也满足于承认心灵能够观察、思想、怀疑、相信、推理、认识、愿望、反省；但是他并未感觉到必须揭示它们的原理和产生过程，他并未猜想到它们可能只是一些后天获得的习惯；他似乎把它们看成了某种天赋的东西，他只是说它们通过练习而得到完善。

II

知觉，或者通过感官的作用在心灵中引起的印象，是理解的第一个活动。知觉的观念是这样的，即它不能通过任何论述来获得，只有在我们被某种感觉触动时，对我们所感受到的东西作一次反省，才能提供这种观念。如果心灵对客体没有知觉，客体即使对感官施加作用也是枉然，心灵永远也不会知道它们。

大家一致认为，心灵中不存在心灵所不知道的知觉。然而，为心灵提供知识的、并且至少把它在心灵中所经历的一部分报知心灵的这种感觉，我将称它为意识。

可以断言，我们对我们的绝大多数知觉是丝毫不能加以考虑的，并非对这些知觉没有意识，而只是因为它们在片刻之后就被忘掉了。所以不为心灵所知道的知觉是没有的。因此，知觉和意识就只不过是同一个活动的两个不同的名称而已。作为把它仅仅看作是心灵中的一个印象来说，我们可以给它保留知觉这个名称，作为它把它的呈现报知心灵来说，我们可以给它以意识这个名称。

对一切作用于心灵的客体来说，心灵原是处于一种从属的地位的，但当记忆一经形成，想象的运用也已处于我们能力的控制之下时，记忆所回想起的一些信号，以及想象所唤起的那些观念就开始把心灵从那种从属地位中解脱出来。一旦心灵能主动回忆起它们见过的事物，它便能把它的注意贯注其间，还可以把注意从它看到的事物那里撤回来。我们之所以能这样地支配我们的注意，仅仅是凭了由一个强有力的记忆所产生的想象的能动性给我们以帮助的缘故，没有这一点，我们就不可能由自己来调节注意，而它便只能一味地服从客体的作用了。我们这样轮番地将我们的注意贯注于种种不同的客体或贯注于某一客体的不同部分这一方式，即是人们所谓的反省。反省是从想象和记忆中产生出来的。

正是由于反省，我们才开始窥见了心灵所能胜任的一切。我们已经看到，只要人们还丝毫不能自主地引导他的注意，心灵依然是服从于它周围的一切事物的，而且除非通过一种不为人知的功能，它什么也不能拥有。但是，如果心灵一旦主宰了它的注意，人们就能随心所欲地引导它，于是，心灵便由自己来支配，从中提取那些理应只是属于它的观念，从而也就丰富了它本身的内容。

观念又分为两类：我把一类称为感性的，另一类称为理性的。感性观念向我们表象正在作用于我们感官的那些对象；理性观念向我们表象那些在造成印象以后业已不见的对象。记忆力越强，也就越能获得理性观念。这些观念乃是我们的知识的基础，正如感性观念是我们知识的来源一样。这个基础构成了我们反省的对象，我们可以单独研究它，根本不使用我们的感官，就因为这个缘故，它在我们心里显得好像一直这样在那里似的；因此，人们竟说它先于任何一种感觉，而我们也就再也不知道去考虑它的来源了，由此就产生了天赋观念的谬论。

如果我们的一切知识都来自感官的话，那么，显而易见，要为理解抽象概念作为准备，就在于从感性的观念开始。如果哲学家们很难认识这条真理的话，这是因为他们都陷入了天赋观念的偏见之中。

笛卡尔学派和马勒伯朗士学派都大叫大嚷地反对感官，喋喋不休地说，感觉无非都是些错误和幻觉，说我们应该把它们视为获得知识的一种障碍。这些哲学家们的指责倒也并非绝无根据，他们曾如此机敏地举出好些错误，以致我们如果否认应向他们表示感谢，那就未免太不公平了。但是，首先，十分明显的是，当我们在感受某些感觉的时候，没有什么东西能比我们的知觉更为清楚、更为明白的了。还有什么能比声音和颜色的知觉更为清楚更为明白呢？只要稍加反省，就可以看出，感官丝毫也没有给我们提供过什么含糊、混乱的观念。然而，假如我们要在这些知觉里面寻找广延的观念，寻找线条、角度以及某些形状的观念，我们必定能极其清楚明白地找得到。假如我们还要再加追究，我们应把这种广延和这些形状联系到什么东西上去的话，我们将会同样清楚明白地看出，它们并不联系到我们的身上，也不联系到我们的思想的主体上，而是联系到我们身外的某些事物上的。在我们身上所产生的东西里面，以及在我们和外界所建立的联系里面，都是既无错误、又不含糊、也不混乱的。例如，我从远处看一座方形的建筑物，它在我看来好像是圆形的，在圆形这个观念里，或在我同它建立的联系中，是否就带有含糊和混乱了呢？没有，只是我把这座建筑物判断为圆的了。错误就在这里。

经院学派和笛卡尔学派的学者们既不知道我们知识的起源，也不知道我们知识的派衍，这乃是作为他们出发点的天赋观念的原理以及关于理解力的空洞概念同这种发现之间没有丝毫联结的缘故。洛克的成就要更大一些，因为他是从感官出发的；只是因为他未曾阐明心灵活动的最初的进展，所以在他的著作里遗留下这些美中不足的东西。我已尝试完成这位哲学家所遗漏的工作；我已追溯到心灵的最初的活动上去了。

【附记】

□孔狄亚克作为一位有修道院经历而转向启蒙思想的法国哲学家，难得的是他没有像其他先进分子主张自然神论，而是直接宣扬唯物主义经验论，向公开的唯物主义迈出了可贵的步伐。他接受、阐释、弘扬洛克的学说，并且正确地否定了洛克体系中把反省作为观念来源之一的思想。

□作为洛克哲学的继承者，孔狄亚克依然固守洛克的"第二性的质"，把色声香味说成是我们自身所固有。但是对此他作了一个独具特色的补充，说"我们之所以把它们归诸客体"只是因为"不得不在客体中假设有某种东西引起它们"，而"这种原因又是我们完全无法知道的"。这种解释似乎想保持唯物主义立场，却毫无意义，并未改变其背离反映论的本质，而且还掺进了不可知论。

□孔狄亚克的斗争锋芒主要针对笛卡乐的天赋观念论，说"从假定天赋观念出发，开头就铸成大错，是不能得到真正的知识的"，这是在经验论中坚持唯物主义。此外他同时还在世界本原问题上批判了莱布尼茨的单子论和斯宾诺莎的实体学说，指出"莱布尼茨的单子论并没有使我们认识万物的要素，他们什么都没有说明"，"斯宾诺莎并没有提供他意图用实体一词表示的那种东西的观念"。他把17世纪这些所谓"论说关于根本真理、关于万物的根本原则的科学"的哲学家叫作形而上学家，并尖锐指出："我们应当老实承认，这种科学在他们的著作里是没有的。"马克思曾评论说："直接受教于洛克和在法国解释洛克的孔狄亚克立即用洛克的感觉论去反对 17 世纪的形而上学。他证明法国人完全有权把这种形而上学当作幻想和神学偏见的不成功的结果而予抛弃。他公开驳斥了笛卡尔、斯宾诺莎、莱布尼茨和马勒伯朗士等人的体系。"

□在经验论的领域之外，孔狄亚克对于世界本原这一问题没有提出自己的唯物主义观点，遗憾的是他隐隐地仍然囿于自然神论，说什么人的心灵不听上帝的话等等，露着一点不彻底的尾巴。

拉·美特利

【生平】

公元 1709 年出生于法国圣马洛城一个富商家庭。早年他在巴黎学习神学，不久又回到家乡学习医学并行医。1733 年赴荷兰入莱顿大学，师从著名医学家波尔哈维学习医学，他接受了老师的唯物主义和无神论思想。1742 年拉·美特利回巴黎任职王宫卫队的军医至 1745 年，因发表《心灵的自然史》一书而遭厄运，被开除军职，书也被焚毁，本人流亡莱顿。1747 年他的主要哲学著作《人是机器》在荷兰匿名出版，再度引起教会势力和反动贵族的忌恨和仇视，遂拉·美特利又转移到普鲁士，得到国王腓特烈二世的庇护。在普鲁士他边行医边继续写作，于 1748 年出版了《人是植物》，1750 年发表了《各派体系的特点》。拉·美特利已是启蒙运动中反封建反教会的坚强战士，他公开斥责神学家，抨击祭司们用一些冠冕堂皇的诺言鼓动人心，要求人们皈依上帝，而对任何不愿盲目信仰的人"准备把他化为齑粉"，指出在国内点起内讧之火的并不是哲学家，而正是神学家中"一些无事生非之徒"，为了侍奉神而引发了战争。"他鞭挞那些"凭着盲目的迷信从修道院深处涌出来的妖魔"，斥他们比自然神论甚至比无神论危险百倍，同时赞颂自然神论者和无神论者永远是"己所不欲勿施于人"，并且认为"在历史中找不出一个辱没他人、辱没祖国的无神论者"，宣称被伤天害理的暴君们下令焚毁的那些著作"好像一些被切成千块的水螅，将从灰烬中飞出来，化为千千万万"，而那些被放逐离开祖国的人和被关进监狱的人"光荣已经把他们的姓氏胜利地送上九霄"。他慷慨陈言："至于我，是向自然学习，是只爱真理的"，"我有胆量自由地说出我所想的一切"。1751 年拉·美特利因食物中毒于柏林逝世。

【思想】

I

假如唯物主义是有根据的，假如它是最伟大的哲学家和医学家们全部观察实验的显明结果，如果哲学家并无创立学说之意，更不是故意捏造出他的学说，如果他可以说是碰到了这种学说，因为它明明就摆在他的研究道路上，就像摆在他的脚下似的，那么，把它发表出来难道是一种罪过吗？难道真理本身就不值得我们俯下身子把它拾起来吗？

研究自然是一条捷径。并不用全面探讨各门学科这一片广阔无边的领域，也不用费力去遍读历代哲学家最优秀的作品，只要研究一下医学，你将会认识到我们的神学吹牛家们的浮夸，尽管他们使我们的教堂里挤满了信徒，在他们的著作里把大自然的奇妙说得天花乱坠。你就会同意只不过是宗教指使我们信仰一个最高的实体，你就会从那个超凡入圣的九霄中，从那个美妙的神学机器的高空中，下降到这个自然的池座里来，你就会从这个池座里只看到自己的周围到处都是永恒的物质，以及各种相继而来的、不断消灭的混乱的形式。

我们看到，宇宙间只存在着一种物质组织，人则是其中最完善的。

在整个宇宙里只存在着一个实体，只是它的形式有各种变化。

只有物质的各种本质特性使物质采取的那些形式，才能够轮流地被消灭和重新产生出来。

万物流转，一切无常，然而物质不灭。

物质的元素有一种不可摧毁的坚固性，因此根本不用害怕世界会裂成碎片。

我睁开眼睛就看到我的周围只是物质，只是具有广延的东西。可见广延这种特性是属于一切物质的，是只能属于物质的，因而也是与物质的实体不可分的。

广延这种特性的前提是形体的实有三维，即长、宽、高。的确，我们如果问一问完全得自官能的知识，就会知道，我们要是没有一个同时具有长宽高的东西的概念，就根本不能设想什么物质或形体的实体；因为这个三维的观念是和我们关于任何大小或数量的观念必然结合在一起的。

获得运动的力量，以及感觉的机能，也和具有广延的能力一样，向来都是被看成物质的本质特性的。

物质本身就包含着这种使它活动的推动力，这种推动力乃是一切运动规律的直接原因。

要是有一种能动的本原的话，它在物质的未知本质中的来源就应当不是广延，而是另一种东西；这就是肯定说，单是广延并不能使我们对于形体实体的全部本质得到一个完备的观念，这只是因为广延把物质中的能动性的观念完全排除掉了。

我们说到的这两种本原，即广延及其推动力，只不过是形体实体的两种潜在能力；因为正如这种实体能够得到运动而实际上并没有运动一样，它即使在不运动的时候也是永远具有运动的能力的。

只要把眼光放到一切自然现象上，就足以发现形体实体中具有自己运动的力量。事实上只有两种可能：或者是这种实体自己运动，或者是当它运动时有另一种实体把运动传给了它。可是，我们在这种实体中是不是看到了某种异于它本身的东西在起作用呢？假如有人假定了另外一个作用者，我就请他告诉我这是什么东西、并且请他向我提出证据来证明它存在，可是，既然大家对这个东西一点观念都没有，可见它连一种理性的存在也不是。由此可见，应当说古代的大师们很容易地承认了形体实体的内部有一种固有的运动力量；因为归根结底人们是既不能证明、也无法设想任何别的实体在对它起作用。

和笛卡尔主义者、施塔尔主义者、马勒伯朗士主义者以及各种不值一提的神学家们的意见相反，现在已经清楚地证明了物质是能自己运动的，不单是有组织的物质，例如一个完整的心脏，能够自己运动，连这种组织受到破坏时，也能够自己运动。

古代哲学家深信任何形体都包含一种原动力，因而认为形体实体是由两种原始属性组成的东西；这个实体由于一种属性而具有运动的能力，由于另一种属性而具有被推动的能力。事实上，我们在一切运动的形体中都非设想这两种属性不可，就是说，这件东西是运动的，同时也是被推动的。

物质或形体实体的被动本原只不过是这个实质的一部分。所以毫不奇怪，现代人只是给了我们一个很不确切的物质概念，他们是没有在物质中发现推动力以及感觉能力的。

II

被抽象作用弄得脱离形体的心灵，也跟被看成脱离任何形式的物质一样，我们是不能设想的。心灵和形体是在同一个时刻一同造成的，就像一笔描出来的似的。所以说，谁要想认识心灵的属性的话，那就应当先研究那些清楚地呈现在形体中的属性，形体的能动本原即是心灵。

如果在形体中有一个推动的本原，如果我们证明了，这个使心脏跳动的本原也使神经发生感觉、使头脑产生思想，那岂不是很清楚地可以得出结论说，我们所谓心灵就是这个本原吗？

我们已经谈到物质的两种本质属性，即广延和运动力，它的大部分特性都是依靠这两种本质属性的。我们现在需要的只是为第三种属性做出证明；我的意思是指感觉能力，这种感觉能力存在于这种实体之中，是各个时代的哲学家都承认的。其实我也不是不知道，笛卡尔派曾经做出各种努力，企图把它从这种实体中排除出去。这样一种可笑的意见，在哲学家们中间从来只不过被当作一种精神上的笑谈或哲学上的戏言。我们可以不必驳斥它。

我们能不能像有些人做过的那样，假定有生命的形体中所表现的那种感觉属于一个与这些形体的物质不同的东西，属于一种具有不同的本性、而与这些形体联系在一起的实体呢？理性的光明难道允许这样一些揣测吗？既然我们在这些形体中观察到的只是物质，既然我们在这些形体中观察到的只是感觉的能力，我们又有什么根据肯定一个被我们的一切认识所否认的理想物呢？

人们也许想知道，一个物体如何由于在起初被赋予了一口气的生命，接着便得到了感觉的能力，而最后由于有感觉的能力便得到了思维的能力。经验所告诉我们的一切是：在一条或几条纤维里，只要还有运动没有完全消灭，无论这运动已经如何微小，只要刺它一下，就可以使濒于消灭的运动重新恢复起来。由此可见，运动和感觉永远是互相激动的，无论在一个完整的机体里面，还是当它的机构已被破坏以后，都是如此。此外还有很多植物似乎也提供很多同样的现象，可以说明这种感觉和运动的联系。

正如根据某些物理学定律，海洋不可能没有潮汐一样，也有一些运动定律存在，它们造成了看见物件的眼睛，听见声音的耳朵，有感觉的神经，以及一条根据情况有时能说话有时不能说话的舌头；最后它们还制造了思想器官。自然既然自己并不看见而造出了能看见的眼睛，也就是自己并不思想而造出了一架能思想的机器。

思想能力既然与看、听、说话、生殖的能力同一源，我觉得说一个有理智的东西出于一种盲目的原因是没有什么荒谬之处的。

艺术作品的完美不是一天的事情，自然作品的完美也同样不是一天的事情。在终于把物质配合得可以产生出一个完善的动物之前，必须对它作过多少次数不清的配合！在各种产物终于达到今天的完善程度之前，要经过多少种其他的产物！由于一种自然的结果，只有那些凭着配合得巧妙，终于获得了制造和安放得和我们一样恰当的眼睛和耳朵的动物，才得到了视觉和听觉等能力。

有很多的实验曾经使我们认识到，心灵实际上是在脑子里感受到动物所特有的感觉的；因为当脑部受重伤时，动物就没有知觉、没有分辨力、没有认识了。

正像我们的腿有它的用来走路的肌肉一样，我们的脑子也有它的用来思想的肌肉。

我明明看到，在健全的状况下，脑髓的组织本身在心灵开始产生的地方（即皮质终结处）非常自由地操纵着能动性和感受性这两种属性，为什么要我把这两种属性的主体想象成具有一种与形体绝对不同的本性呢？我在大脑中只看到物质，并且在它的感觉部分中只看到广延：这个器官在活的、健全的、组织良好的时候，在神经发源处包含着一个散布在髓质中的能动本质；我看到这个本原与形体一同感觉和思想，一同发生错乱，一同入睡，一同熄灭。如果用解剖学和生理学在脑髓中向我揭示的东西可以解释一切现象，我又有什么必要捏造出一个理想的东西来呢？

我认为，思想和有机物质绝不是不可调和的，而且看来和电运动的能力、不可入性、广延等等一样，是有机物质的一种特性。

各种各样的心灵状态，是和各种身体状态永远密切地关联着的。

心灵的一切机能，直到意识为止，都只不过是依身体为转移的东西。

心灵的一切作用既然这样依赖脑子和整个身体的组织，那就很显然，这些作用不是别的，就是这个组织本身：这是一架多么聪明的机器！那么组织就足以说明一切吗？是的，我再说一遍，组织足以说明一切。因为既然思想是很明显地随着器官的发展而发展起来的，造成器官的物质随着时间的进展一旦获得了感觉动能的时候，为什么不同样可以获得羞恶之心呢？因此，心灵只是一个毫无意义的空洞名词，任何一个思想严谨的人使用这个名词时，只是指我们身体里那个思维的部分。只要假定一点运动的始基，生命体便会具有它所必需的一切，来运动、感觉、思维和羞恶痛悔，总之，来做一切身体活动以及以身体为依据的道德行动。

III

除了感官以外，再没有更可靠的向导。感官就是我们的哲学家。不管人家把它说得多么坏，可只有它们才能在探求真理的时候指引理性；的确，我们要是愿意认真地去认识真理的话，那就永远只有回到它们那里去。

经验应当是我们唯一的向导。

一切认识，连那些最习惯或者心灵最熟悉的认识也包括在内，都只是在心灵感受到它们的那个时刻才寓于心灵之内。

当各种器官受到某种对象刺激的时候，这些器官的结构中的神经就受到震动，神经腔里流动物质受到变动后的运动就传到大脑，一直达到共同的感觉中枢，也就是达到感觉心灵凭借这股流动物质而接受各种感觉的所在地；这流动物质是以它们的运动作用于感觉心灵的。除非在用于感觉的器官中、或者说在这个器官的神经表面上发生了某种变化，是不会产生任何感觉的。

我的心灵经常显示的并不是思想，而是能动性和感受性；不管笛卡尔派怎么说，思想对于心灵只不过是偶然的东西，能动性和感受性这两种不可争辩的属性，是得到一切没有被那种最危险的体系精神弄瞎了眼的哲学家都承认的。

有很多杰出的哲学家已经证明，思想原来只是感觉的一种机能，理性心灵也只不过是用来对观念进行思索和推理的感性心灵罢了。这一点由下面一件事可以得到证明：当感觉熄灭的时候，思想也就熄灭了。有些人主张，在昏厥性的疾病里，虽然心灵已经完全记不起它原有的观念，但是它仍旧在思想；这显然是一个可笑的主张。

我们愈加深入地考察一切理智能力本身，就愈加坚定地相信这些能力都一齐包括在感觉能力之中；以感觉能力为命脉，如果没有感觉能力，心灵就不能发挥它的任何功能。

如果不是因为我的感官高举着火炬，照亮了理性的路，并指示我跟着它前进的话，对于理性这样一个我认为不是很可靠的向导，我也许会瞧不起的，因此经验在我面前为理性讲了话；就是这样，我把经验和理性结合在一起了。

我所引用的那些推理，即使是最严格、最直接的推理，也没有一个不是经过大量物理观察之后才提出来的，这些观察是没有一个科学家不会同意的；因此也只有这些科学家们，我才承认有资格判断我从观察中所得出的那些结论。

我所设想的是：人类怎样通过了他的感觉，亦即他的本能，来获得精神，最后又通过了他的精神来获得各种各样的知识。

我总是用想象这个词，因为我认为一切都是想象；心灵的各个部分都可以正确地还原为唯一的想象。想象作用受到艺术和教育的提高，达到一种可贵的、美好的天赋高度的时候，能够准确地把握到它所容纳的那些观念之间的一切关系，能够毫不困难地统摄和掌握一批数量惊人的对象，而从这些对象里最后抽绎出一长串有次序的关系来，这些关系无非是原先那些关系经过排列比较而产生的一些新的关系，这些新的关系心灵觉得和它自己是完全一样的东西。依我说，这就是精神产生的过程。

我们的感觉不论如何鲜明，也绝不能使我们明了主动的对象的本性，以及被动的感觉器官的本性。我们的观念的来源并不是对于物体的属性的认识，也不是对于我们的感觉器官经历到的那种变化所寄托的东西的认识。观念的形成，是仅仅由于这个变化，按照着变化的性质和程度，在我们的心灵中发生出一些观念；这些观念与它们的偶因和动因毫无联系，当然与意志也毫无联系，它们出现在脑髓中，是不以意志为转移的。

物体的形状、运动、大小、硬度等属性虽然是我们的感官能够把握到几分的，然而不是还有好多别的属性，存在于物体的最后元素之中，不能为我们的感觉器官所掌握；我们的感觉器官只是以一种含混的方式与它们发生关系，把它们表达得很差，或者根本不能表达它们吗？

颜色、温度、痛苦、滋味、触觉等等，全部都千变万化的，甚至同一个物体对于同一个人也变得有时是热的，有时是冷的，由此可见，感觉器官并不能向心灵描绘出物体的真实状况。颜色不是随着光的变易也发生变化吗？可见我们是不能把颜色看成物体的属性的。心灵对各种滋味所下的判断也是非常含混的，滋味连各种盐类的面貌也不能向心灵表达。

痛、热、红色或白色，与火或焰并没有任何共同之处；火元素的观念与这些感觉相去甚远。一个对于物理学丝毫没有涉猎过的人是绝不会理解这个观念的。

我还要说一句：我们对于物体的第一性的质理解得也并不更清楚些。大小、硬软等观念只是我们的感觉器官所决定的。如果用另外一些感官去感觉，我们对于同样的属性就会得到一些不同的观念。

此外感觉也随着感觉器官而变化：在某些黄疸病患者看来，什么东西都是黄的。你要是用手使视觉的轴发生变化，就会使对象的数目变多，你也可以随意改变它们的位置和状态。冻伤等等可以使触觉失去作用。欧氏管中只要稍微出一点故障就可以使人变聋。

因此感觉根本不代表事物的本来面目：因为感觉完全依那些为之打开通道的肉体部件为转移。那么感觉是否因此就欺骗我们呢？当然不是如此，尽管有人这样说，那是不相干的，因为我们之得到感觉，与其说是为了获得知识，不如说是为了保全我们这部机器。光的反射在一只充满胆汁的眼里产生出一种黄颜色，于是心灵就应该看到黄的。盐和糖以相反的运动刺激味蕾，其结果我们就会得到相反的观念，使我们发觉一个是咸的一个是甜的。真正说来，感官是从来不欺骗我们的，除了我们对各种关系下判断太仓促以外，感官乃是一些忠实的服务员；心灵可以估计到，感官一定会向它报告什么地方有为它设下的陷阱；感官在不断地警戒着，并且永远在准备互相纠正错误。

【附记】

　　□拉·美特利延续了笛卡尔物理学的唯物主义思想，同时接受洛克的唯物主义经验论，彻底摈斥和批判了笛卡尔的二元论和天赋观念论，鲜明坚定地树起了公开的唯物主义旗帜，并以此成为他确立无神论、向教会神学进行战斗的思想武器。

□在近代充分发展的力学成就的影响下，拉·美特利以力学观念阐述自己的唯物主义思想，把人看作一架有理智的机器，赋予物质概念以"形体实体"的含义，规定广延为物质的本质属性，说"物质元素"是"不可摧毁"的，并且，虽然他坚持物质具有自己运动的能力，但他的运动观内容又只有位移，这方面面就形成了一个整体上是机械论性质的唯物主义体系。机械唯物主义作为历史产物，不免带有18世纪的历史局限性，但在当时它和宗教神学不共戴天，势不两立，在反对神学唯心主义的斗争中发挥过积极的历史进步作用。

□拉·美特利坚持感觉经验是探求真理的唯一可靠的向导，肯定感觉是由对象刺激感官经由神经传到大脑的感觉中枢而产生，这确定了他在经验论上的唯物主义立场。在感觉对理性的关系上，他强调了感觉作为理性的基础和指引作用，但是，他没有理解理性在认识活动中的地位和意义；虽然他看到心灵能够"把握观念之间的一切关系"，能够"从它掌握的数量惊人的对象中抽绎出一长串新的关系"，然而这一活动却被他归结为所谓"想象"，并且说什么"心灵的各个部分都可以正确地还原为唯一的想象"，那么这个"唯一的想象"究竟属于理性还是属于感性，他没有给出明确的说明。尽管他承认理性是存在的，也承认有推理活动，但对这个理性他却"认为不是很可靠的向导"；他正确地指出理性以感性为基础和指引，并且说"我把经验和理性结合在一起了"，但他所理解的这个结合却是"理性心灵也只不过是用来对观念进行思索和推理的感性心灵罢了"，以致认为"思想原来只是感觉的一种机能"，"思想对于心灵只不过是偶然的东西"，这就导致片面狭隘的感觉主义。

□自17世纪以来，众多的唯物主义哲学象受所谓"第二性的质"的困惑，总在这里止步于反映论之外，身处18世纪的拉·美特利仍难越过这道门槛。他甚至退得更远，因为他断言"感觉根本不代表事物的本来面目"。他在论述中触及几个属于反映论需要解释和回答的问题，如："物质的最后元素"其属性"不能为我们的感官所掌握"；"不能把颜色看成是物体的属性"；"我们对第一性的质理解得也并不更清楚"；"感觉也随着感官而变化"。这里的问题涉及：感官有赖于工具或仪器给予延伸或强化，所谓"第二性的质"系非反映论，认识过程有辩证性（真实性、近似性、渐进性），以及感官本身是否正常，等等，并不能由此导致不可知论。拉·美特利的根本问题在于，他把感觉的实质理解为感觉神经受到对象刺激而发生"变化"的"性质和程度"，因此认为它既不是对于"对象的本性"的认识，也不是对"感觉器官的本性"的认识，结果就背弃了反映论。

狄德罗

【生平】

公元1713年出生于法国东北部的朗格里城，这里从13世纪起有许多刀剪匠定居，以制造和经营刀剪闻名，狄德罗的父亲继承了有二百年历史的家庭制刀剪手工艺，也是一名制刀剪能手。少年狄德罗在本地耶稣会学校接受教育，学习成绩优异，他喜爱数学，也学会了希腊文和拉丁文，并且熟悉了荷马及其他希腊古典作家。后来去巴黎就读于阿尔古公学和巴黎大学，于1732年获巴黎大学文学硕士学位。毕业后因没有正式职业，他在巴黎流浪了十年，其间做过短时的零星工作，艰难维持生计。不过从他在十年后的全部业绩来说，显示出他本是稀世的人才，在长达十年的岁月里没有正式职业，这只可能是因为没有他发挥才智的机遇，但是却给他提供了潜心钻研的空间，他在一个顶楼的一间斗室里默默地埋头博览群书，思考感兴趣的问题。他研读科学和哲学著作，特别受到培根、霍布斯、洛克等人的著作的启发和鼓舞；他沉浸于希腊文和拉丁文的古典著作，掌握了意大利文和英文。他这种好学深思的精神一直保持到晚年。狄德罗于1743年结婚，并结束了十年流浪生活。婚前1742年为了解决未来家庭生活的需要，他着手翻译了斯塔尼安的三卷《希腊史》，于1743年出版，又与人合作开始翻译詹姆斯的《医学通用辞典》（六卷）。1745年翻译出版了沙甫茨伯利的《论美德价值》，从中也汲取了作者的自由思想。由于译书，他在文化圈里结识了一些名流、学者，交往中显露出他热情、坦诚、率直、智慧、博学的人品，同时也开始酝酿他自己思想观点的形成和确立。1746 年是他一生中重大转折的一年：第一件事是他匿名发表了第一篇著作《哲学思想录》，阐释了当时先进分子普遍主张的自然神论，此书很快被当局下令销毁，但狄德罗从此一发而不可收，思想的巨流倾泻不止，年年有作品问世。第二件事是他应出版商勒伯勒东之约翻译钱伯斯的《百科全书》。由于考虑到该书内容已显陈旧，经出版商同意，遂放弃翻译而改由自己编撰全新的《百科全书》。他和达朗贝联袂担任主编，倾注全力进行组织、编辑、撰写稿件，花费二十五年心血，历经磨难，备受保守势力攻击，屡遭当局干预，两度被禁出版，狄德罗遇阻不退，坚守信念，奋力把《百科全书》文字部分十七册、插图部分十一册全部编完于 1772 年出齐。在狄德罗的思想和精神的感召下，许多先进思想家和科学界精英应邀为全书撰稿，铸成了这部凝聚法国一代先进人士的智慧、饱含资产阶级的心愿和理想、承载着反封建反神学的历史使命的巨著，它的编撰本身就是启蒙运动的一个部分，它的面世则堪称启蒙运动的一个伟大宣言。此前在 1749 年狄德罗因发表《谈盲人的信》被指控有宣传自然神论的内容于 7 月 24 日遭逮捕监禁，当年十一月出狱。实际上此时的狄德罗已是公开的唯物主义者，自然神论已非他的主要思想。在 1752 年和 1762 年他编辑的《百科全书》两次遭禁，但因国王情妇蓬巴杜夫人的支持和默许而得以继续编印。1763 年狄德罗把自己的全部藏书售予俄国女皇叶卡捷琳娜，同时又被女皇聘为图书管理员，终身管理和享用这批书籍。1773 年应女皇邀请访俄，1775 年为女皇拟定《俄国政府大学建校计划书》，1784 年7 月初狄德罗迁入女皇所赠新居，7 月 30 日在此病逝。

狄德罗生前为《百科全书》耗去了他的大部分时间，但仍以惊人的精力写下了大量的、种类繁多的作品，其中最重要的和能说明他多方面才华的作品有下列各篇（远非全部）：1746 年《哲学思想录》；1747 年《怀疑论者的漫步》；1748 年《关于各种数学命题的论文》；1749 年《供明眼人参考的谈盲人的信》；1751 年《论聋哑人书信》；1752 年《关于美的根源及其本质的哲学探讨》；1753—1754 年《对自然的

解释》；1755 年《蜡画历史及奥秘》；1757 年《私生子》（剧本）；1758
年《家长》（剧本）；1760 年《修女》（小说）；1762 年《拉摩的侄子》
（哲学小说）；1765 年《画论》；1769 年《达朗贝和狄德罗的谈话》《达
朗贝的梦》；1770 年《关于物质和运动的哲学原理》《自然宗教充实论》
《演员奇谈》；1772 年《布甘维〈旅行记〉补篇》；1773 年《宿命论者
雅克和他的主人》（小说）；1774 年《生理学基础》；1776 年《一个哲
学家和元帅夫人的谈话》；1778 年《论塞内卡的著作》；1781 年《是好
人还是坏人》；1782 年《论克劳狄乌斯和尼禄王朝》。

【思想】

I

在宇宙中，在人身上，在动物身上，只有一个实体。

设想有某种处在物质宇宙之外的实体，是不可能的。绝不可能作
这一类的假定，因为从这一类假定推不出任何东西来。

在我看来，自然界的一切事物绝不可能是由一种完全同质的物质
产生出来的，正如绝不能单单用一种同样的颜色表现出一切事物一样。
我甚至于臆测到现象的纷纭只能是物质的某种异质性所造成的结果。
因此我将把产生一切自然现象所必需的那些不同的异质物质称为元
素，而把这些元素组合起来造成的那个现实的结果或那些相继出现的
总结果称为自然。各种元素应当有一些本质上的区别；否则一切事物
就可以回返到同质的物质，就有可能是由同质的物质产生出来的了。

我把目光放在一般的物体上面；我看见一切物体都在作用与反作
用，都在一种形式之下破坏，都在另一种形式之下重新组合，我看见
各种各类的升华、分解、化合，各种与物质的同质性不相容的现象；
我由此得出结论说：物质是异质的；自然中有无数不同的元素存在；
其中的每一个元素都因其不同之点而有其天赋的、不变的、永恒的、
不可毁灭的特殊的力。

既然不是各种本质上异质的物质都完全一样的，由此就可得出结

论说：有一些本质上不同的分子结合在一块，可是分子本身绝对不可分割。有多少本质上异质的或基本的物质呢？不知道。那些绝对异质的或基本的物质的本质区别是什么呢？不知道。一种基本的物质能分割到什么程度呢？不知道。有一件事实我更加不知道，这就是：在过去、现在或将来，一种基本物质的分割，是否不能在某种技术操作中向前更推进一步，超过它过去、现在或将来在任何单由自然造成的自然组合中所能达到的分割限度。

如果不坚持在自己的头脑中而是在宇宙中考察事物，就会信服现象的多样性，基本物质的多样性，力的多样性，作用与反作用的多样性，运动的必然性。

当我们比较一个同质的集合体与另一个具有同样的同质的集合体时，当我们说到这两个集合体的作用和反作用时，它们的相对能力确乎与质量成正比。但是说到异质的集合体、异质的分子时，就不是这样的规律了。每一个构成物体的基本分子固有的内部的力有多少不同的种类，就有多少种不同规律。

你们可以各听尊便，去研究几何学和形而上学；可是我，是物理学家和化学家，是在自然中而不是在我的头脑中把握物体的；我把物体看成存在的，多种多样的，具有各种特性和活动的，在宇宙中活动着，就跟在实验室中活动一样。

II

如果我们看一看各种动物以及它们所践踏的荒野土地，看一看各种有机分子以及它们在其中运动的液体，看一看各种微生虫以及产生这些微生虫并环绕它们的物质，那就很显然，一般的物质是分成死的物质和活的物质的。可是物质怎么能弄成不是一种，或者全部是活的，或者全部是死的呢？活的物质永远是活的吗？死的物质就永远真是死的吗？活的物质就根本不死吗？死的物质就从不开始活起来吗？

你看见这个蛋吗？我们就是拿这个蛋来推翻一切神学学派和地球上的一切神庙。这个蛋在胚芽进来以前是一块没有感觉的东西；而胚芽也还是一块没有感觉的东西，它本身也只是一种呆板的、粗糙的液体。这块东西是怎样过渡到另一种组织，过渡到感受性，过渡到生命？靠温度。什么东西会产生温度？运动。可是人家会从这里面得出一条结论来反对你。你想一想就会怜悯你自己了；你就会感觉到，要想不接受一个可以说明一切的简单假定，不接受感受性这一物质的一般特性或机体组织的产物，你就是抛弃常识，就是跳进神秘、矛盾和荒谬的深渊。

你说到我承认了一种活跃的感受性和一种迟钝的感受性，就像有一种活力和一种死力一样，活力的表现是移动，死力的表现是压力；活跃的感受性表现在动物的某些显著活动上，这些活动也许植物也是有的；而迟钝的感受性，则可以由向活跃的感受性过渡而得到肯定。好极了，你说的正是。

哲学家色曼认为由于人们怀着一种无端的恐惧，不敢把我们所熟知的一些样态归给一种实体，这种实体的本质却是非常可以与这些样态相容的。这种实体就是有形体的实体；这些样态就是欲求、厌恶、记忆和理智，总之，就是在动物身上看到的一切性质，色曼博士承认它们同样地存在于最小的物质微粒和最庞大的动物之中。如果色曼博士把他的体系限制在正确的界限之内，只把他的那些看法应用在动物形成上，他就不会把欲求、厌恶、感觉和思想归给有机分子。应该满足于只假定有机分子具有一种微末的感受性，比那些最接近死物质的动物的感受性要小一千倍。由于具有这种迟钝的感受性，并且具有构造上的特点，每一个有机分子都只能有一种对它最适合的状态。

人和雕像、大理石和肉的差别很小。人们用肉造大理石，也用大理石造肉。雕像就只有迟钝的感受性；而人、动物，也许也包括植物在内，则赋有活跃的感受性；毫无疑问大理石块和肌肉组织之间是有这种差别的，不过这并不是唯一的差别。使一个物体从迟钝感受性的状态过渡到活跃感受性的状态，这是一个同样普通的现象。每当吃东西的时候就发生这种现象了。在吃东西的时候，是在把食物的活跃感受性的障碍移去。你把食物同化了，把它变成肉了，使它动物化了，使它具有感觉了；对食物所做的事，我高兴的时候就会对大理石去做。

我使它变得能吃，把它捣成极细的粉末，把这种粉末和到粪土或腐殖土里，等它腐烂，一年，两年，一百年，等到它变成了一团同质的物质，变成粪土，我在粪土里种上豌豆、蚕豆、白菜等蔬菜。植物从土里吸收养料，我从植物里吸收养料。这样，从大理石到粪土、从粪土到植物界、从植物界到动物界、到肌肉，于是我就用肉造成了一种有活跃感觉的物质。

自古以来就有一些属于动物性的元素散布和搅混在物质大块中；这些元素在某个时候互相结合起来，因为这是可能发生的；由这些元素形成的胚胎经过了无数的组织和发展；它相继地具有了运动、感觉、观念、思想、反省、意识、感情、欲望、记号、手势、声音、语言、法律、科学和艺术；这些发展阶段每一个都经过几百万年；也许它经历过我们所不知道的另一些发展阶段，另一些扩展阶段；它曾经有过或将要达到一个稳定状态；由于一种经常不断的衰颓作用，它正在或将要脱离这种稳定状态，在衰颓的时候，它的各种机能将离开它，正如过去进入其中一样；它将永远从自然界消失，或者虽然继续存在于自然界，但是所采取的形式，所具有的机能都与我们此刻在它身上见到的完全两样。

一个婴儿出世了，吃着奶，身体和智力都长成了，成了文学家、机械学家、几何学家。这是怎样造成的？是由吃和另外一些纯粹机械的作用造成的。这是按照一条四句话的一般公式：吃，消化，吸收养料，长大成人。谁想向科学院提供一个人或动物逐渐形成的情况，就只有用物质因素来说明，这些物质因素逐步产生的结果便是一个迟钝的生物，一个有感觉的生物，一个有思想的生物，一个解决岁差问题的生物，一个卓越的生物，一个奇妙的生物，一个衰老、萎弱、死去、消解而化为腐土的生物。

如果一个有感觉并且有适于记忆的机体的生物，把它所得到的印象联系起来，凭着这个联系形成一个它的生命史，获得它的自我意识，它就做出否定、肯定、推论、思维来了。

III

依某些哲学家说，物体就其本身而言，是没有活动也没有力的；这是一个可怕的错误，完全违反全部正确的物理学，全部正确的化学：物体就其本性说来，就其固有性质的本性说来，不管就它的分子看，还是就它的整体看，都是充满活动的力的。他们补充说：你要表象运动，除了存在着的物质以外，还必须设想一种作用于物质的力。并不是这样的：分子赋有一种适合其本性的性质，本身就是一种活动力。它作用于另一个分子，另一个分子也作用于它。那些谬论都是根据物质同质这一虚妄假设。你们这些如此坚决地设想物质静止的人，难道能设想火是静止的吗？自然中一切都有各种活动，就像你们称之为火的一团东西中，每一个分子都有它的本性，它的活动。

确定不移的是，一切物体都互相吸引，物体的一切微粒都互相吸引；这个宇宙中一切都在移动或激动，或者同时既在移动又在激动。

人们还说，要使物质运动，必须有一种活动，一种力；是的，要么是分子以外的力，要么是分子内涵的、固有的、内部的、使分子具有火、水、硝石、碱、硫黄分子的本性的力：这种本性不管是什么样的，都引起力，引起这个分子从内向外作用的活动，引起其他分子作用于它的活动。作用于分子的力是会消耗的；分子内部的力是不会消耗的。这种力是不变的、永恒的。这两种力可以产生出两种激动；第一种是会停止的激动，第二种是从不停止的激动。因此说物体和运动有一种实在的对立，乃是荒谬的。

物体内部的这些力对物体以外起作用：从这里便产生出宇宙中的运动或普遍的骚动。

一个物体从一个地点移到另一个地点并不是运动，只是运动的结果。移动的物体和不动的物体里同样有运动。

重量并不是一种静止的倾向，而是一种原地运动的倾向。

每一个分子都应当看成实际上由三种活动的鼓动：重力或引力的活动；其本性固有的内部的力的活动，如水、火、空气、硫黄的本性固有的力的活动；以及一切其他分子对它的活动：这三种活动可以是集合的，也可以是分散的。

哲学家们竟假定了物质与运动和静止无关。或许他们讲的是一块物质对另一块物质的相对静止。在一只被风浪袭击的船里面，一切都是相对静止的。船里面没有一样是绝对静止的，连组成船和船中物体的分子也是如此。

静止与运动的真正区别，就在于绝对静止是一个抽象概念，根本不存在于自然中，而运动则是一种与长、宽、高同样实在的性质。

大家说："太阳底下无新事"；这句话对于坚持粗糙的表面现象来说，倒是真的。可是对于整日以捕捉最细微的差别为业的哲学家来说，这话是不是真的呢？如果事物是通过各种极其细微的差别一点一点发生变化的，那永不停息的时间就该逐渐地造成一种极大的差别，把曾经存在于远古的形式、存在于今日的形式以及将要存在于千万年后的形式区别开来；所谓"太阳底下无新事"，只不过是一种偏见，这种偏见之所以产生，是由于我们器官的软弱无力，由于我们仪器的不完善，由于我们生命的短促。

IV

我们有三种主要的方法：对自然的观察、思考和实验。观察搜集事实；思考把它们组合起来；实验则证实组合的结果。对自然的观察应该专注，思考应该深刻，实验则应该精确。

感官是我们一切知识的来源，所以很有必要知道我们对感官的知觉可以信赖到什么程度。

我们就是赋有感受性和记忆的乐器。我们的感官就是键盘，我们周围的自然弹它，它也常常弹自己；依我判断，这就是一架与你我具有同样结构的钢琴中所发生的一切。首先有一个印象，它的原因在乐器的内部或外部，然后有一个感觉从这个印象中产生，并持续一个时候；然后又有另一个印象随之而来，它的原因也同样在动物的内部和外部，然后又有第二个感觉和一些语言出现，用一些自然的声音或约定的声音表示出它们。

　　一只活泼的眼睛，毫无疑问，要花一番气力才能确定外界的对象并不是自己的一部分；确定自己有时离它们近，有时离它们远；确定它们有形状；确定它们有一些比另一些大；确定它们有深度，等等。但是我根本没有怀疑它长期看不见，怀疑它看得清楚的程度不足以最低限度辨别出这些对象的大致轮廓。否认这一点，那就是无视各种器官的确定用途，那就是忘了那些主要的视觉现象；那就是装着不知道：没有一个妙手画家能够画得像映在我们眼底上的那些小画那样好看，那样逼真；表象与所表象的对象的相似是最精确不过的。

　　人们要花费一番气力才觉察到寻求真理的法则多么严格，我们的方法的数目多么有限。一切都归结到从感觉回到思考，又从思考回到感觉：不停地重新进入自身，又走出自身。这是一种蜜蜂的工作。如果不带着蜡重新进入蜂房里面去，你就是白白地跑了许多地方。如果不知道把这些蜡做成蜂巢，你就是白白聚集了许多无用的蜡了。

　　我们的感觉和思维的机能是与生俱来的，思维机能的第一步在于对感觉进行考察，加以联系、比较、组织，看到其相互之间的协调和不协调的关系等等。我们有与生俱来的需要，这些需要迫使我们求助于各种不同的手段，自我们出生它们便共同向我们提供关于秩序、配合、对称、结构、比例、统一的概念；所有这些概念都来自感官。于是我们从大量配合得当的、匀称的、组合的、对称的人为的和自然的物体的概念过渡到关于比例失调、秩序紊乱和杂乱无章的反面的抽象概念。这些概念和其他概念一样，建筑于经验之上；我们也是通过感官而获得这些概念的。

　　自然的观察者和解释者的主要分别之一，就在于解释者的出发点正是感官和仪器把观察者抛下不管的地方；自然解释者根据事物现在是什么，推测它过去和未来还应当是什么；他从事物和秩序推出一些抽象的一般结论，认为这些结论是各种特殊的感性真理的全部根据；他一直往上追索到秩序的本质。

　　我们可以把那些在自然中没有基础的概念比之于北方的森林，其中的树木都是没有根的。只要一阵风，一个微不足道的事件，就把整个树木的森林及观念的森林推倒了。

事物仅仅在我们的理智中时，就是我们的意见，就是一些概念，它们可能是真的，也可能是假的，可能被认可，也可能被反对。它们只有和外界的东西联系起来时才坚实可靠。造成这种联系的，或者是一条由许多实验连成的不断的锁链，或者是一条由许多推理连成的不断的锁链，这锁链一端连着观察，另一端连着实验；或者是一条由许多实验穿插在许多推理之间造成的锁链。

从实验结果中人们看到：各种数学，尤其是超越感性范围的高等数学，没有实验是根本不能导致任何精确的东西的。

真理的利益将要求那些思考的人终于肯和那些行动的人结合起来，以便思辨的人免得从事运动；使操作的人在他所从事的无限运动中有一个目标；使我们的一切努力彼此联合起来一致对付自然的抵抗，使每个人都在这种哲学联盟中充当一个适合于他的角色。

我们称为唯心主义者的，是这些哲学家：他们只意识到自己的存在，以及那些在他们自己的内部相继出现的感觉，而不承认别的东西：这种狂妄的体系，在我看来，只有在瞎子那里才能产生出来；这种体系，说来真是人心和哲学的耻辱，虽然荒谬绝伦，可是最难驳斥。这种体系既公开又明确地陈述在克洛因主教巴克莱博士的三篇对话里。

如果一个动物是一件有感觉的乐器，这有感觉的乐器或动物体验到，发出了什么声音，就有什么结果随之发生在身外，其他和它相似的有感觉的乐器，或者说别的同类动物，就会走近，跑开，向它提出要求，给它点什么，伤害它，抚爱它，这些结果在它和其他动物的记忆里是与这些声音的发出联系在一起的。请你注意，在人们的交往中，有的只是声音和动作。为了认识我的体系的全部力量，请你再注意，它所遇到的困难，就是巴克莱提出来反对物体存在的那个不可克服的困难。在一个发疯的时刻，有感觉的钢琴曾以为自己是世界上存在的唯一的钢琴，宇宙的全部和谐都发生在它身上。

【附记】

□狄德罗是 18 世纪法国杰出的伟大唯物主义哲学家。以他为核心和首领，围绕《百科全书》的编撰团结了一批启蒙思想家，形成了震撼法国一个时代的百科全书派，在法国资产阶级革命的序曲中，奏出了响彻法国的最强音。

□狄德罗的唯物主义不只是承认世界的物质统一性和物质的异质多样性，而且肯定了物质具有感受性。在18世纪的法国思想界，这个物质感受性的提出可以说是石破天惊，它从根本上动摇了神学、唯心主义、二元论等赖以支撑的所谓独立精神实体。列宁曾非常看重和赞赏狄德罗的物质感受性思想，给予了高度肯定的评价。

□作为18世纪的唯物主义者，狄德罗的杰出还在于，他初露端倪突破力学对哲学思想造成的机械论影响，在科学发展出现的新趋势下，产生了辩证思想的萌芽。他破除了事物之间的绝对界限；认识到不同事物互相转化的可能；懂得事物运动有内外动力决定的不同形式；提出了运动的绝对性和静止的相对性；感觉到了事物量变产生质变的过程。这个历史事实预示，哲学发展在向着辩证法恢宏殿堂迈进。

□狄德罗知识渊博，思想宏富，在多个领域均有卓见，如他已经接触到生物进化、人类发展的观点，在关于美的本质的讨论中表现有唯物主义倾向，对生理学作过相当精深的研究，为戏剧艺术创立了自己的表演理论体系，等等。

□伟大的唯物主义哲学家狄德罗是18世纪的产儿，他的哲学思想的最高成就，无疑正是培育他的那个时代精神所凝结的精华。但他同时也背负着摆脱不了的时代局限，身上必然烙有时代局限的抹不掉的印记。他全力强调世界的普遍永恒运动，而他所理解的运动实质上只是位移，即机械运动观，他没有注意到位移之外的其他运动形式。

□狄德罗的杰出和不足也在认识论上有所显现。他关于观察、思考、实验三种方法的论述表明，他已接近于唯物辩证地理解了认识过程。但是他还不可能超出历史提供的条件，特别是对思考和实验的阐述，并未臻于完善和确切，至于实践是认识过程的基础，他更远未触及。

爱尔维修

【生平】

公元 1715 年出生于巴黎一个宫廷医生的家庭，少年时在一个耶稣会学校学习，但他不热心学校安排的课程，却受到洛克著作的吸引。他阅读英国唯物主义和法国启蒙思想的作品。1738 年由于他的父亲得到皇室的恩宠，爱尔维修被任命为政府总包税官。在这个职位上的十多年经历中，他形成了与封建制度格格不入的思想倾向，同时开始和孟德斯鸠、伏尔泰以及其他思想家有了交往。1751 年他辞掉俸禄优厚的包税官职务，义无反顾地投身于方兴未艾的启蒙运动，与狄德罗等人建立了友谊，参与了《百科全书》的撰稿。1758 年他发表了第一部著作《论精神》，以洛克的唯物主义感觉论为理论原则论述了他自己的思想体系。此书不可避免地遭到保守反动势力的打击，罗马教皇指责它渎神，巴黎大主教把它看成瘟疫一样不准信徒接触，巴黎议会则做出决议销毁它。1764 年和 1765 年他访问过英国和普鲁士。晚年他写下了《论人的理智能力和教育》，书中把功利主义写成一个哲学体系，此外他又写了长诗《幸福》，两部作品都是他死后在国外出版的。爱尔维修于 1771 年逝世。

【思想】

I

儿童在离开母胎、打开生活的门户之际，是毫无观念、毫无感情地投入生活的。

肉体的感受性和记忆是产生我们一切观念的原因。

我们身上有两种能力，或者说，有两种被动的力量。一种是接受外界对象在我们身上造成的各种印象的能力：大家称之为肉体的感受性。另一种是保存这些对象在我们身上造成的印象的能力：大家称之为记忆，记忆无非是一种延续的、减弱的感觉。

产生我们的一切观念的，是肉体的感受性和记忆，或者说得更确切一点，仅仅是感受性。实际上，记忆只能是肉体感受性的器官之一；那个在我们身上感觉的本原，应当就是回忆的本原。真正说来，回忆无非就是感觉。

我证明过灵魂在我们身上只不过是感觉能力，精神是它的结果。

经验虽然证明我们从感官得到我们的观念，却并未证明我们身上精神永远与这些感官的精致程度成正比。无论用什么方式去询问经验，它的答复永远是：精神的优越程度与感官的完善程度无关，凡是构造得同样好的人，都由自然赋予了必要的感官细致程度，足以在数学、化学、政治学、物理学等方面达到最大的发展。

一切构造得同样好的人都有同等的能力获致精神。

自然是一切事物的总和。自然中只有一些我们称之为形体的个体。自然提供给我们各种对象，这些对象与我们之间有一些关系，它们彼此之间也有一些关系；对于这些关系的认识，构成了所谓精神。我们的这一类认识的范围大一点或小一点，精神也就大一点或小一点。人的精神一直上升到认识这些关系，但是这些关系也是精神绝对不能逾越的界限。

在宇宙间，精神可以用来做些什么？用来观察对象彼此之间以及与我们之间的关系。

精神的一切活动，都可以归结为观察各种不同的对象彼此之间以及与我们之间的相似与差异、适合与不适合。精神的准确程度取决于进行这些观察的仔细程度。

认识某些对象彼此间的关系，就在于把这些对象中的若干个，或至少两个，放在我的眼前，或使它们呈现在我的记忆里，然后加以比较。观察对象与我的关系时，也是同样地使自己注意我们所获得的对象。

全部精神就在于比较我们的各种感觉和观念，即察看它们彼此间的相似之处和相异之处，相合之处和相违之处。然而，既然判断无非就是这种察看本身，或者最低限度只不过是这种察看的宣布，由此可见，精神的一切活动归结起来就是判断。

什么叫比较呢？就是仔细地交替观察两个在场或不在场的对象在我身上造成的不同印象。作了这种观察后，我就判断，亦即正确地陈述我们得到的印象。

一切判断只不过是对于实际经历到的或保存在我的记忆中的两种感觉的叙述。

什么是判断？就是说出我所感觉的。

当我判断人家拿给我们的对象的大小和颜色时，很明显，对于这些对象在我的感官上造成的不同印象所做的判断，真正说来无非是一种感觉。

判断无非就是感觉。

精神的全部活动就在于我们具有一种能力，可以觉察到不同对象之间的相似之处或相异之处，相合之处或相违之处。然而，这种能力无非就是肉体的感受性本身；因此一切都归结到感觉。

人们都假定我们身上有一种异于感觉能力的判断能力，只是由于到现在为止，人们一直以为自己无法以任何别的方式来解释精神的某些错误。

我们的一切虚妄判断和错误，都与两种原因有关，这两种原因在我们身上都是仅仅以感觉能力为前提的。我认为，任何一个虚妄的判断，其原因若不是我们的感情，就一定是我们的无知。

错误判断的原因并不要求我们身上有一种异于感觉能力的判断能力。

II

我曾经把人身上的精神、美德和天才看成教育的产物。这种看法我认为永远真实。

每个人身上的才能和美德，究竟是他的机体结构的结果，还是他所受的教育的结果？我持后一种意见。

教育使我们成为我们现在这样子。

在摇篮里是感觉不到骄傲、悭吝、妒忌、野心、欲望、尊严、荣誉等感情的。如果说人们生下来并无感情，人们也就生下来并无性格。在我们身上造成对荣誉的爱的，乃是一种后天获得的东西，因而是一种教育的结果。

儿童的真正教师是他们周围的对象，他们的全部观念几乎都是从这些教导者得来的。

每个国家都有它的特殊的观察方式和感觉方式，这种方式形成它的性格；在一切民族中，这种性格或者是突然一下改变，或者是一点一点改变的。这要看它们的政治形式中、公共教育中所发生的变化是突然的还是不知不觉的而定。

经验证明，各个民族的性格和精神是随着它们的政治形式变化的；一种不同的统治轮流给予同一个民族以高尚的或卑下的、坚定的或轻浮的、勇敢的或怯懦的性格。

统治人们的政治形式，永远形成我们的教育的一部分。

人们的善良乃是法律的产物。

一切构造得同样完善的人，都拥有获得最高观念的体力；我们在人与人之间所见到的精神上的差异，是由于他们所处的不同的环境，由于他们所受的不同的教育所致。

我们应当把感情和性格的千差万别归之于自爱这种人人共有的情感的各种不同的变相，这种变相是依人们所受教育、支配人们的政治以及人们所处的不同地位为转移的。

如果说波斯人根本没有自由的观念，野蛮人根本没有为奴的观念，那是他们的教育不同的结果。

如果一般说来，人们在一种自由的统治之下，是坦率的，忠诚的，勤奋的，人道的；在一种专制的统治之下，则是卑鄙的，欺诈的，恶劣的，没有天才也没有勇气的，他们性格上的这种区别，乃是这两种统治之下所受教育不同的结果。

为了使两个人恰好受到一样的教育，应当怎样办？应当让他们恰好处在一样的地位上，一样的环境中，这是办不到的。因此很明显，绝不能人人受同样的教育。

没有一个有知识的人不在所有的对象中看到那么多负责教育我们儿童的教导者。这些教导者难道不是对于所有的人都一样吗？不一样。机遇并非对于任何人都完全一样；机遇绝不可能向所有的人提供同样的教育。

人们在受到洛克的启发，知道自己是由感官而得到观念、从而得到精神的时候，在注意到不同的人的器官有差别，精神也有差别的时候，通常总是做出结论说，精神不等是感官的精致程度不等的结果。但昆蒂良、洛克和我则说：精神的不等是一种已知的原因的结果，这个原因就是教育的不同。

精神的优越并非气质的产物，并非感官比较完善所致，并非一种隐秘的性质所造成，而是教育这一众所周知的原因的结果。

III

肉体的感受性乃是人的需要、感情、社会性、观念、判断、意志、行动的原则。

人是一部机器，为肉体的感受性所发动，必须做感受性所执行的一切事情。

人是能够感觉肉体的快乐和痛苦的，因此他逃避后者、寻求前者。就是这种经常的逃避和寻求，我称之为自爱。这种情感是肉体感受性的直接后果，因而为人人所共具，乃是与人不可分离的。

自然从我们幼年起就铭刻在我们心里的唯一情感，是对我们自己的爱。这种以肉体的感受性为基础的爱，是人人共有的。不管人们的教养多么不同，这种情感在他们身上永远一样：在任何时代、任何国家，人们过去、现在和未来都是爱自己甚于爱别人的。

真正说来，人并不是爱荣誉、财富和爵位，而只是爱这种荣誉、这些财富、这些爵位所代表的快乐。

快乐和痛苦也是各种爱国美德的原则。对奖赏的希望使它们产生出来。尽和人们吹嘘自己对它们存着无所为而为的爱，但如果爱美德没有利益可得，那就绝没有美德。

快乐和痛苦永远是支配人的行动的唯一原则。

我采取利益这个名词的比较广的意义，我是把它一般地应用在一切能够使我们增进快乐、减少痛苦的事物上的。

利益是我们的唯一推动力。

人永远服从他的理解得正确的或不正确的利益，这是一条事实上的真理；无论人们不把它说出来还是把它说出来，人的行为永远是一样的。

一切社会都一样只不过是服从个人利益的法则。难道还有什么别的动机能够决定一个人去作慷慨的行为吗？他既不能把恶当作恶去爱，也不能把善当作善去爱的。

如果说自然界是服从运动的规律的，那么精神界就是不折不扣地服从利益的规律的。

自爱，或者说对自己的爱，无非是自然铭刻在我们心里的感情；这种感情按照着鼓动人的各种爱好和欲望，可以在每一个人身上转化为罪过，或者转化为美德；自爱在不同的变相中既可产生骄傲，也同样可以产生谦虚。

唯有利益支使我们对人们的各种行为和观念表示尊重或蔑视。

利益永远是正直和明智的唯一判断者。

利益支配着我们的一切判断。每一个个人都是根据自己得到的印象快意不快意来评判人和物的。公众无非是一切个人的集合，因此他们只能拿自己的利益来当作判断的准绳。

个人利益是人们行为价值的唯一而且普遍的鉴定者；因此，与一个个人相联系的正直，按照我的定义来说，无非就是对这个个人有利的行为的习惯。

每一个人都是只把对自己有利的行为的习惯称为正直。

在一个小集团的审判台前，利益永远是评定人们行为价值的唯一裁判官。

正直无非是那些专对这个小集团有利的行为的或大或小的习惯。

我看成现实化的美德的正直，在各个不同的民族和政府里，无非是各种有益于国家的行为的习惯。

利益支配着我们对于各种行为所下的判断，使我们根据这些行为对于公众有利、有害或者无所谓，把它看成道德的、有罪的或可以容许的。这个利益也同样支配着我们对于各种观念所下的判断；因此，无论在道德问题或认识问题上，都只是利益宰制着我们的一切判断。

IV

使我们整个儿成为我们的，是对我们自己的爱。人们为什么这样贪图名誉地位呢？这是因为人们爱自己，要求自己幸福，因而要求享受幸福的权力。

人们好像在牺牲，但是从来不为别人的幸福牺牲自己的幸福。

追求幸福的欲望永远使人选择他认为最合乎他的利益、爱好、感情，总之最合乎他心目中的幸福的那个主意。

美德无非是那种追求人们幸福的愿望。

人的幸福既取决于支配人们生活的法律，也取决于人们所受的教育。

在那些很小的新兴社会里法律几乎总是公正贤明的，因为在那些社会里法律乃是出于协议，因而是为了所有的人的福利的。那时候没有一个公民比法律更强，因为他的幸福与守法相联系，他的灾祸与犯法相联系。

一种不义实际上是什么东西呢？是违犯一种为了多数人的利益而制定的法律。

应该抱怨的不是人的劣根性，而是那些把私人利益和公共利益对立起来的立法者的无知。

一旦确定了人的行为永远与他的利益符合一致，立法家就会给予罪行以惩罚，给予美德以奖励，使所有的个人都会从美德得到利益。

法律造就一切。

假如制定了良好的法律，这些法律将会让公民们顺着他们要求个人幸福的倾向，把他们很自然地引导到公共幸福上去。

如果公民不实现公共福利就不能实现自己的私人福利，那么除了疯子以外就根本不会有犯罪的人。

一个国家是它的所有公民组成的；公共幸福是所有的个人幸福组成的。然而，个人幸福是什么东西造成的？大多数人会说，要同等幸福，就必须人人拥有同等的财富和权力。没有比这个论断更错误的了。实际上，如果说生命是由无数个不同瞬间组成的，人们要是都能以一种同样愉快的方式填补这些瞬间，就会人人都同等幸福。因此人们虽然在财富和地位方面不平等，在幸福方面是可以平等的。

在构成人们生命的那一系列瞬间中，如果凭着他们的统治形式人人都能把自己的财产、生命和自由的所有权与某种小康状态结合起来，就会人人同等地幸福。

造成各个民族的不幸的，并不是人们的卑劣、邪恶和不正，而是他们的法律不完善。

几乎所有的人和民族都普遍地不幸，这种不幸是由于他们的法律不完善，由于财富分配太不平均。

由于缺乏良好的法律，才处处燃起贪图巨富的欲火。

良好的法律是否能够使所有的公民都处在这种为幸福所必需的小康状态中呢？

假定法律给所有的公民指派若干财富，它将使穷人摆脱贫困的恐怖，使富人摆脱厌倦的厄运。它将会使穷人和富人都更幸福。

要是一个政府允许它的臣民拥有他们的财产、生命和自由，要是它制止国民财富分配过分不均等，要是它保持每一个公民处在某种小康状态中，那它就使每一个人都有办法过几乎尽可能幸福的生活了。

公民幸福的平均分配，要以国民财富的分配不甚不均为前提。诚然，我们看不出建立这种分配的指日可待的可能性。然而一切国家的法制每一天都在改变，这就证明至少这种可能性并不是一种柏拉图式的空想。

在一个一定时间里，虽然难得有、但是一定有一个培克，一个曼科——卡帕克出世，来给一些新兴的社会立法。然而，假定有这样一个人，热衷于一种新的荣誉，要想以人们的朋友这个称号流芳后世，假定这个人因此下功夫编制他的法律，为人民的幸福尽力，愿意造就一些幸福的人，不愿造成一批奴隶；那他就毫无疑问在我建立的那些原则中见到了一种新的、符合人类幸福的立法端倪。

当法律违反大多数人的幸福时，应当加以改革。

必须有天才，才能用好法律代替坏法律；也必须有勇气，才能使人们接受法律。

假定一个君主要想改善法律科学，他应该鼓励有天才的人去研究这门科学，让他负责解决各种不同的问题。然后那些可变的、还不完善的法律将会不再是那样，将会变成不可变的、神圣的。

一种世界宗教只能建立在一些永恒不变的原则上，在一切社会都同意的那些原则或法律中间，哪一种最根本、最神圣呢？允许每一个人拥有财产、生命和自由的那一种。这就是我愿意人崇奉的唯一的宗教，唯有这种宗教才能成为世界宗教，唯有它才与一位神相称，才盖着神的印记和真理的印记。其他一切宗教都带着人的标志、欺骗的标志、妄想的标志。

【附记】

□爱尔维修是属于百科全书派的唯物主义哲学家，他和其他 18世纪法国唯物主义者一样，"也是以洛克的学说为出发点的"（马克思语）。他把洛克的唯物主义感觉论应用于分析社会生活，形成了他的功利主义哲学体系。

□爱尔维修从洛克的学说出发，强调一切观念都来自感官；他不提洛克的所谓"反省"，虽然他同时讲到记忆也是观念的来源，不过在他的理解中记忆不是反省的同义词，而且他补充说记忆不过是减弱的感觉，甚至讲到"回忆无非就是感觉"。因此爱尔维修对感觉论作了彻底唯物主义的阐发。

□爱尔维修对"精神"这一概念给出了他自己的界定，即对事物相互之间以及事物与我们之间的关系的认识，这种认识就在于对两个或两个以上的事物观念进行比较，从而判断其相似或相异、相合或相违。在这里他走入了误区：第一，他错把这种比较活动说成也就是观察活动，因而断言比较就是感觉，他没有理解比较并非单纯感觉而是同时伴有理性思维活动。第二，他错把判断理解为察看活动本身，看作一种并非和感觉不同的活动，否认有和感觉相区别的判断机能。因此，爱尔维修落入了否定理性的、片面化绝对化的感觉主义。

□爱尔维修从唯物主义感觉论出发，把人的整个精神领域的种种表现都看成是外界决定、后天获得的，并把这个理解概括为"人是教育的产物"这一著名爱尔维修命题，这不单是指通常意义的教育，而是包括外界对象、政治形式、法律、社会地位，等等，亦即人的全部周围环境。他还指出，人的精神特质有差别、有变化同样是由环境的不同和变化造成的。这无疑是很深刻的唯物主义思想，并且由此可以导致为适应人的发展要求而改造环境的革命要求。

□作为 18 世纪的唯物主义学说，人是教育的产物这个命题强调的是环境和教育的决定作用，它甚至极端地肯定教育万能。但是它没有懂得环境是由环境所制约的人自己来改变的，而教育者本身也是接受教育的。所以马克思说这种唯物主义学说必然会把社会分成两部分，其中一部分高出于社会之上。我们看到爱尔维修就是把改变环境的重任寄托于个别杰出人物的。马克思指出："环境的改变和人的活动的一致，只能被看作是并合理地理解为革命的实践"。

□爱尔维修把利益看作是人的一切行为的唯一动机，认为个人的种种行为都是在追求个人利益；这其实是资产阶级社会中各式各样的关系都归结为金钱盘剥这个普遍唯一的关系也即利己主义关系的一种理论表达。他用肉体的感受性和趋乐避苦的生理反应论证资产阶级利己主义。按他的逻辑，任何自主决定的行为，由于都是自愿的、乐意的，就都被说成是"趋乐"，都成为对己有利、受私利驱使的行为。这个论证实质是把利己主义塞进自主行为。

□爱尔维修确立了一个功利主义道德原则，把利益作为评判行为价值的唯一标准，并且提出，通过制定法律把个人利益引导到公共利益上去，来解决个人利益和公共利益的矛盾以满足个人利益。这在现实中是难以真正实现的，不过在 18 世纪的法国，新兴资产阶级所要求的解放就是通过竞争为个人开辟自由活动的场所，爱尔维修对个人利益的肯定态度正是适应了资产阶级的解放要求，具有反封建的作用和意义。

□爱尔维修在他的功利主义哲学体系中提出一个解决社会问题的方案：为使每个人都能满足个人利益，也即享受到个人幸福，无需有同等的财富，但也不可贫富悬殊，条件应是"财富不甚不均的小康状态"。这其实是为反对封建王侯聚敛巨额财富所提出的一种资产阶级理想。问题在于，他主张通过制定良好的法律实现这种所谓小康状态，而好法律的制定则依赖于天才。这个主张是行不通的，他没有理解、因而也难去揭示：法律只满足某一阶级的而不是全社会所有人的利益，他也不可能明了革命实践对改造法律的决定意义。

霍尔巴赫

【生平】

公元 1723 年出生于德国巴伐利亚省的帕拉蒂内特一个商人家庭，原名保尔·海因利希·狄特利。1735 年他的身为法国贵族的伯父邀他的父亲移居法国，他也随迁。1744—1748 年霍尔巴赫在荷兰就读于莱顿大学，毕业后返回巴黎，1749 年取得法国国籍。两年后与狄德罗结为密友，参与《百科全书》的撰稿，写下大量自然科学和科学史的词条。1753 年他的伯父去世，他继承了伯父的遗产和男爵封号，名字按法语称为保尔·昂利·霍尔巴赫男爵，这为他提供了优越的社会活动条件，他的家庭沙龙成为百科全书派的活动中心。1754 年被柏林科学院聘为国外会员，此后又当选为巴黎学士院和俄国科学院的院士。1758年百科全书派内部产生矛盾，一部分人脱离出去，霍尔巴赫则继续支持狄德罗坚持下去。1765 年夏曾短期去伦敦旅行。1789 年去世。他一生撰写了大量著作，其中主要的有：《揭穿了的基督教》（1761）、《修道院长和拉比》（1764）、《袖珍神学》《神职者的阴谋》《被揭露的教士》

（1767）、《神圣的瘟疫》《作为基督教宗教基础的先知预言的考察》（1768）、《自然体系》《批判的耶稣基督教史》《哲学论文选》（1770）、《健全的思想》（1772）、《社会体系》（1773）、《普遍伦理学》（1776）等。此外他还翻译了数量可观的各种作品。

【思想】

I

人是自然的产物，存在于自然之中，服从自然的法则，不能越出自然，哪怕是通过思维，也不能离开自然一步；人的精神想冲到有形世界的范围之外，乃是徒然的空想，它总是不得不回到这个世界里来。对于人这个由自然形成并且被自然限定的东西来说，根本就没有任何东西存在于宇宙之外：他是它的一部分，也是受它的影响的；那些被设想为超乎自然或异于自然的东西永远是虚构的事物，我们永远不可能对这些虚构的事物形成真实的观念，也不可能对它们所占有的地方和它们行动的方式形成真实的观念。在这个包罗万象的圈子之外，是什么都不存在，什么都不可能存在的。

自然乃是我们所认识的一切事物、一切运动以及许多为我们感官感觉不到因而不能为我们所认识的其他事物和运动的总汇。

一些变化万殊、具有无限多组合方式的物质，不断地接受和传达着各式各样的运动。这些物质的各种不同的特性、各种不同的组合，以及它们必然产生出的那些变化多端的活动方式，对于我们来说，就构成了万物的本质；就是从这些多样化的本质中，产生出这些事物所拥有的种种门类、等级或体系，其总和就构成了我们所谓的自然。

从最广的意义来说的自然，就是由各种不同的物质、由这些物质的各种不同的组合、由我们在宇宙间看到的各种不同的运动集合而成的大全体。

宇宙，这个一切存在物的总汇，无论在哪里都只是提供给我们物质和运动。

一切物质所共有的特性，是广延、可分性、不可入性、可具形状性、可动性或被一种块体运动所推动的特性。

我们发现物质，是根据广延、可动性、可分性、坚固、引力和惰性。从这些一般的原始特性中，又派生出另外一些特性，如密度、形状、颜色、重量等等。

对我们来说，物质一般地就是以任何一种方式刺激我们感官的东西。

被成见所欺骗的人们对物质只不过是抱着一些残缺的、空泛的、肤浅的概念。他们把这个物质看成了一种单一的、粗糙的、被动的、不能自己运动、不能自己组合、不能由自身产生出任何事物的东西；其实他们本应该把物质看成一大批东西，其中的一切不同的个体虽说具有某些共同的特性，如广延、可分性、形状等，却不应该笼统地把它们列于一类、名之为一物。

我们的眼睛使我们看到一些具有不同本质、赋有某些特性的物质，这特性把它们彼此区别开来，造成一些不同的组合。事实上，认为物质是一个同质的物体，认为它的各个部分只是凭着不同的变形而彼此有别，乃是一种错误的看法。在我们所知道的那些个体中间，在同一个类里面，是根本没有绝对相似的个体的；也确实应当如此。单是位置的不同，就必然要引起一种明显程度或大或小的变异来，不但是形态方面的变异，而且是本质上、特性上、整个事物体系上的变异。

那些构成物体的元素或原始物质（水、土、火、气），并不是全都属于一个性质的，因此也就不能具有同样的特性、同样的运动方式和活动方式。它们的那些活动或运动本来就不一样，由于组合、比例、重量、密度、体积以及参与组合的物质等等方面的原因，还要变出无数花样来，变多或变少，变快或变慢。火元素显然要比土元素更活泼、更活络；土则比火、气、水则更坚固、更沉重。按照参与组成物体的这些元素的分量多寡，组成的物体应当做出不同的活动，而且它们的运动应当按某种比例由那些构成它们的元素组成。火元素似乎在自然中是活动性的本原，可以说，它是使块体发酵和得到生命的一种强有力的酵母。土由于具有不可入性，而且它的各个部分联系得很牢，看来是物体的坚固性的本原。水是一种特别有利于物体的组合媒介体，它本身是作为组成部分参加这种组合的。最后，气是一种流体，为其他元素的运动提供必要的空间，同时也适于与其他元素组合在一起。这些元素我们的感官从来没有见到过纯粹的，它们继续不断地在互相推动，永远总是在起着作用与反作用，经常老是在互相组合和彼此分离，互相吸引和彼此排斥，是足以为我们说明我们所见到的一切事物如何形成的；它们的各种运动不断地在互相产生，交替着互为因果，从而形成了一个产生与消灭、组成与解体的无始无终的大循环。

所谓"无中生有"或"创世"，只不过是一句空话，并不能使我们对于宇宙的形成有所了解，并没有任何值得花费心思去考虑的意义。这种说法，当大家把物质的创造和形成归之于一个精神实体的时候，就变得更加暧昧起来；所谓精神实体，它与物质毫无类似之处，毫无接触之点，并无广延和部分，所以根本无法承受运动。再说，大家全都承认，物质是不能完全消灭或停止存在的；既然如此，我们又怎能理解，那个不能停止存在的东西曾经在一个时候能够开始存在？因此当有人问物质从何而来时，我们的回答是物质永远存在。

物质是永恒的、必然的，物质的各种组合和形态是暂时的、偶然的。

II

宇宙间的一切都在运动。自然的本质就是活动；如果我们仔细观察自然的各个部分，我们就会看到没有一部分是绝对静止的；那些看来好像缺乏运动的部分，事实上只不过是处在一种相对的或表面的静止中；它们是在经历着一种非常细致、非常不显著的运动，轻微到我们觉察不出它们的变化。我们以为静止的一切事物，实际上并没有片刻停留在同一状态；一切存在物只是继续不断地以或快或慢的速度在产生、壮大、衰退和消亡。

审慎的观察使我们深信：自然界的一切都处在一种不断的运动之中；它的各个部分没有一个是真正静止的；总之自然是一个活动的全体，如果不活动，那就不复成其为自然；如果其中没有运动，那就什么都不能产生，什么都不能保存，什么都不能活动了。所以自然的观念必然包含着运动的观念。

自然使一切事物以各种不同的方式协力完成它的总目标；这个总目标只能是生命、活动，只能是以各个部分的连续不断地变化来维持全体。自然达到这个目的，是凭着用一些事物来推动另一些事物，也就是建立起事物之间的关系，而后又把它消灭，也就是给予一些事物一些形式、组合、性质，而后又加以剥夺，使它们据以活动一个时期以后，不久就改弦更张，另换上一种完全不同的方式去活动。就是这样，自然按照着维持其整体的需要，使事物成长，又使它凋敝，使它们增多，又使它们减少，使它们靠拢或使它们远离，使它们形成，又使它们消灭。

物质是永远存在的，它是依靠自己的本质而运动的，自然界的一切现象都是它所包罗的那些形形色色的物质的各种运动造成的。

运动乃是一种必然从物质的本质中产生出来的存在方式；物质是凭它自己固有的能力而活动的；它的各种运动是由于它内部蕴涵的那些力造成的。

如果有人问物质中的运动从何而来，我们将回答说，物质永远在运动，因而运动也是它的存在、它的本质、它的各种原始特性的必然结果，正如它的广延、重量、不可入性、形状等等一样。没有这些根本的、基本的特性就无法对物质形成观念。

假如人们对眼前发生的一切事情作了仔细的考察，他们就不至于要到自然之外去寻找一种异于自然、推动自然的力量。假如我们把自然理解成一堆僵死的、没有任何特性的、纯粹被动的物质，那毫无疑问就不得不到自然之外去寻找它的运动原则了。

人们假如不带成见地观察了自然，可能老早就会认清，物质是凭着自己固有的力而活动，并不需要任何外在的冲击使它运动的。

事实无可争辩地向我们证明：运动是在物质内部自行产生、增长和加速的，并不要什么外因协助。

只要物质存在，它就必然活动；只要它是多样的，它就必然有多样化的活动；只要它的存在不能有开端，只要它亘古以来就一直存在，它就绝不会停止凭它固有的能力存在和活动，运动乃是它从自己的存在取得的一种样态。

我们的感官给我们指出，在围绕我们的事物当中，一般的有两种运动：一种是块体运动，凭着这种运动，一个完整的物体从一个地点转移到另外一个地点；这类运动是我们可以感觉到的。另一种是内在的、隐藏的运动，这种运动依靠的是一个物体固有的能力，也就是构成这个物体的物质的那些感觉不到的分子的本质、组合、作用与反作用；这类运动并不为我们所见；我们只是根据在若干时间以后从一些物体或混合物中见到的变迁或变化来认识这种运动。发酵作用使面粉分子发生的隐藏的运动就属于这一类。一棵植物或一个动物凭着一些运动而生长、壮大、衰萎，获得一些新的性质，可是我们却不能一一看到产生这些结果的原因逐步推进的运动，这也是一些看不见的运动。我们称之为人的理智能力、思维、情感、意志，我们只能凭着一些伴同它们或跟随着它们的可以感觉到的结果来对它们下判断，这也还是一些内在的运动。

可是，如果仔细观察，我们就会承认，严格说来，在自然界的各种物体中，并没有什么在一个物体本身之内凭它自己的能力活动和运动的自发运动，因为这些物体继续不断地在相互起作用，它们所有的变化都是由一些或者可见，或者隐藏的推动它们的原因造成的。人的意志暗地里受到一些在人身上造成变化的外在原因的推动或决定。

那些显得好像纹丝不动的物体，实际上也在它们的表面或内部接受一些连续不断的冲击，这些冲击是来自它们周围的那些物体，或者来自那些深入它们内部、使它们扩张、膨胀、收缩的物体，以及来自那些组成它们自身的部分的；可见，这些物体的各个部分实际上是处在一种作用与反作用之中，或者处在一种连续不断的运动之中，这种运动的结果最后表现为一些非常显著的变化。

运动无非是一个物体相对于另一物体的变迁，在这种变迁中，运动的物体依次把不同的部分放到空间中的不同的点上去。

运动就是一个物体赖以改变或趋于改变位置、亦即相继地与不同的空间部分相契合，或者相对于其他物体的距离的一种努力。

III

自然在它的一切现象中必然按照它的固有本质而活动；它所包罗的一切事物都必然按照它们的特殊本质而活动；由于运动，全体与部分、部分与全体就发生了一些关系，因此宇宙中的一切都是联系着的；宇宙本身只不过是一条由生生不已的原因和结果构成的链条。

自然只不过是由一些生生不息的原因和结果构成的一条巨大的链条。

整个宇宙只是向我们显示出一条硕大无朋、连续不断的因果锁链，其中有一些原因为我们所知，因为它们是直接刺激我们的感官的；另一些则不为我们所知，因为它们只是以一些与最初的原因常常隔得很远的结果来作用于我们的。

在自然中根本不可能有任何独立的能力，任何孤立的原因，任何单独的活动，因为自然中的一切事物都在不断地互相起作用，自然本身只不过是由一些按照必然法则发出或接受的运动构成的一个无始无终的大循环。

世界上的一切都是互相联系的，一切原因都是彼此连接的，根本不可能有任何独立的、孤立的能力或力量。

如果在自然中一切都是联系的，如果其中的一切运动都是这一些由那一些产生出来的，尽管它们的那些秘密往来每每不为我们所见，我们也应当肯定地说：任何一个非常细小或者非常遥远的原因，都会在有的时候对我们产生最巨大、最直接的结果。

在自然之内只能有一些自然的原因和结果。那些距离结果最远的原因，一定要通过一些中间原因而起作用，借助于这些中间原因，我们有时候就可以追溯到那些最初的原因。如果在这些原因的链条中有某些障碍物妨碍我们的研究，那就应当努力予以克服；万一我们不能达到这个目的，我们也绝没有权利由此做出结论说链条是断的，或者说起作用的原因是超自然的：这时我们要满足于承认自然有一些奥秘不为我们所知，而绝不要拿一些幻想、虚构或没有意义的空话来代替那些不为我们所知的原因，不可因此安于无知，中止自己的研究，坚持自己的错误。

在自然中是不可能有怪事，也不能有神妙不可思议的奇迹的。我们所谓的怪事，乃是我们的眼睛没有看惯的一些组合，其实也同样是必然的结果。我们所谓的神妙不可思议的东西、超自然的结果，其实乃是一些自然现象，只是我们不认识它们的根源和活动方式，由于不认识它们的真实原因，我们才轻率地把它们归之于一些虚构的原因，这些原因本来只存在于我们的心中，而我们却把它们放到自然之外，其实在自然之外是什么都不能存在的。

人总是把自己当作宇宙的中心，他把自己在宇宙中所看到的一切都联系到自己身上。因此尽管人在人类以外只看到一些活动方式与自己不同的东西，却以为在自然中看到了一种与他自己的观念相似的秩序，因而想象到这个自然是一个像他自己那样的有理智的原因所统治。虽然人也感到自己不能产生出那些发生在宇宙中的广大而且浩繁的结果，承认自己与这些产生如此巨大的结果的看不见的原因有所不同，可是他却认为只要把自己所具有的一切机能加以夸大，放进这个原因，困难就解决了。这样他就逐渐形成了一个理智原因的观念，把它放在自然之上，来驾驭一切他认为自然本身不能驾驭的运动：他总是顽固地把自然看成一堆死的物质，认为它不能产生出任何重大的结果、任何构成他所谓宇宙秩序的有规律的现象。

正是由于不认识自然的力量和物质的特性，人们才弄出形形色色的毫无必然性的东西，才认定宇宙受一种有理智的原因支配；这种原因的模子就是人，过去如此，将来也永远如此。

我们否认自然具有我们自己所享有的那种理智，否认自然的动力是人们所假定的那种有理智的原因，但是并不把任何东西归之于偶然，归之于盲目的力量，而是把我们所见到的一切归之于一些实在的、已知的，或易于认识的原因。我们承认一切存在物都是永恒的物质所包含的各种组合、各种形式的变化，产生出我们所看到的秩序、混乱和各种花样。

自然界遵循着自己确定不移的规律，就是说，同一些原因引起同一些结果，只要这种联系不被可以改变最初结果的某些其他原因的干涉的破坏。

任何原因都要产生结果；任何结果都不能没有原因。任何冲击都要在受冲击的物体内引起某种或大或小的运动，某种或轻或重的变化。由于一切运动、一切活动方式都是它们的本性、本质、特性、组合所决定的，因此，事物的一切运动，或一切活动方式，既然都是出于某些原因，那么，就应由此推论出：一切现象都是必然的。

一切自然现象都遵守确定的规律，这些规律则表示已知结果同它们的原因有必然的联系。

必然性就是原因和结果之间的固定不移的、恒常的联系。

自然界的一切都是必然的，自然是遵循着不变的法则，并且迫使一切事物在生存期间时时刻刻遵守其自身的存在所派生的各种规律的。

自然的任何一部分都不能脱离一定的必然规律，这些规律是来自它们所固有的本质的。

一阵狂风刮得飞沙走石，看起来好像乱七八糟；一些方向相反的风吹得白浪滔天，引起一场暴风雨，其实在这当中没有一个灰尘或水滴的分子是偶然放在那里的，每一个分子都有充分的原因占据它所在的那个位置，都是严格地以它应有的活动方式在活动的。

在这个自然中，既没有偶然，也没有任何意外的事情，无充分原因的结果是没有的，一切原因都按照着固定的、确定的规律活动，这些规律是它们的本质属性所决定的，也是那些造成它们的永久状态或暂时状态的组合和变化所决定的。

我们是把一切看不出与原因有联系的结果归之于偶然。因此我们使用偶然一词，乃是为了掩盖自己的无知，我们不知道所看见的那些结果的自然原因，这种原因是以我们完全不知道的方式产生出这些结果来的。

当我们把自然的结果归之于偶然时，正是我们自己对于自然的力量和规律无知。

IV

人以为自己的行动以及推动行动的意志是独立的，不受一般的自然法则支配，也不受这个自然在他不知不觉之中并不征求他的同意就发动起来对他起作用的那个事物的影响。总之他以为在自己身上看到了一个实体，与他自己是有别的，是具有一种秘密的力量的，他认为这种力量有一些特点，与那些对他的器官起作用的可见原因的特点完全不同。他没有看清这个所谓推动者的运动是与他的身体或物质器官的运动一致的而且同时的，就做出判断说，这个推动者不但是另外一件东西，而且具有一种异于一切自然物的本性，具有一种更单纯的本质，与他所见到的一切毫无共同之处。由此出发，相继而来的就是精神性、非物质性、不朽性等概念，以及凭着穿凿附会的本事逐步制造出来的一切空洞的名词，用来表示他以为自己身上包含着的那个未知实体的各种属性，他认定这个实体就是他的各种看得见的活动的隐藏的动因。这样，人就变成双重的了；他把自己看成由两种不同的本体不可思议地集合起来组成一个整体，认为这两种本体之间毫无相似之处。他在自己身上区别开两种实体：一种似乎由粗糙、僵死的物质组成，称为身体；另一种则被认为是单纯的，具有一种更加纯粹的本质，据说是凭自身活动的，并且把运动给予身体，与身体神奇地结合在一起，这种实体被称为灵魂或精神。今天大多数哲学家所采纳的这些区别，只不过是建立在一些毫无根据的假设上面。

可是，精神是什么？近代哲学家们说，他们的全部形而上学研究的结果仅仅告诉他们使人活动的乃是一种本性不明的实体，这种实体是非常单纯的，不可分割，没有广延，视而不见，不可能为观感所感知，因而即使运用抽象或思维也不能把它分为部分。但是这样一种实体只是对于我们所认识的一切的一个否定，我们怎样能够理解呢？怎样能够设想一种实体是没有广延的却能作用于我们的感官，亦即作用于其有广延的物质器官？一个没有广延的东西怎样能够运动并且能够推动物质？没有部分的一个实体怎样能够相继地与不同的空间部分契合？

人的生命只不过是长长的一系列必然的、互相联系的运动，这些运动的根源一方面是一些包含在他自身之内的原因，例如他的血液、神经、筋络、骨肉，亦即组成他的全体或身体的各个固体和液体的物质；另一方面则是一些对他起作用的、以各种方式使他发生改变的外在原因，例如包围他的空气，滋养他的食物，以及不断地刺激他的感官、因而在他的内部造成不断的变化的一切物件。

我们如果摆脱了成见，愿意对我们的灵魂、亦即对那个在我们身上活动的动力作一番审察，那就会心悦诚服地承认灵魂是我身体的一部分，只有通过抽象才能把它与身体分开，灵魂本来就是身体，只不过从它的特殊本性和构造使它具有的某些作用或机能去看，才称之为灵魂。我们将会看到，这个灵魂也不得不和身体一样，承受同样的变化；它和身体一同诞生，一同发展；像身体一样，它也要经过一种幼稚的、软弱的、无经验的状态；它和身体以同样的进度成长、壮大；这时候才变得能够发挥某些作用，才拥有理性，才显示出或多或少的精神、判断力和能动性。最后我们也无法不承认，在某些时期，它也表现出麻痹、衰老和死亡的明显征象。

我们越是思考，就越会深信不疑地体会到，灵魂根本不应当与身体分开，它就是身体，只不过我们从身体活着的时候所具有的某些作用、某些存在方式和活动方式去看，才把它称为灵魂。因此灵魂就是人；我们从人所具有的那种感觉、思维并以某种方式活动的机能去看，便把它当成了灵魂；人的活动方式之所以形成，乃是出于他所特具的本性，亦即出于他的特殊构造，以及出于他的机体从那些作用于他的事物那里受到的各种持久的或暂时的影响。

当我的身体向前走的时候，我的灵魂并不是仍然留在后面的，可见灵魂具有一种与我的身体完全相同的性质，一种为物质所特具的性质，因为它是与身体连在一起移动的。

那些把灵魂与身体区别开来的人，看来只不过是把人的脑子与人本身区别开来。实际上脑子乃是一切散布在人的四体百骸中的神经结集汇合的共同中枢；人们归之于灵魂的一切作用，都是凭借这个内部器官发挥的；一些传达到了神经的印象、变化和运动对脑子发生影响，于是脑子就产生反作用，使身体的器官动作起来，或者对自己起作用，因而能够在自己内部产生出各式各样我们称为理智机能的运动。

由于对人没有进行过研究，人们才假定了人身上有一个本性与身体不同的活动者。只要对这个身体进行考察，就会发现：要说明身体所显示的一切现象，求助于那些永远只能使我们离开正路的假设是毫无用处的。

V

我们在活人身上看到的第一种机能，派生出其他一切机能的那种机能，就是感觉。

感觉乃是一种存在方式，亦即我们的感官所接受的那些刺激在我们脑子里所造成的一种显著变化，这些刺激或者来自外因，或者来自一些对感官发生持久或暂时的影响的内因。

感觉、知觉、观念等名称所表示的，只是作用于外感官的物体在外感官上产生印象时内感官中所发生的一些变化。这些变化从本身来看，就称为感觉；只要内感官觉察到或知悉了它们，就称之为知觉；当内感官把它们联系到产生它们的印象的对象上去的时候，则称之为观念。

我不能盲目地相信自己的感觉，因为我知道感觉有时会使我陷入谬误；但是我又知道，这些感觉并不是永远欺骗我的。我深知我的眼睛所看见的太阳比实际上的太阳小许多倍；但是，作为我们感性知觉的反复的、自觉的运用的经验教导我说，我们之所以觉得一切对象比较小是因为距离有远近；因此我才能够相信太阳比地球大许多倍；于是，借助于同一些感官我可以相信和修正自己最初的感性知觉。

我们的脑子所受到的这些连续不断地变化，乃是刺激我们的感官的对象所造成的结果，同时又变成了原因，在灵魂中产生出一些新的变化，这些变化我们称之为思维、反省、记忆、想象、判断、意志、活动等等，都是以感觉为基础的。这些不同的变化只不过是我们的外感官传给内感官的那些连续不断的刺激的结果。内感官具有我们所谓的思维机能，也就是说，可以审察自己的内部，感知自己所获得的各种变化或观念，把它们组合或分开，对它们加以推广或限制，加以比较，使之再现等等。

思维和反省就是在我们自己身上感知和审察那些刺激我们感官的对象所给予我们的种种印象、感觉和观念，以及我们的脑子或内感官在自己身上造成的各种改变。

要对思维形成一个明确的概念，就必须一步一步地考察我在面临某一对象（姑且假定这个对象是桃子）时的内心经过。把我的各种器官从桃子所获得的、传入脑中的一切印象或变化联合起来，亦即把我得到的一切感觉、知觉和观念组合起来，我就有了称为桃子的整体的观念，我可以对这个整体进行思维，我对它有一个概念。

我们的所有概念，都是作用于我们感官的对象的反映。

脑子具有一种机能，可以把它所获得的或在自身之内唤起的那些变化或观念拿来加以比较，这种机能就称为判断。

一切理智机能，亦即一切被归之于灵魂的活动方式，归结起来乃是运动在脑子里造成的一些变化，一些性质，一些存在方式，一些改变；脑子显然是我们身上的感觉所在地，是我们一切行动的本源。这些变化的原因，乃是那些刺激我们感官、并将刺激传入脑中的对象，也可以是这些对象在脑子里所造成的观念，以及脑子所能仿制的那些观念。

我们要回答这样一些人：他们说什么这个内部器官具有从自己的底蕴中抽出观念的能力，按照这个玄妙的说法，他们想使人甚至在降生时就带着一些他们所谓的先天观念。他们因此相信，灵魂能自己创造观念，并且能思维某些事物而不被任何外在的原因所决定。有一些非常灵巧但具有宗教偏见的思辨家，竟然说即使没有作用于感官的模型或样本，灵魂也仍然能描绘出整个宇宙以及宇宙所包含着的一切事物来。笛卡尔和他的弟子们就曾确信，在灵魂的感觉和观念中，肉体绝对没有加进什么东西，并且即使在我们身外没有一点物质的或有形的事物存在，我们的灵魂也一样会感觉、会看、会听、会尝、会触的。

对于巴克莱这样的人，我们又将说什么呢？

硬说人不需外物和感官的帮助而能有万物的观念，这就无异于说，一个生而盲目的人，对于一张描写着他从来不曾听见说过的事实的图画，也能有真实的观念。

要使我们从先天观念或是从在降生时就已印入我们灵魂一些改变这个说法的骗局中清醒过来，就只有去追溯这些观念的源泉。我们是把忘记它们的起源的那些观念当作了先天观念。

我们不能过于重复这些了，人的一切观念、概念、存在与思维方式，都是获得的。

真理就是对人和能影响人的幸福的事物二者间的关系的真实的认识。

真理不过是对于存在于人与影响他的事物二者间的恒久不变的关系的认识。

真理就是我们健全的感官借助于经验而指示给我们的、存在于我们所认识的对象和我们归之于它们的性质之间的不变的符合性或相合性。

错误，在于观念的错误的结合，由于这种结合，我们把事物并不具有的一些性质归之于事物。

真理就是我们观念的正确而恰当的结合。可是，没有经验，如何能保证这个结合的正确性，而如果我们不能把这些经验再作一次，又如何能证明这些观念？最后，如果我们的感官是坏的，那我们对于经验或它们所记存于脑中的事实，又如何能够相信？所以正是由于繁多的、各式各样的、重复的经验，人们才能改正前者的缺点。

经验不是应当早就向世人拆穿了那些超自然的对策，那些赎罪、祈祷、牺牲、斋戒、迎神赛会等等的骗局，说明了尘世的人民以这些手段来对付他们所遭遇的不幸是彻底徒劳吗？

让人们再不要自欺欺人，竟把迫使他们举着眼泪吁天的那些灾难说成是来自那些由他们的想象力放到天上的幻影吧；让他们请教经验，他们就会发现真理，就会承认谬误绝不能使他们幸福。

物理学的体系，只有当那作为出发点的原则还没有被人充分证明了的时候，才是论争的对象；只要经验逐渐揭示出真理，这些纷争也就中止了。

如果有人抱怨传入脑中的这种机械作用不足以说明我们灵魂的各种机能的根源，那我们就可以说，灵魂的情形与自然界的一切物体一样，这些物体中的最简单的运动、最常见的现象、最普通的活动方式都是无法说明的秘密，我们是永远不能认识它们的最初根源的。此外，把灵魂说成一个精神实体，难道就解决了所遇到的那些困难吗？

也许有一天，人类联合起来的努力终于会深入到自然的殿堂，发现它直到现在似乎一直拒绝我们探求的许多秘密。

在自然中发生的一切运动都遵循着一些不变的必然法则，我们能够判断或认识的那些自然作用的法则，就足以使我们发现那些不为我们所见的法则。我们至少可以通过类比来对它们做出判断。

VI

经验的天生大敌，神学，这种超自然的学说，是阻挡自然科学进步的一重无法克服的障碍，它们几乎时时刻刻在前进的道路上遇到它。

神学不断地反对国家的幸福，人心的进步，有益的研究，思想的自由；它强使人们保持愚昧无知；它指点人们走的每一步路，都无非是错误。

宗教是奴役人民的，并不能使他们变到更好；宗教把人民造成一群无知的奴隶，用突如其来的恐怖使他们屈服于暴君和祭司的羁勒之下；宗教使人民成为一群蠢材，除了盲目地顺从一些无聊的举动以外，不知有其他美德。

人们所崇拜的一切神灵都起源于远古，对这些神灵的信仰还在蒙昧时代就产生了。一切民族的人民的宗教信仰都是古代人的无知、轻信和残酷的不可磨灭的残余。

一切神灵都是蒙昧时代的产物；一切宗教都是无知、迷信和残酷的古代遗迹；一切现代的教理都是古代荒谬想法的死灰复燃。

无知和恐惧是人类各种迷信的两个滔滔不绝的来源。人之所以迷信，只是由于恐惧；人之所以恐惧，只是由于无知。人缺乏对于自然力量的认识，于是设想自然受一些看不见的势力支配，认为自己依靠这些势力，想象它们可以发起脾气来对自己不利，也可以有利于自己的族类。因此他就在这些势力和自己之间想象出一些关系来；他的想象力努力设法去找出各种办法使它们慈悲，或扭转它们的怒气。人一旦找出了这些关系以及他的各种办法，就像下级对待上级，臣民对待君主，儿子对待父亲，奴才对待主子，弱者对待拥有使他害怕的权力和意志的人那样去对待他的神。

一个人的性格永远预先决定着他的上帝的属性；每一个人都按照自己的模样来创造上帝。

凡是痛苦、战栗而又无知的人，都是很容易轻信的，在那些惊慌失措、长吁短叹而又缺乏经验的民族内部，有一些野心勃勃、心怀异志或者存心奸恶的人，利用自己同胞们的那种可怕的无知，使他们的灾难、恐惧和愚昧变成自己的利益，窃取他们的信任，进而制服他们，使他们接受自己的神灵、自己的意见和自己的崇拜。

在人类的知识有了某些进步，人们一般地享受一定的思想自由的地方，很容易发现许多自然神论者，他们满足于把流俗的最粗糙的偏见踩在脚下，却不敢追根到底，把神本身传到理性的法庭上。

自然神论这种体系，人心是不能长久地停留于其中的，它的根据是一个幻想，我们可以看到它迟早必定坠落的一种荒唐而且危险的迷信。

无神论者实际上是什么人？是一个破除有害人类的妄想，从而把人们引回到自然、经验和理性的人，是一个思想家：他深思熟虑了物质及其力量和属性，根本不需要想象出一些理想的势力、想象的智慧、理性的实体，来说明各种宇宙现象和自然作用；那些想象出来的东西根本不能使人更好地认识这个自然，只不过是使它变成任意妄为、无法解释的、不可认识的、无益于人类幸福的东西。

宗教谬误是一切谬误中最有害的谬误。人们的神圣的谬误乃是人们的利益要求彻底加以消灭的谬误，健康的哲学应当引为己任的主要的就是消灭这种谬误。

迷信是暂时的现象；任何一种力量如果不以真理、理性和正义为基础，就不能长久存在。地上的任何一个人真正说来都不会热衷于赞助谬误，任何错误迟早总会让位于真理。全民的利益终归会使凡人觉悟到真理。

许多暴君，许多卑鄙的君主不但不惧怕上帝，甚至宁愿同这个不可见的和绝对不会反驳他们的审判者打交道，而不愿同自己的臣民打交道；可是，极端绝望的人民总有一天终将否认神授的君权。绝望已极的民众将会摆脱屈从地位，并且强迫暴君连同他们神授的权利一起拜倒在人的自然权利面前。

【附记】

□霍尔巴赫是百科全书派中最年轻的一员，并且是极为杰出的唯物主义哲学家和无畏的战斗无神论者。他建立了全面完整的唯物主义思想体系，对唯心主义和宗教神学进行了犀利的、系统的批判和斗争，把法国唯物主义的发展推向了高峰。

□霍尔巴赫总结和综合了 17、18 世纪西欧的唯物主义思想，汲取了自然科学的新成果，对机械唯物主义的基本原理做了深入细致透彻的论述，成为近代唯物主义的集大成者。

□霍尔巴赫关于唯物主义各基本观点的阐述把思想表达得鲜明、纯正，已经蜕掉了先前唯物主义的某些有局限性的思想语言，显示了机械唯物主义的发展臻于成熟。

□机械唯物主义发展的成熟也使它本身固有的局限性特征得以充分显现。霍尔巴赫把物质的规定性确定为广延、不可入性，把运动规定为物体的位置变迁，把思维机能理解为外物刺激传入脑中的"机械作用"。这可以说是他的哲学体系自身生有的机械论"基因"。

□霍尔巴赫的哲学体系中有一个和他的体系并不协调的"原始物质"（又称为元素）的概念，即指土、水、火、气四种物质，以此作为组成宇宙万物的基本成分。霍尔巴赫一方面着力地说明物质并非同质的而是无限多样的，却又用四种"原始物质"来说明万物的组成。这样就在实际上把无限多样的宇宙万物只归结为有限的四种物质了。这不仅和他的体系不相协调，在哲学上囿于形而上学思想方法，而且在自然科学有了分子学说的近代，也是一种返回古代"四根"说的倒退。

　　□作为唯物主义者，霍尔巴赫可以说是淋漓酣畅地阐发了决定论思想，论述自然界是一条无限的因果链条，认定宇宙间一切事物都是由自然原因所决定的必然结果。但是在这里他同样因形而上学思想方法的制约而把决定论扭曲了：首先是他错把必然性混同于因果性，把这两个本是客观过程的不同方面混为一谈；其次是，由于事实上没有无原因的事物存在，他又误把偶然性排除于客观过程之外，同时并把偶然性主观化。这就使他陷入了机械决定论，他未能理解，因果之间的必然性关系构成事物运动过程，这是事物运动的一个方面；在事物运动的一定必然性过程中还有受该过程外部的原因决定的因果关系反生，成为该过程的表现形式和补充，此即该过程中的偶然性因果，这是事物运动的另一个方面。事物在必然性运动中总是和偶然性结合一起。

　　□霍尔巴赫在机械唯物主义的限度内，把唯物主义观点坚持和发挥到彻底的水平，却并不妨碍这个哲学有突破机械论局限的趋向显露出来。他提出了"物质一般地说就是以任何一种方式刺激我们感官的东西"；他认识到"运动是在物质内部自行产生的"，"是物质从自己的存在取得的一种样态""是从物质的本质中产生出来的存在方式"；他接触到运动形式除位置变迁之外还有通过显著变化表现出来的内部隐藏运动，以及运动是由内因和外因共同作用的结果（尽管他所理解的内部运动是机械的）；特别突出的是他论述了自然界是一个互相联系、无限循环而没有终始的因果链条。所有这些都已经迈出了机械论的边缘，从这里可以看到哲学发展的历史趋势。

九、德国古典哲学家

德国古典哲学时期展示了康德、黑格尔、费尔巴哈。康德调和唯物主义和唯心主义及经验主义和理性主义，以「三在批判」构成了二元论、不可知论、先验唯心主义的体系。黑格尔构建了一个逻辑推演严密的宏大客观唯心主义体系，但其中有对辩证法的天才的深刻理解和把握，虽不完善、不系统、不全面，而其核心辩证法思想却极为精辟。费尔巴哈则使唯物主义重新登上王座，用他自己创立的人本学唯物主义给宗教神学以摧毁性的打击，并冲破了黑格尔哲学在德国近二十年的统治，从而终结了德国古典哲学。

康德

【生平】

公元 1724 年出生于东普鲁士的哥尼斯堡（今属俄罗斯，称加里宁格勒）一个手工业者家庭，父亲是马具工匠。他的双亲同属虔信派教徒，他自幼在宗教环境中成长。八岁（1732）入腓特烈公学接受教育，在学期间对古罗马经典感兴趣。1740 年升入哥尼斯堡大学，研习物理学、数学、哲学和神学，1745 年毕业。此后康德终生埋头于教学、研究、著述。先是从 1746 年起在哥尼斯堡附近担任几个家庭的私人教师九年。1755 年以论文《对形而上学认识论基本原则的新解释》取得大学授课资格（由听课学生付费），讲授数学、物理学、逻辑、形而上学、伦理学、自然地理、人类学、自然神学和哲学；同年他出版了《自然通史和天体理论》。1756 年完成了申请教授的论文《自然单子论》。1759 年发表了《试对乐观主义作若干考察》。这一时期他接受了莱布尼茨哲学和牛顿力学的影响。1760 年以后，康德转向经验主义，并在休谟的影响下"从独断论的迷梦中"惊醒。同一时期他迷恋过卢梭的著作，使他"学会了尊重人"，感到"自己远不如寻常劳动者有用"。1762 年在《三段论四格的虚伪烦琐》的论文中提出把经验主义引入哲学，1764 年在《论自然神学和道德的原则的明晰性》中批判了沃尔夫哲学。1767 年开始，康德酝酿放弃经验主义，1770 年以拉丁文写成他的就职教授论文《可感觉世界和可理解世界的形式和原则》，成为逻辑和形而上学教授。这期间他曾于 1766—1772 年兼任皇家图书馆副馆长。进入 18 世纪 80 年代康德形成了他的最后的完整哲学体系，相继完成一系列著作：《纯粹理性批判》（1781）、《未来形而上学导论》（1783）、《道德形而上学原理》（1785）、《自然科学的形而上学原理》（1786）、《实践理性批判》（1788）、《判断力批判》（1790），其中"三大批判"构成了康德哲学的体系，形成了康德主义。18 世纪 90 年代晚年的康德发表了《纯粹理性界限内的宗教》（1793）、《永久和平》（1795）、《伦理学的形而上学》（1797）、《实用人类学》（1798）一系列著作，并于 1804 年逝世。

【思想】

纯粹理性批判

I

尽管我们的一切知识都是以经验开始的，它们却并不因此就都是从经验发源的。因为很可能，甚至我们的经验知识，也是由我们通过印象所接受的东西和我们固有的知识能力（感官印象只是诱因）从自己本身中拿来的东西的一个复合物。

人们把这样一种独立于经验、甚至独立于一切感官印象的知识称之为先天的（a priori），并将它与那些具有后天的（a posteriori）来源、即在经验中有其来源的经验性知识区别开来。

很有些出自经验来源的知识我们也习惯于说我们能够先天地产生它或享有它，因为我们不是直接从经验中，而是从某个普遍规则中引出这些知识来的，但这个规则本身又仍然还是借自经验的。所以我们在下面将把先天的知识理解为并非不依赖于这个那个经验，而是完全不依赖于任何经验所发生的知识。与这些知识相反的是经验性的知识。但先天知识中那些完全没有掺杂任何经验性的东西的知识则称为纯粹的。

关键是要有一种能用来可靠地将一个纯粹知识和经验性知识区别开来的标志。首先，如果有一个命题与它的必然性一起同时被想到，那么它就是一个先天判断；如果它此外不再由任何别的命题引出，除非这命题本身也是作为一个必然命题而有效的，它就是一个完全先天的命题。其次，如果在严格的普遍性上、亦即不能容许有任何例外地来设想一个判断，那么它就不是由经验中引出来的，而是完全先天有效的。而经验性的普遍性只是把对大多数场合下适用的有效性任意提升到对一切场合都适用的有效性；相反，当严格的普遍性本质上属于一个判断的场合，这种普遍性知识表明了该判断的一个特别的知识来源，即来源于一种先天的认识能力。于是，必然性和严格的普遍性就是一种先天知识的可靠标志，而两者也是不可分割地相互从属的，但在两者的运用中，不妨把这两个标准分开来使用，它们每一个就其自身说都是不会出错的。

不难指出，在人类知识中会现实地有这样一些必然的和在严格意义上普遍的因而纯粹的先天判断。

在一切判断中，可能有两种不同的类型，一种我叫作分析的，另一种则称为综合的。前者也可称为说明性的判断，后者则可称为扩展性的判断。经验判断就其本质而言全都是综合的。若把一个分析判断建立在经验基础上则是荒谬的，因为我可以完全不超出我的概念之外去构想分析判断，因而为此不需要有经验的任何证据。说一个物体是有广延的，这是一个先天确定的命题，而不是什么经验判断，因为在我去经验之前，我已经在这个概念中有了做出这个判断的一切条件，我只是从该概念中按照矛盾律抽出这一谓词，并借此同时就能意识到这个判断的必然性，它是经验永远也不会告诉我的。与此相反，尽管我在一般物体的概念中根本没有包括重量这一谓词，然而那个概念毕竟通过经验的某个部分表示了一个经验对象，所以我还可以在这个部分上面再加上同一经验的另一部分。现在我扩展我的知识，并且由于我回顾我从其中抽象出这个物体概念来的那个经验，于是我就发现，与物体的广延等标志时时都联结在一起的，也有重量，所以就把重量作为谓词综合地添加在该概念上。因此经验就是有可能综合的基础。

但在先天综合判断那里，借助经验这种辅助手段就完全没有了。例如这个命题：一切发生的事物都有其原因。我虽然在发生的某物这一概念中想到了一种存有，在它以前经过了一段时间等等，并且从中可以引出分析判断来，但是原因这个概念是完全外在于一切发生的事物这一概念的，它表示出某种与发生的某物不同的东西，因而完全没有包含在发生的某物这个表象中。那么我们如何能认识到原因概念尽管不包含在发生的某物里，却是属于这个某物、甚至是必然属于它的呢？在这里，当知性相信自己在 A 的概念之外发现了一个与之陌生、但仍被它视为与之相联结的谓词 B 时，支持知性的那个未知之物（＝x）是什么呢？这不可能是经验，因为上述因果原理不仅仅是以比经验所能提供的更大的普遍性，而且也是以联结所表达出来的必然性，因而也就完全是先天地并且是从单纯的概念出发，把后面的表象加在前面那个表象上的。

在理性的一切理论科学中都包含有先天综合判断作为原则。、

于是纯粹理性的真正课题就包含在这个问题之中：先天综合判断是如何可能的？

在解决上述课题的同时，也就回答了下述问题：

纯粹数学是如何可能的？

纯粹自然科学是如何可能的？

形而上学作为自然的倾向是为何可能的？

形而上学作为科学是如何可能的？

II

当我们被一个对象所刺激时，它在表象能力上所产生的结果就是感觉。那种经过感觉与对象相关的直观就叫作经验性的直观。

一个经验性的直观对象叫作现象。在现象中，我把那与感觉相应的东西称之为现象的质料，而把那种使得现象的杂多能在某种关系中得到整理的东西称之为现象的形式。虽然一切现象的质料只是后天被给予的，但其形式却必须是全部在内心中先天地为这些现象准备好的。

一般感性直观的纯粹形式将会先天地在内心中被找到，在这种纯粹形式中，现象的一切杂多通过某种关系而得到直观。感性的这种纯粹形式本身也叫作纯直观。

一切现象的形式能够在一切现实的知觉之先、因而先天地在内心中被给予，这形式能够作为一切对象都必然在其中被规定的纯直观，而在一切经验以前就包含着诸对象的关系的原则。

作为先天知识的原则，有两种感性直观的纯形式，即空间和时间。

空间是一个作为一切外部直观之基础的必然的先天表象。

在空间方面一切有关空间的概念都是以一个先天直观（而不是经验性的直观）为基础。

空间表象这种直观必须是先天地、即先于对一个对象的一切知觉而在我们心里，因而必须是纯粹的而不是经验性的直观。

要使某些感觉与外在于我的某物发生关系，并且使我能够把它们表象为互相外在、相互并列，因而不只是各不相同、而且是在不同地点，这就必须已经有空间表象作基础了。

空间是直观的一个单纯形式，它包含有唯一能使事物对你成为外在对象的先天条件，无此主观条件，对象就会什么也不是。

空间无非只是感官的一切现象的形式，亦即唯一使我们的外直观成为可能的主观感性条件，我们称之为感性的这个接受性的固定形式，是诸对象借以被直观为在我们之外的那一切关系的必然条件，而如果我们抽掉这些对象，它就是带有空间之名的一个纯直观。

时间不过是内部感官的形式，即我们的直观活动和我们内部状态的形式。它既不属于形状，又不属于位置等等，相反，它规定着我们内部状态中诸表象的关系。如果不是有时间表象先天地作为基础，那么同时和相继甚至都不会进入到知觉中来。

时间是为一切直观奠定基础的一个必然的想象。与时间不同的空间只是一切外部直观的纯形式，它作为先天条件只是限制在外部现象。而时间则是所有（外部和内部）一般现象的先天形式条件，因为所有一切表象毕竟本身是内心的规定，属于内部状态，因而正因此时间也间接地是外部现象的条件。如果我能先天地说：一切外部现象都在空间中并先天地依空间的关系而被规定，那么我也能出于内感官的原则而完全普遍地说：所有一般现象、亦即一切感官对象都在时间中、并必然地处于时间的关系之中。

如果时间无非是一切直观在我们心中得以产生的主观条件，这一内直观的形式就能先于对象、因而先天地得到表象了。

因此，时间和空间是可以从中先天地汲取各种综合知识的两个知识来源，尤其是像纯粹数学在关于空间及其关系的知识方面就提供了一个光辉的范例。也就是说，空间和时间是一切感性直观的两个合在一起的纯形式，它们由此使先天综合命题成为可能。

几何学的定理全都是无可置疑的，但这一类的定理不可能是经验性的命题或经验判断，也不是从这些经验判断中推出来的。

几何学是综合地却又是先天地规定空间属性的一门科学。空间的表象究竟必须怎样才会使有关它这样一门知识成为可能？它必须从本源上就是直观；因为几何学中发生的情况是，从单纯的概念中引不出任何超出概念之外的命题。

例如在一个三角形中，两边之和大于第三边，这绝不是从有关线和三角形的普遍概念中，而是从直观、并且是先天直观中，以无可置疑的确定性推导出来的。让我们看看这条定理："凭两直线不能围住一个空间，因而不能有任何图形"，尝试着从直线的概念和"两"这个数目的概念中来推导这个定理，或者让我们单从概念中来推导下面这个定理："凭三条线可有一个图形"，你的一切努力都是白费，你将不得不求助于直观，正如几何学也一直在做的那样。所以你给自己提供了一个直观中的对象；但如果是经验性的直观，那就永远不可能从中得出一个普遍有效的命题，更得不出一个无可置疑的命题。所以你必须给自己在直观中提供一个先天的对象并在此之上建立你的综合命题。

7+5=12 这个命题，如果人们更切近地考察一下就会发现，7 加 5 之和的概念只包含这两个数结合为一个数的意思，12 这个概念绝不是由于我单是思考 7 与 5 的结合就被想到了。我们必须超出这些概念之外，借助于与这两个概念之一相应的直观，例如我们的五个手指头，或者五个点，凭借我手指的形象一个一个地加到 7 这个数上去，这样就看到 12 这个数产生了。

直观则永远是感性的，即限于我们为对象所刺激的范围内。

直观只是在对象被给予我们时才发生，而这种事只是由于对象以某种方式刺激内心才是可能的。

III

为了防止一切误解，我们早就要说：我们的一切直观无非是关于现象的表象；我们所直观的事物不是自在物本身，我们既不是为了自在物而直观这些事物，它们的关系也不是自在的、本身具有的如同它们向我们显现出来的那种性状。

凡是通过一个感官而被表象出来的东西，在这范围内永远都是现象。

我们在感官世界中到处、哪怕在对感官世界的对象作最深入的研究时，也只能与现象打交道。

感官的一切客体都只是现象。

现象是我们已经当作我们感官的对象的事物。

现象任何时候都有两方面，一方面是从自在的客体来看，另方面是着眼于该对象的直观形式，这个形式必须不是在自在对象本身中，而是在对象向之显现的主体中去寻求，但仍要现实地和必然地归之于该对象的现象。

在现象中，客体、乃至于我们赋予这些客体的诸性状，任何时候都被看作某种现实被给予的东西，只不过就这些性状在这被给予的对象与主体之间的关系中依赖于主体的直观方式这一点而言，该对象作为现象，是与它自身作为自在的客体有区别的。

我们一旦抽掉我们主观的性状，被表象的客体连同感性直观赋予客体的那些属性，就在任何地方都找不到了，也不可能被找到，因为正是这个主观性状规定着作为现象的客体的形状。

客体在空间和时间里的一切性状、一切关系，乃至于空间和时间本身，它们作为现象不能自在地实存而只能在我们里面实存。

应把那种经验性的直观作为单纯的现象来看待，以致在其中根本找不到任何依赖于某种自在事物本身的东西。

一般来说在空间中被直观到的任何东西都不是自在的事物，我们完全不知道自在的对象，而凡是我们称之为外部对象的，无非是我们感性的单纯表象而已，其形式是空间，但其真实的相关物、亦即自在物，却丝毫也没有借此得到认识，也不可能借此被认识，但它也从来不在经验中被探讨。

关于现象，在涉及它们的形式时也可以先天地说出许多东西，但关于可能作为这些现象的基础的自在物本身，则丝毫不能说出什么来。

对象自在地、离开我们感性的这一切接受性而可能是一种什么样的状况，这在我们仍然是完全不知道的。我们知道的只不过是我们知觉它们的方式。我们只与这种方式发生关系。时间和空间是这种方式的纯形式，一般感觉则是质料。只有这两种纯形式是我们可以先天地、即在一切现实知觉之前认识到的，它们因此被叫作纯直观，而感觉则是我们知识中使得这种知识被叫作后天知识、即经验性的直观的东西。即使我们能够把我们的这一直观提升到最高程度的清晰性，我们也不能借此而进一步知悉自在对象本身的性状。因为我们在一切情况下所可能完全认识的毕竟只是我们直观的方式，即我们的感性，并且永远只是在本源地依赖于主体的空间时间条件下来认识它们的；自在的对象本身会是什么这绝不会通过对它们那唯一被给予了我们的现象的最明晰的知识而被我们知道。

我们根本不认识自在物的性状。

直观中的一个物体的表象，根本不包含任何可以归之于一个自在对象本身的东西，而只包含某物的现象及我们由此被刺激的方式，而我们认识能力的这种接受性就叫作感性，它与有关自在对象本身的知识之间，即使我们可以彻底看透那种现象，也仍有天壤之别。

主观条件使我们只要有可能为对象所刺激就能获得外部直观。

外部直观的表象仅仅作为主体受客体刺激并由此获得对客体的直接表象[即直观]的形式性状，而在主体中占有自己的位置。

不论是外部客体的直观，还是内心的自我直观，都是如同它们刺激我们的感官那样、即如同它们所显现的那样来表象它们的。

空间和时间作为我们外部和内部直观方式之所以被叫作感性的，是因为它不是本源的，就是说，这样一种直观方式不是本身就使直观的客体之存有被给予出来，而是依赖于客体的存有、因而只有通过主体的表象能力被客体所刺激才有可能被给予。

通过我们被对象所刺激的方式来获得表象的这种能力（接受能力），就叫作感性。借助于感性，对象被给予我们，才给我们提供出直观；这些直观通过知性接受思维，产生出概念。

IV

我们的知识产生于内心的两个基本来源：直观和概念构成我们一切知识的要素。

直观永远只能是感性的，也就是只包含我们为对象所刺激的那种方式。相反，对感性直观对象进行思维的能力就是知性。思维无内容是空的，直观无概念会是盲的。一般感性规则的科学是感性论，而一般知性规则的科学则是逻辑。

一种包含有纯粹思维规则的逻辑，它将排除一切其有经验性内容的知识，而一门规定纯粹知性知识的来源、范围和客观有效性的科学，我们也许必须称之为先验逻辑。

先验逻辑面对着由先验感性论呈现给它的先天感性杂多，这种杂多给各纯粹知性概念提供材料，没有这种材料它们将会没有任何内容，会完全是空的。我们的内心只有在先天纯直观的杂多之下才能感受到对象的表象，所以这些表象任何时候也必然会刺激起对象的概念来。不过我们思维的自发性要求的是，先将这些杂多以某种方式贯通、接受和结合起来，以便从中构成知识。这一行动我叫作综合。

把这种综合带到概念上来表达，这是应归之于知性的一种机能，知性借此才第一次使我们得到真正意义上的知识。于是，纯粹的综合就提供出纯粹的知性概念。

不过我所理解的纯粹综合乃是以先天的综合统一性为基础的综合，所以，在纯粹的知性概念之下，杂多综合的统一性就是必然的了。

为了达到一切对象的先天知识，必须首先给予我们的是纯粹直观的杂多；其次是通过想象力对这种杂多加以综合；但这也还没有给出知识，还要有第三种东西，那就是给这种综合提供统一性并只是以这种必然的综合统一的表象为内容的、建立在知性之上的那些概念。

知性的机能在一个直观中对各种不同表象的单纯综合赋予统一性，这种统一用普遍的方式来表达，就叫作纯粹知性概念。所以，知性就借助于一般直观中杂多的综合统一，而把一种先验的内容带进它的表象之中，因此这些表象称之为纯粹知性概念，它们先天地指向客体。以这种方式产生的、先天地指向一般直观对象的纯粹知性概念，我们想按亚里士多德的方式把这些概念叫作范畴。

范畴表

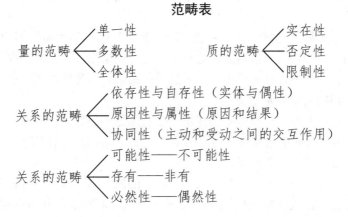

这就是知性先天地包含于自身中的所有原始的纯粹综合概念的一览表，知性也只是因为这一点而是一种纯粹的知性；因为它只有通过这些概念才能在直观杂多上理解某物，也就是才能思维直观的客体。

V

我们现在已经有了完全不同种类的两类概念，这就是作为感性形式的空间和时间的概念，以及作为知性概念的范畴。

一切现象只有通过感性的先天形式条件才能显现，也就是才能被经验性地直观到并给予出来。同样，概念也是先天地在先前发生的条件，没有这个条件作为前提，任何东西都不可能成为经验性客体。一切经验除了包含使某物被给予的感官直观外，还包含对于在该直观中被给予或被显现的对象的一个概念：因此这些有关诸对象的一般概念作为先天的条件，将成为一切经验知识的基础：这样，范畴作为先天概念，其客观有效性的根据将在于，经验只有通过范畴才是可能的。这样一来，范畴就必然地与经验对象相关，因为一般来说只有借助于范畴，任何一个经验对象才能被思维。

能够先于一切思维被给予的表象叫作直观。直观的一切杂多与"我思"有一种必然的关系。但这个"我思"是一个自发性的行动，即它不能被看作属于感性的。我把它称之为纯粹统觉，或者也称之为本源的统觉，因为它就是那个自我意识，这个自我意识产生出"我思"行动。

在一个确定的直观中被给予的杂多表象，如果不是全都属于一个自我意识，它们就不会全都是"我的"表象，也就是说，只有在这一条件下它们才能够集合在一个普遍的自我意识中，否则它们就不会无一例外地属于我了。

"在直观中被给予的这些表象全都属于我"这一观念不过是说，我把这些表象结合在一个自我意识中，或者至少我能把它们结合于其中，并且只是由于我能在一个意识中理解这些表象的杂多，我才把它们全都称为我的表象。所以，直观杂多的综合统一作为先天产生的东西，就是先天地在我的一切确定的思想以前发生的统觉本身的同一性的根据。知性本身无非是先天地联结表象的杂多并纳入统觉的统一性之下的能力，这一原理乃是整个人类知识中的最高原理。

在一个感性直观中被给予的杂多东西必然从属于统觉的本源的综合统一性，因为只有通过这种统觉的统一性才能有直观的统一性。但知性把所给予表象的杂多纳入一般统觉之下的这种行动是判断的逻辑机能。所以一切杂多只要在"一个"经验性直观中被给予出来，就在判断的诸逻辑机能之一上被规定了。现在指出，诸范畴不是别的，恰好就是当一个给予的直观杂多在这一机能上被规定时的这些判断机能。所以，在一个所给予直观中的杂多必然从属于诸范畴。

范畴只是这样一种知性的规则，这种知性的全部能力在于思维，即在于把直观中以别的方式给予它的那个杂多的综合带到统觉的统一上来的行动，因而，这种知性单凭自己不认识任何东西，而只是对知识的材料，也即必须由客体给予它的直观，加以联结和整理而已。但我们的这种知性只有借助于范畴、并恰好只有通过这个种类和这个数目的范畴才能达到先天统觉的统一性；对它的这一特性，很难说出进一步的理由。

思维一个对象和认识一个对象是不同的。认识包含两个方面：一是概念（范畴），它使一个对象一般地被思维；二是直观，它使这个对象被给予。所以通过一个纯粹知性概念对某个一般对象的思维，只有当这个概念与感官对象发生关系时才成为知识。因此范畴只有通过它们在经验性直观上的可能的运用，才能做到这一点，就是说，范畴只能用在经验性知识的可能上。在事物的知识上，范畴只运用于事物被看作是可能经验的对象上。

VI

纯粹知性概念在与经验性直观相比较中完全是不同质的，在任何直观中都永远不可能找到它们，例如因果性这个范畴，是不能通过感官而直观到并包含在现象中的。那么把范畴运用于现象之上是如何可能的呢？

由此可见，必须有一个第三者，它一方面必须与范畴同质，另一方面与现象同质，并使范畴运用于现象之上成为可能。这个中介的表象必须是纯粹的，但却一方面是智能的，另一方面是感性的。这样一种表象，就是先验的图型。

知性概念（范畴）包含有一般杂多的纯粹综合统一。而时间作为内感官杂多的形式条件，并因而作为一切表象联结的形式条件，包含有纯粹直观中的某种先天杂多。现在，一种先验的时间规定从它是普通的并且建立在某种先天规则之上而言，是与范畴（它构成了这个时间规定的统一性）同质的；但另一方面，就一切经验性的杂多表象中都包含有时间而言，时间的先验规定又是与现象同质的。因此范畴在现象上的应用借助于时间的先验规定而成为可能，时间的先验规定作为知性概念的图型对于现象被归摄到范畴之下起了中介作用。

　　先天的纯粹概念（范畴）除了知性机能之外，还必须先天地包含有感性的（即内感官的）形式条件，这些形式条件中包含有各范畴唯一能应用于任何一个对象上所必需的普遍性条件。我把内感官的这种形式的和纯粹的条件称为这个知性概念的图型。

　　一个纯粹知性概念的图型是想象力的先验产物。就所有那些应先天地按照统觉的统一性而在一个概念中联结起来的表象而言，图型这一想象力的产物就依照一般内感官的形式（时间）诸条件而与一般内感官的规定发生关系。

　　图型本身作为想象力的产物，由于想象力的综合不以任何单个的直观为目的，而仅仅以对感性作规定时的统一性为目的，所以图型毕竟要和形象区别开来。现象是经验性能力的产物，感性概念的图型则是纯粹先天的想象力的产物、并且仿佛是它的一个草图。想象力的一个概念取得它的形象的某种普遍的处理方式，我把它叫作这个概念的图型。一个一般三角形的概念，它的任何形象在任何时候都达不到概念的普遍性；而只能实存于观念中的三角形的图型，则意味着想象力在空间的纯粹形状方面的一条综合规则。经验性的概念总是按照某个普遍概念而直接与想象力的图型也就是与规定我们直观的一条规则相关联的。狗这个概念意味着一条规则，我们的想象力可以根据这条规则来普遍地描画出一个四足动物的形状，而不局限于经验向我们呈现出来的任何一个唯一特殊的形状，不局限于我能具体地表现出来的每一个可能的形象。我们知性的这个图型法，就现象及其单纯形式来说，是在人类心灵深处隐藏着的一种技艺，它的真实操作方式我们任何时候都很难从大自然那里猜测到、并将它毫无遮蔽地展示在眼前的。

　　每一个范畴的图型都包含和表现着仅仅一种时间的规定，如量的图型，就是在对一个对象的相继领会中时间本身的产生，质的图型，就是时间的充实性，关系的图型，就是诸知觉在一切时间中的相互关联性，最后，模态及其诸范畴的图型，就是时间本身。因此，图型无非是按照规则的先天时间规定而已。可见，知性的图型法通过想象力的先验综合，所导致的无非是一切直观杂多在内感官中的统一，因而间接导致作为与内感官相应的机能的那种统觉的统一。所以，纯粹知性概念的图型法就是给这些概念带来与客体的关系、因而带来意义的真实的和唯一的条件，因此，范畴最终就没有别的运用而只有经验性运用。范畴离开图型就只是知性对概念的机能，却并不表现任何对象，而表现对象是由感性赋予范畴的。

　　如果概念没有被指明在经验对象上的必然运用，它们就毕竟是没有客观效力、没有意义和所指的，它们的表象只是一个永远与再生的想象力相关联的图型，这种再生的想象力唤起经验的诸对象，没有这些对象就不会有什么意义。一切概念的情况都是如此。

　　所以，经验的可能性乃是赋予我们的一切先天知识以客观实在性的东西。经验拥有为它的先天形式奠基的诸原则，这就是那些在现象的综合中的统一性的普遍规则，它们的客观实在性，作为必然的条件，任何时候都可以在经验中、甚至在经验的可能性中指出来。没有这种关系，先天综合命题就是完全不可能的，因为它们没有第三者，亦即没有能供其概念的综合统一。

　　所以一切综合判断的最高原则就是：每个对象都服从于可能经验中直观杂多的结合统一的必要条件。以这样一种方式，当我们把先天直观的形式条件，把想象力的综合，以及这种综合在先验统觉中的必然统一性，与一般可能的经验知识发生关联，并且说：一般经验可能性的诸条件同时就是经验对象之可能性的诸条件，因而它们在一个先天综合判断中拥有客观有效性——这时，先天综合判断就是可能的。

　　把纯粹知性概念应用于可能经验上时，它们的综合的运用有的是数学性的，有的是力学性的：因为这种综合部分地只涉及一般现象的直观，部分地涉及一般现象的存有。但直观的那些先天条件对于一个可能经验来说绝对是必然的，而一个可能的经验直观客体的存有的那些条件则本身是偶然的。所以数学性的运用其原理是无条件的必然的，即表现为无可置疑的，但力学性的运用其原理虽然也会带有某种先天必然性的特征，却只是在某种经验中的某种经验性思维的条件之下，因而只是间接的而非直接的，于是并不会有直接的自明性，虽然也并不损害它们普遍地与经验相关的确定性。

VII

知性对它的一切先天原理、乃至于对它的一切概念永远也不能作先验的运用，而只能作经验性的运用。在任何一条原理中，一个概念的先验运用都是与一般物也即与自在物本身相关，而经验性的运用则是当它仅仅与现象（即与一个可能经验的对象）相关的运用，一切概念，以及和它一起，一切原理，不论它们是多么先天可能的，却仍是与经验性的直观、因而与可能经验的材料相关的，舍此它们就完全没有任何客观有效性。这也正是一切范畴及从中引出的原理的情况。纯粹知性概念（范畴）永远也不能有先验的运用，而任何时候都只能有经验性的运用，纯粹知性原理只能和某种可能经验的普遍条件、与感官对象发生关系，但绝不能与一般物（自在物）发生关系。

一个概念的运用还应该有一个对象借以被归摄到这个概念之下的某种判断力机能，因而至少应有使某物得以在直观中被给予出来的形式条件，缺乏判断力的这一条件（图型），所有的归摄都会作废，因为没有给出能归摄到概念之下的东西。

由此可见，纯粹范畴甚至对先天综合原理也不是充分的，纯粹知性的原理若越出可能经验的范围之外，则任何地方都将不能提供先天综合原理。

纯粹范畴没有感性的形式条件就只不过有先验的含义，却不具有任何先验的运用，这种运用在其本身是不可能的，因为缺少（在判断中）任何一种运用的一切条件，即缺少把任何一个所认为的对象归摄到这些范畴之下的形式条件。

但是这里在根本上有一种难免的幻觉，即范畴按其本性不是像直观形式那样建立在感性之上，因此它似乎允许超出一切感官对象去作一种扩展的应用。现在，如果我们把某些作为现象的对象（phänomen 现象）称为感官物，而把我们直观它们的方式和它们自在的性状本身区别开来，那么，我们把自在的性状，或者也把另外一些完全不是感官的客体而只是由知性当成对象来思维的可能之物（nomen 本体），置于和感官物的对立之中并叫作知性物，于是要问：我们的纯粹知性概念在本体方面是否有意义，是否能成为关于本体的知识形式？

需要说明的是，如果我们把本体理解为感官对象被抽掉了我们直观它的方式因而不再是我们感性直观的客体，这就是一个消极理解的本体；如果把本体理解为只是假定的一种特殊的、即我们并不具有的智性直观这一直观方式的客体，就会是积极意义的本体。但我们的知性概念丝毫也通达不了感性直观能力与之完全无关的这个智性直观的本体。

假如我从某种经验知识中把一切直观都撇开，那就会留下思维的形式，即给可能直观的杂多规定一个对象的那种方式。因此范畴若撇开一切直观，那么由于它们思维一般客体，就扩展到比感性直观更远的地方。但范畴并不因此就规定了诸对象的一个更大的范围，因为我们根本无权预先假定某种与感性直观方式不同的直观方式，也就不能承认这些对象能够被给予。

但为了限制感性知识的客观有效性，不使感性直观扩展到自在物本身上去，本体这个概念又是必要的，因为感性直观所达不到的东西之所以称为本体，正是为了借此表明，那些知识不能把自己的领土扩展到知性所思维的一切东西上去。这就是说，我们具有某种悬拟地把自身扩展到比现象领域更远的地方的知性，但却没有那种能超出感性领域之外给我们提供对象并使知性超出这一领域而作实然运用的直观，哪怕有关这种直观的概念，都没有。所以，某种本体的概念只不过是一个限度概念，为的是限制感性的僭越。这个概念毕竟不是杜撰出来的，而是与感性的限制相关联的，它不能在感性的范围之外建立某种积极的东西，而只有消极意义的运用。

既然我们的知性会有一种消极的扩展，那么这就是说，知性与其说是受感性所限制，不如说是知性把自在物本身用本体这个概念来称谓而不看作现象，知性就以此限制了感性的消极扩展。但同时知性也限制了自己，即它不可能通过任何范畴来认识本体，而只能以未知的某物的名义来思维这些本体。

当我们说：感官向我们表现出对象如它们所显现的样子，知性却表现出对象如它们所是的样子，那么这后一种情况便是，对象必须在现象的彻底关联中被表现为经验对象那样；而不是按照它们在可能经验的关系之外、不是作为纯粹知性的一般意义的对象所可能的那样来设想，这样的设想将会是我们永远不知道的，甚至于就连这样一种感官外的先验知识在任何地方是否可能，也仍然不知道。

所以本体作为纯粹只是理性的对象这样一个概念，在其应用的一切原理上完全是一片空白，因为我们不能虚构出它们应当被给予的方式；不过这个仅仅是悬拟的观念毕竟为这些对象留下一个位置，但只是为了像一个空的空间一样对经验性的原理做出限制，却并未把经验性范围以外的任何别的知识客体包含在自身之中并表现出来。

VIII

我们在这里要谈的是先验的幻象，这种幻相把我们引向完全超出范畴的经验性运用之外，并用对知性的某种扩展的错觉，来欺瞒我们。那些完全限定在可能的经验范围之内来应用的原理，我们称为内在原理，而想要超出这一界限的原理则称为超验的原理。但我并不把这些超验的原理理解为范畴的先验的运用或误用，因为后者只不过是判断力未受到应有的约束而犯的一个错误，这个判断力没有充分注意到纯粹知性唯一允许它起作用的那个基地的界限；相反，我把超验原理理解为一些现实的原理，它们鼓励我们拆除所有那些界标，而自以为拥有一个全新的在任何方位都没有什么边界的基地。所以，先验的和超验的并不是等同的。我们此前所阐述的纯粹知性原理，只应当具有经验性的运用，而不能具有先验的即经验范围之外的运用。但一条取消这些限制的、甚至要求人们跨越这些限制的原理，其幻相就叫作超验的。

先验幻相不论我们是否已经把它揭示出来，是否已经通过先验批判清楚地看出了它的无效性，它仍然不会停止。其原因就在于，在我们的理性中（它被主观地看作人的认识能力），包含着理性运用的一些基本规则和准则，它们完全具有客观原理的外表，并导致把我们的概念为了知性作某种联结的必然性，这是一种幻觉，它是完全不可避免的，尽管可以不受这种幻相的欺骗。

所以先验辩证论就在于揭示先验判断的幻象，同时防止我们被它所欺骗；但永远也做不到使这种幻象能完全消失并不再是幻相。因为它是一种自然的和不可避免的幻觉，它本身基于主观的原理，却把这些主观原理偷换成了客观原理。所以纯粹理性有一种自然的和不可避免的辩证论，它不同于逻辑的辩证论，并不是某个生手由于缺乏知识而陷入进去的，或者是某个诡辩论者为了迷惑有理性的人而故意编造出来的，而是不可阻挡地依附于人类理性身上的，甚至在我们揭穿了它的假象之后，它仍然不断地迷乱人类理性，使理性不停地碰上随时需要消除掉的一时糊涂。

先前曾讨论到，我们知识的单纯逻辑形式（判断）如何可能包含有先天的纯粹概念的起源，而这些概念先于一切经验地表象对象，或不如说表明了唯一使有关对象的经验性知识得以综合统一成为可能。这种判断形式在转化为直观综合的概念时产生了对知性在经验中的一切运用有指导作用的诸范畴。同样，我们也可以期望理性推论的形式当它按照范畴的标准应用于直观的综合统一时，将包含某些特殊的先天概念的起源，这些先天概念我们可以称之为纯粹理性概念，或先验理念，它们将根据原则而在全部经验的整体上对知性的运用做出规定。知性借助于范畴所表现出来的关系有多少种类，也就会有多少纯粹理性的概念。

先验的理性概念任何时候都只指向诸条件综合中的绝对总体性，并永远也不会停止，除非在绝对的、因而对一切方面的无条件者那里。由于纯粹理性只给自己保留了在知性概念的运用中的绝对总体性，并试图把在范畴中所想到的这种综合统一延伸出去直到绝对的无条件者，而把与直观对象发生关系交给了知性，因此这种统一性我们可以称之为诸现象的"理性的统一性"，就如在范畴中所表现的那种统一性被称为知性的统一性一样。这样一来，理性就只和知性的运用发生关系，但由于没有任何经验是无条件者，诸条件的绝对总体性就不是可以用于经验中的概念，因而它只是为了要给知性指定某种确定的统一性的方向；知性对此却是没有任何概念的，而理性则要穿越到把每一个对象方面的一切知性活动都总括在一个绝对的整体之中。所以纯粹理性概念的客观运用任何时候都是超验的，而纯粹知性概念的客观运用按其本性却是任何时候都必须只是局限于可能经验之上的。

我把理念理解为一个必然的理性概念，它在感官中是不能有任何与之重合的对象的。所以我们现在所考虑的纯粹理性概念是超验的理念。它们都是纯粹理性的概念，因为它们把一切经验知识都看作是由诸条件的绝对总体性所规定的。它们不是任意虚构出来的，而是由理性的本性自身发出的，因而是与全部知性运用必然相关的。最后，它们是超验的，是超出一切经验的界限的，所以在经验中永远不会有一个和先验理念相符合的对象出现。

但我们绝不是要把先验的理性概念看作多余的和无意义的，因为即使它们不能规定任何客体，它们毕竟可以从根本上并暗中用来作为知性的扩展的和前后一致的运用的法规，虽然知性不能借此比它按照其概念所能认识的还要更多地认识对象，却毕竟在这种认识中得到了更好、更进一步的指导。

我们在这里必须选择在前面关于范畴演绎那里采取过的同一条道路，也就是考虑理性概念的逻辑形式，并看看这些概念是如何把自在的客体本身看作在这个那个理性机能方面先天综合地被规定了。

从理性作为知识的某种确定的逻辑形式的机能来看，它就是推理的能力，也就是间接地做出判断的能力。一个逻辑的谬误推理，是在于一个理性推理在逻辑形式上的错误，而其内容尽可以是随便什么别的东西。但一个先验的谬误推理，却是在正当的逻辑形式上做出虚假的推理；这一类的错误结论，以这种方式在人类理性的本性中将有自己的根据，并带有某种不可避免的、虽然不是不可消解的幻觉。

[先验谬误推理]

现在我们来看"我思"这个概念，虽然它未被列入前面的先验概念（范畴）一览表中，却必须被算入该表之中。"我"作为思维者，是一个内感官的对象，称之为灵魂。作为能思的存在者的"我"，这个术语已经意味着心理学的对象了，这种心理学可以称为合理的灵魂学说。合理的灵魂学说要从实体范畴开始，它所能包含的一切别的东西都必须从下表中推导出来。

1

灵魂是实体

2	3
就其质而言灵魂是单纯的	就其所在的不同时间 而言灵魂在号数上是 同一的，亦即单一性

4

灵魂与空间中可能的对象相关

于是与此相关地就有先验的灵魂学说的四个谬误推理，这个学说误被当作纯粹理性关于我们的能思的存在者之本性的科学。但我们为这门科学所能找到的根据只不过是内容上完全空洞的表象"我"，这个表象只不过是伴随着一切概念的意识。

在合理的灵魂学说的处理的方式中，起支配作用的是某种谬误推理，它通过下面的理性推论而体现出来：

凡是只能被思考为主词的东西也只能作为主体而实存，因而也就是实体。

现在，一个能思的存在者仅仅作为本身来看，只能被思考为主词。

所以，它也只作为一个主体、也就是作为实体而实存。

这个推论的大前提中所谈的存在者，是可以在任何意图上因而也在有可能于直观中被给出的这种意图上来考虑的。但推论的小前提中所谈的存在者，却只是把自己当作仅仅是思维和意识统一性意义上的主词来考察的，而并不是同时又当作直观的关系中作为思维的客体被给出的主体来考察的。所以推论得出的结论正是"通过修辞格的诡辩"，因而是通过某种错误的推论得出来的。将这些著名的论证归结为一个谬误推理是完全正确的，因为我们在内直观中根本没有什么持久性的东西，自我只是我的思维的意识；所以如果我们只是停留在思维上面，我也就缺乏把实体概念即一个独立持存的主体的概念用在作为能思的存在者的自我本身上的必要条件，而与此相联的实体的单纯性也就和这个概念的客观实在性一起取消了。

【二律背反】

先验理念的第一个冲突

正题	反题
世界在时间中有一个开端，在空间上也包含于界限之中。	世界没有开端，在空间中也没有界限，而是不论在时间或空间方面都是无限的。

先验理念的第二个冲突

正题	反题
在世界中每个复合的实体都是由单纯的部分构成的，并且除了单纯的东西或由单纯的东西复合而成的东西之外，任何地方都没有什么东西实存着。	在世界中没有什么复合之物是由单纯的部分构成的，并且在世界中任何地方都没有单纯的东西实存着。

先验理念的第三个冲突

正题	反题
按照自然律的因果性并不是世界的全部现象都可以由之导出的唯一因果性。为了解释这些现象，还有必要假定一种由自由而来的因果性。	没有什么自由，相反，世界上一切东西都只是按照自然规律而发生。

先验理念的第四个冲突

正题	反题
世界上应有某种或者作为世界的一部分，或者作为世界的原因而存在的绝对必然的存在者。	任何地方，不论是在世界之中，或是在世界之外作为世界的原因，都不实存有任何绝对必然的存在者。

【纯粹理性的理想】

　　如果有物（不论何物）实存，那么必然承认总有某物以必然的方式实存。因为偶然之物的实存其原因只能是其他偶然之物，而对这个偶然原因又可继续进行这一推论，直到一个非偶然地也即无条件必然地存有的原因。这就是理性前进到原始存在者所依据的那个论证。

　　人类理性的自然进程就具有这样的性质。首先，它相信某一个必然的存在者是存有的。它从这个存在者中看出某种无条件的实存。于是它就去寻求那不依赖于一切条件者的概念，并在那个本身是一切其他事物的充分条件中，亦即在那个包含着一切实在性的东西中，找到了这一概念。但这个没有限制的大全就是绝对的统一性，它具有一个唯一的存在者、也就是最高存在者的概念，于是理性就推论：最高存在者作为一切事物的原始根据，是绝对必然地存有的。

　　这样，我们就把这个最高的原因看作绝对必然的，因为我们感到绝对有必要上升到它的，而没有任何理由还要进一步超出它。所以，我们在一切民族那里都看到，哪怕他们的最盲目的多神教里，都还有几丝一神教的微光透射出来，导致这一点的不是反思和深刻的思辨，而只是普通知性的逐步变得明白起来的自然进程。

　　从思辨理性来证明上帝的存有，只能有三种方式：第一种是从确定的经验及由此经验所认识到的我们感官世界的特殊性状开始，并由此按照因果律一直上升到世界之外的最高原因，这是自然神学的证明；第二种只是以不确定的经验、即经验性地以任何某个存有为基础，这是宇宙论的证明；第三种是抽掉一切经验，并完全先天地从单纯概念中推出一个最高原因的存有，这是本体论的证明。我将从检验先验的证明开始，指出上帝的存有之本体论证明的不可能性，然后再来看看，经验性的东西在扩展这一证明的力度上能够添加什么。

　　从以上所说很容易看出：一个绝对必然的存在者的概念是一个纯粹理性概念，亦即一个单纯的理念，而凭着理性对它的需要，是远远没有得到它的客观实在性的证明的。在这里令人感到怪异和荒谬的是，从一个给予的一般存有，推论到某个绝对必然的存有，似乎是紧要的和正确的。然而我们为了形成这样一个必然性的概念的一切知性条件却完全与我们相违背。

所以，不论我们有关一个对象的概念包含什么及包含多少东西，我们还是不得不超出它，才能把实存赋予它。这在感官对象那里是通过按照经验性规律与我们的任何一个知觉发生关联而进行的；但是对于纯粹思维的客体来说，根本不存在任何手段来认识它们的存有，因为这存有必须完完全全先天地去认识，而我们对一切实存的意识却是完完全全属于经验的统一性的，在这一领域之外的实存虽然不可以绝对地宣布不可能，却是一个我们没有任何办法能为之辩护的预设。

一个最高存在者的概念正因为仅仅是理念，所以完全没有能力单凭自己来扩展我们在实存的东西上的知识。一个理念的对象不可能属于经验；所以著名的莱布尼茨远没有做到他所自吹的，即他想先天地洞察一个如此崇高的理想存在者的可能性。

所以，对一个最高存在者的存有从概念来进行的这个如此有名的（笛卡尔派的）本体论证明那里，一切力气和劳动都白费了。

IX

所以，理性的无批判的独断运用，会引向那些无根据的可以用同样似是而非的主张与之对立的主张，因而导致怀疑论；相反，理性的批判最终必然导致科学。这门科学也不会庞大浩瀚得吓人，因为它并不与杂乱无边的理性对象打交道，而只与它本身，只与从它自身产生出来的、由它自己提交给自己的课题打交道；当理性预先完全了解到它自己的能力时，必然就会很容易完全可靠地确定它在试图超出一切经验界限来运用时的范围和界限了。

理性的无可否认的、在独断的处理方式下不可避免的矛盾，早就已经自行使任何迄今为止的形而上学威信扫地了。需要有更多坚毅精神的是，不为内在困难和外在阻力所阻挡，通过另外一种与至今采取的完全相反的处理方式，来促使人类理性所不可缺少的一门科学终于能够欣欣向荣、富有成果。

对于人类理性来说，感到耻辱的是它在其纯粹的运用中一事无成，甚至还需要一种训练来抑制它的放纵，并防止由此而给它带来的错觉。然而，必定在某个地方存在着属于纯粹理性领域的积极知识的根源，这些知识也许只是由于误解而引起了种种谬误，但事实上却构成理性努力的目标。不然难于说明理性的无法抑制的、绝对要在超出经验界限之外的某个地方站稳脚跟的欲望。理性预感到了对它具有重要意义的那些对象，它踏上这条单纯思辨之路为的是靠近它们，但它们却逃开了。剩下的唯一道路就是实践运用的道路。如果什么地方有纯粹理性的一种正确运用，并且也必定有理性的一种法规的话，则这种法规将不涉及思辨的运用，而是关系到理性的实践的运用。

形而上学由于它至今进展不顺利，也由于在至今提出的形而上学中，就其根本目的而言没有哪一个可以说它是现实在手的，所以必然会使每一个人有理由对它的可能性表示怀疑。但是现在，这种知识类型在某种意义上毕竟也被看作是给予了的；形而上学即使不是现实地作为科学，但却是现实地作为自然倾向而存在。因为人类并非单纯由博学的虚荣心所推动，而是由自身的需要所驱动而不停顿地前进到这样一些问题，这些问题却不是通过理性的经验运用或通过由此借来的原则所能回答的，因此在一切人类中，只有他们的理性扩展到了思辨的地步，则任何时代都现实地存在过并还将永远存在某种形而上学。形而上学便是如此作为自然倾向而可能现实地存在。

但由于对这些自然而然的提问，如世界有一个开端还是永恒以来就存在的等等问题，迄今想要做出回答的一切尝试总是遇到了不可避免的矛盾，所以现在我们就不能以形而上学的自然倾向为满足，也就是不能满足于纯粹理性能力本身，哪怕它总是能产生出某种形而上学来。必须使理性能够确定地判断它是知道还是不知道它的对象，也就是要对它所问的对象加以裁决，或者对理性在形而上学方面的能力和无能有所判断，从而确定，对我们的纯粹理性究竟是满怀信赖地加以扩展，还是对它做出确定的和可靠的限制。这最后的问题正当地说就是：形而上学作为科学如何可解。

实践理性批判

I

实践的诸原理是这样一些命题，它们包含有一个规定意志的普遍规定，这个普遍规定统率着实践的多个规则。如果这个条件被主体看作只对他自己的意志是有效的，这些原理就是主观的，或说是一些"准则"；但如果那个条件被认识到是客观的，即对每个有理性的存在者的意志都是有效的，这些原理就是客观的，或说是实践的一些"法则"。

凡把欲求能力的一个客体（质料），预设为规定意志的根据，所有这样的实践原则全都是经验性的，并且不能充当任何实践的法则。而一切这样的实践原则全都具有同一类型，并隶属于自爱或自身幸福这一普遍原则之下。

一个实践原则的质料，是意志的对象。这个对象或者是规定意志的根据，或者不是。如果它是规定意志的根据，那么意志的规则就会服从于一个经验性的条件，于是它就不会是什么实践法则了。现在，如果我们把一切质料即意志的每个对象（作为规定根据）都排除掉，那么在一个法则中，除了一个普遍立法的单纯形式之外，就什么也没有剩下来。所以一个有理性的存在者他或者根本不能把自己的主观实践的诸原则（即各准则）同时思考为普遍的法则，或者必须假定，唯有这些准则的那个单纯形式，即它们据以适合于普遍立法的形式，才使它们独立地成了实践的法则。

要这样行动，使得你的意志的准则任何时候都能同时被看作一个普遍立法的原则。

不可否认的是，一切意愿都必须有一个对象，因而有一个质料；但质料并不因此就恰好是准则的规定根据和条件；因为如果它是这样，那么这个准则就不能表现为普遍立法的形式了，因为对于对象的实存的期待就会成了规定这个任意的原因，而欲求能力对某一个事物的实存的依赖性，就必然会成为意愿的基础，这种实存永远只能到经验性的条件中去寻求,因此永远不能充当一个必然的和普遍的规则的根据。

如果自身幸福的原则被当作意志的规定根据,那么这正好是与德性原则相矛盾的。这一冲突不单纯是逻辑的,而且是实践的,并且假如理性向意志所发出的呼声不是如此清晰、如此不可盖过,甚至对于最平庸的人都听得明白,则这一冲突就会把德性完全摧毁了。

幸福原则虽然可以充当准则,却永远不能充当适宜做意志法则的那样一些准则,即使人们把普遍的幸福当作自己的客体也罢。这是由于,对这种幸福来说它的知识是基于纯粹的经验素材上的,因为这方面的每个判断都极其依赖于每个人自己的意见,加之这意见本身又还是极易变化的,所以,这判断尽可以给出一般性的规则,但绝不能给出普遍性的规则,即它可以给出这样一些最经常地切合于平均值的规则,却不是一些必须任何时候都必然有效的规则,因而没有任何实践法则可以建立在这判断之上。但道德法则却只是由于它对每一个有理性和意志的人都应当是有效的,才被设想为客观必然的。

自爱的准则(明智)只是劝告;德性的法则是命令。但在人们劝告我们做什么和我们有责任做什么之间毕竟有一个巨大的区别。

II

实践理性的唯一客体(对象)就是那些善和恶的客体。因为我们通过善的事物来理解欲求能力的必然对象,通过恶的事物来理解厌恶能力的必然对象,但两者都依据着理性的一条原则。

福或祸永远只是意味着与我们的快意或不快、快乐或痛苦的状态的关系,而如果我们因此就欲求或厌恶一个客体,那么这种事只要它与我们的感性及其引起的愉快和不愉快的情感相关时,就会发生。但善或恶在任何时候都意味着与意志的关系,只要这意志由理性法则规定去使某物成为自己的客体,正如意志永远也不受客体及其表象直接规定,而是使理性规则成为自己的(能实现一个客体的)行动的动因的一种能力一样。所以,善和恶真正说来是行动、而不是与个人的感觉状态相关的,并且,如果某物应当是绝对地善的或恶的,或者应当被看作是这样的，那它就只会是行动的方式，意志的准则，因而是作为善人或恶人的行动着的个人本身，但却不是一件可以被称为善或恶的事物。

凡是我们要称之为善的，必须在每个有理性的人的判断中都是一个欲求能力的对象，而恶则必须在每个人眼里是一个厌恶的对象；因而这种评判所需要的除了感官之外，还有理性。

当然，在我们实践理性的判断中，很大程度上取决于我们的福和苦，并且在涉及我们作为感情存在者的本性时，一切都取决于我们的幸福，只是这种幸福要按理性首先所要求的，不是根据转瞬即逝的感觉，而是根据这种偶然性在我们全部实存（及对这种实存的满意）上所具有的影响来评断；但并非一般说来一切事都取决于这一点。

人毕竟不那么完全是动物，面对理性为自己本身所说的一切都无动于衷，并将理性只是用作满足自己作为感性存在者的需要的工具。他拥有理性还有一个更高的目的，不仅仅要把那自身就是善的并且是唯一只凭纯粹的、对感性完全不感兴趣的理性才能判断的东西，也一起纳入到考虑中来，而且要把这种评判与前一种评判完全区别开来，并使它成为前一种评判的至上条件。

在这样评断那本身就是善的或恶的东西，以区别于只和福或祸相关而可能被称为善或恶的东西时，有几点是关键。要么理性的原则本身已经被思考为意志的规定根据，而无须考虑欲求能力的可能客体，因而仅仅是凭借准则的合于法则的形式；于是，那条原则就是先天的实践法则，而纯粹理性自身就被看作是实践的了。这样一来，这条法则就直接地规定着意志；按照这种意志的行动，就是本身自在地善的，一个意志的准则永远按照着这条法则，这意志就绝对地、在一切方面都是善的，并且是一切善的东西的至上条件。要么，欲求能力的规定根据先行于意志的准则，这意志以一个愉快或不愉快的客体因而以某种使人快乐或痛苦的东西为前提，并且趋乐避苦这条理性准则规定那些行动如何相对于我们的爱好而言因而仅仅间接地是善的，这样一来，这些准则就永远不能称为法则，但仍可以称为理性的实践规范。这目的本身，即我们所寻求的快乐，在后一种情况下并不是善，而是福，不是一个理性概念，而是一个有关感觉对象的经验性概念；不过，对达到这目的的手段的运用，即那个行动，由于为此需要理性的思考却还是叫作善的，但并不是绝对的善，而只是在与我们感性的关系中、考虑到它的愉快和不愉快的情感的善。

III

行动的一切德性价值的本质取决于道德法则直接规定意志。由德性的法则对意志所做的一切规定的本质在于：意志作为自由意志，因而并非仅仅是没有感性冲动参与的意志，而是甚至拒绝一切感性冲动并在一切爱好有可能违背这法则时中止这些爱好的意志，它是单纯由道德法则来规定的。所以就这范围而言，道德法则作为动机的作用，只是否定的，并且这样一种动机本身，能够先天地被认识。

意志既自由地同时又与某种不可避免的（只是由自己的理性加于一切爱好上的）强制相结合着地对法则的服从，这种意识就是对法则的敬重。那要求并且也引起这种敬重的法则，无非是道德法则（因为没有任何其他的法则是把一切爱好从它们对意志的影响的直接性中排除出去的）。那在客观实践上按照这一法则并排除一切出自爱好的规定根据的行动，叫作义务，它为了这种排除，在自己的概念中如此不情愿地包含有实践上的强迫，即对行动的规定，不论这行动如何发生。来自这种强迫意识的情感，不是由一个感性对象引起的那种情感，相反，它仅仅是实践上的，也就是通过一个先行的（客观的）意志规定和理性的原因性才可能的。所以，这种情感作为对法则的服从，即作为命令（它对于受到感性刺激的主体宣告了强制），并不包含任何愉快，而是在这方面毋宁说于自身中包含了对行动的不愉快。不过反过来说，它也可叫作只是纯粹实践理性方面的自我批准，因为我们认识到自己是没有任何利害而只凭法则被规定为这样的，它是纯粹实践的和自由的。对某种合乎义务的行动所抱的这种兴趣，绝不是听从爱好的建议，而是理性通过实践的法则绝对地命令产生的。

在一切道德评判中最具重要性的就是以极大的精确性注意到一

切准则的主观原则以便把行动的一切道德性建立在其出于义务和出于对法则敬重的必然性上，而不是建立在出于对这些行动会产生的东西的喜爱和好感的那种必然性上。对于人和一切被创造的理性存在者来说，道德的必然性都是强迫，即责任，而任何建立于其上的行动都必须被表现为义务，而不是被表现为已被我们自己所喜爱或可能被我们自己喜爱的做法。

义务！你这崇高伟大的威名！你不在自身容纳任何带有献媚地讨好，而是要求人服从，但也绝不为了推动人的意志而以激起内心中自然的厌恶并使人害怕的东西来威胁人，而只是树立一条法则，它自发地找到内心的入口，但却甚至违背意志而为自己赢得崇敬（即使并不总是赢得遵行），面对这一法则，一切爱好都哑口无言，即使它们暗中抵制它。

纯粹实践理性的真正动机无非是纯粹道德法则本身，只要这法则让我们发觉我们自己的超感性实存的崇高性，并主观上在人们心中引起了对于自己更高使命的敬重。于是与这种动机结合着的就很可能是生活的如此之多的魅力和快意。把对生活的欢乐享受的这种展望与那个至高的、单凭自身已经足以进行规定的动因结合起来，这种做法也可以是值得推荐的，但是如果谈到义务，义务的尊严与生活享受没有任何相干，它有自己特有的法则，甚至有自己特有的法庭，而且不论我们还想如何把这两者搅在一起，以便把它们仿佛混合成药剂递给有病的心灵，但它们却马上就自行分离。如果不分离，那么义务就完全不起作用，即使肉体的生活会从这里获得某些力量，而道德的生活却会无可救药地衰退下去。

IV

如同纯粹理性的思辨运用的情况一样，作为纯粹实践的理性，也要求为实践上的有条件者（基于爱好和自然需要的东西）寻求无条件者，并且不是作为意志的规定根据，而是即使在这个规定根据在道德法则中已经被给予时，也以至善的名义去寻求无条件总体，作为纯粹实践理性的对象。

至善是一个纯粹实践理性（亦即一个纯粹意志）的全部对象，但它却并不因此就能被视为纯粹意志的规定根据，而唯有道德法则才必须被看作规定根据，是它使那个至善成为意志自身的客体。

如果道德法则作为至上条件也已经被包括在至善的概念中了，那么这个至善连同它的概念及它的通过我们的实践理性而可能的实存的表象就不仅仅是客体，同时也会是纯粹意志的规定根据了，因为这样一来，事实上正是这个概念中已经包含着的并同时被想到的道德法则，而不是别的对象，在按照自律的原则规定着意志。

对于一切只要在我们看来可能值得期望的东西，包括我们一切谋求幸福的努力，德行是至上条件，因而是至上的善。但因此德行就还不是作为有限的理性存在者的欲求能力的对象的全部而完满的善；要成为这样一种善，还要求有幸福，而且这不仅是就以自己为目的的个人的那些偏颇之见而言，甚至也是就把世上一般个人视为目的本身的某种偏见的理性判断而言的。因为，需要幸福、也配得上幸福、但却没有分享到幸福，这是与一个有理性的同时拥有一切强制力的存在者（哪怕只是为了试验而设想这样一个存在者）的完善意愿根本不能共存的。既然德行和幸福一起构成一个人对至善的占有，但与此同时，幸福在完全精确地按照与德性的比例来分配时也构成一个可能世界的至善：那么这种至善就意味着整体，意味着完满的善，但是，德行在其中始终作为条件，本身是至上的善，因为它不再具有超越自己之上的任何条件，而幸福虽然使占有它的人感到快适，却并不单独就是绝对善的和从一切方面考虑都是善的，而是任何时候都以道德的合乎法则的行为作为前提条件的。

但是德行的准则和自身幸福的准则在它们的至上实践原则方面是完全不同性质的，而且尽管它们都属于一个至善以便使至善成为可能，它们却是远非一致的，在同一个主体中极力相互限制、相互拆台。所以，至善在实践上如何可能？这个问题不论迄今已作了怎样多的联合尝试，还仍然是一个未解决的课题。这种结合或者对幸福的欲求必须是德行的准则的动因，或者德行准则必须是对幸福的起作用的原因。

但前者是绝对不可能的，因为把意志的规定根据置于对人的幸福的追求中的那些准则根本不是道德的，也不能建立起任何德行，而后者也是不可能的，因为在现世中，原因和结果之间的一切实践上的联结，都不是取决于意志的道德意向，而是取决于对自然规律的知识以及身体将这种知识用于自己的意图的能力，因而不可能指望通过严格遵守道德法则而有幸福和德行之间的必然的和足以达到至善的联结。这是纯粹实践理性的二律背反。

这两个命题中的第一个命题，即对幸福的追求产生出德行意向的某种根据，是绝对错误的；但第二个命题，即德行意向必然产生出幸福，则不是绝对错的，而只是当我把感官世界中的存有看成有理性存在者实存的唯一方式时，才是错误的，是有条件的错误的。

所以，尽管实践理性与自身有这种表面的冲突，至善仍是一个被从道德上规定的意志的必然的最高目的，是实践理性的真正客体，因为它在实践上是可能的；德性与幸福的结合时的二律背反，这只是出于误解，因为人们把现象之间的关系看作了自在物本身与这些现象的关系。

我们是否就没有一个词，它不像幸福一词那样表示一种享受，却指明了一种对我们实存的愉悦，一种与必然会伴随着德行意识的幸福的类比？有！这个词就是自我满足，它在自己本来的含义上永远只是暗示着对我们实存的一种消极的愉悦，在其中我们意识到自己一无所求。自由和对自由作为一种遵守道德法则的能力的意识，就是对于爱好的独立性，就是某种必然与其结合在一起的、不是基于任何特殊情感的、恒久不变的满足的唯一根源。自由本身以这样一种方式就可以是一种不能称之为幸福的享受，因为它并不依赖于某种情感的积极参与；严格说来也不能称之为永福，因为它并不包含对爱好和需要的完全的独立性，但它毕竟和永福是近似的，因为至少它的意志规定可以免于种种爱好和需要的影响，因而至少它按其起源说是与我们只能赋予最高存在者的那种自足相类似的。

从实践的纯粹理性二律背反的这种解决中可以得出，在实践原理中，在德性意识和对于作为德性的后果并与之比例相当的幸福的期望之间，一种自然的和必然的结合至少是可以设想为可能的，相反，谋求幸福的原理要产生出德性是可能的；因此，那至上的善，作为至善的第一个条件，构成德性，反之幸福则虽然构成至善的第二要素，但它只是前者的那个以道德为条件的、毕竟也是必然的后果。只有在这种隶属关系中至善才是纯粹实践理性的全部客体；纯粹实践理性必须把至善必然地表象为可能的，因为，尽一切可能促使至善的产生，是它的一条命令。

V

至善在现世中的实现，即是可通过道德法则来规定的意志的一个客体。但在这个意志中意向与道德法则的完全适合，却是至善的至上条件。所以这种适合必须正如意志的客体一样也是可能的，因为它被包括在必须促进这客体的同一个命令之中。但意志与道德法则的完全适合就是"神圣性"，是任何在感官世界中的有理性的存在者在其存有的任何时刻都不能做到的某种完善性。可是由于这完善性仍然是作为实践上的而被必然要求着，所以它只是在一个朝着那种完全的适合而趋向无限的进程中，才能找到，而按照纯粹实践理性的原则，是有必要假定这样一个实践的进步作为我们意志的实在客体的。

但这个无限的进程只有在同一个有理性的存在者的某种无限持续下去的生存和人格（我们将它称为灵魂不朽）的前提之下，才有可能。所以至善在实践上只有以灵魂不朽为前提才有可能。因而灵魂不朽当其与道德法则不可分割地结合着时，就是纯粹实践理性的一个悬设。

我们的本性只有在一个无限进行的进程中才能达到与道德律完全相适合，这一道德使命的命题，不仅是考虑到目前对思辨理性的无能加以弥补，而且也是着眼于宗教。缺少这个命题，那就或者道德法则会完全不配有它的神圣性，或者就把自己的天职同时也把自己的期望，绷紧到某种无法达到的规定。对于一个有理性的但却是有限的存在者来说，只有那从道德完善性的低级阶段到高级阶段的无限进程才是可能的。那不存在任何时间条件的"无限者"，则把对我们是无限的这个序列，看作与道德法则相适合的整体，而为了在至善上给每个人规定的份额与他的公正相称，他的命令所毫不含糊地要求的那种神圣性，是只有在某种唯一的对这些有理性的存在者此生的智性直观中，才能全部见到的。至于就这种份额在希望方面可以归于被造物的东西，那将是对被造物的这种经过考验的意向的意识，以便从他迄今由低到高的道德上较为改善的进步中，从他由此得知的不可改变的决心中，希望这个进步更加不断地继续下去，而不论他的生存能达到多么长久，甚至超出此生，也就是永远不是在他此生任何可预见的将来某个时候，而只是在只有上帝才能一目了然的他的延续的无限性中，与上帝的意志完全相符合。

道德法则导致了至善中最先和最重要的德性部分的必然完整性，并且导致了对不朽的悬设。正是这条法则导致善的第二要素，即与那个德性相适合的幸福的可能性，亦即必定把上帝实存悬设为必然是属于至善的可能的。

幸福是现世中一个有理性存在者基于自然与他的全部目的（同样也与他的意志的本质性规定根据）相一致之上而发生的。现在，道德法则作为一种自由的法则，是通过应当完全独立于自然，也独立于道德法则与我们的（作为动机的）欲求能力协调一致的那些规定根据，来发布命令的。但现世中行动着的有理性的存在者却并不同时又是这个现世及自然的原因，因此不能通过他的意志而成为这个自然的原因，也不能出于自己的力量在涉及他的幸福方面使自然与他的实践原理完全相一致。然而在纯粹理性的这个实践任务中，我们应当力图去促进至善却是被悬设为必然的。这样，甚至全部自然存有一个不同于自然的原因，也就被悬设了，这个原因将包含幸福与德性之间精确一致的根据。至善在现世中只有假定了一个拥有某种符合道德意向原因性的至上的自然原因时，才有可能。所以，自然的至上原因，只要它必须被预设为至善，那就是一个通过知性和意志而成为自然的原因（因而是自然的创造者）的存在者，也就是上帝。现在，我们的义务是促进至善，因而不仅有权，而且也有与义务结合着的必要，来把这个至善的可能性预设为前提，至善由于只有在上帝存有的条件下才会发生，它就把它的这个预设与义务不可分地结合起来，即在道德上有必要假定上帝的存有。

道德法则通过至善作为纯粹实践理性的客体和终极目的的概念而引向了宗教，亦即引向对一切义务作为上帝的命令的知识，这种命令不是强令，而是每一个自由意志的自身独立的根本法则，但这些法则却必须被看作最高存在者的命令，因为我们只有从一个道德上完善的（神圣的和善意的）同时也是全能的意志那里，才能希望至善，因而只有通过与这个意志协调一致才能希望达到至善，而道德法则就使得把至善设立为我们努力的对象，成了我们的义务。

这些悬设全都是从道德性的原理出发的，但这个原理则不是悬设，而是理性用来直接规定意志的法则，这个意志正由于它被这样规定，便作为纯粹意志而要求着遵守其规范所必要的这样一些条件。这些悬设不是理论教条，而是在必要的实践考虑中的诸种前提，因而它们虽不扩展思辨的知识，却普遍地（借助于它们与实践的关系）赋予思辨理性的诸理念以客观实在性，并使思辨理性对于那些它本来甚至哪怕以为能断言其可能性都无法做到的概念，具有了权利。

这些悬设就是（1）不朽的悬设，（2）从积极意义看的自由的悬设，和（3）上帝的悬设。第一个悬设来源于持续要与道德法则的完整实现相适合这个实践上的必要条件；第二个悬设来源于对感官世界的独立性及按照理知世界的法则规定其意志的能力，亦即自由这个必要的前提；第三个悬设来源于通过独立的至善即上帝存有这个前提来给这样一个理知世界提供了为了成为至善的条件的必要性。

但是我们的知性以这样一种方式通过纯粹实践理性难道就有了扩展，而对思辨理性曾是超验的东西难道在实践理性中就是内在的了吗？当然，不过仅仅是在实践的意图中。因为我们虽然由此既没有对我们灵魂的本性，也没有对理知的世界，更没有对最高存在者，按照它们自在本身所是的而有所认识，而只是使它们的概念在作为我们意志客体的至善这一实践的概念中结合起来了，然而，我们是完全先天地通过纯粹理性但只是借助于道德法则并且也只在与道德法则的关系中，就其所要求的客体而言来结合的。这些悬设理念的可能性是没有任何人类知性在任何时候会去探索的，但它们是非真实的概念这一点，也是任何诡辩在任何时候都不会从哪怕最普通的人的确信中夺走的。

判断力批判

I

我们的全部认识能力有两个领地，即自然概念的领地和自由概念的领地，因为认识能力是通过这两者先天地立法的。现在，哲学也据此而分为理论哲学和实践哲学。但哲学领地建立于其上且哲学立法施行于其上的这个基地，却永远只是一切可能经验的对象的总和，只要这些对象不被看作别的，只被看作单纯的现象；因为否则知性对于这些对象的立法就是不可思议的。

通过自然概念来立法是由知性进行的并且是理论性的。通过自由概念来立法是由理性造成的并且只是实践性的。不过，只有在实践中理性才是立法性的；在理论认识（自然知识）方面，它只能从给予的规律中，通过推理而引出结论来，而这些结论终归永远只是停留在自然界那里的。反之，如果规则是实践的，理性却并不因而立刻就是立法的，因为这些规则也可能有技术上是实践的。

因此，理性和知性对于同一个经验的基地拥有两种各不相同的立法，而不允许一方损害另一方。因为自然概念对于通过自由概念的立法没有影响，正如自由概念也不干扰自然的立法一样。这两种立法及属于它们的那些能力在同一个主体中的共存，至少可以无矛盾地被思维。

但这两个不同的领地虽然并不在它们的立法中，却毕竟在感性世界里它们的效果中不停地牵制着，不能构成为一体，这是因为：自然概念虽然在直观中设想它的对象，但不是作为自在物本身而只是作为现象，反之，自由概念在其客体中虽然设想出一个自在物自身，但却不是在直观中设想的，因而双方没有一方能够获得有关自己的客体作为自在物的理论知识，那个自在物将会是超感官的东西，我们虽然必须用这个超感官东西的理念来解释那一切经验对象的可能性，但却永远不能把这个理念本身提升和扩展为一种知识。

现在，虽然作为感官物的自然概念领域和作为超感官物的自由概念领域之间，固定了一道不可估量的鸿沟，以至于从前者到后者根本不可能有任何过渡，好像两个各不相同的世界，前者不能对后者有任何影响；但是毕竟，后者对前者却应当有某种影响，也就是自由概念应当通过它的规律所提出的目的，在感官世界中成为现实；因而自然界也必须能够这样被设想，即自然界的形式的合规律性，至少会与那些可依自由规律在自然界里实现的目的的可能性相协调。所以，终究必须有自然界以之为基础的超感官物与自由概念在实践上所包含的东西之间相统一的某种根据。关于这种根据的概念，虽然既没有在理论上也没有在实践上达到对这种根据的认识，因而不拥有特别的领地，但却仍然使按照一方面的原则的思维方式向按照另一方面的原则的思维方式过渡，成为可能。

在高层认识能力的家族内，还有一个处于知性和理性之间的中间环节，即判断力；它同样可以先天地包含一条它所特有的寻求规律的原则，这个原则虽然不应有任何对象领域作为它的领地，却仍可以拥有某一个基地和该基地的某种性状。

所有的心灵能力或机能，可以归结为这三种不能再从一个共同根据推导出来的机能：认识能力，愉快和不愉快的情感，欲求能力。对于认识能力来说，只有知性是立法的；如果从认识能力作为一种理论认识的能力而和自然发生关系的话，只有就自然（作为现象）而言我们才有可能通过先天的自然概念（也就是真正的纯粹知性概念）而立法。对于作为按照自由概念的高级能力的欲求能力来说，只有理性是先天立法的（也只有在理性里面才发生自由概念）。现在，在认识能力和欲求能力之间所包含的，是愉快的情感，正如在知性和理性之间包含判断力一样。所以判断力自身同样包含有一个先天原则，并且由于和欲求能力必然结合着的是愉快和不愉快，判断力同样也将造成一个从纯粹认识能力即从自然概念的领地向自由概念的领地过渡，正如它在逻辑的运用中使知性向理性的过渡成为可能一样。

一般判断力是把特殊思考为包含在普遍之下的能力。如果普遍的东西（规则、原则、规律）被给予了，那么把特殊归摄于它们之下的那个判断力就是"规定性的"。但如果只有特殊被给予了，判断力必须为此去寻求普遍，那么这种判断力就只是"反思性的"。

规定性的判断力只是归摄性的，规则对它来说是先天预定的，它不必为自己思考一条规律以便把自然中的特殊从属于普遍之下。反思性的判断力的任务则是从自然中的特殊上升到普遍，所以需要一个原则，这个原则不能从经验中借来，所以这样一条先验原则，作为规律只能由反思性的判断力自己给予自己，而不能从别处拿来，更不能颁布给自然。

一个客体，有关它的概念在同时包含有该客体的现实性的根据这一点上，这概念就叫作"目的"，而一物与诸物间只有按照目的才有可能的那种性状相协调一致，就叫作该物的形式的"合目的性"。判断力的原则，就自然界中从属于一般经验性规律的那些物的形式而言，就叫作在自然界的多样性中的"自然的合目的性"。

所以，自然的合目的性是一个特殊的先天概念，它只在反思性的判断力中有其来源。因为我们只能运用这一概念就自然中按照经验性的规律已给出的那些现象的联结而言，来反思这个自然。而且，这个概念与实践的合目的性（人类艺术的，或者也有道德的）也是完全不同的，尽管它是按照与这种合目的性的类比而被思考的。

每个意图的实现，都和愉快的情感结合着；而如果这意图实现的条件是一个先天的表象，如在这里就是一个反思判断力的一般原则，那么愉快的情感也就通过一个先天根据而被规定，并被规定为对每个人都是有效的；这就是说，仅仅通过客体与认识能力的关系，而合目的性概念在这里丝毫没有顾及欲求能力，因而就与自然的任何实践的合目的性完全区别开来了。

如果说，知觉和按照普遍自然概念（范畴）的规律之间的吻合对愉快情感的影响，是我们在自己心中丝毫找不到也不可能找到的，因为知性在这时是无意中按其本性必然行事的；那么另一方面，发现两个或多个异质的经验性自然律在一个将它们两者都包括起来的原则之下的协调一致，这就是一种十分明显的愉快的根据，常常甚至是一种惊奇的根据，这种惊奇乃至当我们对它的对象已经充分熟悉了时也不会停止。在对自然的判断中需要某种使人注意到自然对我们知性的合目的性的东西，即需要一种把自然的不同性质的规律尽可能纳入到更高的虽然仍是经验性的见解之下的研究，以便在做到这点时对自然与我们认识能力的这种只被我们看作偶然的协调一致，感到愉快。当与此相反时，我们就会极其讨厌一个自然的表象，我们将通过这个表象被预先告知，只要有丝毫的研究超出了通常的经验，就会碰到自然的规律的某种异质性，它将使自然的特殊规律为了我们的知性而结合在普遍的经验性规律之下成为不可能；因为这是与自然在其种类中的主观合目的性的特殊化原则以及我们以此为目的的反思性判断力相冲突的。

在由经验所提供的一个对象上，合目的性可以表现为两种：或者是出自纯主观的原因，即在先于一切概念而对对象的把握中，使对象的形式与为了将直观和概念结合为一般知性的那些认识能力相协调；或者是出自客观原因，即按照物的一个先行的、包含其形式之根据的概念，而使对象的形式与可能的该物本身相协调。如果一个对象的概念被给予了，那么在运用这概念达到知识时，判断力的工作就在于表现，就是说，在于给这概念提供一个相应的直观。如果我们把我们的目的概念加给自然以判断它的产品，在这种情况下不单是自然在物的形式中的合目的性，而且它的这种产品作为自然目的，都得到了表现。虽然我们关于自然在其按照经验性规律的诸形式中的主观合目的性这一概念根本不是客体的概念，而只是判断力在自然的这种过于庞大的多样性中为自己求得概念的一条原则，但我们这样一来就按照对一个目的的类比而赋予了自然。这样，我们就可以把自然美看作是形式的

（单纯主观的）合目的性概念的表现，而把自然目的看作是实在的（客观的）合目的性概念的表现，前者我们是通过鉴赏（审美地，借助于愉快情感）来评判的，后者则是通过知性和理性（逻辑地，按照概念）来评判的。

在这上面就建起了判断力批判被划分为审美的判断力批判和目的论的判断力批判的根据。审美判断力是按照一条规则但不是按照概念来对物做出评判的一种特殊的能力。目的论判断力则不是什么特殊的能力，而只是一般反思性的判断力。根据目的论判断力的应用，它属于哲学的理论部分，并且由于它在某些自然对象上所依从的那些特殊原则并不像在一条学理中所必需的那样是规定性的，所以它必定也构成批判的一个特殊部分；但审美判断力却对其对象的认识毫无贡献，因而必须仅仅被引入判断主体及其认识能力的批判，这样的批判是一切哲学的入门。

自然概念的领地和自由概念的领地，由于那使超感性的东西和现象分离开来的巨大鸿沟，而被完全隔离开来了。自由概念在自然的理论知识方面什么也没有规定；自然概念在自由的实践规律方面同样也毫无规定：就此而言，从一个领地向另一个领地架起一座桥梁是不可能的。但是，按照自由的概念而来的效果，就是终极目的，它（或者它在感性世界中的现象）是应当实存的，为此人们就预设了它在自然界中的可能性的条件（即作为感官存在物、也就是作为人的那个主体的可能性的条件）。这个先天地、置实践于不顾地预设这一条件的东西，即判断力——通过自然的合目的性概念而提供了自然概念和自由概念之间的中介性概念；这个概念使得纯粹理论的原因向纯粹实践的原因、从遵照前者的合规律性向遵照后者的终极目的的过渡成为可能；因为这样一来，只有在自然中并与自然规律相一致才能成为现实的那个终极目的的可能性，就被认识到了。

判断力通过其按照自然界可能的特殊规律，来评判自然界的先天原则，从而使自然的超感性基底获得了以智性能力来规定的可能性。理性则通过其先天的实践规律对同一个基底提供了规定；这样，判断力就使得从自然概念的领地向自由概念的领地的过渡成为可能。

判断力关于自然的一个合目的性的概念，仍然是属于自然概念的，但只是作为认识能力的调节性原则。认识能力的协调一致，包含着愉快情感的根据，在这些认识能力的活动中的自发性，使上述自然合目的性适合于成为使自然概念的诸领地和自由概念在它们的后果中联结起来的中介，因为这种联结同时也促进了内心对道德情感的感受性。

II

为了分辨某物是美的还是不美的，我们不是把表象通过知性联系着客体来认识，而是通过想象力而与主体及其愉快或不愉快的情感相联系。所以鉴赏判断并不是认识判断，因而不是逻辑上的，而是感性的、审美的，我们把这种判断理解为其根据只能是主观的。

在一个判断中所给予的诸表象可以是经验性的（因而是感性的）；但通过那些表象所做出的判断却是逻辑的，如果那些表象在判断中只是与客体相关联的话。相反，如果这些给予的表象完全是合乎理性的，但在一个判断中却只是与主体（即它的情感）相关联的话，那么它们就此而言就总是审美的、感性的。

要说一个对象是美的并证明我有鉴赏力，这取决于我怎样评价自己心中的这个表象，而不是取决于我在哪方面依赖于该对象的实存。每个人都必须承认，关于美的判断只要混杂有丝毫的利害在内，就会是很有偏心的，而不是纯粹的鉴赏判断了。我们必须对事物的实存没有丝毫倾向性，而是在这方面完全抱无所谓的态度，以便在鉴赏的事中担任评判。

快适、美、善标志着表象对愉快和不愉快的情感的三种不同的关系。快适对某个人来说就是使他快乐的东西；美则只是使他喜欢的东西；善是被尊敬的、被赞同的对象，也就是里面有被他认可了一种客观价值的东西。在所有这三种愉悦方式中，唯有对美的鉴赏的愉悦才是一种无利害的自由的愉悦。

鉴赏是通过不带任何利害的愉悦或不愉悦而对一个对象或一个表象方式作评判的能力。一个这样的愉悦的对象就叫作美。

从美是无利害的愉悦对象这一说明中可以推出：如果有一个东西，某人意识到对它的愉悦在他自己是没有利害的，他对这个东西就只能作这样的评判，即它必定包含一个使每个人都愉悦的根据，所以他不可能发现只有他的主体才依赖的任何私人条件是这种愉悦的根据，因而这种愉悦必须被看作是根植于他也能在每个别人那里所预设的东西之中的；因此他必定相信，有理由对每个人期望一种类似的愉悦。但是这种普遍性也不能从概念中产生出来，因为没有从概念到愉悦和不愉悦的情感的任何过渡。这样，与脱离了一切利害的鉴赏判断必须相联系的，就是一种要求，一种不带有基于客体之上的普遍性而必须是某种对每个人有效的主观普遍性的要求。

就快适而言，每个人的建立在私人感受之上的判断是只限于他个人的，所以在快适方面每个人都有自己独特的口味。至于美则完全是另外一种情况。一个人说：这个事物是美的，他并不是指望别人在这方面赞同他，而是他要求别人赞同他，否则他就会责备他们，并否认他们有应当具有的鉴赏力。就此而言不能说每个人都有自己特殊的鉴赏，这种说法等于说：没有任何可以合法地要求每个人同意的审美判断。当然，即使在快适方面人们之间也可遇到一致的情况，但这种普遍性只有大体上的规则，而不是对于美的鉴赏判断所要求的一般性的规则。在善的方面，善只是通过一个概念而被表现为某种普遍愉悦的客体，而这是在快适和美那里都没有的情况。

美是那没有概念而普遍令人喜欢的东西。

依据先验的规定来解释什么是目的，那么目的就是一个概念的对象，只要这个概念被看作那个对象的原因；而一个概念从其客体来看的原因性，就是合目的性。如果欲求能力只是通过概念亦即按照一个目的的表象行动而是可规定的，它就会是意志。但一个客体，或一种内心状态，或一个行动，哪怕它们的可能性并不是必然地以一个目的表象为前提，它们之所以被称为合目的的，只是因为只有把这样一个意志假定为它们的根据，即按照目的的原因性亦即按照某种规则的表象来安排它们，才能解释和理解它们的可能性。所以合目的性可以是无目的的，不过，只有我们尽管不把这个形式的诸原因放在一个意志中，却毕竟能够使我们对这个形式的可能性解释仅凭把它从一个意志中推出来而被我们所理解。所以我们即使没有把一个目的当作合目的性的基础，我们至少可以从形式上参考合目的性，并在对象身上看出合目的性。

能够构成我们评判为没有概念而普遍可传达的那种愉悦，因而构成鉴赏判断的规定根据的，没有任何别的东西，而只有对象表象的不带任何目的的主观合目的性，因而只有在对象借以被给予我们的那个表象中的合目的性的单纯形式，如果我们意识到这种形式的话。

一个不受刺激和激动的影响，因而只以形式的合目的性作为规定根据的鉴赏判断，就是一个纯粹鉴赏判断。

美是一个对象的合目的性形式，如果这形式是没有一个目的的表象而在对象身上被知觉到的话。

鉴赏判断要求每个人赞同；而谁宣称某物是美的，他也就想要求每个人都应当给面前这个对象以赞许并将之同样宣称为美的。所以审美判断中的这个应当，其本身是根据这评判所要求的一切资料而说出来的，但却只是有条件地说出来的。

鉴赏判断必定具有一条主观原则，这条原则只通过情感而不通过概念，却可能普遍有效地规定什么是令人喜欢的、什么是令人讨厌的。但一条这样的原则将只能被看作"共通感"（与通过概念的共通感有本质不同）。所以只有在这样一个共通感的前提之下，才能作鉴赏判断，但我们不是把共同感理解为外部感觉，而是理解为出自我们认识能力自由游戏的结果。

知识与判断，都必须能够普遍传达：因为否则就会没有任何应归于它们的那种与客体的一致了。但如果知识应当是可以传达的，那么内心状态、即诸认识能力与一般知识的相称，也应当是可以普遍传达的。诸认识能力的这种相称，根据被给予的客体的不同而有不同的比例。这种相称也只能通过情感而不是按照概念来规定。既然这种相称本身必须能够普遍传达，因而对这种相称的情感也必须能够普遍传达，而情感的这种普遍可传达性却是以一个共通感为前提的，那么就可以把这种共通感作为我们知识的普遍可传达性的必要条件来假定，这种普遍可传达性是在任何逻辑和任何非怀疑论的认识原则中都必须预设的。

在宣称某物为美的一切判断中，我们不允许任何人有别的意见；然而这判断不是建立在概念上，而只是建立在情感上的：所以我们不是把这种情感作为私人情感，而是作为共同的情感而置于基础位置上的。它不是说每个人将会与我们的判断一致，而是说每个人应当与此协调一致。这原则虽然只是主观的，但却是被看作主观普遍的，在涉及不同判断者之间的一致性时是可以像一个客观原则那样来要求普遍赞同的。

美是那没有概念而被认作一个必然愉悦的对象的。

III

美有一点是和崇高一致的，即两者本身都是令人喜欢的。此外，两者都既不是以感官的规定性判断，也不是以逻辑的规定性判断，而是以反思的判断为前提的：所以，这种愉悦就既不是像快适那样取决于一种感觉，也不是像对善的愉悦那样取决于一个确定的概念，然而它毕竟是与概念相关的，虽然未确定是哪一些概念；因而，这愉悦是依赖于单纯的表现或表现能力的，由此，表现能力或想象力，在一个给予的直观上就被看作对理性的促进，而与知性或理性的概念能力相协调。因此这两种判断都是单个的但却预示着对每个主体都普遍有效的判断，尽管它们只是对愉快的情感、而不是对任何对象的知识提出要求。

不过，两者之间的显著区别也是引人注目的。崇高与美的最重要的和内在的区别也许是：当我们在此公平地首先只是考察自然客体上的崇高时，自然美在其仿佛是预先为我们的判断力规定对象的那个形式中，带有某种合目的性，这就自身构成一个愉悦的对象；相反，那无须玄想而只是凭领会在我们心中激起崇高情感的东西，虽然按其形式可以显得对我们的判断力而言是违反目的的，与我们的表现能力是不相适合的，并且仿佛对我们的想象力是强暴性的，但这却是越加被判断为更是崇高的。

独立的自然美向我们揭示出大自然的一种技巧，这技巧是大自然表现为一个依据规律的系统，即依据判断力在运用于现象时的合目的性的原则，从而使得这些现象不仅必须被评判为在自然的无目的的机械性中属于自然的，而且也必须被评判为属于艺术的类似物的。所以自然美虽然并没有扩展我们对自然客体的知识，却毕竟扩展了我们关于自然的概念，即把作为单纯机械性的自然概念扩展成了作为艺术的同一个自然的概念。自然界的崇高概念远不如自然中美的概念那样重要和有丰富的结果；它所表明的根本不是自然本身中合目的之物，而只是对自然的直观可能的运用中的合目的之物，为的是使某种完全独立于自然的合目的性可以在我们自己心中被感到。对自然的美我们必须寻求一个我们之外的根据，对于崇高我们却只需在我们心中，在把崇高性带入自然的表象里去的那种思想境界中，需求根据；这一说明把崇高的理念和一个自然合目的性的理念完全分开，并使崇高的理论成为只是对自然的合目的性的审美评判的一个补充，因为借此并没有表现出自然中的任何特殊的形式，而只是展示了想象力对自然表象所做的某种合目的性的运用。

但崇高的分析必须有一种美的分析所不需要做的划分，也就是划分为数学的崇高和力学的崇高。这是因为，崇高的情感具有某种与对象的评判结合着的内心激动，不同于对美的鉴赏要预设和维持着内心的静观；但这种激动却应当被评判为主观合目的性的：所以这种激动通过想象力或者与认识能力或者与欲求能力关联起来，而在这两种关联中，那被给予表象的合目的性却都只是就这两种"能力"而言被评判：这样一来，前者就作为想象力的数学的情调、后者则作为想象力的力学情调而被加在客体身上，因而客体就在上述两种方式上被表现为崇高。

我们把那绝对地大的东西称之为崇高。但"是大的"和"是某种大小"，这是两个完全不同的概念。同样，单只是说某物是大的，这也完全不同于说某物是绝对地大，这后者是超越一切比较之上的大的东西。

说某物是有某种大小的，这是从该物本身中无须和他物作任何比较就可以认识到的。至于它有多么大，这永远要求有另外某个也有大小的东西来做它的尺度。但是如果我们不单是把某物称之为大，而且是完全地、绝对地、在一切意图中（超出一切比较）称之为大，也就是称之为崇高，那么我们马上就会看出：我们不允许在该物之外去为它寻求任何与之相适合的尺度，而只能在它里面去寻求这种尺度，这是一种仅仅和它自身相等的大小。所以崇高不该在自然物之中，而可以只在我们的某些理念中去寻求。由此可以这样来表达：崇高是一切别的对象与它相比较都是小的那个东西。所以，没有任何可以成为感官对象的东西从这一立场来看能够称之为崇高的。但正因为在我们的想象力中有一种向无限前进的努力，在我们的理性中却有一种对绝对总体性也即对某个真实的理念的要求：因此甚至我们对感官世界之物的大小估量能力对于这个理念的那种不适合性，也在我们心中唤起了某种超感官能力的情感；判断力为了这种情感而自然而然地在某些对象上的运用便是绝对大的，但并非这个感官对象自身是绝对大的；和这种运用相比较，任何别的运用都是小的。因而那必须被称之为崇高的，是由某种使反思判断力活动起来的表象所带来的精神情调，而不是那个客体。所以崇高的表达式还可再加上这样一条：崇高是那种哪怕只能思维地表明内心有一种超出任何感官尺度的能力的东西。

所以自然界在它的这样一些现象中是崇高的，这些现象的直观带有它们的无限性。后面这种情况只是由于我们的想象力在估量一个对象的大小时哪怕做出了最大的努力也不适合，才会发生。现在，自然界那真正的不变的基本尺度就是自然的绝对整体，它在自然界就是被统摄为现象的无限性。但由于这个基本尺度是一个无终点进展的绝对总体性，而这是自相矛盾的因而不可能的，所以自然客体的这样一种由想象力徒劳无功地运用其全部统摄能力于其上的人，必须会把自然的概念引向某种超感官的基底，这就是超越一切感官尺度的大，因而与其说它是容许把对象、倒不如说是容许把在估量对象时的内心情调，评判为崇高的。

自然界在单纯直观中的数学的崇高的例子，全都是这些场合给予的，即那被给予我们的，与其说是某个更大数的概念，不如说是作为想象力的尺度的大的单位。

自然界当它在审美判断中被看作强力，而又对我们没有强制力时，就是力学的崇高。"强力"是一种胜过很大障碍的能力；这同一个强力，当它也胜过那本身具有强力的东西所发生的抵抗时，就叫作强制力。

如果自然界要被我们从力学上评判为崇高的，那么它就必须被表象为激起恐惧的（尽管不能反过来说凡是激起恐惧的对象在审美判断中都会觉得是崇高的）。因为在审美判断中，克服障碍的优势只是按照抵抗的大小来评判的。现在，我们努力去抵抗的东西是一种灾祸，如果我们感到我们的能力经受不住这一灾祸，它就是一个恐惧的对象。所以对于审美判断力来说，自然界只有当它被看作是恐惧的对象时，才被认为是强力，因而是力学的崇高。

但我们可以把一个对象看作是恐惧的，而又并不由于它而感到恐惧，这就是说，如果我们这样来评判它，即我们只是设想着：我们也许会要对它做出抵抗，并且那时一切抵抗都绝对会是毫无结果的。所以有德之人恐惧上帝，却并不由于上帝而恐惧，因为他把对抗上帝及其命令的意愿，设想为他绝不担忧的情况。

险峻高悬的、仿佛威胁着人的山崖，天边高高堆聚挟带着闪电雷鸣的云层，火山以其毁灭一切的暴力，飓风连同它所抛下的废墟，无边无际的被激怒的海洋，一条巨大河流，一个高高的瀑布，等等，都使我们与之对抗的能力在和它们的强力相比较时成了毫无意义的渺小。但只要我们处于安全地带，那么这些景象越是可怕就会越是吸引人；而我们愿意把这些对象称之为崇高，因为它们把心灵的力量提高到超越它的日常的中庸，并让我们心中一种完全不同性质的抵抗能力显露出来，它使我们有勇气能与自然界的这种表面的万能相较量。

所以，即使那自然界强力的不可抵抗性使我们认识到我们作为自然的存在物来看在身体上是无力的，但却同时也揭示了一种能力，能把我们评判为独立于自然界的，并揭示了一种胜过自然界的优势，在这种优势上建立起来完全另一种自我保存，它与那种可以由我们之外的自然界所攻击和威胁的自我保存是不同的。人类在这里，哪怕这人不得不屈服于那种强制力，仍然没有在我们的人格中被贬低。以这样一种方式，自然界在我们的审美评判中并非就它是激起我们的恐惧而言被评判为崇高的，而是由于它在我们心中唤起了我们的（非自然的）力量，以便把我们所操心的东西（财产、健康和生命）看作渺小的，因而把自然的强力（我们在这些东西方面固然是屈服于它之下的）绝不看作对于我们和我们的人格性仍然还是一种强制力，而这种强制力我们本来是不得不屈从于它之下的。所以，自然界在这里叫作崇高，只是因为它把想象力提高到去表现这样一些场合：在其中内心能够使自己超越自然之上的使命本身的固有的崇高性，成为它自己可感到的。

所以崇高不在任何自然物中，而只是包含在我们内心里，如果我们那个意识到我们对我们心中的自然，并因此也对我们之外的自然（只要它影响到我们），处于优势的话。这样一来，一切在我们心中激起这种情感的东西（为此就需要那召唤着我们种种能力的自然强力），都称之为崇高，尽管不是本来意义上的崇高。

对自然界崇高的判断，是在人的本性中，也就是说在趋向于对实践的理念的情感即道德情感的素质中，有其根基。这就是别人关于崇高的判断必然对我们的判断同意的根据，这种必然性是我们同时一起包含在这个判断中的。

IV

鉴赏的第一句套话就是这个命题："每一个人都有他自己的鉴

赏。"这就意味着：鉴赏判断的规定根据只是主观的；而这判断无权要求别人的必然赞同。

鉴赏的第二句套话就是："关于鉴赏是不能争辩的。"这就意味着：一个鉴赏判断的规定根据虽然也可能是客观的，但关于这个判断本身没有任何东西能通过证明而得到判定，虽然对它很可以并能够有理由来加以争执。

可见，在这两句套话中间还缺了一个命题，它包含在每个人的思想中，这就是："关于鉴赏可以争执（虽然不能争辩）。"但是，只要容许对什么东西应当争执，也就必然会在相互之间有达成一致的希望，因而人们就必须能够指望，判断的那些根据不只具有私人的有效性，不仅仅是主观的；而这就与第一条命题相反对。

所以在鉴赏原则方面就表现出如下的二律背反：

正题。鉴赏判断不是建立在概念之上的；因为否则对它就可以进行争辩了（也即可以通过证明来决断）。

反题。鉴赏判断是建立在概念之上的；因为否则尽管这种判断有差异，也就连对此进行争执都不可能了（即不可能要求他人必然赞同这一判断）。

然而，毫无疑问的是，在鉴赏判断中是包含有客体表象（同时也有主体表象）的某种更广泛的关系。以此为根据，我们就把这一类判断扩展为对每个人都是必然的，所以这种扩展就必须要以某一个概念作为基础；但必须是这样一种概念，它根本不可以通过直观来规定，也没有什么可以通过它被认识，因而也不能够给鉴赏判断提供任何证明。而这样一类概念只能是有关超感官物的纯粹理性概念，这超感官物给作为感官客体即作为现象的对象（并且也给下判断的主体）奠定了基础。这一点如果我们不认定，那么鉴赏判断对于普遍有效性的要求就将无法挽救，它所作为根据的那个概念只不过是一个混乱的知性概念了，这样一来，把鉴赏判断建立在证明之上就会是可能的了，而这是与正题相矛盾的。

但是一切矛盾将被消除。如果我说：鉴赏判断基于某种概念之上，但从这个概念中不能对客体有任何认识和证明，因为它本身是不可规定的和不适用于认识的。然而，鉴赏判断却正是通过这个概念而同时获得了对每个人的有效性（尽管在每个人那里是作为单个的、直接伴随着直观的判断），因为这判断的规定根据也许就在那可以被视为人性的超感官基底的东西的概念中。

对一个二律背反的解决，仅仅取决于这种可能性，即两个就幻相而言相互冲突的命题实际上并不是相互矛盾的，而是可以相互并存的，哪怕对它们的概念的可能性的解释超出了我们的认识能力。至于这种幻相也是自然的，是人类理性所不可避免的，以及为什么会有这种幻相，而且为什么即使在这种幻相的矛盾被解除了之后不再欺骗人了，它也仍然存在，由此也就能够理解了。

这是因为，我们把一个判断的普遍有效性必须建立于其上的那个概念，在两个相互冲突的判断中都理解为同一种含义了，但却用两个相互对立的谓词来陈述它。因此，在正题中本来的意思是说：鉴赏判断不是以"确定的"概念为根据的；在反题中则是说：鉴赏判断毕竟是以某个虽然"不确定的"概念（也就是关于现象的超感官基底的概念）为根据的。这样一来，在它们之间就会没有任何冲突了。

所以我们看到，审美判断力的二律背反的消除采取了一种类似于批判在纯粹理性的二律背反的解决中所遵循的进程；而同样，在这里以及在实践理性判断中，二律背反都在强迫着人们违心地把眼光超出感性的东西之上，而在超感官物中去寻求我们一切先天能力的结合点：因为已不再有别的出路使理性与它自身相协调了。

V

我们完全没有任何根据认为，自然界作为感官对象的总和这样一个普遍理念中，自然物是相互充当达到目的的手段并且它们的可能性只有通过这种类型的原因性才能充分理解的。

但是，目的论的评判虽然至少是有理由悬拟地引入到自然的研究上来的，这只不过是为了按照和以目的为根据的原因性的类比，才将它纳入到观察和研究的诸原则之下的，然而却并不自以为能据此来解释它。关于自然按照目的而结合和形成的概念，在按照自然的单纯机械作用的因果律不够用的地方，倒是至少多了一条原则来把自然现象纳入到规则之中。因为我们在引证一个目的论的根据是，就像是这根据存在于自然中而不是存在于我们心中那样来把客体方面的原因性赋予一个客体的概念，或不如说，我们是按照与我们在自己心中发现的这样一种原因性作类比，来想象这对象的可能性的，因而是把自然思考为通过自己的能力而具有技巧的；如果我们不把这样一种作用方式赋予自然，那么自然的原因性就不得不被表象为盲目的机械作用。但是，假如我们把有意起作用的原因加于自然，因而充当这个目的论的基础的就不是一条调节性的原则，而且也是一条构成性的原则，那么一个自然目的的概念就将不再是属于反思的判断力，而是属于规定性的判断力了，这样的话，这个自然目的的概念事实上就根本不是属于判断力所特有的，而是作为理性概念把自然科学中的一种新的原因性引进来了，但这种原因性我们却只是从我们自己那里借来赋予别的存在者的，虽然并不想把这些存在者看作是和我们同样性质的。

众所周知，植物和动物的解剖学家们为了研究它们的结构，为了能看出这样一些部分是为何并为了什么目的被给予它们的，各部分的这样一种位置和联结以及恰好是这种内部形式又是为何被给予它们的种种根据，而把那条准则，即"在这样一个生物中没有任何东西是白费的"这个准则，假定为不可避免的必要的，并使之正是如同普遍自然学说的原理"没有任何事情是偶发的"那样起作用。事实上，他们也不可能宣布与这条目的论的原理脱离关系，正如不能宣布与普遍的物理学原理脱离关系一样，因为，正如放弃了物理学的原理就根本不会给我们留下任何一种经验一样，放弃了目的论的原理，也就不会给我们留下任何对某一类我们一度以目的论的方式在自然目的的概念之下思考过的自然物进行观察的线索。

这是因为，自然目的这个概念把理性引进了物的某种另外的秩序，不同于在这里不再能满足我们的、单纯自然机械作用的秩序。某种理念应当作为这一自然产物的可能性基础。但这个理念由于是表象的绝对统一性，而质料则相反是物的某种多数性，这种多数性又不能自己提供出复合物的任何确定的统一性，所以，如果理念的那种统一性甚至应当用作复合物的这样一种形式的原因性的某种自然律的先天规定根据的话，那么自然目的就必须涉及在自然产物所包含的一切东西。因为我们一旦使这样一种结果在整体上与一个超越于盲目自然机械作用之上的超越性的规定根据相联系，我们也就必须完全按照这条原则来对整体进行评判。

固然，例如在动物的躯体内，有些部分作为固化物（如皮肤、骨头、毛发）是有可能按照单纯机械律来理解的；然而为此要弄到合适的材料，同时把它变形和塑造成这样，并且放在它们的位置上，这样做的原因却毕竟总是从目的论上来评判的。

可见只有就物质是有机的而言，它才必然带有它作为一个"自然目的"的概念，因为它的这个特殊的形式同时又是自然的产物。但现在，这个概念必然会引向"全部自然界作为一个按照目的规则的系统"的理念，这个理念现在则是自然的一切机械作用按照理性诸原则所必须服从的。而理性的这一原则只有作为主观的（即作为准则）才被归于下面这个理念：世上一切都是对于某个东西是好的；世上没有任何东西是白费的；我们凭借自然在它的有机产物上所提供的例证，有理由、甚至有责任从自然界及其规律中仅仅期待那在整体上合乎目的的东西。

不言而喻，这条原则是调节性的而不是构成性的，并且我们凭借它只是获得了一条线索，来对自然物在与一个已经被给予的规定根据的关系中，按照某种新的合规律的秩序，加以考察，并且，对自然知识按照一条目的因原则来加以扩展，却并不损害自然原因的机械作用。此外，我们凭借它也绝对没有断定任何一个我们根据这一原则来评判的某物是不是自然界的有意的目的：草是否为着牛或羊而存在，而牛或羊及其他自然物是否为着人而存在。妥当的做法是，哪怕我们所不喜欢和在特殊的关系中是违背目的的东西也从这一方面来考察。

一旦凭借有机物向我们提供出来的自然目的而对自然界所做的

目的论评判使我们有理由提出自然的一个巨大目的系统的理念，则就连自然界的美，也能够以这种方式被看作自然界在其整体中、在人是其中一员的这个系统中的客观合目的性了，就好像自然界本来就完全是在施予美和魅力这种意图中来搭建并装饰起自己壮丽的舞台一样。

我们在这里要说的无非是，上述那个理念已经在它们的根据方面把我们引向对感性世界的超出，而这种超感性原则的统一性必须被看作不仅适用于自然物的某些物种，而且以同一种方式适用于作为系统的自然整体。

那些可先天地推演出来、因而按其可能性无须任何经验的加入就能从普遍原则中看出来的自然性状，尽管带有技术的合目的性，但却由于它们是绝对必然的，因而隶属于一种物理学的解决物理学问题的方法，便完全不能被归入自然目的论。因此，算术的、几何学的类比，连同普遍的机械规律，在它们身上把各不相同的、外表看来互相独立的规则在一条原则中结合起来，不论在我们看来是多么的奇怪和值得惊叹，它们却并不要求这成为物理学中目的论解释的根据；并且即使它们值得在一般自然物的合目的性的普遍理论中同时被考察，但这种理论毕竟将属于另外的地方，亦即属于形而上学，而不会构成自然科学的内部原则：当然，借助于有机物上的自然目的的经验性规律，不仅允许，而且也是不可避免地要将目的论的评判方式在自然学说的特别一类对象方面作为原则。

于是，物理学为了能严格坚持自己的界限，它就把自然目的是有意的还是无意的这个问题完全撇在一边；因为那将会是干涉一桩陌生的事务（也就是形而上学的事务）。我们在目的论中虽然谈到自然界，仿佛在它里面的合目的性是有意的那样，但同时却正是那样来谈论，以至于我们把这种意图赋予了自然界、亦即赋予了物质；其实由于对此不可能发生任何误解，因为没有人会把"意图"这个词本来的含义中就其自身而言已经赋予一个无生命的材料了，所以我们所想要指明的是，这个词在这里只是意味着一条反思性的判断力的原则，而不是一条规定性的判断力的原则，因而不应当引入任何特殊性的原因性根据，而只是在理性的运用上再加上一种不同于按照机械规律的探究方式，以便对这些机械规律本身在经验性地探寻自然界的一切特殊规律时的不充分性加以补充。因此我们在目的论中，就其被引入物理学而言，完全有权谈论自然的智慧、节约、远虑和仁慈，而不因此就使自然界成为某种有理智的存在者（因为那将是荒谬的）；但也不敢打算把一个有理智的存在者作为一个建筑师置于自然之上，而只是要借此按照与我们在理性的技术运用中的原因性的类比，来描绘一种自然的原因性。

但为什么目的论通常并不构成理论自然科学的任何特别的部分，却只是作为入门或过渡而引向神学呢？其所以如此，是因为我们所完全看透的，只是那些我们能够按照概念制造和实现出来的东西。但作为自然的内在目的的有机体，是无限超出以艺术来做类似表达的一切能力的。至于外在的被视为合目的那些自然安排（如风、雨等等之类），那么物理学倒是考察它们的机械作用的；但它们与目的的关系，从这种关系应当是某种必然属于原因的条件来说，则是物理学所完全不能表现的。

VI

理性只要与作为外感官对象的总和的自然界打交道，它所能依据的规律部分地就是知性本身先天地给自然界制定的规律，部分地则是可以通过在经验中出现的经验性诸规定而扩展到无边无际的规律。为了第一类规律（也就是一般物质自然的普遍规律）的应用，判断力不需要任何特殊的反思原则，因为它这时是规定性的，已经由知性给予了它一个客观的原则。但涉及我们只能通过经验而知道的那些特殊规律，那么在它们之间可以有如此巨大的多样性和异质性，以至于判断力必须把自身用作原则，以便哪怕只是在自然的现象中，寻求某种规律并探查出这种规律，因为判断力需要这样一种作为引导线索，哪怕它应当希望的只是以经验性规律为根据的自然界的统一性。在这种诸特殊规律的偶然的统一性那里，现在就可能发生这种事：判断力在其反思中从两个准则出发，其一是只有知性才先天地带给它的；但另一个则是通过特殊的经验而引起的，这些经验使理性活动起来，以便按照一条特殊原则来处理对有形自然及其规律的评判。于是这双重的准则看上去不能相互并存，使判断力在其反思的原则中迷失了方向。两个准则就是：

命题：物质的东西及其形式的一切产生都必须被评判为按照单纯机械规律才是可能的。

反命题：物质自然的有些产物不能被评判为按照单纯机械规律才是可能的（它们的评判要求一条完全不同的原因性的规律，也就是目的因的规律）。

我们现在把这些调节性的原理转变为构成性的原理就是：

命题：物质的东西的一切产生都是按照单纯机械规律而可能的。

反命题：它们的有些产生按照单纯机械的规律是不可能的。

在这两个作为规定性判断力的客观原则的性质中，两个命题虽然是一个二律背反，但却不是判断力的二律背反，而是在理性的立法中的某种冲突。但理性在这两个原理中既不能证明这一个也不能证明那一个。

相反，就前面陈述的那种反思判断力的准则而言，实际上根本不包含什么矛盾。因为在偶然的缘由、也就是在某些自然形式的情况下，并且基于这些形式的缘由甚至在整个自然界中，第一条准则并不妨碍那第二条准则按照一条与根据自然界的机械作用所作解释完全不同的、也就是按照目的因的原则，去进行探寻，并对它加以反思。按照第一条准则的那个反思并没有因此而被取消，反而需要我们尽可能去遵循它；也并不因此就意味着那些形式按照自然的机械作用就是不可能的了。因此，判断力，作为反思性的判断力（从一个主观根据而来的），而不是作为规定性的判断力（按照物本身的可能性的一条客观原则的），就必须为自然界的某些形式而把不同于自然机械作用的另一条原则，思考为它们的可能性的根据。

我们绝不可能由自然的单纯机械作用证明有机自然产物产生的不可能性；但是，对我们的认识能力来说，自然的单纯机械作用对有机物的产生也不可能提供任何说明的根据。所以，对于反思性的判断力来说一条完全正确的原理就是：必须为如此明细的按照目的因的物的联结，设想一个与机械作用不同的原因性——一个按照目的来行动的即有理智的世界原因的原因性；尽管这条原理对规定性判断力来说是无法证明的。在前一种情况下，这条原理就会是一条客观的原则，这条原则将是理性所制定的和判断力必须规定性地服从的。但这时理性就超出了感官世界而迷失于狂言高调之中并有可能被引入歧途。所以，在本来是物理学的（机械论的）解释方式与目的论的（技术性的）解释方式之间的一切表面上的二律背反是建立在：混淆了反思性的和规定性的判断力原理，前一种只是主观上对我们的理性在特殊经验规律上的运用有效，后一种则必须遵循由知性所给予的普遍的或特殊的规律。

关于一个作为自然目的之物的概念，就是一个把自然归摄到某种只有通过理性才能设想出来的原因性之下的概念，这为的是按照这一原则对在经验中给予出来的有关客体的东西做出判断。但一个作为自然目的之物的概念虽然是一个以经验性为条件的概念，即只有在某种由经验给予的条件下才可能的概念，却毕竟不是能从经验中抽象出来的，而只是按照评判那对象的某种理性原则而可能的概念。所以，这个概念不可能在规定性的判断力方面得到独断的处理，也就是说，不仅不能决定：作为自然目的来看的那些自然物对于其产生是否需要一个完全特殊类型的原因性（按照意图的原因性），而且甚至连提出这个问题都不可能，因为自然目的的概念按照其客观实在性是根本不能通过理性来证明的。

所以关于是否有一个根据意图而行动的、作为世界原因的存在者（因而作为原始创造者）作为我们有权称之为自然目的的东西奠定基础这个命题，是根本不能从客观上，无论是肯定地还是否定地，做出判断的；只有一点是确定的，即我们绝对不能把别的东西而只能把一个有理智的存在者作为那个自然目的之可能性的基础：这是唯一地符合我们反思性的判断力的准则，因而符合某种主观的但却是紧密地与人类种族相联系的根据的。

【附记】

□康德是德国古典哲学的先行者，并且又是一位在西方哲学发展史上写下浓重一笔的哲学家。哲学思想经历了十七、十八世纪各哲学家的争鸣和论辩，唯物主义和唯心主义、经验主义和理性主义，分别有了相当充分的阐述，正酝酿进一步发展的方向。康德此时由时代的多方面条件的促成和限定，意图对不同哲学路线做出他所可能的综合，结果制定了一个二元论、不可知论、先验唯心主义的哲学体系。

□康德以他的三大批判为分界走过了思想演变的两个时期。批判前的时期他主要研究自然哲学，一项开创性的研究是他运用牛顿力学解释太阳系起源，提出了星云假说，给宇宙论注入了发展的观点，在近代思想中对形而上学世界观打开了第一个缺口。此外他还做出过潮汐源于月球引力以及潮汐摩擦减缓地球自转速度的论断。这个时期他的研究体现出的基本哲学倾向是唯物主义立场和变化发展观点，对认识能力也抱有信心。但是，康德此时的思想是复杂的、双重的，不仅星云假说本身在科学上尚非完善的，而且哲学倾向也有矛盾。他坚持上帝存在，说物质是上帝创造的；在宇宙的秩序和规律性上，引入了目的论观点；在有的领域划上了认识界限，显露出不可知论的元素。

□作为哲学家的康德，以他的呕心巨著三大批判确立了他的"批判时期"的哲学思想，哲学史上也由此产生一个康德主义。他的批判哲学贯穿一个核心，用他自己的话说就是："为了给信仰留有余地，我必须限定知识的范围。"从这个核心出发，康德用一个二元论体系把世界分割为"现象"和"自在物"两个不可沟通的领域，给知识设定界限，迈入了不可知论和先验唯心主义，为通往上帝预留了出口，提出把上帝作为形而上学的对象，在认识论范围即他说的"纯粹理性"中，既不能论证它存在也不能论证它不存在，便把它放到道德领域即他所谓"实践理性"里去尊奉起来。

□尽管康德攻击了唯物主义关于客观物质世界的观点是形而上学，但他同时批判和否定了关于灵魂和上帝存在的思辨形而上学。虽然他把灵魂不死和上帝存在作为道德领域的"悬设"肯定下来，却在认识论上给予否定还是有一定积极意义的。

□康德坚持"自在物"不可知，可是他却无法抛弃这个概念，他认为认识过程必须从"自在物"刺激感官开始，承认它作用于感官而引起感觉印象，虽不与"自在物"本身相似，但他毕竟肯定了这个外在于感官的"自在物"是真实的客观实在，这是康德难得的一个唯物主义观点。

□个别与一般、特殊与普遍、偶然与必然、杂多与统一，这几种对立关系一直是哲学史上不同哲学家从不同方面在不同程度上触及到而没有正确理解的问题，这种对立反映在感性与理性之间的对立上无不被割裂而看不到其相互间的联系。康德第一次集中地、系统地提出了这种对立间的联系，并试图在感性与理性的框架内把对立两方结合起来。不幸的是康德从一个错误前提（也是先前哲学家的错误理解）即对立双方被割裂的前提出发，把一般、普遍、必然、统一说成是理性的先天来源，而个别、特殊、偶然、杂多则被归于感性经验的来源，由此论述对立双方的结合而确立了他的先验论学说体系。实际上他不过是对经验主义和理性主义做了调和。

□为调和理性主义和经验主义，康德付出了艰辛努力进行了旷古的理论探索。他设想出一个"图型"作为中介，硬是要把理性中"先天的"一般（以及普遍、必然、统一）强加到感性中的个别（以及特殊、偶然、杂多）上面，以使这个一般具有"客观有效性"，他完全不顾也不懂得这理性中的一般原本就是寓于个别之中，而不是需要从外面强加上去的。不过有一点值得指出，康德在这里用足了笔墨描述出思维主体的能动性、创造性，只是他远离了理性思维在概括、抽象以及指导实践上的真正能动性。

□哲学作为世界观对世界总体进行思考、做出论断，可能有对有错，康德对此则不加鉴别，一律斥为形而上学，其理由就是在这个问题上会出现二律背反，实即真假论断的对立。这个二律背反正如康德自己所承认的，是人类理性不可避免的自然倾向，只可不受其影响却无法消除。这恰好说明了关于世界总体的认识是一个对立的不断发展过程，并且也说明对立的论断反映了世界本身的矛盾二重性。可以说二律背反如实地揭示了事实上的辩证法。

□康德哲学调和唯物主义和唯心主义、经验主义和理性主义，论证科学知识的可能又断言自在对象不可知，揭示了辩证法又否定辩证法，是一个充满逻辑矛盾的混杂体系，不难理解，它在后世受到了从左、右两方面来的评判。

黑格尔

【生平】

公元 1770 年出生于普鲁士符腾堡州首府斯图加特，父亲是当地公国的财务秘书。五岁入拉丁文学校，少年时能用拉丁文写日记，并在 16 岁时翻译了一部希腊文的书。1788—1793 年以官方奖学金学生的身份就学于图宾根学校，这是一所属新教的神学院。在这里黑格尔与后来的大诗人荷尔德林和早于黑格尔成名的哲学家谢林同学并结为密友，三人曾在当时法国大革命的鼓舞下于 1791 年同其他青年一起在郊外种植"自由树"。完成神学院的学业后，1793—1796 年黑格尔在瑞士伯尔尼担任家庭教师三年，回国后又在法兰克福继续做家庭教师。1799 年黑格尔父亲去世，他决定去当时的文化中心城市耶拿从事哲学研究。此时谢林已在耶拿大学接替了费希特的教席，黑格尔协助他一起创办《哲学批判》杂志，还曾发表了第一篇论文《论费希特与谢林哲学体系的差异》（1801），同时又通过了博士论文《论行星的轨道》的答辩，获得在耶拿大学任教的资格。教学之余他发表了多篇论文，并为《艾尔兰根文学杂志》撰写了一批文学评论，同时还有为讲授伦理学而写成的长篇讲稿。1803 年谢林离开耶拿，黑格尔有了机会独立思考自己的哲学思想体系，并于 1806 年写成，1807 年出版了他的第一部也是奠定他的哲学家地位的巨著《精神现象学》。这时正值拿破仑发动战胜普鲁士军队的耶拿大战，黑格尔目睹了拿破仑的雄姿和风采，曾在 1806 年 10 月 13 日致友人尼塔默的信中赞赏道："我看见拿破仑，这个世界精神，在巡视全城。当我看见这样一个伟人时，真令我发生一种奇异的感觉。他骑在马背上，集中在这一点上，他要达到全世界、统治全世界。"由于战事，大学中断了所有的课程，黑格尔不得不离开耶拿，先是短期在潘贝格任该地日报的编辑，随后于1808年赴纽伦堡接任一所文科中学的校长直至1816年，其间他发展了《逻辑学》。1816年黑格尔受聘为海德堡大学教授，1817年他发表了《哲学科学百科全书》。1818年10月受聘柏林大学，接替费希特任哲学教授，黑格尔自称是"奉了国王陛下的诏命"，因而成为官方哲学家，政治立场也开始转向保守。在这里他于1821年发表了《法哲学原理》，还为一个创立于1827年的黑格尔学派机关刊物《科学批判年鉴》撰稿。1830年升任柏林大学校长，次年因染霍乱病逝。

【思想】

I

自然界是自我异化的精神。在自然界里隐藏着概念的统一性。

享有绝对自由的理念，自由地外化为自然。

自然是作为异在形式中的理念产生出来的。

自然是理念表现自己的一种方式，并且必然以这种方式出现。

自然在时间上是最先的东西，但绝对在先的东西却是理念；这种绝对在先的东西是终极的东西，真正的开端。

世界是被创造的，是现在被创造的，是永远被创造出来的。创造是绝对理念的活动；自然界的理念如同理念本身一样，是永恒的。

对自然的思维考察，必须考察在自然本身的每一阶段何以都存在着理念。自然从理念异化出来，只是知性处置的尸体。

自然必须看作是一种由各个阶段组成的体系，其中一个阶段是从另一个阶段必然产生的，但并非这一阶段好像会从另一阶段自然地产生出来，相反地，它是在内在的、构成自然根据的理念里产生出来的。形态的变化只属于概念本身，因为唯有概念的变化才是发展。把一种自然形式和领域向一种更高的自然形式和领域的发展和转化看作外在现实的创造，是古代和近代自然哲学的一种笨拙的观念。引导各个阶段向前发展的辩证的概念，是各个阶段内在的东西。思维的考察必须放弃那类模糊不清的、根本上是感性的观念。

理性是世界的灵魂，理性居住在世界中，理性构成世界的内在的、固有的、深邃的本性，或者说，理性是世界的共性。

客观思想是世界的内在本质。

在感性意识看来，自然才是第一性的东西，是直接的和存在的东西。然而尽管自然是处在这类外在性成分之内，它却是理念的表现，正因为如此，我们也就可以而且的确也应该在自然内赞美上帝的智慧。可以说精神的每种表象，它的最恶劣的想象，它的最偶然的兴致的表现，它的每一句话，对认识上帝存在都是比任何一个别的自然对象还要高超的根据。

上帝既是真理，我们要认识他的真面目，要认识他是绝对精神，只有赖于我们同时承认他所创造的世界，自然和有限的精神，当它们与上帝分离开和区别开时，都是不真实的。

II

关于空间的本性，我只想提到康德的定义，他认为空间和时间是感性直观形式。即使在其他地方，把空间仅仅被看作表象里的某种主要要素的观点当作基础，也已经成为司空见惯的现象。如果我们撇开康德观念中属于主观唯心论及其规定的东西，那么剩下的正确规定就在于认为空间是一种单纯的形式，即一种抽象，而且是直接外在性的抽象。

空间的界限就是空间的他在，空间超出其界限时，仍然是在其自身，这种彼此外在中的统一性就构成连续性。间断性与连续性这两个环节的统一是客观上确定的空间概念。然而，这个概念只是空间的抽象，它常常被看作是绝对空间。有人以为这就是空间的真理。可是，相对的空间是某种更高的东西；因为它是任何一个物体的特定空间，但我们宁可说抽象空间的真理在于作为物体而存在。

空间本身究竟是实在的，抑或只是事物的属性，这在过去是形而上学的一个首要的问题。假如人们说空间是某种独立的实体性的东西，那么它必然像一个箱子，即使其中一无所有，它也仍然不失为某种独立的特殊东西。可是，人们绝不能指出任何空间是独立不依地存在的空间，相反地，空间总是充实的空间，绝不能和充实于其中的东西分离开。所以，空间是非感性的感性与感性的非感性。自然事物存在于空间中，自然界必须服从外在性的束缚，因此空间就总是自然事物的基础。空间是一种外在的规定性，但是，它却不仅是一种外在规定性，而是外在性自身。

时间是那种存在的时候不存在、不存在的时候存在的存在，是被直观的变易；这就是说，时间的各种确实完全瞬间的、即直接自我扬弃的差别，被规定为外在的、即毕竟对其自身外在的差别。

时间如同空间一样，也是感性或直观的纯形式，是非感性中的感性因素。

正像空间一样，时间也是连续的，因为时间是抽象地自身相关的否定性，在这样的抽象中尚没有出现实在的区分。

据说一切事物都在时间中产生和消逝；如果人们抽去一切事物，就是说，抽去充实空间和时间的内容，那么剩下的就是空洞的空间和时间，就是说，外在性的这些抽象被设定和被想象为似乎是独立存在的。但是一切事物并不是在时间中产生和消逝的，反之，时间本身就是这种变易，即产生和消逝，就是现实存在着的抽象。实在的东西虽然与时间有区别，但同样在本质上是与时间同一的。

时间并不像一个容器，它犹如流逝的江河，一切东西都被置于其中席卷而去。时间仅仅是这种毁灭活动的抽象。事物之所以存在于时间中，是因为它们是有限的；它们之所以消逝，并不是因为它们存在于时间中；反之，事物本身就是时间性的东西，这样的存在就是它们的客观规定性。所以，正是现实事物本身的历程构成时间。

即使事物持久存在，时间也不是静止不动的，而是不断流逝着；就是以这个方式，时间表现为独立的和不同于事物的。但如果我们说，即使事物持久存在而时间是不断流逝的，那么这也不过是说，尽管某些事物持久存在，但变化终归会表现于其他事物，比如说表现在太阳的运行之中，因此事物终归是在时间里存在的。于是，逐渐的变化便成了最后的肤浅遁词，以便终于能够认为事物是静止的和持久的。假如一切东西，甚至连我们的表象，都是静止不动的，那么我们就会是持久不灭的，就不会有时间。但事实上，一切有限的事物都是有时间的，因为它们迟早都要服从于变化；所以，它们的持久性只是相对的。

运动的本质是成为空间与时间的直接统一；运动是通过空间而实现存在的时间，或者说，是通过时间才被真正区分的空间。因此，我们认识到空间与时间从属于运动。空间与时间在运动中才得到现实性。

既然有运动，那就有某物在运动，而这种持久性的某物就是物质。空间与时间充满了物质。因此，正是空间概念本身在物质中得到了现实存在。人们常常从物质开始，然后把空间和时间视为物质的形式。此中的正确之处在于，物质是空间与时间中实在的东西。但在我们看来，空间与时间有抽象性，而物质是它的真理。就像没有无物质的运动一样，也没有无运动的物质。

因为物质与其各个环节（空间和时间）相关联，所以这些环节本身在运动中是相互关联的。如果这种关联不是外在的，我们就会得到物质与运动的绝对统一，得到自身运动的物质。

在运动里，空间设定其自身为时间的，时间设定其自身为空间的；芝诺的悖论否定了运动，如果把地点弄成孤立的空间点，把瞬间弄成孤立的时间点，这个悖论就不可能解决；这个悖论的解决，即运动，只能理解为这样：空间和时间在自身都是连续的，自己运动着的物体同时在一个地点又不在同一个地点，即同时在另一个地点，同样，同一个时间点同时存在又不存在，即同时是另一个时间点。

物质是复合的，空间是连续不断的；但我们又可以把空间分成点。物质是联结着的，但人们也可以把它加以分裂，并分割至无穷。于是，人们又说，物质既是原子和点积所构成，因此不是连续的。于是我们这里就有了连续性和点积性两种特性的结合。但理智却认为这两者是不相容的，以为"物质若不是连续的，就是点积的"，然而事实上物质兼有两种特性。

III

举凡一切人世间的事物——财富、荣誉、权力、甚至快乐痛苦等——皆有其一定的尺度，超越这尺度就会招致沉沦和毁灭。即便在客观世界里也有尺度可寻。在自然界里我们首先看见许多存在，其主要的内容都是尺度构成。例如太阳系即是如此，我们一般地可以把太阳系看成是有自由尺度的世界。如果我们进一步观察无机的自然，例如一块崖石或一条河流，构成它的各个组成部分，若加以化学的分析，便可以看出，它们的质是受它们所包含的元素之量的比例制约的。而在有机的自然里，尺度就更为显著。不过尚须注意，那些不完全的或比较接近无机物的有机物，由于其尺度不分明，与较高级的有机物也有部分差别。同样的尺度不分明的现象，也表现在许多处于有机物形成的低级阶段的植物中。

尺度中出现的质与量的同一，最初只是潜在的，尚未显明地实现出来。这就是说，这两个在尺度中统一起来的范畴，每一个都要求其独立的效用。因此一方面定在的量的规定可以改变而不致影响它的质，但同时另一方面这种不影响质的量之增减也有其限度，一超出其限度，就会引起质的改变。例如：水的温度最初是不影响水的液体性。但水的温度的增减会达到这样的一个点，在这一点上，水的聚合状态就会发生质的变化：水一方面会变成蒸汽，另一方面会变成冰。表面上无足轻重的量的变化，好像是一种机巧，凭这种机巧去抓住质。这里包含尺度的两种相矛盾的说法，古代哲学家已在另一形式下加以说明了：问一粒麦是否可形成一堆麦，又如，问从马尾上拔去一根毛是否会形成一秃马尾？当我们以量为存在的外在的不相干的规定性时，自会倾向于对这两个问题予以否定回答。但这种看来好像不相干的量的增减也有其限度，只要最后一达到这极点，则继续再加一粒麦就形成一堆麦，继续再拔一根毛，就可产生一秃马尾。据说有一农夫看见他的驴子拖着东西愉快地行走时，他一两一两地不断增加它的负担，直到后来这驴子担负不起而倒下了。如果我们把这些例子轻易地解释为学究式的玩笑，那就会陷于严重错误，因为它们事实上涉及思想，对于实际生活，特别是对于伦理关系也异常重要。例如，就用钱而论，一经超过尺度，就会引起质变，原来可认作节俭的行为就会变成奢侈或吝啬。同样的原则也可应用到政治方面。在某种限度内，一个国家的宪法可以认为既独立于又依赖于领土的大小，居民的多少，以及其他的量的规定。

尺度是这样一个定量，即它具有质的意义，并且作为尺度。

尺度是定量的单纯自身关系，是定量特有的自在的规定性；所以，定量是有质的，首先，作为直接的尺度，定量是一种直接的定量，因而是某种规定了的定量；同样，属于定量的质，也是直接的，是某种被规定了的质。定量不再是漠不相关的界限，而是自身相关的外在性，这样的定量本身就是质，而与质又有区别，它之超不出质，正如质超不出它。所以定量是回复到与自身相等的单纯规定性；定量与规定的实有合而为一，正如规定的实有与它的定量合而为一那样。

人们可以说："一切实有的东西都有一个尺度。"一切实有都有一个大小，这个大小属于某物自身的本性；这种大小构成某物被规定的本性和内在之有。某物对这大小并不是漠不相关的，并不是这种大小改变了，某物仍然是某物，而是大小的变化会改变某物的质。定量作为尺度，已不再是非界限的界限；它现在是事物的规定，以致这个定量的增减会毁灭事物的规定。

每种存在物之所以成为存在物，或一般地说，它之所以具有实有，就由于有一个大小。这个存在物，就定量而言，是漠不相关的大小，是可以接受外在的规定的，是可以反复增减的。但是，作为尺度，它又与它自身作为定量不同，即与漠不相关的规定不同，并且对于那种在某个界限内漠不相关的反复增减的东西，是一个限制。

在某物那里的界限，作为质，本质上就是某物的规定性。但是假如我们所谓界限，是指量的界限，例如田亩变更了界限，那么，它在变更以前和以后都仍然是田亩。反之，假如它的质的界限有了变化，那么，它之所以为田亩的规定性，也将有变化，它将变为草地、森林等等。一种较强或较弱的红色，总还是红色；但是假如它的质变了，它也就不再红了，它将变为蓝等等。大小的规定，作为定量，在任何其他例子也都会出现，因为有一个作为常在不变的东西作为基础，这个常在不变的东西对它所具有的规定性是漠不相关的。

如果某一质量统一体或尺度中的量超出了某种界限，则和它相应的质也就随之被扬弃了。但这里所否定的并不是一般的质，而只是这种特定的质，这一特定的质立刻就被另一特定的质所代替。质量统一体或尺度的这种变化过程，我们可以用交错线作为比喻来帮助了解。像这样的交错线，我们首先可以在自然里看见，它具有不同的形式。如水由于温度的增减而表现出质的不同聚合状态。金属的氧化程度不同，也表现出同样的情形。音调的差别也可认为是在尺度即质量统一体变化过程中发生的一个由最初单纯量变到质变转化的例证。

质首先就具有与存在相同一的性质，两者的性质相同到这样的程度，如果某物失掉它的质，则这物便失其所以为这物的存在，反之，量的性质便与存在相外在，量之多少并不影响到存在，一所房子，无论大一点或小一点；仍然是一所房子。同样，红色无论深一点或浅一点，仍然是红色。尺度是有质的量。一切事物莫不有尺度，就是说，一切事物都是有量的，但量的大小并不影响它们的存在。不过这种不影响同时也是有限度的。通过更加增多，或更加减少，就会超出此种限度，从而那些事物就会停止其为那些事物。

若某物具有尺度，当其定量改变时，某物便趋于消失。就定量能够变化，而质与尺度不变而言，这种消灭一方面似乎是出人意料的，但另一方面又是完全可以理解的，因为这种消失是由于渐变。变化本质上同时就是从一种质到另一种质的过渡，或者说从一个实有到一个非实有的较抽象的过渡。这里包含着一种在渐变中不同的规定；渐变只是增多或减少，是对大小作片面的坚持。但是，从一种似乎仅是量的变化也会转化为一种质的变化，古代人已经注意到这种联系，叫作秃头和谷堆的著名悖论，就是属于这种情况。人们问道：从头上或从马尾巴上拔掉一根毛发，是否会造成秃子？如拿走一粒谷，一堆谷是否会不再成为一堆谷？既然这样的拔掉仅仅造成一种完全不重要的量的区别，人们便可以毫不踌躇地这样做；于是这样重复下去，结果，最后出现了质的变化，头和尾巴变得光秃秃的，谷堆消失了。在这样做时，人们不仅仅忘记了重复性，而且忘记了自身不重要的量，积聚起来，其总和就构成质的整体，以致这整体最后消失了。由此而来的困惑、矛盾，并不是通常所谓的诡辩。这样的矛盾并不好像是故弄玄虚。常识所犯的错误，在于假定一个量仅仅是漠不相关的界限。这种假定被量所导致的真理推翻了。量是尺度的一个环节，并与质相联系。被驳倒的东西，是对抽象的定量规定性作片面的坚持。

在这里，呈现着一个尺度的比率，即一种独立的实在，它在质上与别的尺度比率不同。它有一个幅度，在这个幅度内，它对于变化仍然是漠不相关的，它的质也不改变。但是，在这种量变中，出现了一个点，在那个点上，质也将改变，定量表明自己在特殊化，以致改变了的量的比率转化为一个尺度，因而转化为一种新的质、一个新的某物。新的质或新的某物又受自己的同一变化进程支配，如此以至无限。就一个质的进程是在经久不绝的量的连续性中而言，接近一个质变点的各比率，从量的方面来考察，便只是由较多和较少而有区别。从这方面看，变化是逐渐的。但是，渐进性仅涉及变化的外在方面，而不涉及变化的质的方面；先行的量的比率，纵使无限接近于后继者，却仍然是一个不同的质的实有。因此，从质的方面来看，自身无任何界限的渐进性的单纯量的进展，被绝对地中断了；因为新生的质按其单纯的量的关系来说，对正在消失的质是不确定的另外一种质，是漠不相关的质，所以过渡是一个飞跃；或者被建立为完全外在的。

当水改变其温度时，不仅热因而少了，而且经历了固体、液体和气体的状态，这些不同的状态不是逐渐出现的；而正是在交错点上，温度改变的单纯渐进过程突然中断了，遏止了，另一状态的出现就是一个飞跃。一切生和死，都不是连续的渐进，倒是渐进的中断，是从量变到质变的飞跃。据说自然界中是没有飞跃的；普通的观念，如果想要理解发生和消逝，以为只要把它们设想为逐渐出现或消失，那就是理解它们了。但是上面已经说过："有"的变化从来都不仅是从一个大小到另一个大小的过渡，而且是从质到量和从量到质的过渡，是变为他物，即渐进过程之中断以及与先前实有物有质的不同的他物。水经过冷却并不是逐渐变成坚硬的，并不是先成为胶状，然后再逐渐坚硬到冰的硬度，而是一下子便坚硬了。用变化的渐进性来理解发生和消逝的东西，预先就已经是现成的了，而变化则成了外在区别的简单改变，这实际上就是同语反复。

我们不难看到，我们这个时代是一个新时期降生和过渡的时代。人的精神已经跟他旧日的生活与观念世界决裂，正使旧日的一切葬入于过去而着手进行他的自我改造。事实上，精神从来没有停止不动，它永远是在前进运动着。但是，犹如在母亲长期怀胎之后，第一次呼吸才把过去仅仅是逐渐增长的那种渐变性打断——一个质的飞跃——从而生出一个婴儿来那样，成长着的精神也是慢慢地静悄悄地向着它新的形态发展，一块一块地拆除了它旧有的世界结构。只有通过个别的征象才预示着旧世界行将倒塌。可是这种逐渐的、并未改变整个面貌的颓毁败坏，突然为日出所中断，升起的太阳就如闪电般一下子建立起了新世界的形相。同样，科学作为一个精神的王冠，也绝不是一开始就完成了的。新精神的开端乃是各种文化形式的一个彻底变革的产物，乃是走完各种错综复杂的道路并做出各种艰苦的奋斗努力而后取得的代价。

IV

对于同一的真正意义加以正确的了解，乃是异常重要的事。我们首先必须特别注意，不要把同一单纯认作抽象的、排斥一切差别的同一。最要紧的是不要把存在及其规定作为扬弃了的东西包含于自身内的真同一与那种抽象的、单纯形式的同一混淆起来。如果思维活动只不过是一种抽象的同一，那么我们就不能不宣称思维是一种最无益最无聊的工作。同一只由于同时包含有差别在自身内。

停留于外在的反思的思维，不知有其他思维。这样的思维心目中总是只有抽象的同一，而在这种同一以外和与同一并列的就是区别。这种思维以为理性就像一架织布机，它把经线——譬如那就是同一——和纬线——譬如那就是区别——外在地相互连接交织起来；或

者也可以说，它是分析地把同一性单独抽出来，然后又在其旁保持着
区别；先是一个等同的建立，然后又是一个不等同的建立。必须把这
些说法和意见放在一边，因为它们在某种程度上不过是历史的。

"有与无是同样的"或"有无统一"这种说法，以及其他类似的
统一体，如主客统一等，其令人反对，也颇有道理。因为这种说法不
当之处在于太强调统一，而对于两者之间仍然有差异存在，却未同时
加以承认和表达出来，因此似乎太不恰当地忽视了差异，没有考虑到
差异。其实，思辨的原则是不能用这种命题的形式正确表达的。因为
通过差异，才能理解统一；换言之，统一必须同时在当前的和设定起
来的差异中得到理解。

但是凡物莫不相异之说，既是仅仅由外在的比较得来，则任何事
物的本身即应只是自我同一，因而便可说相异律与同一律并无矛盾。但
相异既不属于某物或任何物的本身，当然也不构成任何主体的本质规
定；而这一点，所谓相异律是无法加以表述的。假如依照相异律说某
物的本身即是相异，则其相异乃基于它的固有的规定性。这样我们所
意味的就不再是广泛的差异或相异，而是指谓一种特定的相异。——
这就是莱布尼茨的相异律的意义；他所谓异或差别并非单纯指外在的
不相干的差别，而是指本身的差别，事物本身即包含差别。

自在的区别是自身相关的区别；所以它就是它自己的否定性，不
是由一个他物而来的区别，但和它相区别的他物就是同一。所以区别
既是它本身，又是同一。它在自身里具有自己的他物，即同一；同一
也是如此。

假如一个人能看出当前即显而易见的差别，譬如，能区别一支笔
与一头骆驼，我们不会说这人有了不起的聪明。同样，一个人能比较
两个近似的东西，如橡树与槐树，或寺院与教堂，而知其相似，我们
也不会说他有很高的比较能力。我们所要求的，是能看出异中之同和
同中之异。但在经验科学领域内，对这两个范畴，时常是注重其一便
忘记其他，科学的兴趣总是这一次仅仅在当前的差别中去追溯同一，
另一次又以同样片面的方式在同一中去寻求新差别。这在自然科学里
特别显著。因为自然科学家的工作首先在于不断发现新的和越来越多

的新的元素、力、种或类等等。其次，他们心目中的同一，仍然是指单纯的同一而言，譬如，他们不仅认为电和化学过程本质上是相同的，并且将消化和同化的有机过程看成单纯的化学过程。

磁、电和化学作用以前认为是完全分离的，彼此毫无联系，每一个都被视为一种独立的力量。哲学已经把握了它们的同一性的观念，但是也明确地保留着它们的差别；物理学家最近的表象方式看来又跳到了另一极端，只认为这些现象有同一性，因此现在确实有必要坚持它们同时互相区别的事实和方式。

差别自在地就是本质的差别，即肯定与否定两方面的差别：肯定的一面是一种同一的自身联系，而不是否定的东西，否定的一面，是自为的差别物，而不是肯定的东西。因此本质的差别即是对立。在对立中，有差别之物并不是一般的他物，而是与它正相反对的他物；这就是说，每一方只有在它与另一方的联系中才能获得它自己的本质规定，此一方只有反映另一方，才能反映自己。另一方也如此，所以，每一方都是它自己的对方的对方。

在内部具有形式差别的物理线上，两极是两个生动的终端，每一端都是这样设定的：只有与它的另一端相关联，它才存在；如果没有另一端，它就没有任何意义。只不过两极是相互外在的，两者是彼此否定的东西；它们之间在空间上也存在着它们的统一，扬弃了它们的对立。这种物理学的对立绝不是用感性方式确定的东西。例如，我们就不能割掉北极。把磁体砍成两截，每一截都又是一个完整的磁体；北极又会在被砍断的一截上直接产生出来。每一极都是设定另一极，并从自身排斥另一极的东西；推论的各项不能单独存在，而只存在于结合中。

事实上无论天上或地上，无论在精神界或自然界，绝没有那种"非此即彼"的抽象的东西。无论什么可以说得上存在的东西，必定是具体的、包含有差别和对立于自己本身之内的东西。事物的有限性即在于它们的直接的特定存在不符合它们的本身或本性。矛盾是推动整个世界的原则，说矛盾不可设想，那是可笑的。这句话的正确之处只在于说，我们不能停留在矛盾里，矛盾会通过自己本身扬弃自己。但这被扬弃的矛盾并不是抽象的同一，因为抽象的同一只是对立的一个方面。

天地间绝没有任何事物，我们不能或不必在它里面指出矛盾或相反的规定。

人们总以为肯定与否定具有绝对的区别，其实两者是相同的。我们甚至可以称肯定为否定；反之，也同样可以称否定为肯定。譬如说，财产与债务并不是特殊的独立自存的两种财产，只不过是在负债者为否定的财产，在债权者为肯定的财产。又如，一条往东的路同时即是同一条往西的路。因此肯定的东西与否定的东西本质上是彼此互为条件的，并且只是存在于它们的相互联系中。北极的磁石没有南极便不存在，反之亦然。如果把磁石切成两块，并不是在一块里有北极另一块里有南极。同样，在电里阴电阳电并不是两个不同的独立自存的流质。在对立里，相异者并不是与任何他物相对立，而是与它正相反对的他物相对立。通常意识总是把相异的事物认作是彼此不相干。与此相反，哲学的目的就在于扫除这种各不相涉的外在性，并进而认识事物的必然性，所以他物就被看成是与自己正相对立的、自己的他物。譬如无机物就不仅认作是有机物以外的某种别的东西，而须认作是有机物的必然的对立者。两者之间彼此皆有本质的关系。两者之中的任何一方，只有由于排斥对方于自身之外，才恰好借此与对方发生联系。同样，自然不能离开精神而存在，精神不能离开自然而存在。在近代自然科学里，最初在磁石里所发现的两极性的对立，逐渐被承认为浸透于整个自然界的普遍自然律。这无疑必须看成是科学的一个重大进步，不过我们不要在对立观念之外随便又提出单纯的差异的观念。

通常对事物的温情只担心事物不要自身有矛盾，它在这里也和在其他地方一样，忘记了矛盾并未以此而解决，只是被推到别处，即推到一般主观的或外在的反思里。

矛盾这一规定应该用"一切事物本身都自在地是矛盾的"这一命题来包括和表达，并且诚然是以这样的意义，即：这个命题比其他命题更能表述事物的真理和本质。

矛盾似乎并不像同一那样是本质的和内在的规定，这是自古以来的逻辑和普通观念的根本成见之一；但是，假如要谈到这两个规定高低的次序，那么，就必须承认矛盾是更深刻的、更本质的东西。因为同一与矛盾相比，不过是单纯直接物、僵死之有的规定，而矛盾则是一切运动和生命力的根源；事物只因为自身具有矛盾，它才会运动，才具有动力和活动。

至于有人主张没有矛盾，主张矛盾不是当前现有的东西，那么，我们倒不需为这样的断言去操心；一个本质的绝对规定必定在一切经验中、一切现实事物中、一切概念中都找得到的。无限物就是在有的范围内显露出来的矛盾。普通经验本身也表明，至少有一大堆的矛盾的事物、矛盾的结构等等，其矛盾不仅仅呈现于外在反思之中，而且也呈现在它们本身之中。其次，矛盾是在其本质规定中的否定物，是一切自己运动的根本，而自己运动不过就是矛盾的表现。外在的感性运动本身是矛盾的直接实有。某物之所以运动，不仅因为它在这个"此刻"在这里，在那个"此刻"在那里，而且因为它在同一个"此刻"在这里又不在这里，因为它在同一个"这里"同时又有又非有。我们必须承认古代辩证论者所指出的运动中的矛盾，但不应由此得出结论说因此没有运动，而倒不如说运动就是实有的矛盾本身。

同样，内在的、自己特有的自身运动，一般的冲动，不外是：某物在同一个观点之下，既是它自身，又是它自身的欠缺或否定物。抽象的自身同一，还不是生命力；但因为自在的肯定物本身就是否定性，所以它超出自身并引起自身的变化。某物之所以有生命，只是因为它自身包含矛盾，并且诚然是把矛盾在自身中把握和保持住的力量。但是，假如一个存在物不能够在其肯定的规定中同时袭取其否定的规定，并把这一规定保持在另一规定之中，假如它不能够在自己本身中具有矛盾，那么，它就不是一个生动的统一体，不是根据，而且会以矛盾而消灭。

假如在运动、冲动以及如此等类中，矛盾对于表象说来，是在这些规定的单纯性中掩盖住了，那么，在对比规定中就正相反，矛盾就会直接显露出来。上与下、左与右、父与子等等以至于无穷最琐屑的例子，全都在一个事物里包含着对立。对立物之所以包含矛盾是因为它们在同一观点下，既彼此相关或说互相扬弃而又彼此漠不相关。当表象转到各规定漠不相关的环节时，它忘记了其中否定的统一，因此只记得它们是一般的差异物。因此，表象固然到处都以矛盾为内容，但不曾意识到矛盾；它仍旧是外在的反思，这种反思使等同和不等同这两种规定外在地彼此对立，它所注意的，只是这两种规定而不是过渡，但这过渡却是本质的东西并包含矛盾。但思维的理性则可以说是使差异物变钝了的区别锋利起来，使表象的简单多样性尖锐化，达到本质的区别，达到对立。多样性的东西，只有相互被推到矛盾的尖端，才是活泼生动的，才会在矛盾中获得否定性，而否定性则是自己运动和生命力的内在脉搏。

假如更仔细地看待实在的区别，那么，区别就从差异变为对立，并从而变为矛盾，一切实在的总体也总之将变为绝对的自身矛盾。表象的、非思辨的思维并不认识矛盾的肯定方面，就这个肯定方面说，矛盾就将变为绝对的能动性和绝对的根据。

对一切"有"的事物本身的考察表明：它在它的自身等同中就是不等同而矛盾的，并且在它的差异中、在它的矛盾中，又与自身同一，它本身就是其一个规定过渡为另一个规定的运动，其所以如此，是因为每一规定都在自身中是自己的对方。同一性是单纯的自身相关的否定性，这个概念不是外在反思的产物，而是在"有"本身中自己产生的。

引导概念自己向前的，就是否定的东西，它是概念自身所具有的；这个否定的东西构成了真正的辩证的东西。

否定的东西也同样是肯定的；或说，自相矛盾的东西并不消解为零，消解为抽象的无，而是基本上仅仅消解为它的特殊内容的否定；或说，这样一个否定并非全盘否定，而是自行消解的被规定的事情的否定，因而是规定了的否定；于是，在结果中，本质上就包含着结果所从出的东西；由于这个产生结果的东西，这个否定是一个规定了的否定，它就有了一个内容。它是一个新的概念，但比先行的概念更高、更丰富；因为它由于成了先行概念的否定或对立物而变得更丰富了，所以它包含着先行的概念，但又比先行概念更多一些，并且是它和它的对立物的统一。

上面考察过的否定性，构成概念运动的转折点，这个否定性是自身的否定关系的单纯之点，是一切活动——生命的和精神的自身运动——最内在的源泉，是辩证法的灵魂，一切真的东西本身都具有它，并且唯有通过它才是真的。第二个否定的东西，即我们所达到的否定的否定，是上述矛盾的扬弃；但是这种扬弃，和矛盾一样，并不是一种外在反思的行动，而是生命和精神最内在、最客观的环节。

扬弃在这里表明它所包含的真正的双重意义，这种双重意义是我们在否定物里所经常看见的，即扬弃是否定并且同时又是保存。

直接的东西依照这个否定的方面，便在他物中没落了，但这个他物本质上不是空虚的否定的东西，不是无，而是第一个的他物、直接的东西的否定的东西。一般说来，它包含第一个的规定于自身之中。于是第一个本质上也就在他物中留藏并保持下来了。——把肯定的东西在它的否定的东西中，即在结果中坚持下来，这是理性认识中最重之点。

思辨的东西，在于这里所了解的辩证的东西，因而在于从对立面的统一中把握对立面，或者说，在否定的东西中把握肯定的东西。

只有通过辩证法原则，科学内容才达到内在联系和必然性，并且只有在辩证法里，一般才包含有真实的超出有限，而不只是外在的超出有限，辩证法是现实世界中一切运动、一切生命、一切事业的推动原则。同样，辩证法又是知识范围内一切真正科学认识的灵魂。凡有限之物不仅受外面的限制，而且还为它自己的本性所扬弃，由于它自身活动而自己过渡到自己的反面。譬如人们说人是要死的，这种看法是，人具有两种特性，有生也有死。但对这事的真正看法应该是，生命本身即具有死亡的种子，凡有限之物都是自相矛盾的，并且由于自相矛盾而自己扬弃自己。无论知性如何常常竭力去反对辩证法，我们却不可以为只限于在哲学意识内才有辩证法或矛盾进展原则。相反，它是一种普遍存在于其他各级意识和普遍经验里的法则。举凡环绕着我们的一切事物，都可以认作是辩证法的例证。我们知道，一切有限之物并不是坚定不移、究竟至极的，而毋宁是变化、消逝的。有限事物本来以他物为其自身，由于内在的矛盾而被迫超出当下的存在，因而转化到它的反面。当我们说"一切事物（也指一切有限事物）都注定了免不掉矛盾"这话时，我们确实见到了矛盾是一个普遍而无法抵抗的力量，在这个大力之前无论表面上如何稳定坚固的事物，没有一个能够持久不摇。此外自然界和精神世界的一切特殊领域和特殊形态，也莫不受辩证法的支配。例如，一个星球此刻在此处，但它潜在地又在另一处，由于它自身的运动，使它又在另一处。物理的元素也是矛盾进展的，同样气象变化的过程也可说是它的内在矛盾的表现。同一个矛盾原则是构成其他一切自然现象的基本原则，由于有了内在矛盾，同时自然被迫超出其自身。就辩证法表现在精神世界中，特别就法律和道德范围来说，如果事物或行动到了极端总要转化到它的反面。抽象的公正如果坚持到它的极端，就会转化为不公正。同样，在政治生活里，极端的无政府主义与极端的专制主义是可以相互转化的。在个人修养方面，对这种辩证法的认识表现在许多谚语里，如"太骄则折""太锐则缺"等等。在感情方面、生理方面以及心灵方面，最熟知的例子，如极端的痛苦与极端快乐可以互相转化，心情充满快乐会喜出眼泪来。辩证法具有肯定的结果，因为它有确定的内容，或它的真实结果不是空的、抽象的虚无，而是对某些规定的否定，而这些被否定的规定也包含在结果中，因为这结果确是一结果而不是直接的虚无。这结果是理性的东西，在对立规定中认识到它们的统一，但它并不是简单的形式的统一，而是有差别的规定的统一。

更高级的概念辩证法不仅在于产出作为界限和相反东西的规定，而且在于产出并把握这种规定的肯定内容和成果。只有这样，辩证法才是发展和内在的进展。其次，这种辩证法不是主观思维的外部活动，而是内容的固有的灵魂，它有机地长出它的枝叶和果实来。

辩证法作为否定的运动，像它直接地存在着那样，对于意识说来显得首先是意识必须向它屈服而且它是不通过意识本身而存在着的东西。

V

有限性只是对自身的超越；所以有限性也包含无限性，包含自身的他物。同样，无限性也只是对有限性的超越；所以它本质上也包含它的他物。

并没有一个无限物它原先是无限，而后又必须变成有限，超越到有限性；它乃是本身既有限，又无限。

假如无限物在质的方面，与有限物是他物的关系而相互对立，那么，它便可以叫作坏的无限物。

这种坏的无限性，本身就与那种长久的应当，是同一的东西；它诚然是有限物的否定，但是它不能够真正从有限物那里解放自己；有限物又在无限本身那里出现为无限的他物，因为这个无限物只是在与它的他物，即有限物的关系中。那无限的进展因此只是重复的单调，是有限物与无限物使人厌倦的、老一套的交替。

在同一交替的那个长久重复里，在超越界限前进到无限那种空虚的不平静里，前进在这个无限物中又发现了新的界限，不论在这个新的界限或在无限物中，前进都无法停止。这个无限物有一个彼岸的固定规定，那个彼岸是不能达到的，因为那个彼岸是不应该达到的，因为那个彼岸脱离不了彼岸的规定性，依据这种规定，无限物与作为此岸的有限物是对立的，此岸也同样不能上升到无限物那里去，因为这个此岸有着一个他物的这种规定。

坏的无限，即继续飞跃界限，而无力扬弃界限，并不断回到界限。

像这样的无限，只是一特殊之物，与有限并立，而且以有限为其限制或限度，并不是应有的无限，并不是真正的无限，而只是有限。——在这样的关系中，有限在这边，无限在那边，前者属于现界，后者属于他界，于是有限就和无限一样都被赋予同等的永久性和独立性的尊严了。二元论绝不使无限有接触有限的机会，而认为两者之间有一深渊，有一无法渡越的鸿沟，无限坚持在那边，有限坚持在这边。

世界在时间上没有开端，还是有一开端，对这个问题是不能作什么圆满肯定的回答的。据说圆满的回答就在于非此即彼。但事实上圆满的回答在于指出这种"非此即彼"的问题本身是完全不适宜的。如果你们是处在有限的东西当中，你们就既有开端，又有非开端；这两个对立的规定彼此抗争，在未经解决和未和解时，都属于有限的东西，而在得到解决和和解时，有限的东西就毁灭了，因为它是矛盾。有限的东西在其自身之前有个他物，在追踪有限联系的过程中，我们必须寻求这个"之前"，例如在地球史或人类史上。在这个问题上我们是根本不会达到终点的，虽然通过每个有限事物我们也可以达到某个终点。有限事物有个开端，但这个开端不是最初的东西。

人是有自由的，而他的另一特性却是必然。人们说"这两个性质是互相排斥的"。但是真理、精神是具体的，它的特性是自由和必然。所以较高的观点是：精神在它的必然性里是自由的，也只有在必然性里才可以寻得它的自由，一如它的必然性只是建筑在它的自由上面。自由也可以是没有必然性的抽象自由。这种假自由就是任性，因而它就是真自由的反面，是不自觉地被束缚的、主观空想的自由——仅仅是形式的自由。

认为自由与必然为彼此互相排斥的看法，是何等的错误！无疑地，必然作为必然还不是自由；但是自由以必然为前提，包含必然性在自身内，作为被扬弃了的东西。一个有德行的人自己意识着他的行为内容的必然性和自在自为的义务性。由于这样，他不但不感到他的自由受到了妨害，甚至可以说，正由于有了这种必然性与义务性的意识，他才首先达到真正的内容充实的自由，有别于从刚愎任性而来的空无内容的和单纯可能性的自由。一个罪犯受到处罚，他可以认为他所受到的惩罚限制了他的自由。但事实上，那加给他的惩罚并不是一种外在的异己的暴力，而只是他自己行为自身的一种表现。只要他能够认识到这一点，他就会把自己当作一个自由人去对待这事。

常有人说必然性是盲目的。这话可说是对的，如果意思只是说，在必然性的过程里目的或目的因还没有自觉地出现。

必然性只有在它尚未被理解时才是盲目的，因此假如把以认识人类事变的必然的历史哲学的课题的学说，斥责为宿命论，那实在是再谬误不过了。

一般讲来，必然性的观点对于我们的意向和行为都有很大的重要性。当我们把人世的事变认作有必然性时，初看起来我们好像是处于完全不自由的地位。众所周知，古代人认必然性为命运。但如果我们细察古代人对于命运的信念，则这种命运观不但不会予人以不自由的直观，反而足以示人以自由的洞见。因为不自由是基于不能克服一种坚固的对立，亦即基于认为：是如此的事与应如此的事之间，以及实际发生的事与应发生的事之间，处于矛盾之中。反之，古代人的态度却是这样的：因为某事是如此，所以某事是如此，既然某事是如此，所以某事应如此。在这里他们并没有发现对立，因而也就不感到不自由、痛苦或悲哀。

必然的规定在于：它在自身中具有其否定，即偶然。

偶然的东西就是必然的东西。

科学，特别是哲学的任务，在于从偶然性的假象里去认识潜蕴着的必然性。

偶然性一般来讲，是指一个事物存在的根据不在自己本身而在他物而言。我们认为偶然性的事物系指这一事物可以存在或者不存在，可以这样存在或那样存在，并指出这一事物的存在或不存在、这样存在或那样存在都不取决于自己。

凡现象所表现的，没有不在本质内的。凡在本质内没有的，也不会表现于外。

当我们认识了现象时，我们因而同时即认识了本质，因为本质并不存留在现象之后或之外，而正由于把世界降低到仅仅的现象的地位，从而表现其为本质。

哲学是最敌视抽象的，它引导我们回复到具体。

我们可以举出一些感性事物为例，对于"具体"这个概念作一较详细的说明。花虽说具有多样的性质，如香、味、形状、颜色等，但它却是一个整体。这些性质中的任何一种都不可缺少，这束花的每一个别部分，都具有整个花所有的特性。同样，金子在它的每一小粒里，完整不可分地包含着它的一切特性。这些殊异的性质在感性事物里我们可以承认是凑合在一起，但在精神现象里，有区别的却被认为是对立的。我们并不把花的色和香彼此对立起来，两者虽然是相反的，却仍然同在一个对象里，我们并不觉得这是矛盾或违反事实。这倒并不是说抽象的东西根本不存在。如红色便是一个抽象的感性观念，当常识说到红色时，并不意味着它所指谓的是抽象物。但一束红色玫瑰花，却是一种具体的红物，对这个具体的红物，我们可以区别和孤立出许多抽象物的。

真正哲学的识见即在于见到：任何事物，一孤立起来看，便显得狭隘而有局限，其所取得的意义与价值即在于它是从属于全体的，并且是理念的一个有机的环节。

在知觉里，我们具有一个多样性的具体的内容，对于它的种种规定，我们必须一层一层地加以分析，有如剥葱一般。这种分解过程的主旨，即在于分解并拆解那些集结在一起的规定，不用说，要想把握对象，分别作用总是不可少的，而且精神自身本来就是一种分别作用。但分别仅仅是认识过程的一个方面，主要事情在于使分解开了的各个分子复归于联合。

人的见解愈是把真理与错误的对立视为固定的，愈是习惯于以为对某一现有的哲学体系的态度不是赞成就必是反对，而且在一篇关于某一哲学体系的声明里也就愈习惯于只在其中寻找赞成或反对。这种人不那么把不同的哲学体系理解为真理的前进发展，而毋宁在不同的体系间看见了矛盾。花朵开放的时候花蕾消逝，人们会说花蕾是被花朵否定了的；同样地，当结果的时候花朵又被解释为植物的一种虚假的存在形式，而果实是作为植物的真实形式出来代替花朵的。这些形式不但彼此不同，并且互相排斥互不相容。但是，它们的流动性却使它们同时成为有机统一体的环节，它们在有机统一体中不但不互相抵触，而且彼此都同样是必要的；而正是这种同样的必要性才构成整体的生命。但对一个哲学体系的矛盾，人们并不习惯于以这样的方式去理解，同时那把握这种矛盾的意识通常也不知道把这种矛盾从其片面性中解放出来或保持其无片面性，并且不知道在看起来冲突矛盾着的形态里去认识其中相辅相成的环节。

通常以为主观和客观是始终不变地相互对立的。情况并不如此，倒不如说它们是相互转化的，因为它们不是抽象的规定，如肯定和否定，而已经具有较具体的意义。首先考虑主观这一词，我们可以说某一目的是主观的，因为这是某一特定主体的目的。从这一意义说，一种非驴非马的最坏的艺术作品纯粹是主观的。其次，这一词也可用于意志的内容，此时它几乎成为任性的同义词；凡是单属于主体的都是主观的内容。因此，例如恶劣的行为纯粹是主观的。又其次，那种纯空虚的自我，也可以称为主观的，这种自我仅仅以自身为对象，并具有从任何其他内容抽象出来的力量。所以主观性有时是指某种完全特异的东西，有时指具有高度权能的东西。客观也同样有种种不同的解释。凡我们拿来作为我们对象的一切东西，不问我们放在自己面前的现实存在或是单纯思想，都可指为客观的。尽管目的本身是完全特异的和主观的，但当它表现出来的时候，我们却仍然称之为客观的。儿童的意志，它只知信赖而缺乏主观自由，奴隶的意志，它尚未知道自己是自由的，从而是无意志的意志。从这一意义说来，凡受外方权威领导而行动的意志，都是客观的。

　　凡是合乎理性的东西都是现实的；
　　凡是现实的东西都是合乎理性的。
　　每一个天真意识都像哲学一样怀着这种信念。哲学正是从这一信念出发来考察不论是精神世界或是自然界的。
　　在日常生活中，任何幻想、错误、罪恶以及一切坏东西，一切腐败幻灭的存在，尽管人们都随便把它们叫作现实，但是，甚至在平常的感觉里，也会觉得一个偶然的存在不配享受现实的美名。因为所谓偶然的存在，只是一个没有什么价值的、可能的存在，亦即可有可无的东西。

现实性在它的开展中表明自己是必然性。

一个坏的国家是一个仅仅实存着的国家，一个病躯也是实存着的东西，但它没有真实的实在性。一只被砍下来的手看来依旧像一只手，而且实存着，但毕竟不是现实的。真实的现实性就是必然性，凡是现实的东西，在其自身中是必然的。必然性就在于整体被分为概念的各种差别，在于这个被划分的整体具有持久的和巩固的规定性，然而这种规定性又不是僵死的，它在自己的分解过程中不断地产生自己。

概念和实在性完全没有同一性的东西，就不可能有任何存在。甚至坏的和不真的东西之所以存在也还是因为它们的某些方面多少符合于它们的概念。那彻底的坏东西或与概念相矛盾的东西，因此即是自己走向毁灭的东西。

即便最坏的国家，其实也是在与概念相应最少的，只要它还存在，它就还是理念；个人还是要服从一个有权力的概念。

机械性，客观性的第一个形式，又是在观察客观世界时首先呈现其自身于反思并常常留在反思里的范畴。但机械性却是一肤浅的、思想贫乏的观察方式，既不能使我们透彻了解自然，更不能使我们透彻了解精神世界。在自然里，只有那完全抽象的纯惰性的物质才受机械定律的支配。反之，凡是可以叫作狭义的物理的现象和过程（例如光、热、磁、电等现象），便不是单纯的机械方式（如压力、冲力、各部件的机械替换等等）所能解释的。把机械的范畴转用到有机的自然里，将更显得不充分，因为这里的问题是要理解有机自然界的特殊性质，如植物的生长、营养或者甚至是动物的感觉。我们必须认为这是近代自然研究的一个本质的以至主要的缺陷，即本当用与单纯机械性范畴不同的较高的范畴去理解之时，却仍然固执地坚持着单纯用机械的范畴去解释，不顾这些机械范畴与朴素的直观所提供的情况相矛盾，因而阻碍了对于自然获得正确知识的道路。即以探讨精神世界的各种形态而论，机械观的应用也常常超出了它的应用范围。所以一方面我们必须坚决地拒绝机械的考察方式，因为它将机械性当作绝对范畴。但另一方面我们又须明白承认机械性仅仅限制在它由之得名的自然领域之内。譬如，即使我们越出机械学（力学）固有的范围，而在物理学和生理学里着眼于机械的活动（如重力、杠杆等类的作用），亦未始不可。但我们却不可忽视一点，即在这些范围之内，机械定律已不复是决定性的东西，而只是居于从属的地位。即在精神世界内，机械性也有它的地位，不过仅仅具有从属的地位罢了。

VI

那最初或直接是我们的对象的知识，不外其本身是直接的知识，亦即对于直接的或现存着的东西的知识。对于这种知识，必须只像它所呈现给我们那样，不加改变，并且不让在这种认识中夹杂有概念的把握。

在感性确定性中所设定的一方是简单的、直接的存在着的东西或本质，即对象。而所设定的另一方便是那非自在存在，而是要通过一个他物才得存在的那种非本质的、间接的东西，即自我，自我是一种认识作用，它之所以知道对象，只是因为对象存在，而这能认识的自我则是可以存在也可不存在的。但对象却存在，它是真实，是本质。不论对象是被知道或者是不被知道，它一样地存在着。即使它没有被知道，它仍然存在着；但是如果没有对象，便不会有知识。

要想发现事物中的真理，单凭注意力或观察力并不济事，而必须发挥主观的思维活动，以便将直接呈现在当前的东西加以形态的改变。我们可以说唯有借助于反思作用去改造直接的东西，才能达到实体性的东西，这是一切时代共有的信念。

人的意识，对于对象总是先形成表象，后才形成概念，而且唯有通过表象，依靠表象，人的能思的心灵才进而达到对于事物的思维的认识和把握。

有是直接的东西。由于知是要认识真的东西，即自在自为之有那样的东西，所以知并不停留在直接的东西及其规定之上，而是透过直接的东西深入里面，认定在这个有的后面，还有某种不同于有本身的他物，认定这个背景构成了有之真理。这种认识是间接的知，因为它不是直接在本质那里，在本质之中，而是从一个他物、从有开始，并且要通过一条先行的道路即超出有之外，或者不如说进入有之内的道路。由于知先从直接的有使自身内在化，它才通过这个中介找到了本质。这一运动被设想为知的道路，即从有开始，进而扬弃有，达到一个有了中介的东西、即本质的道路，便似乎是认识的活动。然而这一过程正是有自身的运动。有在这一过程里表明它由于它的本性把自身内在化了，并且由于进入自身而变成了本质。

在我们对自然现象的研究里，也有反思作用在活动。我们所极熟习的现象，也是我们常常知觉到的事实。但人们对于单纯表面上的熟习，只是感性的现象，总是不能满意，而是要进一步追寻到它的后面，要知道那究竟是怎样一回事，要把握它的本质。因此我们便加以反思，想要知道有以异于单纯现象的原因所在，并且想要知道有以异于单纯外面的内面所在。

思维进展的次序，总是超出那自然、感觉的意识，而提高到思维本身纯粹不杂的要素，因此首先对经验开始的状态取一种疏远的、否定的关系。这样，在这些现象的普遍本质的理念里，思维才得到自身的满足。反之，经验科学也给思维一种激励，使它克服将丰富的经验内容仅当作直接、现成、散漫杂多、偶然而无条理的材料的知识形式，从而把此种内容提高到必然——这种激励使思维得以从抽象的普遍性与仅仅是可能的满足里超拔出来，进而依靠自身去发展。这种发展一方面可说是思维对经验科学的内容及其所提供的诸规定加以吸取，另一方面，使同样内容以原始自由思维的意义，只按事情本身的必然性发展出来。

我们常认为哲学的任务或目的在于认识事物的本质，这意思只是说，不应当让事物停留在它的直接性里，而须指出它是以别的事物为中介或根据的。事物的直接存在，就好像是一个表皮或一个帷幕，在这里面或后面，还蕴藏着本质。我们又常说：凡物莫不有一个本质，这无异于说，事物真正地不是它们直接所表现的那样。所以要想认识事物，仅仅从一个质反复转变到另一个质或仅仅从质过渡到量，从量过渡到质，那是不行的；反之事物中有其永久的东西，这就是事物的本质。

感性的东西是个别的，是变灭的；而对于其中的永久性东西，我们必须通过反思才能认识。自然所表现给我们的是个别形态和个别现象的无限量的杂多体，我们有在此杂多中寻求统一的要求。因此，我们加以比较研究，力求认识每一事物的普遍。个体生灭无常，而类则是其中持续存在的东西，而且重现在每一个体中，类的存在只有反思才能认识。自然律也是这样，种种不规则的情形，我们心中总觉得不敢于信赖，因为我们的心灵总相信一种秩序，一种简单恒常而有普遍性的规定。于是对这种凌乱的现象加以反思、而认识其规律。反思作用总是去寻求那固定的、长住的、自身规定的、统摄特殊的普遍原则。这种普遍原则就是事物的本质和真理，不是感官所能把握的。

知觉作为知觉，总是个别的，总是转瞬即逝的。但知识不能老停滞在知觉的阶段，必将进而在被知觉的个别事物中去寻求有普遍性和永久性的原则。

自然哲学是对自然的理论考察，而且正是思维考察。一方面这种考察并不是从外在于自然的规定出发，如从那些目的的规定出发；另一方面它是以认识自然界里的普遍东西为目标，即以认识力、规律和类属为目标。自然哲学在普遍的东西固有的内在必然性中来考察这种东西。

当我们这样规定普遍时，我们便发现普遍与它的对方形成对立。它的对方，即单纯直接的、外在的和个别的东西，与间接的、内在的和普遍的东西对立。须知普遍作为普遍并不是存在于外面的。类作为类是不能被知觉的，星球运动的规律并不是写在天上的。所以普遍是人所不见不闻，而只是对精神而存在的。

我们把事物变成某种普遍的东西。在表象中思维活动变得越多，事物的自然性、个别性和直接性消失得也越多。由于思想的侵入，就使无限多样的自然丰宝贫乏了，自然界的青春生命夭折了，它的色彩变幻消失了。生命自然界中呼啸作响的东西，因思想沉静而缄默起来，它在千般万种动人奇迹中形成的丰满热烈的生命萎缩成为枯燥无味的形式和没有形态的普遍性。我们本来是要认识现实存在的自然，并不是要认识某种不存在的东西；现在我们却不是对自然听之任之，不是如实了解它，不是感知它，反而使它成为某种全然不同的东西。因为我们思考事物，我们就使它们成为某种普遍的东西；但事物却是个别的，一般的狮子并不存在。我们把事物变成一种主观的东西，为我们所创造的东西，属于我们的东西，而且变成我们作为人所特有的东西。

政治经济学是在现代世界基础上所产生的若干门科学的一门。它的发展是很有趣的，可以从中见到思想（见斯密、塞伊、李嘉图）是怎样从最初摆在它面前的无数个别事实中，找出事物简单的原理，即找出在事物中发生作用并调节着事物的理智。某些普遍需要如吃、喝、穿等等，它们的得到满足完全系于偶然的情况。土壤有的肥沃有的贫瘠；年成的丰歉每岁不同；一个人是勤劳的另一个是懒惰的。但是从这样纷乱的任性中就产生出普遍规定。这种表面上分散的和混沌的局面是靠自然而然出现的一种必然性来维系的，这里所要发现的这种必然性的东西就是政治经济学的对象。这门科学替一大堆的偶然性找出了规律。在这里，一切联系怎样地起着反作用，各特殊领域怎样地分类并影响别的领域，以及别的领域又怎样促进或阻挠它，这些都是有趣的奇观。这种相互交织的现象，初看令人难以置信，因为看来一切都是听从个人的任性摆布的，然而它是最值得注意的；它同太阳系相似，在我们眼前太阳系总是表现出不规则的运动，但是它的规律毕竟是可以认识到的。

VII

真理就是思维与对象的一致，并且，为了获得这种一致——因为这种一致并非自在自为地现成的——思维就须适应和迁就对象。

我们以为构成我们表象的内容那的些对象首先存在，然后我们主观的活动方随之而起，通过抽象手续，并概括各种对象的共同之点而形成概念——这种想法是颠倒了的。反之，宁可说概念才是真正在先的。事物之所以是事物，全凭内在于事物并显示它自身于事物内的概念活动。这个思维出现在宗教意识里，我们是这样表达的：上帝从无之中创造了世界。或换句话说，世界和有限的事物是从神圣思想和神圣命令的圆满性里产生出来的。由此必须承认：思想，准确点说，概念，乃是无限的形式，或者说，自由的、创造性的活动，它无须通过外在的现存的质料来实现其自身。

思想的真正客观性应该是：思想不仅是我们的思想，同时又是事物的自身，或对象性的东西的本质。

唯物论认为物质的本身是真实的客观的东西。但物质本身已经是一个抽象的东西，物质之为物质是无法知觉的。所以我们可以说，没有物质这个东西。

概念乃是内蕴于事物本身中的东西；事物之所以是事物，即由于其中包含概念。

当我们要谈事物时，我们就称它们的本性或本质为它们的概念，而概念只是为思维才有的；既然主观思维是我们最为特有的、最内在的活动，而事物的客观概念又构成了事物的本身，那么，我们便不能站在思维活动之上，不能超出那种活动之外，同样也不能超出事物本性之外。

意识经验到：规律就是存在，但同样地也经验到：规律就是概念，而只在这两种情况相结合时，即既是存在又是概念时，规律对于意识才是真的；规律之所以是规律，因为它既显现为现象，同时自身又是概念。由于规律同时也自在地就是概念，意识的理性本能就必然地但不自觉地要去纯化规律及其环节，使之成为概念。理性本能对规律进行实验。最初显现出来的规律是很不纯粹的，是纠缠在个别的感性存在里的，构成着规律的本性的概念，是沉浸在经验材料里面的。理性本能在做实验时，要想发现在什么情况下会发生什么现象，因此从表面上看，好像规律只会因实验而愈来愈深入于感性存在里去；但感性存在毋宁在试验过程中消失了。因为，这种实验的内在意义在于发现规律的纯粹条件，而所谓发现规律的纯粹条件是什么意思呢？实际这只不过是说，实验是要把规律整个地纯化为概念形式的规律并将规律的环节与特定的存在之间的一切关联完全予以消除而已。我们看到，这个从事于实验工作的意识，它的真理性就是要从感性的存在中解放出纯粹的规律来。我们看到，规律就是概念，就是寄于感性存在之中却又在其中独立自存、自由活动的概念，就是沉浸于感性存在之中而又不受其约束的那种简单的概念。

自然规律简单明了，照它们原来那样就有效。虽然在个别场合人们可以违反它们，但它们不易遭受侵犯。为了知道什么是自然规律，我们必须学习知道自然界。因为这些规律是准确的，只有我们对这些规律的观念才会错误。这些规律的尺度是在我们身外的，我们的认识对它们无所增益，也无助长作用，我们对它们的认识可以扩大我们的知识领域，如此而已。

关于自然界我们承认：哲学应照它本来面貌去认识它，自然界本身是合理的；知识所应研究而用概念来把握的，就是现存于自然界中的现实理性；它不是呈现在表面上的各种形态和偶然性，而是自然界的永恒和谐，即自然界的内在规律和本质。

哲学的任务在于理解存在的东西，因为存在的东西就是理性。

所谓理性，不是自觉的"理性"的智力，也不是一种精神；我们必须把两者明白地区别开来。太阳系的运动依着不变的法则。这些法则便是理性，而包藏在所讨论的现象中。但是太阳和依着这些法则而绕太阳转动的各个行星，都没有意识到这些法则。

除了理念以外没有什么东西是现实的。

所以最关紧要的是，在有时间性的瞬即消逝的假象中，去认识内在的实体和现在事物中的永久东西。其实，由于理性的东西（与理念同义）在它的现实中同时达到外部存在，所以它显现出无限丰富的形式、现象和形态。

理念的这种发展是它的理性特有的活动，作为主观东西的思维只是袖手旁观，它不加上任何东西。合乎理性地考察事物，不是指给对象从外面带来理性并对它进行加工制造，而是说东西就它本身说来是合乎理性的。

当我们说思想作为客观思想是世界的内在本质时，似乎这样就会以为自然事物也是有意识的，而且对此还会感到一种矛盾。即一方面把思维看成事物的内在活动，一方面又说人与自然事物的区别在于有思维。因此我们必须说自然界是一个没有意识的思想体系，或者像谢林所说的那样，自然是一种冥顽化的理智。为了免除误会起见，最好用思想规定或思想范畴以代替思想一词。在这个思想范畴的体系里，普通意义下的主观与客观的对立是消除了的。这里所说的思想和思想范畴的意义，可以较确切地用古代哲学家所谓"NOUS（理智）统治世界"一语来表示。——或者用我们的说法，理性是在世界中，我们所了解的意思是说，理性是世界的灵魂，理性居住在世界中，理性构成世界的内在的、固有的、深邃的本性，或者说，理性是世界的共性。例如一个动物，必从属于其类，从属于其共性之下，而此类或共性即构成其特定的本质。任何事物莫不有一长住的内在的本性和一外在的定在。万物生死，兴灭；其本性，其共性，即是其类，而类是不可以单纯当作各物共同之点来理解的。思想不但构成外界事物的实体，而且构成精神性的东西的普遍实体。当我们把思维认为是一切自然和精神事物的真实共性时，思维便统摄这一切而成为这一切的基础了。

哲学的最高目的就在于确认思想与经验的一致，并达到自觉的理性与存在于事物中的理性的和解，亦即达到理性与现实的和解。

如果我们把知识称为概念，而把本质或真理称为存在物或对象，那么所谓审查考核就是去看看概念是否符合于对象。但是如果我们反过来把对象的本质或自在称为概念而另一方面把作为对象的概念理解为对象，即是说，把概念理解为对象即为他的，那么审查考核就是去看看对象是否符合于它自己的概念。显而易见，这两个过程乃是一回事。

"人的使命即在于认识真理"，这是人类的一个旧信念，这话包含有一层道理，即任何对象，外在的自然和内心的本性，举凡一切事物，其自身的真相，必然是思维所思的那样，所以思维即在于揭示出对象的真理。

在近代哲学史里，康德只理解到现象的主观意义，于现象之外去坚持着一个抽象的本质、认识所不能达到的自在物。殊不知直接的对象世界之所以只能是现象，是由于它自己的本性有以使然，当我们认识了现象时，我们因而同时即认识了本质，因为本质并不存留在现象之后或现象之外，而正由于把世界降低到仅仅的现象的地位，从而表现其为本质。

据说自然事物是与我们僵硬对立的，是我们无法透彻认识的，理论意识的这一难题或片面假定直接为实践态度所驳斥。按照我们时代流行的一种形而上学，我们之所以不认识事物，是因为它们绝对同我们固定对立。对于这种形而上学，我们也许可以说，连动物也不会像这种形而上学家那样愚蠢，因为动物会扑向事物，捕捉它们，抓住它们，把它们吞食掉。理智当然不是就事物的感性存在熟悉事物；反之，由于理智思考事物，它就把事物的内容设定到了自身之内。作为与暂时的现象对立的本体，毋宁是事物本身真实的、客观的、现实的东西，就像柏拉图的型相一样。柏拉图的型相并不是存在于遥远的某处，而是作为实体性的类属存在于个别事物之内。

VIII

在认识过程的单一活动里，主观性的片面性与客观性的片面性之间的对立，自在地都被扬弃了。认识的过程一方面由于接受了存在着的世界，使进入自身之内，进入主观的表象和思想内，从而扬弃了理念的片面的主观性，并把这种真实有效的客观性当作它的内容，借以充实它自身的抽象确定性。另一方面，认识过程扬弃了客观世界的片面性，反过来它又将客观世界仅当作一种假象，仅当作一堆偶然的事实、虚幻的形态的聚焦，并且凭借主观的内在本性（这本性现在被当作真实存在着的客观性），以规定并改造这聚集体。前者就是认识真理的冲力，亦即认识活动本身——理念的理论活动。后者就是实现善的冲力，亦即意志或理念的实践活动。

思维和意志的区别无非就是理论态度和实践态度的区别。这个区别可以这样来说明：在我思考某一对象时，我就把它变成一种思想，并把它的感性的东西除去，就是说，把它变成本质上和直接是我的东西。每一个概念都是普遍化，而普遍化是属于思维的。使某种东西普遍化，就是对它进行思维。形形色色的世界图景摆在我的面前；我面对着它；在我这个理论态度中我扬弃了对立，而把这一内容变成我的。当我知道这个世界的时候，我便在这个世界中得其所哉，当我理解到它时，就更其如此了。这就是理论的态度。反之，实践的态度从思维即从自我自身开始。在我是实践的或能动的时候，也就是说在我做一件事情的时候，我规定着我自己。各种规定属于我的，而我所追求的目的也属于我的。即使我把这些规定释放在外，即把它们设定在外部世界中，它们照旧还是我的，因为它们经过了我的手，是我所造成的，它们带有我的精神的痕迹。现在应指出这两者之间的关系。理论的东西本质上包含于实践的东西之中。我们如果没有理智就不可能具有意志。反之，意志在自身中包含着理论的东西。意志规定自己，这种规定最初是一种内在的东西，因为我所希求的东西在我想象中出现，这种东西对我说来就是对象。同样，人不可能没有意志而进行理论的活动或思维，因为在思维时他就在活动。被思考的东西的内容固然具有存在的东西的形式，但是这种存在的东西是通过我们的活动而被设定的。所以，它们是一而二，二而一的。在任何活动中，无论思维或意志中，都可找到这两个环节。

在对自然的理论态度上，首先是我们退出自然事物，让它们如实存在，并使我们以它们为转移。这时我们是从关于自然的感性认识出发。然而，假使物理学仅仅基于知觉，知觉又不外是感官的明证，那么物理学的行动就似乎仅仅在于视、听、嗅等等，而这样一来，动物也就会是物理学家了。但是，从事于视、听等等活动的却是一种精神，一种能思维的生物。只有表象活动、理智，才有这种对待事物的自由态度。

对自然的实践态度一般是由利己的欲望决定的；需要所企求的，是为我们的利益而利用自然，砍伐它，消磨它，一句话，毁灭它。实践态度只是同自然的个别产物有关，或者说，同这些产物的个别方面有关。人的必需和智慧曾发明无数多的运用和征服自然的方式。不管自然展示和发出什么力量——严寒、猛兽、洪水、大火——来反对人，人也精通对付它们的手段，而且人是从自然界取得这些手段，运用这些手段对付自然本身的；人的理性的狡计使他能用其他自然事物抵御自然力量，让这些事物去承受那些力量的磋磨，在这些事物背后维护和保存自己。但人用这种方式并不能征服自然本身，征服自然中的普遍东西，也不能使这种东西服从自己的目的。实践态度的另一个特点在于，这里的终极东西是我们的目的，而不是自然事物本身。我们把这些事物变成手段，其使命不取决于它们本身，而取决于我们。产生的结果就是我们的满足感。饥饿时存在于我之内的对我自身的否定，同时也是作为一种与我本身不同的东西，作为一种需要消耗的东西而存在的。我的行动就是要扬弃这一对立，因为我可以使这种他物与我同一，或者通过牺牲事物来恢复我与我自己的统一。

替特异化了的需要准备和获得适宜的并同样是特异化了的手段，其中介就是劳动。劳动通过各色各样的过程，加工于自然界所直接提供的物资，使合乎这些殊多的目的。这种造型加工使手段具有价值和实用。这样，人在自己的消费中所涉及的主要是人的产品，而他所消费的正是人的努力的成果。用不着加工的直接物资为数极少。甚至空气也要用力去得来，因为我们必须把它变成温暖。几乎只有水是例外，现成的水就可以喝。人通过流汗和劳动而获得满足需要的手段。

有这样一种观念，仿佛人在所谓自然状态中，从需要来说，其生活是自由的，认为在自然状态中，人只有所谓简单的自然需要，为了满足需要，他仅仅使用自然的偶然性直接提供给他的手段。这种观念没有考虑到劳动所包含的解放的环节，因此是一种不真确的意见，因为自然需要的本身及其直接满足只是潜伏在自然中的精神性的状态，从而是粗野的和不自由的状态，至于自由则仅存在于精神在自己内部的反思中，存在于精神同自然的差别中，以至于存在于精神对自然的反射中。

真理的认识将这样来建立，即对客体按照客体的样子而没有主观反思的附加去认识，并且正确行动在于顺从客观规律；客观规律没有主观根源，不容许随意专断和违反其必然性的处理。

人以他的工具而具有支配外在自然界的威力，尽管就他的目的说来，他倒是要服从自然界的。

IX

我把国家作为其自身是一种理性的东西来理解和叙述，除此以外，它什么也不是。作为哲学著作，它必须绝对避免把国家依其所应然来构成它。不可能把国家从它应该怎样的角度来讲述，而是在于说明应该怎样来认识国家这一伦理世界。

一个民族最初还不是一个国家。一个家庭、游牧民、部落、群体等等向国家状态过渡，一般说来，就是理念采取民族形式。

如果要先验地给一个民族以一种国家制度，即使其内容多少是合乎理性的，这种想法恰恰忽视了一个因素，这个元素使国家制度成为不仅仅是一个思想上的事物而已。所以每一个民族都有适合于它本身而属于它的国家制度。

其实，国家制度不是单纯被制造出来的东西，它是多少世纪以来的作品，它是理念，是理性东西的意识，只要这一意识已在某一民族中获得了发展。因此没有一种国家制度是单由主体制造出来的。一个民族的国家制度必须体现这一民族对自己权利和地位的感情，否则国家制度只能在外部存在着，而没有任何意义和价值。往往可能有个别人感到需要并渴望一种更好的国家制度，至于全体群氓一律都抱有这种观念，那是另一回事，这只是后来才发生的。

普鲁士国家就是这种建筑在理性上的国家。

国家的理念是普遍理念，是作为类和作为对抗个别国家的绝对权力——这是精神，它在世界历史的过程中给自己以它的现实性。在现实中的国家本质上是个别国家。国家本身各自独立，它们之间的关系只能是一种外部关系，所以必须有第三者在它们之上，并把它们联系起来。这个第三者就是精神，它在世界历史中给自己以现实性，并且是凌驾于国家之上的绝对裁判官。永远肯定自己以对抗特殊物的唯一绝对裁判官，就是精神，它在世界历史中表现为普遍物和起作用的类。

自在自为的国家是自由的现实化；而自由之成为现实乃是理性的

绝对目的。

国家乃是自由的实现，也就是绝对的最后的目的的实现，而且它是为它自己而存在的。人类具有的一切价值，即一切精神的现实性，都是由国家而有的。真实的东西是普遍的和主观的"意志"的统一；而"普遍的东西"要在"国家"里、在它的法律里、在它的普遍的和合理的许多部署里发现。"国家"是存在于"地球"上的"神圣的观念"。所以，在国家里面，历史的对象就比从前更有了确定的形式；并且，在国家里，"自由"获得了客观性，而且生活在这种客观性的享受之中。因为"法律"是"精神"的客观性，乃是精神真正的意志。只有服从法律，意志才有自由；因为意志所服从的是它自己——它是独立的，所以也是自由的。当国家或祖国形成一种共同存在的时候，当人类主观的意志服从法律的时候，"自由"和"必然"间的矛盾便消失了。

"精神"在有限生存中完全实现它自己时所取的形态——就是"国家"。

国家制度纵然随着时代而产生，却不能视为一种制造的东西，这一点无疑是本质的。其实，不如说它简直是自在自为存在的东西，从而应被视为神物，永世勿替的东西，因此，它也就超越了制造物的领域。

神自身在地上的行进，就是国家。国家的根据就是作为意志而实现自己的理性的力量。在谈到国家的理念时，不应注意到特殊国家或特殊制度，而应该考虑理念，这种现实的神本身。根据某些原则，每个国家都可被指出是不好的，都可被找到有这种或那种缺陷，但是国家，尤其是现代国家，在自身中总会有它存在的本质的环节。人们容易陷入错误，只注意国家的个别方面，而忘掉国家本身的内在机体。国家不是艺术品；它立足于地上，从而立足于任性、偶然事件和错误等的领域中，恶劣的行为可以在许多方面破坏国家的形相。但是最丑恶的人，如罪犯、病人、残疾人，毕竟是个活人。尽管有缺陷，而肯定的东西，即生命，依然绵延着。

国家是神的意志，也就是当前的、开展成为世界的现实形态和组织的地上的精神。

依据事物的本性，国家应全力支持和保护教会使其达成宗教目的，这在它乃是履行一种义务；又因为宗教是在人的内心深处保证国家完整统一的因素，所以国家更应要求它的所有公民都加入教会，并且不论哪一个教会，因为其内容既然是与观念的深处相关，所以不是国家所能干预的。

当我们说，国家是建筑在宗教上面——国家的根是深深地埋植在宗教里的——我们主要是说，国家是从宗教产生的；而且现在和将来永远会如此产生；换言之，国家的各种原则必须被看作在本身和为本身是有价值的，而只有当它们被认为是"神的本性"的各种决定的表现时，它们才能有价值。

如果一个民族被思考为不是一个家长制的部落，而是一个内部发展了的、真正有机的整体，那么，在这样一个民族中，主权是整体的人格；符合自己的概念而实际存在的这种人格，就是君主其人。

国家人格只有作为一个人，作为君主才是现实的。

国家意志的这种最后的自我，抽象地说来是简单的，所以它是直接的单一性；因此，其概念本身就包含着自然性的规定；因此，君主作为这样一个从其他一切内容中抽象出来的个人，天生就注定是君主尊严的化身，而这个个人被注定为君主，是通过直接的自然方式，是由于肉体的出生。

只有人民对外完全独立并组成自己的国家，才谈得上人民的主权。但英格兰、苏格兰、爱尔兰或威尼斯、热那亚、锡兰等地的人民，则自从他们不再有自己的国王或自己的最高政府以后，就不再是有主权的人民了。可见，如果只是一般地谈整体，那也可以说国内的主权属于人民的。但是人们近来一谈到人民的主权，通常都认为这种主权同君主的主权是对立的；这种思想的基础就是关于人们的荒唐观念。如果没自己的君主，没有那种正是同君主必然而直地联系着的整体的某种划分，人民就是一群无定形的东西，他们不再是一个国家，不再具有只存在于内部定形的整体中的任何一个规定。就是说，没有主权，没有政府，没有法庭，没有官府，没有等级，什么都没有。因为在人民中出现了这种同组织和国家生活相关联的要素，所以这种人民不再在最一般的观念上叫作人民的那种没有规定性的抽象。

国家的本性不在于契约关系中，不论它是一切人与一切人的契约还是一切人与君主或政府的契约。

国家决非建立在契约之上，因为契约是以任性为前提的。如果说国家是本于一切人的任性而建立起来的，是错误的，毋宁说，生存于国家中对每个人说来是绝对必要的。现代国家的一大进步就在于所有公民都具有同一个目的，即始终以国家为绝对目的。

有人说，一切人都应当单独参与一般国家事务的讨论和决定，因为一切人都是国家的成员，国家的事务就是一切人的事务，一切人都有权以自己的知识和意志去影响这些事务。这一看法是想给国家机体灌输没有任何合理形式的民主因素，它之所以这样诱人，是因为它死抱住每一个人都是国家成员这种抽象的规定；而肤浅的思维就正是抓住抽象概念不放的。

市民社会是个人私利的战场，是一切人反对一切人的战场，同样，市民社会也是私人利益跟特殊公共事务冲突的舞台，并且是它们二者共同跟国家的最高观点和制度冲突的舞台。

各种法律之间的分歧，就已经引人注意到它们不是绝对的。法律是被设定的东西，源出于人类。在被设定的东西和内心呼声之间必然会发生冲突，或者彼此一致。人不只停留在定在上，也主张在自身中具有衡量法的尺度。他固然要服从外部权威的必然性和支配，但这与他服从自然界的必然性截然不同，因为他的内心经常告诉他，事物应该是怎样一个样儿，并且他在自身中找到对有效东西的证实或否决。在自然界中有一般规律存在，这是最高真理，至于在法律中，不因为事物存在就有效，相反地，每个人都要求事物适合他特有的标准。因此这里就有可能发生存在和应然之间的争执。

在国家中，一切都系于普遍性和特殊性的统一。在古代的国家，主观目的同国家的意志是完全一致的。在现代则相反，我们要求自己的观点，自己的意志和良心。现代国家中人要求他的内心生活受到尊重。义务与权利的结合具有两个方面：国家所要求于个人的义务，也直接就是个人的权利，因为国家无非就是自由概念的组织。个人意志的规定通过国家达到了客观定在并初次达到它的真理和现实化。国家是达到特殊目的和福利的唯一条件。

理性的规律和特殊自由的规律必须相互渗透，并且个人的特殊目的必须同普遍目的同一，否则国家就等于空中楼阁。个人的自信构成国家的现实性，个人目的与普遍目的这两方面的同一则构成国家的稳定性。人们常说，国家的目的在谋公民的幸福。这当然是真确的。如果一切对公民说来不妙，他们的主观目的得不到满足，又如果他们看不到国家本身是这种满足的中介，那么国家就会站不住脚。

国家成长为君主立宪制乃是现代的成就。

X

历史是"精神"的形态，它采取事故的形式，即自然的直接现实性的形式。因此，它的发展阶段是作为直接的自然原则而存在的。由于这些原则是自然的，所以它们是相互外在的多元性；因而它们又是这样地存在着，即其中某个归属于一个民族，成为这个民族的地理上和人类学上的实存。

"精神"在本性上不是给偶然事故任意摆布的，它却是万物的绝对的决定者；它全然不被偶然事故所动摇，而且还利用它们，支配它们。

居于一切行动（也包括世界历史性行动在内）的顶点的，是个别的人，他们是使实体性的东西成为现实的那种主观性。他们是世界精神的实体性事业的活的工具，所以是直接跟这种事业同一的；但是这种事业又躲避着他们，因此不可能成为他们的客体和目的。

世界历史是"精神"在各种最高形态里的、神圣的、绝对的过程的表现——"精神"经过了这种发展阶段的行程，才取得它的真理和自觉。这些阶段的各种形态就是世界历史上各种"民族精神"；就是它们的道德生活、它们的政府、它们的艺术、宗教和科的特殊性。"世界精神"的无限冲动——它的不可抗拒的压力——就是要实现这些阶段；

世界历史是专门从事于表现"精神"怎样逐渐达到自觉和"真理"的欲望。

世界历史是理性各环节光从精神的自由的概念中引出的必然发展，从而也是精神的自我意识和自由的必然发展。这种发展就是普遍精神的解释和实现。

在世界精神所进行的这种事业中，国家、民族和个人都各按其特殊的和特定的原则而兴起，这种原则在它们的国家制度和生活状况的广大范围中获得它的解释和现实性。在它们意识到这些东西并潜心致力于自己的利益的同时，它们不知不觉地成为在它们内部进行的那种世界精神的事业的工具和机关。在这种事业的进行中，它们的特殊形态都将消逝，而绝对精神也就准备和开始转入下一个更高阶段。精神过渡到了那个更高的原则，而另一个民族获得了世界历史的意义。从这一新时期开始，先前那个民族即丧失了它的绝对利益。世界历史的每一个阶段，都保持着世界精神的理念的那个必然环节，而那个环节就在它的那个阶段获得它的绝对权利；至于生活在那个环节中的民族则获得幸运与光荣，其事业则获得成功。在世界精神的自我意识的自我发展进程中，这种环节作为自然原则所归属的那个民族，有执行这种环节的使命。这个民族在世界历史的这个时期就是统治的民族；它在世界历史中创立了新纪元，但只能是一次。它具有绝对权利成为世界历史目前发展阶段的担当者，对它的这种权利来说，其他各民族的精神都是无权的，这些民族连同过了它们的时代的那些民族，在世界历史中都已不再算数了。一个世界历史性的民族的特殊历史一方面包含着它的原则的发展，即从它年幼潜伏状态起发展到他全盛时期；另一方面，它包含着衰颓灭亡的时期，这标志着在这个民族中出现了一个作为纯粹否定它自己的更高原则，而另一个民族获得了世界历史的意义。从这一新时期开始，先前那个民族就丧失了它的绝对利益。

哲学用以观察历史的唯一的"思想"便是理性这个简单的概念："理性"是世界的主宰，世界历史因此是一种合理的过程。这一种信念和见识，在历史的领域中是一个假定；但是它在哲学中，便不是一个假定了。思考的认识在哲学中证明："理性"——我们这里就用这个名词，无须查究宇宙对于上帝的关系——就是实体，也就是无限的权力；它自己的无限的素质，做着它所创始的一切自然的和精神的生活的基础，还有那无限的形式推动着这种"内容"。一方面，"理性"是宇宙的实体，就是说，由于"理性"和在"理性"之中，一切现实才能存在和生存。另一方面，"理性"是宇宙的无限的权力，就是说，"理性"并不是虚悬于现实的范围以外，无人知道的地方；并不是仅仅产生一种某些人类的头脑中的单独的和抽象的东西。"理性"是万物的无限的内容，是万物的精华和真相。它经由自己的活力去制造的东西，便是它自己的素质；它并不需要求助于外来的素质，也不需要它活动的对象。它供给它自己的营养食物，它便是它自己的工作对象。它既然是它自己的生存的唯一基础和它自己的绝对的最后目标，同时它又是实现这个目标的有力的权力。它把这个目标不但展开在"自然宇宙"的现象中，而且也展开在"精神宇宙"——世界历史的现象中。

从世界历史的观察，我们知道世界历史的进展是一种合理的过程；知道这一种历史已经形成了"世界精神"的合理的必然的路线——这个"世界精神"的本性永远是同一的，而且它在世界存在的各种现象中，显示了它这种单一和同一的本性。这种本性必须表现在它自己是历史的最终的结果。

一切伟大的历史人物——这种人自己的特殊目的关联着"世界精神"意志所在的那些重大事件。他们可以称为英雄，因为他们取得他们的目的并且他们的事业是取自那个内在的"精神"，这个精神依然潜伏在地面之下，它冲击着外面的世界。当这类人物追求着他们某些目的的时候，他们并没有意识到他们正在展开的那个普遍的"观念"；相反地，他们是实践的政治的人物。不过，他们又是有思想的人物，他们见到什么是需要的东西和正合时宜的东西。这正是他们的时代和他们的世界的"真理"；我们应当把世界历史人物——一个时代的英雄——认作是这个时代眼光犀利的人物；他们的行动、他们的言词都是这个时代最卓越的行动和言词。他们本人才是最懂得事情的；别人从他们那里学到了许多，并且认可了，至少也是顺从了。因为历史上这一向前进展的"精神"，是一切个人内在的灵魂，但它是不自觉的"内在性"，而是由那些伟大人物带到自觉。他们周围的大众因此就追随着这些灵魂领导者；因为他们感受着他们自己内在的"精神"不可抗的力量。这些人的职务是做"世界精神的代理人"。他们之所以为伟大的人物，正是因为他们主持了和完成了某种伟大的东西；不仅仅是一个单纯的幻想、一种单纯的意向，而是对症下药适应了时代需要的东西。

哲学要我们养成这种识见，就是知道所谓"现实世界须如它应该的那样"，还有，所谓"真正的善"，即"普遍的神圣的理性"，不是一个单纯的抽象观念，而是一个强有力的、能够实现它自己的原则。这种善，这种理性，在它的最具体的形式里，便是上帝。上帝统治着世界，而世界历史便是上帝的行政，便是上帝计划的见诸实行。

曾经有过一个时候，赞赏上帝的智慧成了时髦的风气，赞赏那个在禽兽、植物和单独事变中显露的上帝的智慧。但是，假如"神意"既然表现于这些事物与形式之中，它怎么不会表现在世界历史中呢？有人以为世界历史太重大了，不能和禽兽、植物等相提并论。但是"神圣的智慧"，就是"理性"，永属同一，没有大小之分，我们不能想象上帝这样软弱，竟不能大规模地运用他的智慧。我们确信永恒智慧的目的在现实的、活动的"精神"领域中确实地完成，就像他在纯粹"自然"的领域中确实地完成一样。

"景象万千、事态纷纭的世界历史"，是精神的发展和实现的过程，这真正在历史上证实了上帝。只有这一种认识才能使"精神"和"世界历史"同现实相调和——以往发生的种种和现在每天发生的种种，不但不是"没有上帝"，却根本是"上帝自己的作品"。

【附记】

　　□黑格尔是一位客观唯心主义和辩证法的哲学家，他构建了一个宏大的客观唯心主义的哲学体系。这个体系的性质和特点是复杂的，其中既有主观臆想的、牵强附会的甚至是不得其解的联系，又有对辩证法的天才、智慧、深刻的理解和把握；它是一个彻头彻尾客观唯心主义的体系，却又偶尔会道出某个带有唯物主义色彩的观点；它的辩证法被包藏在唯心主义的外壳之中，而且并不完善，更不系统，还有些表述也不科学，但其核心辩证法思想很精辟。

　　□黑格尔哲学体系的基本内容是阐述他所谓"绝对精神"（又称为"绝对理念""绝对观念"）的发展，讲的是"绝对精神"自我实现过程，也被表述为它的自我认识过程。这个过程贯穿着下面这几个思想线索。一、思维和存在同一："绝对精神"作为思维，在发展中外化为作为存在的自然和社会，实现了客观意义的二者同一；其次，从自然界发展出人的有限精神，把寓于客观存在中的"绝对精神"作为人的认识活动的对象，实现了认识论意义的二者同一；二、从抽象到具体："绝对精神"以范畴的形式发展，从最单纯、空洞、没有任何规定性的抽象范畴开始，逐步发展出规定性愈来愈丰富全面的具体范畴；三、概念的流动和转化：范畴、概念是动态的，由内在矛盾的否定方面转化到对立面概念；四、三段式发展：概念的运动、转化遵循一系列肯定、否定、否定的否定三个阶段演进。

　　□黑格尔哲学体系中的思想线索和具体哲学观点，是通过一个逻辑框架体现和衍生出来的。这个框架本身也就是黑格尔哲学体系的一个轮廓，它由逻辑学、自然哲学和精神哲学三大部分构成，通过逻辑推演过程显现"绝对理念"发展的三大阶段。逻辑学是整个推演的第一阶段，照黑格尔自己的解说，"应该把逻辑学理解为纯理性的体系，理解为纯思维的王国"，"可以说这个内容就是对上帝的展示，展示出永恒本质中的上帝在创造自然和一个有限的精神以前是怎么样的"。而这个创世前的"永恒本质中的上帝"，或者"纯思维的王国"，就是一整套逻辑范畴，即存在、本质、概念以及由此三者推演出来的序列范畴。在开篇的"存在论"中，黑格尔分析推演出了质、量、度三个范畴，在这个推演中阐述了量变转化为质变、渐进过程的中断、飞跃等辩证法思想；随后在"本质论"中分析推演出本质、现象、现实三个范畴，其间分析了同一、差别、对立、矛盾之间的联系，同时阐述了对立的统一和转化、矛盾的否定性等辩证法思想；最后在"概念论"中推演出主观概念、客体、理念三个范畴而结束。理念作为逻辑学阶段的结束范畴，它既是最后的结果，也是达到内容丰富具体的开端范畴"存在"，于是黑格尔宣称："我们借以开始的是存在，抽象的存在，而现在我们达到了作为存在的理念。但是这种存在着的理念就是自然。""自然界之产生于永恒理念、自然界之创造，以至自然界之必然存在的证明，就都包含在前面所讲的东西里了。"由此黑格尔转入了自然哲学领域，就是作为"存在着的理念"的自然界，也就是理念的外化、异在。这是绝对理念发展的第二阶段。作为第二阶段的自然哲学，推演、划分为力学、物理学、有机物理学三个环节。在力学中黑格尔考察了空间和时间、物质和运动以及"自由运动"，其中把空间和时间理解为与事物紧密联系的形式，反对了康德的主观时空观和牛顿的独立时空观，把运动理解为既在这一个地点又不在这一个地点，否定了运动是静止瞬间的总和，提出运动和物质不可分，确认天体运动的动力在吸引和排斥，因而是"自由运动"，摒弃了牛顿的第一推动者。在物理学中黑格尔推演了普遍个体性、特殊个体性、总体个体性三个环节。其中考察了光、声、热、电、磁等现象以及化学过程，有某些合理的猜测，如指出光在照射中与另一物体发生关系就存在一种分离，这接近于理解到光的连续性有间断，又如强调热不是一种有重量的独立存在的物质，而是物体内部的震动，还认识到磁的两端是不可分割的统一体，此外在把化学过程说成是电和磁的统一并进一步断言化学过程继续进行下去就会成为生命这一点上，显然并不科学，但表明他已把物理、化学、生命三个领域看作三个相联系的过程，看作三个转化、过渡的环节。在有机物理学中黑格尔推演出地质有机体、植物有机体、动物有机体三个环节。在地质有机体中，他认为火山、水源和一般气象过程都有生命起源的作用，这个论断并无科学根据，却表明黑格尔是肯定生命起源于无机界的。最后黑格尔指出生命从低级的植物有机体阶段向高级的动物有机体阶段过渡，然后扬弃动物有机体而达到有自我意识的人，遂把他的逻辑结构推演到精神哲学这第三个阶段。精神哲学再分为主观精神、客观精神、绝对精神三个阶段。主观精神又再分为灵魂、意识、精神三个环节，并相应地被分别说成是人类学、精神现象学、心理学的研究对象。在人类学中他推演出了自然灵魂、感觉灵魂、实在灵魂三个环节，在精神现象学中推演出意识、自我意识、理性三个环节，在心理学中推演出理论精神、实践精神、自由精神三个环节。整个主观精神阶段所做的推演也有可以肯定的东西，如把个体意识逐步发展的各个阶段看作是整个人类意识发展历史的简略再现和缩影，在关于主客体之间从对立到扬弃对立而达到既对立又统一的分析，体现出否定性辩证法思想。在客观精神阶段划分出抽象法、道德、伦理三个环节。在抽象法中分析了占有、契约、不法，在道德中分析了故意和责任、意图和福利、善和良心，在伦理中分析了家庭、市民社会、国家。整个客观精神阶段所做的分析在实际上都是讲述黑格尔本人的社会历史观和政治法律思想。最后在绝对精神阶段划分出以"绝对"为对象的三种"意识形式"，即艺术、宗教、哲学。艺术又再分为象征艺术、古典艺术、浪漫艺术，宗教又再分为自然宗教、自由主体宗教、绝对宗教，哲学则分为逻辑概念、自然、人的精神三个环节，而人的精神的最高形态，是以此三个环节相联系的统一整体也即"绝对精神"本身作为哲学的对象，这就是"绝对精神"认识到自身，是"绝对精神"的自我认识，最终实现思维和存在的同一。黑格尔认为，2500 年的哲学历史正是在他自己的哲学中达到最高境界："到了现在，世界精神到达终局了。那最后的哲学是一切较早的哲学的成果；没有任何东西失掉，一切原则都是保存着的。这个具体的理念是差不多二千五百年来精神的劳动成果——它是精神为了使自己客观化，为了认识自己而作的最严肃认真的劳动成果。""对于古代的哲学必须尊重它的必然性，尊重它是神圣链条中的一个环节，但也只是一个环节。现在才是最高的阶段。"

　　□在两千五百年的哲学史中，一直贯穿着辩证法思想的发展，而正是到了黑格尔哲学，辩证法才被自觉地陈述出来，辩证法的基本规律有了文字表述的形式，它在黑格尔哲学体系中像埋藏在矿石中的黄金闪着金光。

　　□黑格尔的辩证法由于隐藏在他的唯心主义体系中而被他的那些"以无知自豪"的门徒所遗忘，恩格斯说："如果这个被遗忘了的辩证法……轻而易举地就结束了过去的全部逻辑学和形而上学，那么，在它里面除了诡辩和烦琐言辞之外一定还有别的东西。"黑格尔辩证法的唯心主义思辨性质需要批判和改造，"马克思过去和现在都是唯一能够担当起这样一件工作的人，这就是从黑格尔的逻辑学中把包含着黑格尔在这方面的真正发现的内核剥出来，使辩证法摆脱它的唯心主义外壳并把辩证方法在使它成为唯一正确的思想发展形式的简单形态上建立起来。"

费尔巴哈

【生平】

公元 1804 年出生于巴伐利亚州的兰茨胡特一位著名刑法学家和法学教授的家庭，1806、1814、1817 年先后随家庭迁居慕尼黑、潘贝格、安斯巴哈，直到 1822 年少年费尔巴哈以品学兼优的成绩相继完成了小学、中学的学业。1823 年入海德堡大学神学系，因不满意神学课程于次年转入柏林大学，听了两年黑格尔的课程，感觉很抽象，同时又因在柏林的生活受到经济条件的限制，1826 年转入艾尔兰根大学，开始研读自然科学。1828 年以《论统一的、普遍的、无限的理性》的毕业论文获博士学位，论文在哲学观点上仍属黑格尔的学生。1830 年费尔巴哈匿名出版了《论死与不死》，对这个问题上的基督教教义进行了批驳。但人们不难猜到这本著作的真正作者，该书随即被官方没收，作者本人也遭到迫害，被迫离开大学，并从此失去在大学授课的可能。1832 年费尔巴哈只得在法兰克福的一所中学任教员，同时还在几个大城市之间奔波，希望获得教授职位，都失败了。此后他转向了哲学史的研究和著述，连续出版了《从培根到斯宾诺沙的近代哲学史》（1833）、《论莱布尼茨》（1837）、《论比埃尔·培尔》（1838）。这项工作既避开了官方的迫害，也向学界展现出自己具有教授的能力，同时也从中研究考察了哲学应如何摆脱神学的束缚，解决近世哲学与宗教相混合这个不祥的可厌的矛盾。哲学史著作确实为他赢得了很多赞誉，并在名流的热切期望下撰写了多篇哲学史论文。此外他又出版了《作家与人》《〈反黑格尔〉批判》。这时他在 1837 年与一位相识于 1833 年的乡村姑娘贝尔塔·列芙结婚，并在妻子的家乡布鲁克堡村定居下来，赖妻子经营瓷器厂和自己的著作所得维持俭朴生活。这时黑格尔哲学在德国成为主流哲学将近二十年，但随着黑格尔在 1831 年去世不久，这个学派分裂解体，其中先进的分子形成了黑格尔左派，即青年黑格尔派，这个学派以卢格主编的《哈雷年鉴》（后期更名为《德国年鉴》）为阵地向宗教势力和黑格尔保守派展开激烈的斗争。费尔巴哈应卢格之邀为这个刊物撰稿，发表了多篇著作，其中包括《黑格尔哲学批判》(1839)和《论哲学的开端》(1841)，卢格曾致信费尔巴哈说，人们"都伸出大拇指夸你这一年发表的文章"。这期间费尔巴哈撰写出版了一部惊世的伟大著作《基督教的本质》(1841 年 6 月)，它也是费尔巴哈人本学唯物主义面世的历史里程碑。此书受到青年黑格尔派的热烈欢迎，但费尔巴哈虽然与这个学派的成员之间有着密切的交往，却也存在很多分歧，发生过各种争论，从哲学方面说，他们根本分歧在于费尔巴哈是立足于唯物主义。为此费尔巴哈曾在《德国年鉴》发表多篇有关评析《基督教的本质》的文章，维护和澄清自己的论点。此后费尔巴哈在 1842 年撰写了《哲学改造的临时纲要》，发表于 1843 年在瑞士出版的《现代德国哲学和政论界轶文集》第二卷，他把黑格尔的唯心主义与宗教的本质联系起来进行批判，其后又撰写和出版了《未来哲学原理》，进一步发挥了《纲要》中的思想，两书把自己的人本学唯物主义完善地阐发出来。费尔巴哈的著作引起了青年马克思的注意，使马克思以及恩格斯都从黑格尔唯心主义的影响中解放出来，从而转向费尔巴哈的唯物主义。马克思曾写信给费尔巴哈，邀请他为即将创刊的《德法年鉴》（马克思与卢格共同主编）写一篇评谢林的文章，并指出他把人的本质理解为一个抽象的"类"的概念而不是一个"社会的概念"这一缺点，向他提出哲学应与政治结成联盟而不是单纯依据自然。费尔巴哈没有理解和接受马克思的建议，但对马克思怀有友情，晚年读到马克思的《资本论》时很赞赏。无奈他离不开乡村，在乡舍继续走他自己的路，他除了对青年黑格尔派的施特劳斯和鲍威尔进行论争之外，还对宗教问题做了深入研究，发表了几篇论文，尤其是在 1846年出版了《宗教的本质》，把批判的范围扩大到包括基督教和自然宗教在内的一般宗教。费尔巴哈不与青年黑格尔派合流，但也不懂得革命，隐居乡间，脱离现实的政治斗争，以至于对1848年爆发的革命他都表现得很冷淡，怀疑这次革命推翻旧制度的可能。这一年他只在年末接受海德堡市大学生的请求到市政大厅作了几次关于宗教本质的讲演，其中对他先前发表的学说充实了大量具体论证材料，演讲至1849年3月结束。大约是从1844年开始，费尔巴哈就接触到共产主义思潮的信息，甚至还宣布自己是共产主义者，其实他不但接触的不是科学共产主义学说，而且他的宣布也不过是把一定政党主张的共产主义变成了一句空虚的词句。进入晚年的费尔巴哈在乡村过着孤寂的生活，于1851年整理出版了《宗教的本质讲演录》，1857年出版了《神谱》，1858年封笔。1859年妻子的瓷器厂破产，费尔巴哈在困苦中度过最后的岁月，1872年悲惨地病逝，纽伦堡有数千工人为他送葬，社会民主党和国际工人协会以及马克思本人由代表敬送了花圈。

【思想】

I

我的这个学说用几个字来表明，这便是：神学就是人本学；换言之，希腊文称之为 Theos，德文称之为 Gott 的这个宗教的对象，表明的不外就是人的本质，或者说，人的神不外就是人的被神化了的本质。

神学的秘密是人本学，神学史早就已经归纳地加以证明和证实了。教义的历史，说得更一般些，神学的历史，就是"教义的批判"，一般神学的批判。神学早就成了人本学了。基督教以前曾具有的超自然的和超人的内容，早就完全自然化和拟人化了。

神学的真正意义是人本学，在属神的本质之宾词跟属人的本质之宾词之间，没有任何区别，从而在神的主词（主体）或本质跟属人的主词（主体）或本质之间也没有任何区别，它们是同一的。

人是基督教之上帝，人本学是基督教神学之秘密。

我使神学下降到人本学，这倒不如说是使人本学上升到神学了，就像基督教使上帝下降到人，把人变成了上帝——当然，仍旧还是与人疏远的、先验的、幻相的上帝——一样。

只有具人格的宾词，才奠定了宗教的本质；只有在这种宾词之中，属神的存在者才成为宗教的对象。这一类宾词的例子有：上帝是人，上帝是道德上的立法者，是人类之父，是圣者、义者、善者、慈者。这些规定，特别是当其作为具人格的规定时，乃是纯粹属人的规定，从而，信教者对上帝的关系其实就是对他自己的本质的关系。

宗教之秘密的本质，是属神的本质与属人的本质的统一。但是，宗教之形式，或者说，宗教之公开的、被意识到的本质，却是上帝跟人的区别。上帝就是属人的本质，但是他却被知识成为另一种本质。

人在宗教中将自己的隐秘的本质对象化。这样就必然证明，上帝跟人的这种对立、分裂——这是宗教的起点——乃是人跟他自己的本质的分裂。

人使他自己的本质对象化，然后，又使自己成为这个对象化了的，转化成为主体、人格的本质的对象。这就是宗教的秘密。人把自己看作对象；不过是作为一个对象的对象，即另一个存在者的对象。

在宗教的原始概念中，人不由自主地、天真地、率直地会将属人的本质当作另外的、自为的生存着的存在者，从而既直接把上帝跟人区别开来，却又使上帝跟人等同起来。

人虽然可以借幻想而表象出属于所谓另一个更高的种的个体，他给予这另一个个体的本质规定，总只是从他自己的本质中汲取出来的规定；就是说，他只是在这种规定中摹绘出自己，使自己对象化而已。

属神的本质不是别的，正就是属人的本质，或者，说得更好一些，正就是人的本质，而这个本质，突破了个体的、现实的、属肉体的人的局限，被对象化为一个另外的、不同于它的、独自的本质，并作为这样的本质而受到仰望和敬拜。因而，属神的本质之一切规定，都是属人的本质之规定。

上帝不外是与人割断任何联系的精神，这种精神不仅是不同于人，而且摆脱了人的一切局限性，也就是说，它是没有形体和没有感性的精神。

　　人为了上帝而否定自己的知识、自己的思维，以便将自己的知识、自己的思维放到上帝里面去。人放弃了自己的人格，而由此，对他来说，上帝——全能的、无限的存在者——就成了一个具人格的存在者。

　　对人来说，上帝是他的至高的感情和思想之备忘录，是一本纪念册，他把一切他认为最贵重的、最神圣的存在者的名称都记在上面。

　　在宗教里面，人跟自己割裂开来，但却只是为了重新回到那由以出发的原点上来。人否定自己，但却只是为了重新设定自己，并且，使自己变得身价百倍。

　　人在远离自己而进到上帝中去时，总又只是回返到自己本身，总还只是环绕着自己打圈子。

　　人是上帝的对象。上帝并不是漠不关心人的善恶；不！上帝十分密切地关心人的为善，他希望人为善，希望人福乐，所以，在上帝之中和通过上帝，人只是以自己为目的。当然，人以上帝为目的，但是，既然上帝的目的只不过是在道德上永远拯救人，那么，人仍然只是以自己为目的。

　　人希望在宗教中满足自己；宗教是他的至高的善。

　　在祈祷中，表现出了宗教的本质。祈祷是全能的。虔诚者在祈祷中所渴求的，上帝无不一一成全。他确信，求助于上帝远远胜过求助于理性和本性的一切努力与活动，他确信，祈祷具有超乎人的和超自然的力量。

　　上帝对人的爱——这是宗教之根据和中心点——含糊地和毫不矛盾地证明，人在宗教之中把自己直观成为属神的对象、属神的目的，换句话说，在宗教之中，人只跟自己的本质、只跟"自我"发生关系。

　　在宗教中，人以自己为目标，或者说，他自己把自己当作对象，使自己作为上帝的目标而成为自己的对象。

　　宗教，至少是基督教，就是人对自身的关系，或者，说得更确切一些，就是人对自己的本质的关系，不过他是把自己的本质当作一个另外的本质来对待。

　　把人的本质对象化，是有一个前提的，这个前提就是把异于人的、客观的东西人化，或者把自然看成一个人性的东西。

自然是宗教最初的、原始的对象，这一点是一切宗教、一切民族的历史充分证明了的。

人在自然之上假定了一个精神实体作为建立自然、创造自然的东西，这个精神实体无非就是人自己的精神实体，不过在人看来，他自己的这个精神实体好像是一个另外的、与他自己有别的、不可比拟的东西，其所以如此，是因为他把它当成了自然的原因，当成了人的精神、人的意志和理智所不能产生的那些作用的原因，是因为他把异于人的实体的自然实体与这个精神的、人的实体结合了起来。

自然是宗教最初的、基本的对象，不过并不是被看成自然本身而当成对象。自然在人眼中可以说本来是——就是用宗教眼光去看它的时候——一个像人自己那样的对象，是被当成一个有人格的、活生生的、有感觉的东西。

至于那异于人的、不依靠人的本质的实体——那并无人的本质、人的特性、人的个性的实体，真正说来，无非就是自然。

自然界的变化，尤其是那些能激起人的依赖感的现象中的变化，乃是使人觉得自然是一个有人性的、有意志的实体而虔诚地加以崇拜的主要原因。

作为自然创造者的神，固然被表象成为一个与自然有别的实体，但是这个实体所包含、所表示的东西，这个实体的实际内容，却只是自然。

显示于自然中的那个神圣实体，无非就是以一种神圣实体的姿态显示于人、呈现于人、强加于人的自然本身。

神的最根本概念不是别的，正好就是认为神是那种在你的存在之先的、作为你的存在的前提的存在。换句话说：如果我们相信神存在于人的心情之外、理性之外，绝对地存在着，不管有没有人，不管人是否想到他，是否企求他，那么，在这种信仰或在这种信仰的对象里使你神魂颠倒的，并不是什么别的东西，它就是自然，它的存在并不靠人的存在来支持，更不用说以人的理智和心情为基础了。

宗教就是对于我之为我的崇拜和信奉。而我首先就不是一个离开光、离开空气、离开水、离开土、离开食物而存在的东西，而是一个依赖自然的东西。这种依赖，在动物和野蛮人身上是一种不自觉的、没有考虑到的依赖；进而意识到它、表象它，崇拜它，信奉它，就是进入宗教。

人的依赖感是宗教的基础，而这种依赖感的对象，这个为人所依赖并且人也感觉到自己依赖的东西，本来无非就是自然。

宗教的根柢和起源就是人的依赖感，而这种依赖感的对象，就是自然界，因为我们是存在于、生活于并活动于自然界里面；自然界笼罩着人类，拿去了自然界，人类也就不存在了；人依于自然界而存在，人每做一事，每走一步，都唯自然是赖。

依赖不是别的，正是对于某对象之需要，不过，这种需要已经达到了意识或感情。

没有需要，便没有依赖感；倘若人不需要自然界而能存在，那么他就不会感觉到依赖于自然界，因此也就不拿自然来做宗教崇拜的对象。

实际上并不存在什么依赖感本身，而存在的总只是一定的、特殊的感情，例如，饥饿感、不快感、死亡的恐怖感、阴天的忧郁感、晴天的快乐感、徒劳无功的痛苦感、因自然灾变而不能实现希望的悲哀感等等，就使人产生依赖的感情。

神虽然是幻想的创造物，但与依赖感、与人的灾难、与人类利己主义有最密切的关联；这种幻想的创造物同时也是感情上的东西，也是情绪的东西，尤其是畏怖和希望的创造物。

我并不认为依赖感是宗教的全部，我只是认为它是宗教的根源和基础；因为人同时也从宗教里面探求种种手段，来对抗那个他感觉到自己所依赖的东西。例如，对不死的信仰，就是一种对抗死的手段。

神只是从世界抽象出来的一个概念，神只是世界在思想中的存在，而世界则是在实在中的神或实在的神，神的无限只是从世界的无限，神的永恒只是从世界的永恒，神的权力和庄严只是从世界的权力和庄严，抽象出来、发生出来、引申出来的。

我的学说或观点可以用两个词来概括，这就是自然界和人。从我的观点看来，那个做人的前提，为人的原因或根据，为人的产生和生存所依赖的东西，不是也不叫作神（这是一个神秘的、含糊的、多义的词），而是并且叫作自然界（这是一个明确的、可捉摸的、不含糊的名词和实体）。至于那个自然界在其中化成有人格、有意识、有理性的实体的东西，在我的学说中则是并且叫作人。

黑格尔的逻辑学，是理性化和现代化了的神学，是化为逻辑学的神学。神学的神圣实体是一切实在性、亦即一切规定性、一切有限性的理想总体或抽象总体，逻辑学也是如此。世界上的一切事物可以在神学的天国里再现，自然中的一切事物也可以在神圣的逻辑学的天国里再现：例如质，量，度，本质，化学作用，机械精造，有机体。在神学中，我们对于一切事物都是作二次考察，一次是抽象的，另一次是具体的。在黑格尔哲学中，对一切事物也是作二次考察：先作为逻辑学的对象，然后又作为自然哲学和精神哲学的对象。

黑格尔的绝对精神不是别的，只是抽象的、与自己分离了的所谓有限精神，正如神学的无限本质不是别的，只是抽象的有限本质一样。

宗教起源于人类的幼年时代，也只在这个时代才有其真正的地位和意义；但是幼年时代也就是无知、无经验和无文化的时代。后来时代所发生的宗教，譬如基督教，在本质上并不是什么新宗教，不过是适应于人类的进步观点而将人类最远古时代发生出来的一些宗教观念加以改良、加以精神化而已。但发生一个新宗教的时代，对于以后的时代说来，又成为幼稚时代了。我们试退回到发生新宗教的时代去，那时流行着何等的无知，何等的迷信，何等的粗鄙！

宗教和文化是互相冲突的——虽然人们有时将宗教叫作最初的、最古老的文化形式，又将文化叫作真正的、完成的宗教，以为唯有真正受过文化教育的人才是真正的宗教信徒。但这是滥用字义，因为宗教这个名词总是与那些迷信的和非人道的观念联系起来的；宗教本质上包藏有反文化的因素在内，它将人类幼年时代所造成的观念、习惯和发明仍然当作法则以供成年时代人类之用。人做某件事情，若是由于神的告语而后去做，这对人自然是站在宗教观点，同时也是站在最粗野的观点；但若是由于人自动去做，因为人自己的本性、自己的理性和倾向告诉他如此做，那时宗教的必然性就不存在而由文化来代替其位置了。

唯有当人的行为是从那含在人性内的原因发生出来时，原则和推论、原因和效果中间才有一种和谐，才是圆满无缺的。文化这样做，或向这个方面努力去做。宗教据说是要代替文化的，但代替不了；文化则确实代替了宗教，使宗教成为无用之物。不要把人做成宗教信徒，而要教育人，要使文化普及于一切社会阶层——这便是现今的使命。

宗教和文化是互相冲突的东西。这种冲突无人能够否认，因为人们可以有宗教而无文化，也可以有文化而无宗教。人们可以反驳我说：最有教化的人，最有学问的人，最聪慧的人，往往是最信仰宗教的。我可以拿下面的理由来解释这种现象，即一人之身往往藏有最大的最不可调和的矛盾。这个矛盾，在近代开始时更表现得明显。哲学和科学的改革者，一般说来，都是一方面是自由思想家，一方面是迷信者。我们现在还生活在宗教和文化间那种可厌的矛盾之内，我们的宗教学说和仪式也站在与我们现在精神的和物质的观点大相违反的地位；祛除这个可厌而不祥的矛盾，正是我们的任务。祛除这个矛盾，乃是复兴人类的不可或缺的条件，乃是新人类和新时代的唯一条件。没有这个条件，一切政治的和社会的改革都是徒劳无功的。

我虽然着墨不多，却相当敏锐地描写了基督教之历史的瓦解，我指出，基督教不仅早就从人类理性中消失了，而且也早就从人类生活中消失了；我指出，基督教不过是某种固定的观念而已，这种固定观念，是跟我们的火灾和人寿保险机构、我们的铁路、我们的蒸汽机车、我们的绘画陈列馆和雕刻陈列馆、我们的军官学校和实业学校、我们的剧场和博物标本室处于最最尖锐的矛盾之中。

唯有人才以其结构和教育在自然界上盖上了意识和理智的烙印，唯有人在时间过程中渐渐改变地球为一个合理的适合于人的住所，而且以后还要改变得比现时更合理些、更适合人些。人类文化甚至能改变自然气候。试想现时德国是什么样，从前恺撒时代的德国又是什么样子！可是，人类对于自然界所做的这种伟大改造，又怎能与那种对超自然的神意的信仰相融洽呢？

理智与最无理的迷信相混合，政治自由与宗教奴性相混合，自然科学上和工业上的进步与宗教上的滞停不进甚至盲目信仰相混合，我的意思是：政治自由夹杂了宗教羁绊和褊狭在内，便不是真正的自由。真正的自由，唯有当人在宗教上也是自由的时候；真正的文化，唯有当人制服了他的宗教成见和幻想的时候。关于信仰自由，当然是一个自由国家的第一个条件。但信仰自由乃是一种极次要而无内容的自由，因为这个自由不是别的，正是各人都可自愿做一个呆子的自由或权利。在我们以前的意义下国家当然不能侵犯信仰地盘，当然要给信仰以绝对自由。但是人在国之中的任务，并非只要相信他所要信的，而是要相信合理的东西；一般说来，并非只要相信，而是要知道他所能够知道并必须知道的东西，倘若要做一个自由而有教养的人的话。在自然界方面，当然还有好多不可了解的东西；但人可以认识宗教的秘密，直至其最后的根柢。正因为人能够认识，所以人也应该去认识。

II

从上帝那里推演出世界，从上帝出发来解释世界，这一切只不过是一种幻想的游戏，只不过是自我欺骗，只不过是痴心妄想，那么，世界究竟来自何处或者来自何人呢？来自上帝。好吧！那么世界在上帝那里是怎样形成的呢？它在上帝那里又是从哪里产生的呢？产生于观念。可是，这个观念又是从哪里产生的呢？与这个观念相区别的现实是从哪里产生的呢？世界的物质存在是从哪里产生的呢？这些就是有神论没有回答、也无法回答的问题；它之所以无法回答，原因很简单，这就是"世界来自何处"这头一个问题本身，就是一个愚蠢的问题。

从我的观点看来，自然界这个无意识的实体，乃是非发生的永恒实体，是第一性的实体，不过是时间上的第一性，而不是地位上的第一性，是物理上的第一性，而不是道德上的第一性；有意识的、属人的实体，则在其发生的时间上是第二性的，但在地位上说来则是第一性的。我的这个学说是以自然界为出发点的，并且是立足于自然界的真理之上，用这个真理去对抗神学和哲学。

即使我把自然界、世界，即把这些为我的感官所能感觉到的形体，这些星辰、这个地球、这些植物、这些动物，设想为发生出来的东西，设想为某种原因的效果，那我也只能假定一个本质上与自然界并非不同的某种原因。

黑格尔关于自然实在为理念所建立的学说，只是用理性的说法来表达自然为上帝所创造、物质实体为非物质的、亦即抽象的实体所创造的神学学说。

凭什么理由可以从逻辑的范围转到自然的范围呢？这相互转化的不可避免性和原理又何在呢？逻辑本身只知道自己，只知道思维。因此逻辑的"别有"不是从逻辑中，不是以逻辑的方式，而是以非逻辑的方式推演出来的；也就是逻辑之所以转变为自然，只是因为能思维的人在逻辑之外还遇上了一个与他直接接触的存在，一个自然界，并且由于他直接的亦即自然的观点又不得不承认它。假如没有自然，逻辑这个童贞的处女永不能生出它来。

自然界绝不是一个与它不同的实体的一种效果，而是像哲学家所说的以自己为原因；自然界绝不是被造物，绝不是被制作的或简单无中创有的事物，而是一个独立的、只由自己可以说明的、只从自己派生出来的东西。

我所说的自然界，就是人拿来当作非人类的东西而从自己分别出去的一切感性的力量、事物和本质之总和。一般说来，我所说的自然界当然是像斯宾诺莎所说的那个不带意志和理智而存在和活动的（既不像那个超自然的神）、却只依靠其本性的必然性而施行影响的东西。但我并不像斯宾诺莎那样，认为这个东西是一个神，即又是一个超自然的、超感性的、抽象的、神秘的和简单的东西；我确认为它乃是一个繁复的、平凡的、实在的、一切感官都能觉知的东西。或者拿实践的意义来说，便是：自然界是除有神论信仰的超自然主义暗示以外，直接地、感性地对人表现出是人的生命的基础和对象的一切东西。自然界是光，是电，是磁，是空气，是水，是火，是地，是动物，是植物，是人——这里说的人乃是一个无意志和不自觉而活动着的东西。我所说的自然界就是这样，再不是别的东西。什么是自然界，什么不是自然界，我取决于感官。你所看到的，且未经人的手和思想接触过的，都是自然界。或者，倘若我们要把自然界解剖来看，我们又可以说，自然界就是那个本质或那些本质和事物之总和，它们的存在和本质就表现在它们的现象或影响里面，而这些现象或影响，其根据并非在思想、意向和意志之中，而是在无文的或宇宙的、力学的、化学的、物理的、生理的或有机的力量或原因之中。

自然到处活动，到处化育，都只是在内在联系之下、凭着内在联系而进行的，只是由于必然性、凭着必然性而进行的。但是这种自然的必然性并不是人类的必然性，因为自然的东西并不是思想中的东西，并不是逻辑上或数学上的格式，而是现实的、感性的、个体的东西；总之，自然是只应当通过自然本身去了解的。

"吸引"和"排斥"，是物质——这个自然界的基质——本质上所具有的，人在他的理智中才把它从物质分离出来罢了。某些物质部分或形体互相吸引着，就从其他的部分或形体分离出来，把它们排斥开去，因之形成了一个特殊的整体。世界的基质，物质，我们不论如何不能设想一种同形的、无差异的东西；同形的、无差异的物质只是人的抽象，只是一种幻想；自然界本质，物质本质，原本已经是一个含有差异性在内的东西；因为唯有一个确定的、差异的、个体性的东西才是一个实在的东西。

人所称呼为和了解为自然界目的性的那个东西，其实不是别的，正是世界的统一性、因果间的和谐、自然界中一切事物存在和活动的总联系。譬如一个个单字相互间必须构成一种必要的联系，才有意义，才能为人了解；同样，自然界的本质或现象互相间也必须构成一种必要的联系，才能给人以理解性和计划性的印象。不过，世界虽然不是由于偶然而存在的，我们仍无须乎去设想一个人性的或拟人的创造主。自然界本是互相吸引着，你需要我，我需要你，这个没有那个就不行的，因此它们是由于自身的力量而互相联系起来。

第一原因乃是一般的原因，乃是一切事物无差别地共有的原因；但是无差别地造成一切事物的那种原因，事实上什么事物都造不成功，不过是一种概念、一种思想本质而已，它只有逻辑的和形而上学的意义，而没有物理的意义，我这个个别的存在者绝对不能从它派生出来。这个第一原因——我总要加上一句话说：这里的"第一"是在神学意义下说的——人们想要拿来结束那个因果连锁的无限过程。有神论者发问道：那么这个连锁的第一环，这个级数的第一项，又是从哪里来的呢？所以我们必须跳出这个连锁以外到那个"最初之物"去，它是一切有限本质的根源，是一切发生的东西的始点，而它本身是无始的、无限的。这便是证明有个神存在的常用证法之一；人们把这叫作宇宙论的证法。不过我们有下面的意见反对上面这种推论。因果连锁的无限追溯应用到人类起源问题上，甚至地球起源上，固然是与理性相违背的，因为我们不能永远说人是人生的，地球某种形态是前期同种形态所造成的，我们最后必然要达到一点，那里我们看到人是从自然界产生出来的，地球也是由那行星质或其他什么原素形成起来的。但是，若应用到一般自然界或世界，这种无限追溯却绝对不违背那经由世界直观训练出来的理性，只是人类的褊狭性和贪方便心，拿着永恒性来代替时间性，拿着无限性来代替因果连锁的有限过程，拿着固定的神性来代替无限变动的自然界，拿着永久静止来代替永久运动罢了。

如果没有顺序继起，没有运动、变化和发展，那也就不会有生命，不会有自然界，发展着的东西就是现在存在着的东西，但这一现存的东西，以前不是这样，而将来也不会是这样。

自然界没有始点，也没有终点。自然界中，一切都在交互影响，一切都是相对的，一切同时是效果又是原因，一切都是各方面的和对方面的；自然界并不构成一个君主国的金字塔，它是一个共和国。不能设想一个没有君主的国家、一个没有君主的人群集合的人，他也就不能设想一个没有神的自然界。但是没有神，没有一个外于自然的和超自然的东西，自然界仍旧是可以设想的，恰如没有一个站在民众以外和以上的君主偶像仍旧可以设想国家一样。共和国是人类的历史使命和实践目的，同样，人类的理论目的就是把自然界的结构认识为一种共和国结构，就是到自然界固有本质中而不到自然界以外去寻求那治理自然界的机关了。倘若把自然界看作片面的效果，而拿一个自身没有原因的超自然的东西，当作片面的原因，来同自然界对立起来，那是再愚蠢不过的事。

恰像在共和国里，至少在民主共和国里（这里说的都是指民主共和国而言），只有平民人物统治着而没有君主统治一般，在自然界里也没有什么神来统治，有的只是自然的力量，自然的法则，自然的原素和实体。

只有当我们认识了自然界以外没有任何存在，形体的、自然的、感性的存在以外没有其他的存在时，当我们将自然界放在它自己上面时，因之当我们认识到关于自然界基础问题其实就是关于存在基础问题时，世界、自然界才是可以解释的。

倘若想根据自然界中一些不可了解的事情来做出神学的结论，或者想拿神学去解决这些不可了解的事情，那会是何等愚蠢的念头。物理学家和生理学家，现在对于有机自然界和无机自然界中好多的现象还未能解释，但是，能够因此推论说：这些未能解释的现象，与其他能够解释的现象不同，是没有物理学上和生理学上的基础吗？自然界果真一部分是物理的，他部分是超物理的吗？自然界不是一个统一体吗？不是到处都是自然界的吗？

在假定了一个神、一个存在于世界之外的东西以后，我们的精神在世界有无始点这个问题上遇到的困难，并未曾得到解决。可见，最合理的事情就是假定世界过去是永久存在的，将来也是永久存在的，因此世界存在的基础就在自己本身。

III

思辨哲学只是将神学认为只属于上帝概念的那种特性普遍化了，只是将这种特性当成为思维的特性，当成为一般概念的特性了。因此思维与存在的同一，只表示理性具有神性，只是表示思维或理性乃是绝对的实体，只是表示并无理性对立物的存在，一切都是理性，如同在严格神学中一切都是上帝，一切真实和实在存在都是上帝一样。但是一种与思维没有分别的存在，一种只作为理性或属性的存在，只不过是一种被思想的抽象的存在，实际上并不是存在。因此思维与存在同一，只表示思维与自身同一。

这种"同一哲学"中，主体不再为一种存在于它之外、与它的本质相矛盾的物质所限制，所决定。但是一个没有任何事物在自身之外，因而本身并不包含任何限制的主体，也就不再是"有限"的主体，不再是与一种客体相对立的"自我"，而是神学上或日常生活上称之为上帝的那种绝对本质了。

例如在黑格尔的逻辑学中，思维的对象与思维的实体是并无区别的，思维与自身处在不可分割的统一之中。思维的对象只是思维的范畴，纯粹呈现在思维之中，并不具有任何思维以外的东西。

如果人认为物质不是实在，因而不是思维理性的界限，如果人认为这种漫无限制的理性，理智实体，一般主观性实体乃是唯一的，绝对的实体，那么，思维与存在之间，主观与客观之间，感性与非感性之间的区别，也就在理论上消失了。

主观就是客观，观念就是对象；这是不应该有的，这是一种矛盾，一种幻觉，一种不幸——因此人们就要求恢复真实的情况，在真实情况之中，主观和客观是不同的。

康德在批判本体论的证明时选了一个例子来说明思维与存在的区别，认为意像中的一百元与实际上的一百元是有区别的。这个例子受到黑格尔的讥嘲，但基本上是正确的。

一般说来，人类认为存在是第一性的，但是，这里的"存在"，并不是指在黑格尔的逻辑学的意义下的那种借间接性的范畴表明自己与思维之同一性的"存在"，而是指在人的意义下的"存在"，这种存在，只为感觉所保证，这种存在，是存在的对象物，这就是说，只有当我存在着的时候，我才知道它。

具有现实性的现实事物或作为现实的东西的现实事物，乃是作为感性对象的现实事物，乃是感性事物。只有一个感性的实体，才是一个真正的，现实的实体，只有通过感觉，一个对象才能在真实的意义之下存在——并不是通过思维本身。与思维共存的或与思维同一的对象，只是思想。

在一般哲学方面，我也认为感性是第一，但这里所说的第一，不是思辨哲学意义下说的，思辨哲学所谓的第一，是必然要被超过之意，不是的，这里所说的第一是指非派生的东西，依靠自身存在的东西和真实的东西而言。

我与那自绝于感官的哲学相反，把感性的东西确定为直接具有确实性的。宗教史和人类史都证实了这个原理，都向我们指出自然的以及人的感性本质对它是最初的、直接具有确实性的东西；指出人类，至少最初，视感觉为唯一能辨别一切事物是否具有确实性的根据；指出对他们只有感性的东西是存在的。历史、科学——尤其是自然科学，也都证实了这个原理。

我的哲学只是以五种感觉的福音为依据，而不是依据于难以凭信的普遍意识或难以凭信的梦游病患者的胡言乱语，它只知道一个唯一的存在、即真实的自然界的存在；而且它满足于这个唯一的存在。

这个新哲学，它并不承认像作为抽象理性的对象那样的事物是真正的事物，认为只有那成为现实而完整的人的对象的、从而其本身就是完整而现实的事物，才是真正的事物。

对我们说来，客体不仅是感觉的对象；它也是感觉的基础、条件和前提。我们在看、听、触、嗅、尝以前就作呼吸；我们所以呼吸，因为没有呼吸就不能活，也不能感觉。

唯物主义、唯心主义、生理学、心理学都不是真理；只有人本学是真理，只有感性、直观的观点是真理，因为只有这个观点给予我整体性和个别性。不是灵魂在思维、感觉，因为灵魂不过是人格化、实体化、转化为一个特殊本质的思维、感觉和意志的机能或现象；也不是脑在思维、感觉，因为脑是一个生理学的抽象，是从一个从整体撕裂开来的和从头盖骨、颜面，乃至整个身体分离开来的器官，一个作为某种独立的东西被固定了的器官。但是，脑只有与人的头和身体关联在一起的时候，才是思维器官。

难道可以说肉体器官、头脑即脑壳和脑髓是出于自然界，而在头脑里面的精神即脑髓的活动却是出于一个与自然界全不同类的东西，出于一个思维实体和幻想实体，出于一个神吗？脑壳和脑髓从哪里来的，精神也就是从哪里来的；因为二者是不可分开的。倘若脑壳和脑髓是出于自然界，是自然界的一个产物，那么精神也就是这样。

精神是什么呢？——仍然是一种肉体的活动，是一种头脑工作；精神活动不同于其他活动的，只在：精神活动乃是另一个器官的活动，正是头脑的活动。但是，因为思维活动是特种活动，不能同其他活动相比较，因为在思维活动中制约着这个活动的器官，对于人说来不是人的感觉和意识的直接对象，不像吃东西时的口和肠胃，不像看东西时的眼睛，也不像做手工时的手和臂，又因为头脑活动是最隐秘的最沉藏的最无声无息的活动。

既然精神是人的一种活动，不是什么自为的实体，既然精神是与肉体分不开的，而且非有器官不可，那么，可见精神只能导源于自然的本质，而不是导源于神。

黑格尔仅仅否认肉体，而没有否认灵魂。对于他，肉体没有真实性，灵魂却是全部真理。正如思维和存在的统一仅仅意味着思维与非存在（因为存在与非存在是同一个东西）或与其自身、即与思维的统一一样，灵魂与肉体的统一也仅仅意味着灵魂与其自身、即与肉体的拟人的非存在的统一。

"从物质怎样能产生精神呢？"首先回答我下面的问题：精神怎样能产生物质呢？如果你对于这个问题找不到至少还有点道理的答案，那么你便会明白只有反面的问题可以使你达到目的。

在人类生活中，你能不能找出即使仅仅那么一点，在这一点上你能够消除灵魂和肉体的联系，或者不如说，不可分割性，指出与肉体无关的并且不以肉体为先决条件的灵魂的孤立活动？

唯心主义怎么能够拒绝这样明显的真理呢？没有客体就没有主体，没有"你"就没有"我"；但是对唯心主义来说，这一使"我"和"你"借以存在的观点只是经验的，而不是先验的，也就是说它不是真理性的观点；不是第一的，也不是主要的观点，而是附属的、引申的、对自我说来自身应被否定的观点；这个观点只适用于生活，而不适用于思辨。但是，这种和生活矛盾的思辨，把死和脱离了肉体的灵魂的观点当作真理的观点的思辨，乃是僵死的、虚伪的思辨，是出了母体一吐气、一出声就被人判处死刑的哲学。因为人用这一哲学来宣告自身存在的那个喊声本身，同时也宣布了——虽然是无意识的——与它不同的世界的存在。如果在人之外没有任何东西，那么人怎样能够表露自己的感觉呢？如果根本没有其他客观东西的存在，他怎么能够把什么东西客观化呢？如果感觉被关闭在笛卡尔主义的、诺斯替教的、佛教的、虚无主义的本质之内，那么，当然，要想发现从他向客体、向在他之外的某种东西过渡是不可能的，甚至是无意义的；但感觉则是禁欲主义哲学的直接对立物；它忘形于安乐的痛苦；它是喜交际的、多言的、贪图生活和享受的，也就是说，贪图客体的，因为没有客体就没有享受。

作为一个现实实体的活动的思维，怎样能不去掌握现实的实体和事物呢？

那些思维思辨的哲学家不过是这样一些哲学家，他们不是拿自己的概念去符合事物，而是相反地拿事物去附会自己的概念。因此，我的说明是否得到那些思辨哲学家的心口赞许，在我是完全无关紧要的；问题只在于这个说明是否与它的对象符合、是否与事实符合，而我所做的说明是与它的对象、事实相符合的。

一切对象都可以通过感觉而认识，即使不能直接认识，也能间接认识，即使不能用平凡的、粗糙的感觉认识，也能用有训练的感觉认识，即使不能用解剖学家或化学家的眼睛认识，也能用哲学家的眼睛认识。

自然界中即使有不少的现象我们还未曾发现其物理的自然的原因，但我们断不能因为这个缘故而躲避到目的论中去。我们没有认识的东西，将被我们的后人所认识。有无数东西，我们的先人只能够拿神和神的目的去说明的，我们现在已经拿自然界本质来解释清楚了。

思维与存在的真正关系只是这样的：存在是主体，思维是宾词，思维是从存在而来的，然而存在并不来自思维。存在是从自身、通过自身而来的——存在只能为存在所产生。

思维与存在的统一，只有在将人理解为这个统一的基础和主体的时候，才有意义，才是真理。只有实在的实体才能认识实在事物，只有当思维不是自为的主体，而是一个现实实体的属性的时候，思维才不脱离存在。因此思维与存在的统一并不是那种形式的统一，即以存在作为自在自为的思维的一个特性，这个统一是以对象，以思想的内容为依据的。

思辨和经验之间的差别，并不是建立了两个王国或两个世界。

IV

人的真正教养和真正任务，就在于如实地认识事物和说明事物，按照它本来的样子既不夸大也不缩小。

事物和本质是怎样的，就必须怎样来思想、来认识它们。这是哲学的最高规律、最高任务。

首先必须有自然，然后才有与自然不同的东西把自然摆在目前，作为自己的意欲和思想的对象。

日、月、星等，人眼未见以前早就存在了；并非因为我看见它们，它们才存在，而是因为它们存在，我才看见它们；即使它们是为一个能见的东西而存在的，但是若没有我们所称为光的东西作用于眼睛，它们仍然不为我们的眼睛而存在；总而言之，我看见它们，是以它们的存在为前提，我没有看见它们以前，它们就存在了，以后即使我没有看见它们，它们仍然是存在的，因为它们并非为了给我看见而存在着。

应当遵循感官！感性的东西开始之处，就是宗教与哲学结束之处，并且由此而使我们获得简单而明白的真理。

人到处都必须拿感性的东西当作最简单、最可靠和最明晰的东西，从那里出发，然后走到较复杂的、抽象的、眼睛所不能见的对象去。

一般说来，我无条件地弃绝一切绝对的、非物质的、自我满足的、由自身汲取素材的思辨。为了进行思维，我需要感官，我把我的思想建筑在只有借助感官活动才能经常不断地获得材料上面，我并不是由思想产生出对象，正相反，是由对象产生出思想；只是，这里的对象，专指人脑以外存在着的东西。

我的这种哲学，是从思想之对立物，即从物质、实质、感觉中产生出思想，并且，在通过思维过程来规定对象以前，先就与对象发生感性的、也即受动的、领受的关系。

当你思想到性质之前，你先感觉到性质。感受是先于思维的。

我提出了感觉，作为对人和现实的标准即标志和基础。当然，不是动物的，而是人类的感觉；不是感觉本身，不是没有头脑、没有理性和思想的感觉，因为甚至纯粹的视觉都需要思想。假如我不使什么东西成为我的注意的对象，不把它和周围其他对象分开，作为单独的对象注视它，我便不能看见。但一如感性若无思想便等于零，思想，即理性，若无感性也同样地等于零，因为只有感觉给我真实的、现实的对象和实体。

思维从现象中分解、寻找、抽出统一的、一般的规律；但为了找到它，思维必须首先感知感性的现象。一开始思维是极其笨拙且幼稚的，哪怕它要解释的是最寻常的现象。人在其感性知觉的原始阶段上与其已具有科学知识的阶段上的思维活动之不同，可用例子明显地描写出来。雨是哪里来的，雨的起因是什么？只有认识空气中的水蒸气，才能产生雨的正确解释。没有思想的感性止于个别现象，解释个别现象不用思考，不用批评，不用研究，不与其他现象比较，而直接通过自己来解释；思维的直观则把彼此好像没有任何共同之点的不同感性事实联结成相互联系的整体，而只有当人把自己提高到能够以这种方式相互联系地感知事物时，也才是思维的。

思维、精神、理性，按其内容，除了说明感觉所说明的东西而外，并未说明什么其他的东西；它不过把感觉分散地、分别地告诉我的东西，又联系地对我说明，正因为如此这种联系才被叫作理性，而且就是理性。因为正如只把几个字联系在一起便成为例子，具有意思一样，感性的东西只有当我把不同的感觉所揭示给我的它的不同的特征连在一起时，对我才成为理性的对象，成为我所了解的事物。我们用理性分别和联系事物，然而是在感觉给我们的分别和联系的标志和基础上；我们只区分自然所区分的东西，联系自然所联系的东西，使自然的现象和事物在理由和结果、原因和作用的关系上互相隶属，因为事物在事实上、感觉上、实际上、现实上彼此正处在这样的关系中。

思维首先是理解许多的、各种各样的东西，并把它们表达为与之相应的概念形式。

理性和感觉或感觉能力之间的差别究竟是什么呢？感性知觉提及对象，理性则为对象提供名称。凡是存在于理性中的，没有不是先已存在于感性知觉中的，但是，实际上存在于感性知觉中的东西，只是在名义上、名称上存在于理性之中。那么名称是什么呢？名称是用来区别的符号，是某种十分明显的标志，我把它当作对象的特征和代表，以便从对象的整体性来设想对象。感觉在此时此地，其后又在彼时彼地等等告诉我的事情，理性用一个单词就一劳永逸地告诉我了。

语言、名字，也是某个对象的影像，也是想象力的一种产物，当然是想象力协同理智并依照感官所给的印象而造成的。人在语言中模仿自然界；构成一个对象的声音、音调和响声，便是人从自然界得来的第一个认识，人拿这个认识做特征，去想象这个对象、称呼这个对象。

重复说一遍：精神或理性与感性表象或直观之间的区别是什么呢？这就是词与事实或事例之间的区别，也就是名称和事物、符号和形象、数和图形之间的区别。凡是存在于理性之中的东西，没有不存在于感觉之中，但它在理性中的表现不同于它在感觉中的表现。

对象的表象并非丝毫不差地就是全部对象。要创造表象就必须加进某种和对象不同的东西。这种不同的东西是论证表象的本质的，如果我想从对象中引申出它来，那就是真正的愚蠢。然而，这个不同的东西究竟是什么呢？是普遍性的形式；因为，正如莱布尼茨所指出的，甚至连一个单个的观念或表象都本来是某种一般的东西，也就是说，在这种情况下是某种没有规定的、消除或消灭差别的东西。感性是庞杂的、非批判的、丰硕的；而观念、表象则限于一般的和必然的东西。整体必然大于部分，这个公理之所以确实可靠，并不是由于归纳，而是由于理智，因为理智的目的和使命不是别的，而是概括感觉材料，以便使我们摆脱讨厌的重复之劳，以便预示、代替、保存感性经验和感性直观。但是，难道理智是不以感觉为基础而完全独立地进行这种活动吗？难道我所感觉到的这个或那个个别事件在抽象中也是个别的吗？难道它不是具有质的规定性的事件吗？难道在这种质里面没有可以感觉得到的、个别事件的同一性吗？难道印象的同一性或同样性不就是感觉本身之所以对同一事件无限地反复重现感到厌倦的充分根据吗？难道高级的思维规律、同一律不同时就是感性的规律吗？难道这个思维规律归根到底不依靠感性直观的真理性吗？

一切概念活动都以或多或少广阔的观察活动为其基础。人类上升到精神文化的时候，当然直接的感性直观的必然性便消失了。别人的眼睛使我摆脱使用自己的眼睛的必要；别人所看见、所感受而用文字或者讲述传给我的东西，对我说来，只是精神、幻想、思想的对象。在这传说和文献使人摆脱直接观察的必要的阶段上，人也就疏离了感性，忘却认识是从感觉而来的，于是他就把间接的、传统的、传授的认识置于直接的认识之上，把思维、精神转变为一种与感觉全然不同，就是说绝对不同的，属于异类的本质。

人能从个别的东西和特殊的东西抽取一般的东西，譬如我从好多不同的树中抽取树的一般概念，而舍弃那使个别的树在实际上能与其他的树分别出来的一切差异性或特殊性。

世界是感觉的对象，也是思维的对象。在感性对象中，人把两种存在物区别开来，一种是存在于现实世界中的，并且是感性知觉的对象，另一种是从感性中抽象出来的思想的存在物。人把前者叫作存在或者又叫作个体，把后者叫作本质或类。

类当然与种有别，因为我们在类中撇开了一切种的差别。但不能由此得出结论说，类具有独立的本质；因为类不外是种的共同物。石头这个类概念虽然一概有别于鹅卵石、石灰石、萤石这些概念，而不专指某一种石头，但不能因此就说它是超矿物的概念，是超出石类范围之外的概念。

真理、本质、实在仅仅在感性之中。难道你曾经在某个时候知觉到、看到过物体、物质吗？你只看到和知觉到这是水，这是火，这是星辰，这是石头，这是树，这是动物，这是人——永远只是完全确定的、感性的、个别的事物与实际——但是，你从来也没有看到过作为物体的物体，作为灵魂的灵魂、作为精神的精神、作为物性的物性。

总之，没有什么东西不是个别的实体。你说，例如，属人的本性便是普遍的。但是，这个普遍的本性在哪里表明出来呢！至少，我看到柏拉图这个人的本性，又看到苏格拉底的那个属人的本性，但是所有这些本性都是个别的。你说，因为有如此多个别的，因而就在所有里面有一个共同的。但是，我有了一个个别的就已经够了；一个个别的也就满足你，我看不到我们两个共同的本性，看不到在你里面和在我里面有同一个本性。当然，我承认，属人的本性，确实是存在于许多人里面。可是我要补充一句：是多种多样地存在于许多人里面。为了保持其普遍性，你想要说它是同一个，但是为了保持各个个别本性之存在，我却要说它是多种的。当然，普遍的东西确实也存在着，但是，就它存在着、不是纯粹的思想物而言，它就不是普遍的东西，而是个别的、单个的东西，因而，既可以同意唯实论者的说法它存在着，又可以同意唯名论者的说法它并不存在着。人性存在于人里面，每一个人都是人；但是，每一个人是一个自己的、有别于人的、个别的人。你只能够在思想中把个别的东西从普遍的东西中抽离出去，而同时却又做到并不使个别的东西化为乌有；而在实际上便不可能做到这样。

我则把类跟个别同一起来，把普遍的东西个体化，而正因此却也把个体普遍化，换句话说，扩大了个体之概念，这样，对我来说，个体便是真正的、绝对的实体。在我看来，个体性就包括了整个的人，人之本质只有一个，普遍本质本身又是个别本质。

普遍的东西也是一个个别的东西，但是，因为每一个个体都有它，故而，思维就把它从个体里面抽出来，使它同一化，把它表象为一件自在的东西，但却又是为一切个体所共有的东西。这样，经院哲学与唯心主义感到无法解决的一切进一步的关于普遍的东西与个别的东西的关系的困难与疑难，也是由这样的表象中产生出来的。

凡是可以适用于类的，也可适用于个体；类本来不过是包括一切个体、共通于一切个体的东西罢了。

V

对于幸福的追求是一切有生命和爱的生物、一切生存着的和希望生存的生物的基本的和原始的追求。

同其他一切有感觉的生物一样，人的一切追求也都是对于幸福的追求。

凡是抱有希望的生物，便只希望对它有益、有利、有好处的东西，只希望使它获得福利，简言之，它只希望使它能够幸福。就人而言，意志就是对于幸福的追求。

幸福不是别的，只是某一生物的健康的正常的状态，它的十分强健的或安乐的状态。

只有你——健康——和我在一起，有了你，我的劳动能力就会重新发挥作用，那时我就会有了过幸福的日子我所需要的一切！

人怎样从利己主义的追求幸福出发来承认对于他人的义务呢？应该说这个问题老早已经由人性本身解决了，因为人性不只创造了单方的排他的对幸福的追求，而且也创造了双方的相互的对幸福的追求。由于这种带双重性的对于幸福的追求，所以利己主义的人的存在是与他人的存在有密切关系的，以致不问自己是否有善良的意志，利己主义的人从出生就与吸食母亲的奶和摄取生命的各种要素同时，也摄取道德的各种要素，例如，互相依恋感、温顺、公共性、限制自己追求幸福上的无限放肆。如果某一个人不愿承认对于他人的义务，那么法律就会用强迫力的规范性规定，强迫他这样做。

不只存在有正当的和相对必要的利己主义，而且也存在有绝对必要的利己主义，完全不依赖于我的知识和意志的利己主义，这种利己主义和我的头一样是这样紧密地附着于我，以至如果不杀害我，是不可能使它脱离我的。

我所说的利己主义，乃是必需的、不可或缺的利己主义，不是道德上的，而是形而上学的，即根源于人的本质中为人所不知道和不自意的利己主义；没有这种利己主义，人简直不能生活，因为我要生活，我就必须不断地吸取有利于我的东西，而把有害于我的东西排除出身体以外，这种利己主义，可见还托根在机体上面、即体内生活资料的新陈代谢上面。我所说的利己主义，乃是对自己的爱，即对人性本质的爱，这种爱就是满足和发展一切本能和才干的推动力，没有这种满足和发展，就不是而且不能是一个真正的完成的人。总而言之，我所说的利己主义，就是那个自卫本能，有了这种本能，人才不至于拿自己，拿他的理智、他的意识、他的肉体，牺牲给那些（还是以动物崇拜来做例）精神上的驴子和绵羊，那些政治上的豺狼和老虎，那些哲学上的蟋蟀和鸱鸮。

善乃包含于人的本性之中，甚至包含于人的利己主义之中。

道德不是别的，而只是人的真实的完全健康的本性，因为错误、恶德、罪过不是别的，而只是人性的歪曲、不完整、与常规相矛盾，并且常常是人性的真正低能儿。真正有道德的人是他根据本性就是道德的。摆脱憎恨、嫉妒、复仇欲、傲慢、怠惰和贪食这些缺点或恶德的能力，不是后来取得的，而是生来就有的。

防止人陷入恶德和犯罪行为的，不是"道德哲学家们的善良意志"，也不是聪明的、能及时避免自己的弱点和犯罪诱惑的理智，而只是幸福，但不是奢侈的、贵族式的幸福，而是寻常的、平民式的、与在完成工作后享受必需的物质福利（指从人类观点说相对地甚至各式各样的必需的）有关的幸福；只有这种幸福才能防止人陷入恶德和犯罪行为。一切与等同于人的生命的必要的幸福立于矛盾地位的东西，同时也是妨碍德行和与德行相矛盾的东西。

幸福不只以我个人为转移，幸福的到来不能不有我的参加和我的独立行为，同样地，遵守道德不只是以我的随意的活动为转移，而且也以外界的物质、自然界和身体的状况为转移。没有德行就没有幸福：这个话你说得对，但是，你得注意：没有幸福就没有德行，因此，道德就归属到私人经济和国民经济的领域中来了。如果没有条件取得幸福，那就缺乏条件维持德行。德行和身体一样，需要饮食、衣服、阳光、空气和住居。如果人们像在英国的工厂中和工人住宅中——假如能把猪栏也叫作住宅的话——如果人们甚至缺乏足够量的新鲜空气

（关于此，请参照马克思的著作《资本论》，在这一著作中至少提供了大量的最富有兴趣的同时也是使人战栗的不可争辩的事实），那么也就完全谈不上道德了，那么德行最多也不过是工厂主和资本家老爷们的专利品了。如果缺乏生活上的必需品，那么也就缺乏道德上的必要性。生活的基础也就是道德的基础。谁会否认也存在有这样一些人，他们宁愿忍受饥饿或宁愿饿死，而不愿干犯罪的欺骗行为？可惜，常有这样的事：遵守德行的人受饥饿，而无赖汉则过度地享受物质上的幸福。

善不外乎就是与一切人的利己主义相应的东西，恶不外乎就是只适应于和只适合于仅仅某一个阶级的人的利己主义、从而需要以损害别个阶级的人的利己主义为代价的东西。可是，一切人或起初只是多数人的利己主义，总是强于少数人的利己主义。只要看一看历史！历史上的新时代是什么时候开始的呢？到处是在被压迫群众或大多数人为了维护他们的充分合法的利己主义而反对一个民族或一个阶级之排他的利己主义的时候，是在某些阶级的人或整个民族战胜了贵族少数之狂妄自大而脱离了赤贫者之遭到轻视的幽暗，来到历史名望之光明的时候。这样，人类之现在被压迫的多数应当并且确实将要掌权并且创立一个新的历史时代。不应当让一些人做贵族，其他所有的人都做平民，而是应当让一切人都受教养；不应当一些人有私有财产，而所有其他的人却一无所有，而是应当让所有的人都有私有财产。

如果已经不把祸害感觉为祸害，不把专制政治的压迫（不问是哪一种的压迫）感觉为压迫，那么，摆脱这种祸害、摆脱这种压迫也就不被感觉为幸福，对这种自由的追求也就不被认为是对幸福的追求。

不允许别人是人，把自己看为超人一等，看为优越的生物，特殊宗族、特殊部族的生物，如像以前贵族阶级在对待平民和市民阶级的关系上看待自己那样；应该提出平等来反对人的区别。

无限制的君主国乃是无道德的国家。

关于我的政治见解，在这里谈一下。亚里士多德的那本在古代精神下几乎讨论了当今一切问题的《政治学》中已经说过，人们不仅应该识别最好的宪法，而且也应该知道它适合于怎样的人，因为，最好的东西也未必适合于一切的人。所以，如果有人从历史的、也即被束缚在时间和空间上面的立场出发对我解释说，立宪君主制——当然是指真正的立宪君主制——是唯一对于我们适合的、可实行的、因而也即合理的国家形式，那我完全同意。但是，如果有人撇开了空间与时间，也就是说，撇开了这个特定的时间（若干个世纪也只是特定的时间）、这个特定的地点（欧罗巴也只是世界的一个地点），而来向我证明君主制是唯一合理的或绝对合理的国家形式，那我就加以反对，并且还主张，倒不如说共和制——当然是指民主共和制——是直接被理性了解的与人性本质相适应的、从而真正的国家形式。立宪君主制是政治的托勒密体系，而共和制是政治的哥白尼体系，从而，在人类之未来，哥白尼在政治中也将要战胜托勒密，就像他已经在天文学中战胜了他一样，虽然托勒密式的宇宙体系也曾经一度被哲学家们和学者们认为是不可动摇的"科学真理"。

没有一种政治、没有一个国家只以本身为目的。国家融解在人们当中，它只根据人们的意志而存在。

一切人都能分别善与恶、公正与偏颇，但什么是公正，什么是偏颇呢？如果我们把视野看到自己的国家、自己的民族以外，那么关于这些带普遍性的问题，就没有共同的意见。

【附记】

□费尔巴哈是一位在德国"直截了当地使唯物主义重新登上王座"的伟大哲学家，他以自己创立的人本学为武器，给了宗教神学以致命的打击，并且冲破了黑格尔哲学在德国将近二十年的统治，树起了一面人本学的唯物主义旗帜，终结了德国古典哲学，开启了哲学史的新里程。

□费尔巴哈的哲学是一种有缺陷的唯物主义，在某些问题的论述上还有不一致的内容，这种不一致使后世的研究者在理解和评价上存在不同的意见。

□费尔巴哈人本学的核心，是人的本质这个概念。他反复论说人的本质是"类"，而涉及类本质的具体内容，他在回答"人的本质究竟是什么"的问题时明确地说"就是理性、意志、爱"。但是他又讲过这样的思想："我们生活在自然之中，与自然一块儿生活，靠自然生活，难道还不应该出于自然？"可是他更讲过另一段话："直接从自然界产生的人，只是纯粹自然的本质，而不是人。人是人的作品，是文化、历史的产物。"这就是在理解和评论上产生分歧的根源。

　　□马克思在《关于费尔巴哈的提纲》里讲到费尔巴哈不懂革命实践，而是抬高理论活动的地位，把实践只在"卑污的小商人活动"的意义上加以确定，后来还批评他没有看到"他周围的感性世界绝不是某种开天辟地以来就已存在的、始终如一的东西，而是工业和社会状况的产物，是历史的产物，是世世代代活动的结果。"但值得提起的是，可钦的费尔巴哈在马克思之外就曾掷地有声地说过"人类对于自然界所做的这种伟大改造"这样的话，不仅如此，他还高瞻远瞩地讲过"历史上的新时代到处都是在被压迫群众或大多数人为了维护他们的充分合法的利己主义而反对一个民族或一个阶级之排他的利己主义的时候"。遗憾的是，这都是零散的思想，没能由此形成崭新哲学范畴——实践，没有提升为唯物主义的新原理。

　　□费尔巴哈哲学因不懂实践而是直观的唯物主义，从而在思维与存在的关系问题上就陷入形而上学，他站在唯物主义立场上理直气壮地质问思辨哲学："凭什么理由可以从逻辑的范畴转到自然的范围呢？这相互转化的不可避免和原理又何在呢？"然而又正是费尔巴哈自己曾讲过这样振聋发聩的话："唯有人才以其结构和教育在自然界盖上了意识和理智的烙印。"可惜他不理解这个事实的理论意义，这个认识本属创新性的思想，竟成为一个迸发出的火花，黯然熄灭了。

　　□费尔巴哈淋漓痛快地把黑格尔思辨唯心主义摧毁了，而关于他对辩证法的态度问题，在论者当中存在不同的论断，有观点认为他把辩证法连同黑格尔唯心主义一起抛弃了，另有观点肯定他是辩证法的继承者和通向唯物辩证法的中介。在费尔巴哈的著作里面我们确实看到，费尔巴哈批判黑格尔辩证法思辨性的同时声明："真正的辩证法不是寂寞思想家的独白"，表明他肯定"真正的"辩证法，即他所说的主体与客体的"对话"，意思是主客体相互间的作用，他作为唯物主义者在关于自然观的论述中也有这样精辟的辩证观点："没有运动、变化和发展就不会有生命，不会有自然界"。还有其他的例子。但是从整体上说，正如费尔巴哈哲学属于直观的唯物主义，也不能称它为辩证的唯物主义。辩证法在费尔巴哈哲学中只有个别、零星、分散的观点，并未构成一种系统的完整的形态。这种情况在十八世纪法国唯物主义中也存在着。尽管费尔巴哈哲学有自己的优点，却只能属于直观的、形而上学形态的唯物主义。

□费尔巴哈完成了结束黑格尔唯心主义统治的历史任务，但是他的历史影响还不止于此。马克思曾说："费尔巴哈越不喧嚷，他的著作的影响就越扎实、深刻、广泛而持久；他的著作是继黑格尔的《现象学》和《逻辑学》以后包含着真正理论革命的唯一著作。"正是费尔巴哈的著作推动德国的理论家们去改造"丑恶的现实"，恩格斯论述说："拥护这种改造的人们当中，几乎没有一个不是通过费尔巴哈对黑格尔哲学的克服走向共产主义的。"马克思在《共产党宣言》以前是这样表述共产主义革命的："德国唯一实际可能的解放是从宣布人本身是人的最高本质这个理论出发的解放。""必须推翻那些使人成为受屈辱、被奴役、被遗弃、被蔑视的东西的一切关系。"可以看到鲜明的费尔巴哈思想的印记。

鸣　谢

　　本书是采取以哲学家本人的语言文字叙述其自家哲学思想的样式编写的，内容依据历代各哲学家原著的中译本，按每位哲学家的思想学说体系进行采编，只在有的地方为使意义明晰而对原有的上下文作了拆编，有的文句改写了句式，有的语词经编者新译了，有的内容系重述原意而未取原译文，因此书中正文在体例上没有注明译者和出处，谨向各位译者和出版者致以诚挚谢意和歉意。本书在于展现各哲学家的基本思想接近本真的原貌，同时借此也构成了一幅简朴的哲学思想发展历程长卷；不过书中因编者本人的学识所限而未察觉的问题，深望专家和有机会翻阅本书的朋友能无保留地教正，编者将铭谢于心。承蒙陈晏清教授雅意予以推荐、南开大学哲学院王新生院长和李国山副院长不吝关照，编者得享印行本书的赞助；更有南开大学出版社经严谨程序的编选，承莫建来先生嘉许，慨允拙稿付排；又蒙李力夫先生屈就责编，为拙稿辛劳审削，编者在此一一向众赐惠诸公道谢。本书在编写过程中始终得到商务印书馆退休的我的好友陈兆福学长关心和支持，他称以此种样式编写的内容读起来如亲聆诸子自道，我感谢他给我的鼓励。此刻也不能不提夫人张莹芳，她有疴在身，仍尽可能负担一些生活杂务，使笔者有了较多时间从事此书稿的编写，笔者为此对她心存感激。

葛树先　谨记